100세 시대의 노년

100세 시대의 노년

초판1쇄 발행 | 2019년 2월 20일

저 자 | 충북대학교 유럽문화연구소
발행처 | 충북대학교 출판부
발행인 | 김수갑

주 소 | 28644 충북 청주시 서원구 충대로 1
전 화 | 043-261-2952, 3014
팩 스 | 043-274-1256
이메일 | presscbu@chungbuk.ac.kr
등 록 | 제1983-2001-7호
인쇄처 | 케이프린텍

ISBN 978-89-7295-498-9 93060
값 27,000원

* 이 책은 충북대학교 대학인문역량강화사업(CORE)의 3차년도(2018년) 사업지원을 받아 발간되었음.

100세 시대의 노년

충북대학교 유럽문화연구소

충북대학교 출판부

서문

'100세 시대의 노년'

충북대학교 유럽문화연구소는, 충북대학교 인문학연구소가 2016년도부터 출간해온 '노년인문학'시리즈의 간행을 이어받아 『100세 시대의 노년』으로 그 네 번째 성과를 내 놓으려 한다. 우리는 이제 눈앞에 닥쳐온 베이비부머 세대의 노년기를 맞이해야 한다. 베이비부머 세대는 이전 세대와 비교할 수 없이 그 수가 많고, 그리하여 세대 간의 갈등문제와 노년의 삶의 질의 문제는 그 어느 때 보다 더 큰 규모로 나타날 것이다. 우리는 『100세 시대의 노년』이라는 이 책을 통해 현재 한국에서 많이 논의되고 있는 노년의 문제를 인문학적으로 다시 조망하고 보다 더 관심을 기울여야 할 부분은 무엇인지 숙고하면서 그 대안도 제시해보는 장을 마련하고자 한다.

우선 '노년' 은 더 이상 그 너머를 생각할 수 없는 인생의 마지막 여정을 뜻한다. 그로 인해 우리는 여전히 남아 있는 무한한 욕망과 이미 많은 세월을 거쳐 이르게 된 현실 간의 괴리로 인해 정확하지는 않지만, 망연하고 애매한 불안감에 휩싸이게 된다. 이제까지 쌓아 올려온 시간으로 인해, 우리는 재산과 추억, 후손 및 업적들을 만들어 왔지만 동시에 사회적이고 경제적 삶에서의 은퇴, 퇴행, 질병, 상실, 치매 등등 외면하고 싶은 상황들을 맞이하게 되었기 때문이다. 그러나 삶은 계속 이어지는 것이고, 우리는 그 속에서 전투적인 실존을 이어가야 한다. 이 실존은 언제까지 계속되는가? 인간의 평균 수명은 첨단기술의 발전으로 나날이 길어지고, 현재 한국 여성의 경우 평균수명이 이미 83세에 달하였으며 최근 기대수명은 100세로 예상되고 있다. 심지어 110세니 120세니 하는 상황으로까지 이어지고 있다. 의료공학의 발달로 짚어 보건대, 이미 100세는 가까운 미래의 평균수명으로 자리잡을 것이다. 그리고 현재 노년에 이르러 가는 '지금의 세대'가 평균수명 100세 시대에 진입하는 첫 세대가 될 것이다. '지금의 세대'라 함은 당연히 전 세계적으로 비슷한 양상을 보이는 베이비부머 세대의 사람들이다. 하여 UN은 2020년에 이르면 많은 국가들에서 100세 장수로 보편화되는 '호모 헌드레드(homo-hundred)' 시대를 맞이하게 될 것이라 하였으며, 한국도 2030년에는 100세 인구가 1만 명, 2040년에는 2만 명에 이르게 되리라 한다.

그만큼 길어진 수명을 생각하면 21세기의 노년은 그 어느 시대보다 가늠하기 어려운 노년기를 보내야 한다. 길어진 노년의 시간을 원만하게 보내기 위한 '인생 제2막 혹은 제3막'의 경제 상황과 사회적 역할이 긍정적일 수 없는 만큼 국가적으로나 개인적으로 그에 대한 대처 자세에 대해 큰 고심을 해야 하기 때문이다. 그러나 인생 제2막, 때로는 제3막은 추상화된 개념이 아니다. 국가적으로나 개인적으로 지속적인 생산성을 요구받는 것을 고려한다면, 노년은 안식이기보다 쇠약해진 심신에도 불구하고 더 생산적이어야 함을 요구받고 있다. 이 생산성은 곧 경제적인 자립과 직결된다. 노년의 경제적 부담이 젊은 시절에까지 영향을 미치는 것도 그와 무관하지 않다.

그러나 노인을 보살피고 공경해야 할 어른으로 인정했던 사회적 분위기가 아득한 옛 이야기로 되어버린 오늘날, 노인은 오로지 경제적 차원에서 계산된 '물질적 복지'의 대상으로 간주될 뿐이다. 노인 스스로도 예외 없이 물질적 안정을 우선시 한다. 어찌 그렇지 않을 것인가! 그러나 오직 추가 비용 내지 사회 비용만을 생각하는 사회적인 분위기는 예기치 못한 심각한 문제를 우리에게 던져주고 있다. "가정에서는 노인으로 인해 경제적인 부담이 커지고 국가에서도 노인복지로 인해 국가재정에 부담이 발생한다고 골머리를 앓고 있다. 계속된 노인복지의 문제가 사회에 회자되니 이제 젊은 세대는 노인을 쓸모없는 존재나 귀찮은 존재로 간주하여 최근에는 노인을 혐오하는 혐노(嫌老)라는 말까지 나오고 있는 실정이다. 오늘날의 노인복지는 공경이 없어진 복지이고 …… 국가나 가족은 늙은이의 복지로 골머리를 앓고 있는데 인간은 끊임없이 장수를 바라고 있으니 이는 하나의 역설(逆說)이다."(박중목)

기대수명이 길어지고 '장수'가 점차 새삼스러운 말이 되었더라도 '노년'은 늘 '죽음'을 생각의 곁가지로 동반한다. 그러기에 노년기는 경제만큼이나 중요한 것이 건강이다. 이미 3,500여 년 전에 쓰였던 세계 최초의 문학이라는 『길가메시 서사시』에서도 영웅 길가메시는 불로불사의 영약을 찾아 헤맨다. 생산적이어야 하는 인생 2막은 자체의 목표를 실현시키기 위해서라도 건강을 더욱 요구하지만, 노년의 건강은 더 나아가 개인적으로는 삶의 질까지 담보한다. 건강은 물론 가장 중요한 것이지만, 그에 못지않게, 때로는 그보다 더 중시되어야 하는 것은 노년의 삶의 가치를 정립하는 것이다. 노인은 그로 인해서만 살아야 할 이유를 찾기 때문이다. 단순한 생명의 연장에만 몰입하여 건강과 경제 문제만을 주목한다면 살아야 할 의미는 어디서 찾아야 하는가! 그것이 일이든 사랑이든 사회적인 역할을 상실한 노년의 실존에서 '살아야 할 가치'를 찾는 것 또한 노년에서 중요한 문제다.

이런 맥락에서 본 저서는 이미 100세 시대에 접어든 한국에서 많이 논의되고 있는 주제들을 검토한 후 '베이비붐 세대의 노년', '노년과 세대갈등' 그리고 '노년의 삶의 질'이란 대(大)주제를 설정하고 그 아래 각각 4가지의 세부 주제를 제시하였다. 그 주제들의 간략한 내용은 다음과 같다.

첫 번째 대주제 '베이비붐 세대의 노년'에서는 우선 이진복과 도형래의 「전후 베이비붐 세대의 노년」이 제시된다. 이 글은 현재 인생 2막을 준비하고 있거나, 이미 은퇴 후 새로운 삶을 살아가는 베이비붐 세대를 집중 조명하였다. 이를테면 실제로 군포 지역에 거주하는 베이비붐 세대 5명을 인터뷰하여 바람직한 은퇴 후 설계에 관해 이야기한다. 이를 통해 현대 사회에서 노년의 바람직한 사회구성원 역할과 그에 따른 문제들에 대한 숙고를 풀어내고 있다. 다음으로 박중목의 「노인의 아름다운 삶: '지금-여기'에」는 노년에 관한 전반적인 이해를 돕는 글로써 노령화 시대에 노인을 보는 시선을 다루면서 물질적 관점에서 노인을 바라볼 때 파생되는 문제들을 제시하고 노인 자신들의 시선에서 문제를 직시할 것을 주문한다. 이찬규의 「『어린 왕자』에서 『레 미제라블』로 : 나이 듦에 대하여」는 늙은 조개가 진주를 만들 듯이 나이 듦은 사유 속에서, 그리고 공들여서 만들어져야 한다고 강조한다. 이른바 잘 늙어가는 것을 생각하게 하는 이 글은, 『어린 왕자』와 『레 미제라블』의 대조적인 주인공의 시선을 통해서 관계를 이야기하고 사랑을 이야기하며 더 나아가 노년이 삶의 통찰과 연결된 침묵으로 완성됨을 사유한다. 역사학과 철학 그리고 문학의 관점에서 노년의 문제가 다뤄진 다음에는 경제적 관점이 등장한다. 김인숙의 「신중년 일자리와 지식공유 플랫폼」은 베이비부머 세대를 겨냥하여 그들에게 4차 산업혁명 도래의 의미와 그 중요성을 생각해본다. 저자는 4차 산업혁명이 베이비부머 세대에게는 새로운 기회가 될 것이라 주장하면서 그들을 위한 정부의 정책을 비롯해서 베이비부머 세대의 미래를 제시하고 있다.

두 번째 대주제 '노년과 세대갈등'은 다양한 시선으로 세대갈등을 숙고

한다. 김진균의 「세대갈등과 공동체 문제」는 영화 <나, 다니엘 블레이크>의 해설을 통해 세대갈등을 이야기한다. 평생 '묵묵히 책임을 다해 떳떳하게 살았'던 시민 다이엘 블레이크가 겪는 배려 없는 복지 시스템, 그 사이에서 드러나는 세대 갈등 및 그로 인해 좌절하면서도 이웃을 외면하지 않는 그의 인간적인 모습이 그려진다. 이에 저자는 기계화 시스템에 적응하기 어려운 노인의 문제와 기계화로 전환되는 비인간적인 사회 시스템의 단면을 비판적으로 제시한다. 이어 진성오의 「심리 및 인지 차이로 본 노년과 세대갈등」은 사고 방식과 문화적 경험 차이를 비롯해서 서로 간의 이해 부족으로 소통이 어려운 세대 간의 문제를 심리학자의 시선으로 보여준다. 문제의 실마리는, 100세 시대의 신인류는 젊은 세대가 아니라 노년임을 인정하는 것으로부터 찾아야 하며 노년 세대의 적극적인 자기인정과 대화 시도 및 인간의 노화에 대한 젊은 세대들의 이해와 노인 세대들에 대한 이해 노력 그리고 두 세대 상호 간의 한계 인정을 문제의 해결책으로 제시한다. 이어지는 김종규와 윤진의 「세대 간 융화의 조건」은 세대 갈등의 시원을 신화에서 찾는다. 그것이 역사를 통해 제시되지만, 저자는 노년을 지혜로 이해하고 나이 듦의 가치를 설명하기보다 노동만이 유일한 척도인 산업사회는 오히려 노년의 해체와 불행을 야기한다고 지적한다. 그는 새로 시작되는 4차 산업혁명 시대에서 노년은 노동 이외에 다른 활동을 만들어가고 활동의 다양성을 통해 세대 간 협력을 이루어낼 때 문제가 해결되리라 보았다. 「'세대 공정성'과 세대 간 협약」은 세대갈등을 자연적인 문제가 아니라 사회적으로 구성된 문제임을 명시하고 갈등의 중심에 배분의 문제를 두었다. 이에 후세들을 위해 더 나은 삶의 조건을 만들어주는 것을 세대의 공정성으로 이해하는 저자는 노년 세대가 이에 대한 책임을 나눠져야 하며 정의로운 분배를 지향하여 세대 간의 대화와 합의를 결정하고, 이런 의미에서 노인중심의 복지 또한 미래세대의 복지로 전환해야 한다고 주장한다.

세 번째 대주제는 '노년의 삶의 질'에 관해 숙고이다. 그에 관한 첫 번째 글인 김경화의 「노년의 사랑: A. 멀로의 『곰이 산을 넘어오다』와 김훈의 『화장』」은 중장년 남성의 결혼 생활과 사랑을 다룬 두 작품을 이야기하면서 베이비붐 세대인 주인공들의 입장과 나이 들어가면서 쇠약해지는 사랑의 재건을 이야기한다. 저자는 작품을 통해 표현되는 각기 다른 환경 속에서 주인공들의 삶과 선택을 이야기 하고, '꽃은 진다'는 절대 명제를 제시하며 그들이 내린 각각의 인간적인 선택을 그저 인정해주자고 한다. 김주희의 「춤에서의 공공성, 커뮤니티 댄스?」에서는 사회적 관심사로 떠오른 공공성의 논의가 무용 안에서는 어떻게 이뤄지고 있는지 알아보기 위해 공공예술과 커뮤니티 예술 개념, 여기서 파생되는 커뮤니티 댄스를 살펴보았다. 특히 노인과 같이 전문무용공연에서 소외되었던 대상이 무대에 참여되는 작업을 조명하여 공공성에 대한 논의를 점검하였다. 오민정의 「고령사회 속 노인의 삶과 죽음」은 한국의 고령사회에서 노인이 처한 실존적 문제와 함께 노인의 자살을 조명하고 영화 <그대를 사랑합니다>를 통해 노인의 사랑과 사별을 다룬다. 사회 변화와 인식 변화 속에서 고립되고 소외되는 노인의 자살률이 세계 최고인 한국이 그 오명을 털지 못하는 상황을 풀어내면서 노인의 죽음을 뒤르케임의 이론에 비추어 다루고 있다. 끝으로 김문석의 「노년을 위한 유니버설디자인」은 노인들의 실생활과 밀접한 공간의 문제에서 고령이나 장애자 등 사회적 약자를 배려하고 모두가 편리하게 이용할 수 있도록 환경이나 시설 및 제품을 설계하는 유니버설 디자인을 소개한다. 이에 관한 다양한 예를 통해 실버산업을 비롯해서 '모두를 위한 디자인'을 표방하며 주택, 의료, IT 및 식품에 이르기까지 노인에 대한 배려의 질적인 산업화를 제시한다.

베이비붐 세대의 은퇴가 코앞에 다가섰다!

사회는 인구감소와 맞물린 노동력 확충을 위해 이민의 적극 수용을 조심스럽게 이야기 하면서도 청년 일자리 증가를 해결하지 못해 채 쩔쩔매는 분위기이다. 은퇴가 성큼 다가선 베이비붐 세대는 주변에서 논의되는 사회적 담론 틈새에서 계속 생산적이어야 한다는 사회적 압박과 개인 사정으로 뒤숭숭하다. 이제 그들의 은퇴가 본격화 되면 여기저기서 새로운 문제들이 터져 나올 것이다. 세대 간의 갈등은 더 고조될 것이고, 실존 문제에서 베이비붐 세대의 고민이 깊어질 것이며 현저하게 흔들리는 그들의 삶의 질은 그들을 다시 노동시장으로 걸음을 옮기도록 할 것이다. 안정된 노후라는 미명으로 일생동안 노동에 시달렸던 자리를 다시 찾아야 하는 베이비붐 세대의 노년을 심도 있게 생각해보아야 하는 것도 그 때문이다. 그로 인해 드러나는 문제점에 대한 해법을 찾아가는 길에서 인문적 시각이 한 몫을 할 수 있으리라는 믿음은 그것에 대한 사유를 심화시키고자 하는 본 저서를 통해 담론의 장을 마련할 것이다.

충북대학교 유럽문화연구소

소장 고봉만

목차

1

베이비붐 세대의 노년

전후 베이비붐 세대의 노년

이진복[1], 도형래[2]

- 전후 베이비붐 세대는?
- 베이비붐 세대가 보는 베이비붐 세대, '경제발전의 수혜 입은 과도 세대'
- 전후 베이비붐 세대의 봉착한 현실, '은퇴'
- 베이비붐 세대가 생각하는 '노년'의 기준은?
- 베이비붐 세대의 경제적인 차원의 노후 준비 '국민연금'
- 경제적인 것 이외의 노후 준비 '공동체'
- 은퇴 후 두 번째 직업 '인생 2막'…"새로울 것 없다. 하던 일에서 찾아야"
- 인터뷰

1 성균관대학교 중문학과를 졸업하고 동 대학원 사학과에서 석사 박사학위를 받았다. 성균관대학교, 카이스트, 한양대학교, 경기대학교 등에서 강의했고 현재 서울사이버대학교 외래교수로 있으며, 군포시민신문 발행인을 맡고 있다. 옮긴 책으로 『유목민이 본 세계사』 『중국전사』『세계사의 탄생』 『대청제국』『칭기즈칸 평전』『100년 전의 경기도』등이 있다.

2 성균관대학교 유학·동양학부와 철학과를 졸업하고 동 대학원 신문방송학과에서 석사학위를 받았다. 인터넷신문 대자보, 미디어스 등에서 기자, 편집국장을 지냈고 현재는 군포시민신문 편집인과 한국인터넷기자협회 사무총장을 하고 있다.

노년은 유년-청년-장년-노년기 가운데 인생의 마지막을 지칭하는 말로 '은퇴'라는 수식어가 붙는다. 경제적으로 직장에서 은퇴하고, 사회적으로도 그 역할을 퇴조하는 시기라고 할 수 있다. 하지만 최근 기대수명이 늘어남에 따라 길어진 노년기에 새로운 경제적·사회적 역할을 찾아나가는 이들이 늘고 있다. 노년기를 두고 '인생 2막'이라며 은퇴 후 새 삶을 만드는 이들이다.

군포시민신문과 함께 군포지역에 거주하는 베이비붐 세대를 인터뷰했다. 인터뷰이는 모두 5명이다. 이들은 인생 2막을 준비하고 있거나, 이미 은퇴 후 새로운 삶을 살아가고 있다. 이들의 인터뷰를 통해 바람직한 은퇴 후 설계에 대해 알아보고자 한다. 또 '노인혐오'라는 세대 갈등의 해결방안과 현대 사회에서 노년의 바람직한 사회구성원 역할까지 고민해 보고자 한다.

전후 베이비붐 세대 바람직한 노년을 위한 인터뷰이는 김동민(1955년생), 신완섭(1959년생), 이금순(1958년생), 이상곤(1960년생), 이은호(1953년생) 등이다. 김동민 교수는 한일장신대 신문방송학과 교수를 퇴임한 후 현재 저술활동과 대학 강의를 하고 있다. 신완섭 조합장은 제약회사를 은퇴하고 현재 99세까지의 건강한 삶을 실천하는 9988클럽의 조합장을 맡고 있다. 시조시를 쓰는 시인이기도 하다. 이금순 대표는 현재 (사)자연과함께하는사람들 대표로 군포지역사회에서 환경운동과 환경교육을 20여 년간 이어오며 수리산자연학교 대표 등을 역임했다. 이상곤 작가는 고등학교 영어교사를 하다 은퇴하고 현재 전업 사진작가로 활동하고 있다. 군포 대야미 마을 배움터를 운영하는 마을 살이(대표)를 하고 있다. 이은호 대표는 금융기관 은퇴 후 지역사회에서 부동산업을 하면서 지금은 경제적 은퇴를 준비하고 있다.

전후 베이비붐 세대는?

우리나라 전후 베이비붐 세대는 대개 한국전쟁이 끝난 직후인 1955년생부터 1963년생까지 말한다. 통계청에 따르면 이 때 태어나 지금까지 생존한 인구는 7,290,053명(2017년 7월 기준)이다. 전후 베이비붐 세대는 출생 년도마다 출생자가 정확하게 집계되지 않는다. 1970년부터 공식 집계를 했기 때문이다. 1970년 집계에 의하면 전후 베이비붐 세대 출생자는 733만 명이다.

베이비붐 세대는 2018년 현재 63세부터 55세로, 은퇴했거나 은퇴를 앞두고 있다. 이 때문에 경제적으로 국민연금 등의 연금을 받거나, 연금 수급을 앞둔 이들이 대다수다. 또 이들은 아직 만 65세 이상의 '노인인구'에 포함되지 못했지만 곧 '노인 인구'에 포함될 대상이며 장년의 끝자리에서 '노인의 삶'을 준비하는 세대라고 할 수 있다.

전후 베이비붐 세대는 가난한 어린 시절과 경제적 성장의 수혜를 입은 세대라는 양면성이 특징을 가진다. 이들은 1960년 우리나라 1인당 국민소득이 79달러에 불과했던 가난한 어린 시절을 보냈다. 교육여건도 매우 취약했다. 베이비붐 세대가 초등학생이던 1967년 학급당 학생 수는 64.8명에 달했다. 학교 밖 교육을 담당하는 학원 수 역시 2,746개(1973년)에 불과했다. 대학진학률 역시 1979년 기준 남성 29.2%, 여성 20.7%로 저조했지만 이는 386세대라고 불리는 6~70년대 생보다 크게 떨어지는 수준은 아니었다.

가난한 어린 시절에 대한 반대급부도 있었다. 우리나라 경쟁 성장의 주역으로 주식 시장의 성장, 부동산 시장의 팽창과 같은 경쟁 성장의 수혜도 직접적으로 누린 세대라고 할 수 있다. 반면 베이비붐 세대의 자녀세대인

1979년부터 1990년에 이르는 에코세대는 부모세대의 높은 교육열에 의해 높은 대학진학률을 기록했지만 대학 졸업 후 경제적 빈곤에 내몰리고 있다. 에코세대는 2000년 말 88만원 세대, 2010년대에 들어와서는 N포 세대(연애, 결혼, 출산 등을 다양한 사회적 가치 추구를 포기한 세대) 등으로 불리고 있다. 높은 청년실업과 함께 물가·부동산 가격 대비 노동 가치가 현저하게 떨어졌기 때문이다.

베이비붐 세대와 에코세대의 상반된 경험과 경제적 지위는 세대 갈등으로 이어지기도 한다. 경향신문은 2011년 기획기사, '복지국가를 말한다'를 통해 '3포 세대'라는 신조어를 제시하면서 3포 세대와 고용주, 건물주 등을 구성하고 있는 베이비붐 세대 간의 갈등 양상이 커지고 있다고 지적했다. 최근 젊은 세대의 '노인혐오'는 이러한 세대 갈등의 표출이라고 볼 수 있다.

베이비붐 세대가 보는 베이비붐 세대, '경제발전의 수혜 입은 과도 세대'

베이비붐 세대는 스스로에 대해 어떻게 평가할까? 베이비붐 세대는 경제적으로는 앞전 세대가 보릿고개라는 극단적인 빈곤을 겪으면서 성장했지만 이를 겪지 않으면서 성장했고 부동산 개발, 지가 상승 등과 함께 경제개발의 수혜도 입었다고 스스로 평가했다.

신완섭 조합장은 "경제적인 기반이 없었던 앞전 세대보다는 그래도 수혜를 입었다"고 말했다. 박정희 전 대통령이 1차에서 5차에 이르는 경제개발계획을 하고 시행하던 때에 이를 추진하던 앞전 해방과 전쟁세대보다는 경제적으로 수혜를 입었다는 얘기다. 신완섭 조합장은 "성장해가는 중간과정에 있었기 때문에 전반적으로 취업의 기회도 좋았고, 재산 증식의 기회가 많았던 세대"라며 "가난한 어린 시절의 경험 때문에 재산 축적에 대해서는 좀 더 노력을 하지 않았을까하는 생각을 한다"고 말했다.

정치적으로도 1979년에서 1980년 초 '서울의 봄'을 이끌며 민주주의 열망을 위한 공동의 힘을 발휘한 세대라고도 평가했다. 신완섭 조합장은 "1958년 개띠, 1959년 돼지띠 세대 출생률이 그 이전 세대보다 높으면서 우리나라 민주주의를 위해 공동의 힘을 발휘하는 첫 단추를 열었다고 생각한다"고 밝혔다. 이는 4.19 이후 박정희 정권의 유신을 겪으면서 각성한 전후 베이비붐 세대가 집단행동을 통해 우리나라 민주화를 위해 힘썼다는 얘기로 풀이된다.

베이비붐 세대는 스스로 전통적 가치와 현대적 가치 사이에 위치한 세대라고 평가하기도 했다. 이상곤 작가는 "우리 세대는 중간에 낀 세대"라며 "부모를 부양하지만 아래로부터는 봉양 받을 수 없다"고 밝혔다. 부모 세대에 대한 부양의 의무를 지면서도 자식 세대에게는 부양의 의무를 지을 수 없는 전통적인 가족 가치 체계와 현대적인 가치의 과도기에 위치한 세대라는 지적이다.

전후 베이비붐 세대의 봉착한 현실, '은퇴'

은퇴에 대해 표준국어대사전은 "직임에서 물러나거나 사회 활동에서 손을 떼고 한가히 지냄"이라고 정의하고 있다. 한자말 은퇴(隱退)의 뜻 역시, '물러나 숨는다'는 뜻으로 표준국어대사전의 뜻과 어긋나지 않는다.

이처럼 사전적인 의미의 은퇴는 직장에서 물러나는 '직업적 차원의 은퇴'와

'사회적 차원의 은퇴'가 혼재돼 있다. 1980~1990년대까지도 은퇴는 이 같은 직업적, 사회적 은퇴의 혼재가 용인되고 있었다. 통계청이 발표한 「생명표 통계(기대수명, 국가승인통계 제101035호)」에 따르면 기대수명이 70세를 넘어선 것이 지난 1987년으로 1980년대까지 앞으로 생존할 것으로 기대되는 평균 생존연수를 지칭하는 '기대여명'이 직업적 은퇴와의 차이가 수년밖에 나지 않기 때문이다. 즉 1980년대까지 기대수명이 공무원 은퇴 연령인 만 60세와 큰 차이를 보이지 않았기 때문에 직업적 은퇴가 곧 사회적 은퇴와 같다는 인식이 강하게 자리 잡고 있었을 것으로 보인다.

<표> 우리나라 기대 수명의 변화 (자료 : 통계청)

년	1978	1979	1980	1981	1982	1983	1984	1985	1986	1987
기대수명	65.30	65.63	66.15	66.66	67.17	67.65	68.30	68.91	69.53	70.13
년	1988	1989	1990	1991	1992	1993	1994	1995	1996	1997
기대수명	70.65	71.16	71.66	72.15	72.61	73.10	73.47	73.81	74.24	74.68
년	1998	1999	2000	2001	2002	2003	2004	2005	2006	2007
기대수명	75.12	75.49	76.01	76.50	76.83	77.27	77.76	78.24	78.78	79.16
년	2008	2009	2010	2011	2012	2013	2014	2015	2016	2017
기대수명	79.60	80.04	80.24	80.62	80.87	81.36	81.80	82.06	82.36	82.70

이는 1990년에 초반까지도 기대수명의 상승폭이 크지 않아 직업적 은퇴와 사회적 은퇴의 괴리감이 크지 않았던 것으로 보인다. 다만 기대수명이 80세를 넘어서는 2000년 후반에 들어서면서 직업적 은퇴와 사회적 은퇴의 괴리가 커지면서 사회적 문제로 대두됐다.

당시 언론보도를 살펴보면 고령화 사회의 문제점을 일본의 사례를 들며 심각하게 받아들이기 시작했다. 2006년 한겨레신문은 '이제는 평생직업시대'라는 모두 14꼭지에 달하는 기획기사를 연재했다.

여기서 한겨레신문(2006년 11월 30일자)은 "대한민국이 늙어가고 있다. 그 속도도 가공할만하다. 지난 2000년 우리나라는 65살 이상이 전체인구의 7.2%를 차지하는 '고령화 사회'로 진입했다"고 밝혔다. 또 한겨레신문은 "노동력 감소로 인한 생산성 악화, 연금 파탄, 의료·간병 비용 급상승으로 인한 재정지출 확대 등 불안한 '예언'이 지금도 난무하다"면서 "준비 없는 고령 사회는 재앙이 될 수 있다"고 경고했다. 이 기획 기사에서 한겨레신문이 고령화에 대안으로 제시한 것은 재취업이다. 일본의 은퇴자들의 재취업 사례를 들며 우리나라 사회도 은퇴 후 재취업에 대한 정부, 지자체, 사회적 지원이 뒤따라야 한다고 역설했다.

당시 한겨레신문은 '25세부터 49세까지의 경제활동인구가 부양해야 하는 노인인구가 2005년 4.8명당 1명이던 것이 2020년에는 경제활동인구 2.3명당 노인 1명을 부양해야 하고, 2050년에 들어서는 0.65명이 1명의 노인을 부양해야 하는 상황에 처한다'고 분석했다. 물론 이는 현재 상황과는 맞지 않는 전망이다. 통계청이 지난 2016년 11월 발표한 경제활동 통계에 따르면 생산가능 인구 6명이 노인 1명을 부양해야 한다.

이처럼 2005년과 2016년 노인 부양 지표의 차이 큰 것은 경제활동인구에 대한 정의가 달랐기 때문이다. 2005년도 경제활동인구는 25세부터 49세까지를 말하지만, 2016년도 통계청 조사에서 생산가능 인구는 15세부터 64세를 말한다. 10여년이 지나는 동안 통계조사 기관이 인정하는 은퇴 연령이 64세로 늘어난 이유가 가장 큰 원인이라고 꼽을 수 있다.

이는 2006년 한겨레신문이 노령화 사회로의 진입 추이를 확대·과장 해석했다는 점과 함께 우리나라 은퇴의 기준점이 달라졌다는 점을 의미하기도 한다. 즉 80·90년대 직장에서의 은퇴와 사회적 은퇴를 같은 수준으로 고려하다, 2000년대 들어서 직장 은퇴와 사회적 은퇴를 구별해 재취업 등을 장려하고, 최근 들어서는 생산가능인구를 64세까지로 확대함으로써 경제적 은퇴시기를 60세 이상으로 연장해 인식하고 있다는 점을 추론할 수 있다.

베이비붐 세대가 생각하는 '노년'의 기준은?

전후 베이비붐 세대에게 '스스로 노인이라고 생각하느냐'를 물었을 때 쉽게 답을 못하고 머뭇거리다가도 '노인이 아니다'고 답하는 경우가 대부분이다. 물음을 바꿔 '지하철에서 노약자석에 타느냐'는 물음을 던지면 답이 더욱 분명하다. '노약자석에 탈만한 나이가 아니다'고 정색하거나 '아직 신체적으로 젊은이들과 차이가 크지 않기 때문에 노약자 석에 앉을 만하지 않다'고 불쾌감을 표하기도 했다.

인터뷰이 가운데 가장 나이가 적은 이상곤 작가는 "노약자석에 앉아야 할 이유도 없고, 아직 (건강이) 그 정도는 아니라고 생각한다"며 "노년이나 노인은 신체적으로 자기 몸을 다루기 어렵거나 정신적으로 삶의 활력이 떨어진 때라고 생각한다. 적어도 70세는 넘어야 노인라고 부를 수 있을 듯하다"고 말했다.

가장 나이가 많은 이은호 대표 역시 "가끔 어린 손자 데리고 다닐 때, 자리가 없어서 어쩔 수없이 노약자석에 앉는 경우도 있지만 혼자 다닐 때 앉을 일이 없다"며 "아직까지 내가 노인라고 생각하지 않는다"고 말했다.

김동민 교수는 "노년의 기준을 70세 정도 잡아야 한다"면서 "맹자는 노인을 봉양하는 기준을 50세로 잡았고 50세가 넘어야 비단옷을 입는다고 했는데, 당시는 그 나이까지 생존하기도 어려웠을 것이지만 지금은 환갑 잔치를 하는 사람도 드물다"고 말했다. 김동민 교수는 "수명이 길지 않았던 시대에 세웠던 기준에 대해 다시 생각해 봐야 한다"면서 "제도적으로 65세를 기준으로 노인인구를 정하는 데, 제도를 정할 현재는 당시보다도 수명이 길어졌기 때문에 70세로 높이는 방안도 생각해 볼 수 있다"고 제안했다.

신완섭 조합장은 "예전 같으면 노인 행세를 해도 벌써 했을 나이지만 아직 노약자석에 앉기에는 불안감이 있다"면서 "적어도 70세는 넘겨야 노인 행세를 할 수 있나 생각하고 있다"고 말했다. 신완섭 조합장은 "세계보건기구(WTO)가 노년의 기준을 65세로 삼았다"며 "평균 수명이 세계평균 보다 높은 우리나라에서는 적어도 70세는 넘겨야 노년이라고 하지 않을까 생각한다"고 밝혔다.

베이비붐 세대의 경제적인 차원의 노후 준비 '국민연금'

베이비붐 세대의 노후 준비는 이후 세대와 비교해 다소 소홀한 측면이 있다. 아이들을 키우고 교육하는 데 절대적인 헌신에 가까운 희생을 치렀기 때문이다.

신완섭 조합장은 "아이 유학비용으로 들어간 돈이 많다. 대출까지 해 유학을 보냈다"면서 "지금까지 집안의 부담으로 남아있다"고 밝혔다.

이은호 대표는 아이를 유학시킨 경험을 바탕으로 "공부시키는 데 1년에 1억은 든 것 같다"면서도 "다행히 (돈벌이가 되는) 때가 맞아 공부를 시킬 수 있었다"고 말했다.

김동민 교수는 "우리 세대는 애들 교육 시킨다고 돈을 다 쓰고, 교육뿐 아니라 결혼 이후까지도 챙기고 있다"며 "우리 세대에 노후 대책이 잘돼 있는 사람은 비율이 높지 않을 것"이라고 분석했다.

인터뷰한 베이비붐 세대는 노후 준비 대부분을 국민연금에 의존하는 경향이 많았다. 다만 고등학교 교사를 하다 은퇴한 이상곤 작가는 교원연금을 받고 있다.

신완섭 조합장은 "국민연금으로 한 달에 120여만 정도를 받을 수 있다"면서 "젊었을 때 부어둔 돈"이라고 말했다. 신완섭 조합장은 "연금제도의 수혜를 본 사람들은 모두 연금제도의 중요성에 대해 인정한다"며 "국민연금은 반드시 모든 국민들이 지켜내야 한다고 생각한다"고 강조했다.

지역 환경운동을 해온 이금순 대표는 "단체 운영과 맞물려 수입이 거의 없었다"면서 "우리나라에 적으나마 복지가 있고, 국민연금이 있다는 데 의지하고 있다"고 밝혔다.

김동민 교수는 "(자녀의 양육과 교육으로) 노후 준비가 미흡한 사람들을 방치하는 것은 국가가 할일이 아니다"며 "기초노령연금도, 국민연금도 그런 차원에서 도입이 됐다. 정부에서도 이를 상향 조정하려고 시도하려 하는 것은 국가가 책임을 지려고 하는 좋은 자세"라고 평가했다.

국민연금 이외에 금융기관의 사설연금을 수령한다고 답한 사람은 이은호 대표가 유일했다. 이은호 대표는 "사설연금에서 매달 40만원 정도가 나올 것 같다"면서 "지금 하고 있는 사업을 접으면 역모기지론을 신청할까 생각한다"고 말했다.

은퇴 후 경제력이 줄어든 상황에 대한 조언도 나왔다. 신완섭 조합장은 소노 아야꼬(曽野綾子)의 『계로록』을 인용하며 "돈봉투(경조사)에 대한 부담감을 떨치고 생활을 다운 사이징해야 한다"면서 "나이가 들면 노동을 하던 때와 비교해 경제적으로 떨어질 수밖에 없다. 생활수준을 낮추면서 은퇴 생활을 시작해야 한다"고 충고했다.

경제적인 것 이외의 노후 준비 '공동체'

인터뷰한 베이비붐 세대는 비경제적인 노후 준비, 이 가운데서도 공동체 생활에 대한 준비를 강조했다.

신완섭 조합장은 "피터 드러커는 90여세까지 장수하는 사람의 조건으로 공동체 의식을 지목하고, 자신도 그렇게 살기위해 애썼다고 한다"며 "9988클럽을 만든 건 나이가 들어서 활동력이 떨어질 때 이런 운동을 시작하는 게 아니라 현업에서 무엇인가를 하고 있을 때 노후에 대한 생각을 해보자는 취지였다"고 설명했다.

이상곤 작가는 마을 공동체 활동이 은퇴 후 삶에 필요하다고 말했다. 이상곤 작가는 "(은퇴 후 삶에) 형이니 아우니 하고 지내며 사람 냄새 맡으며 사는 게 도움이 된다"면서 "마을살이를 하면서 가장 보람이 있는 일은 우리 어릴 때 살던 시골의 정취, 인간관계를 느낄 수 있다는 점"이라고 말했다.

은퇴 후 정서적인 면과 사회 구성원으로써의 역할을 다하기 위해 공부나 지적활동이 필요하다는 지적도 나왔다. 김동민 교수는 "정신적으로 삶에 만족할 수 있게 하기 위해 공부가 필요하다"며 "가치 있는 삶을 끝까지 추구하고 아름답고 보람 있게 인생을 마무리하려면 지적인 활동을 쉼 없이 해야 한다"고 강조했다.

은퇴 후 두 번째 직업 '인생 2막'…"새로울 것 없다. 하던 일에서 찾아야"

인터뷰인들은 정년이나 퇴직으로 인한 직업적인 은퇴를 겪은 후 찾는 두 번째 직업, 흔히 '인생2막'에 대해서도 새로운 것을 찾으려 하지 말라고 말했다. 늘 해오던 것, 자신이 즐거운 일에서 은퇴 후 새로운 직업을 설계하라는 충고다.

이은호 대표는 "은퇴해 새로운 일을 구상하더라도 본래 하던 일을 크게 벗어나면 안 된다"며 "의류회사 영업부에서 일하던 그 일을 그만두고 옷가게를 차리면 성공할 수 있다. 하지만 의류회사에서 회계 보던 사람이 나와서 옷가게를 차리면 어떻게 될까? 성공하기 어려울 것"이라고 말했다.

신완섭 조합장은 "벌어둔 돈이 많아서 즐기는 생활을 하겠다는 후배들이 있다"며 "휴식은 일을 한 후에 휴식이지, 휴식만 하며 방전이 된다"고 지적했다. 이어 신완섭 조합장은 "나이가 들수록 자기가 하고 싶은 일을 발견하고 만들어 가야 한다"며 "본인이 감당할 수 있는 일, 나이가 들어서도 계속할 수 있는 일을 트레이닝 해야 한다"고 조언했다.

이상곤 작가는 "인생 이모작, 인생 2막이라는 말에 크게 공감하지 않는다"며 "인생은 연결되는 것이지 은퇴가 인생을 단절시키는 것은 아니라고 생각한다. 내게 사진은 그전부터 꾸준히 해왔던 일이지 새로운 게 아니다"고 말했다. 이어 이상곤 작가는 "은퇴할 때 대부분 계획이 거창하다"며 "지금껏 내게 가장 즐거운 것을 찾아보고 스스로 즐거울 일을 찾아 해보는 계획을 세웠으면 한다"고 충고했다.

젊은 세대와의 소통 어떻게 해야 할까?

최근 노인혐오 등이 사회적 문제가 되고 있다. 젊은 세대 가운데 일부는 노인 세대에 대한 적대감을 감추지 않는다. 젊은 세대가 보기에 집주인, 사장, 고용주 등으로 대변되는 노인 세대가 자신들이 처한 부조리의 원흉으로 느끼기 때문이다.

인터뷰인들은 젊은 세대에게 노년이 사회적 구성원으로 인정받으며 소통하기 위해서는 사회 구조적인 문제 해결과 함께 젊은 세대를 이해하는 자세가 필요하다고 충고했다.

김동민 교수는 “노인 혐오 문제는 노인의 문제가 아니다”며 “사회구조의 문제로 봐야 한다”고 지적했다. 김동민 교수는 “부동산 정책, 조세정책의 문제”라며 “부자 증세나 누진세 도입 등을 통해 수입이 있는 곳에 세금을 매겨 부동산을 소유한 노인 세대에 대한 젊은 세대의 비꼬인 시선을 돌릴 필요가 있다”고 말했다.

김동민 교수는 젊은 세대들의 문제를 제기하고 이에 대한 부정적인 감정을 해소하는 방식에도 문제가 있다고 지적했다. 김동민 교수는 최근 젊은 세대의 노인 혐오에 대해 “자기들이 어렵다고 화살을 가까운 노인 세대에 겨냥하는 것”이라며 “일부 노인들 탓으로만 돌리지 말고 구조의 문제로 접근을 해야 한다”고 밝혔다. 또 김동민 교수는 “젊은 20대의 취업 문제를 개인적으로 돌파하라는 사회적 분위기도 문제가 있다”며 “젊은 세대들이 집단적으로 돌파해야 한다. 다수가 뭉쳐야 힘이 생기고 국가도, 일안하다고 욕먹는 국회의원들도 움직인다”고 조언했다.

또 김동민 교수는 노인 세대가 젊은 세대와 소통하기 위해 ‘공부’가 필요하다고 지적했다. 김동민 교수는 “노인들의 보수화도 생각해 볼 문제”라며 "보수가 나쁘다기 보다 2~30년 전 뇌에 뿌리내린 지식이나 생각, 상식에 머물러 있는 것은 본인에 불행한 삶을 강요하는 것과 같다"고 지적했다.

이상곤 작가는 젊은 세대와의 소통을 위해서는 베이비붐 세대가 가진 고정관념을 내려놔야 한다고 지적했다.

이상곤 작가는 "70년대 중·고등학교를 다닐 때 '억울하면 출세하라'는 말이 유행했다. 이 말을 듣고 자란 사람들이 오늘날 기득권을 형성하고 있다"며 "베이비붐 세대는 자신들이 가진 사회적 부에 대해 '우리는 어릴 때 궁핍하게 살았는데 그걸 딛고 이만큼 이뤘어'라는 식의 고정관념을 내려놔야 한다"고 지적했다.

이상곤 작가는 "우리 세대가 같이 사는 것에 대한 소중함을 느낀 경험이 별로 없어 서투를 수 있다"면서도 "젊은 세대들이 저항의 눈빛으로 볼 때 자신을 돌아보고 젊은 세대가 가진 상대적인 박탈감을 들어주며 해결 방안을 함께 고민하면 다소 젊은 세대에게 위안이 되지 않겠냐"고 말했다.

아래는 인터뷰 전문이다.

"쉬기만 하면 방전될 수밖에...은퇴 후에도 하고 싶은 일을 만들어야"

[인터뷰] 노년을 준비하는 9988클럽을 제안한 신완섭 조합장

9988클럽이 운영하는 식당 '밥시술시'에서 인터뷰하는 신완섭 조합장

1959년 생으로 전후 베이비붐 세대다. 전후 베이비붐 세대를 어떻게 보나?

박정희 정권 때 1차에서 5차에 이르는 경제개발을 통해 우리나라 경제개발을 이끌었던 세대가 우리의 바로 앞 세대다. 우리(전후 베이비붐 세대)는 우리나라 산업발전에서 있어서 두 번째 세대라고 할 수 있다. 물론 우리도 경제적으로 넉넉하지 못한 어린 시절을 보내야 했지만, 경제발전 1세대는 더 많은 고통을 겪어야 했다. 경제적 기반이 없던 시대를 살았기 때문이다.

이런 측면에서 보면 우리 세대는 그래도 앞선 세대의 수혜를 입었다고 할 수 있다. 우리 세대가 시작에서 우리나라가 성장해가는 중간 단계에 있었기 때문에 전반적으로 취업의 기회도 많았고 경제발전에 따른 재산증식의 기회도 많았던 세대라고 할 수 있다.

반면 우리 다음 세대라고 하는 386세대와 비교해 보면 386세대가 훨씬 더 많은 기회를 얻었다고 할 수 있다. 386세대가 대학에 입학하고 졸업하는 80년대는 경제발전이 어느 정도 고지에 올랐고 경제 기반도 있었던 시대다. 그래서 경제 기반을 근거로 더 많은 기회를 가져올 수 있었다. 어느 정도 경제적 기반위에서 민주화에 대한 요구도 있었고, 이를 바탕으로 정치권으로의 진출도 활발했던 세대라고 할 수 있다.

우리 세대가 가지는 정치적 의미를 따져본다면 1958년생 개띠, 1959년생 돼지띠 세대가 앞 전 년도보다 폭발적으로 증가하면서 높은 공동의 힘을 발휘하는 관문을 열었다고 평가할 수 있다.

우리 세대는 바로 윗세대가 겪었던 보릿고개와 같은 경제적 어려움을 절반정도는 감수했던 세대라고 평가할 수 있다. 반면 아래 386세대는 전혀 이 같은 경제적인 어려움을 겪지 않았다. 때문에 어려운 어린 시절 때문인지 재산축적에 대해 이후 세대보다 좀 더 노력을 하고, 관심을 기울이지 않을까 생각한다.

스스로를 노년이라고 생각하는지? 지하철 노약자 석에 앉나?

앉지 않는다. 아직 노약자석에 앉기에는 일말의 불안감이 느껴진다. 아직 노년이라고 생각하지 않기 때문에 그런 불안감이 드는 듯하다.

연령으로 노년을 구분하는 것은 다소 어불성설 같아 보이지만, 굳이 하자면 적어도 70세는 넘겨야 노년 행사를 하지 않을까 생각된다. 세계보건기구가 노년의 기준을 65세라고 정했다. 세계 평균수명보다 우리나라 평균수명이 조금 더 길다면 적어도 70세는 넘겨야 노년행세를 하지 않을까 생각된다. 요즘 60세는 노인이라고 분류하는 사람은 드물다.

노후에 대한 준비는 어떻게 하고 있나?

한 때는 걱정을 많이 했다. 지금은 마음을 내려놓았다. 아이가 셋이 있다. 큰 아이가 7년간 미국에서 유학생활을 했고 지금도 미국에서 직장을 구해 일하고 있다. 큰 아이 유학비로 들어간 비용이 만만찮게 많다. 대출까지 해서 유학을 보냈다. 엄청난 사치를 부린 것이다. 살아오면서 가장 잘못한 일이라 생각된다. 지금은 그게 우리 집안의 부담으로 그대로 남아있다. 부인의 수입의 절반을 빚 갚는 데 쓰고 있다. 하지만 지금은 크게 걱정하지 않는다.

노후에 대한 경제적인 대안이 있나?

우리 세대 가운데는 부동산만 가지고 노후에 대한 걱정을 하는 이들이 많다. 가용재산이 없기 때문이다. 세대 전체가 부동산에 대한 집착도가 높았다.

일본은 800세대 이상이 빈집. 우리나라도 200세대가 빈집이다. 가와이 마사시(河合雅司)가 쓴 '미래연표'라는 책이 있다. 이 책에서 2020년이 되면 일본 전체 여자 인구의 절반이상이 50대가 이상이 된다고 한다. 우리나라는 일본보다 더 속도가 빠르게 노령사회에 접어들고 있다.

미래연표는 지방에 대학이 모두 문을 닫는다고 예상하고 있다. 우리나라도 학생 수 감소로 지방대학이 문을 닫는 경우가 많은 걸로 알고 있다. 미래연표 저자는 지방에 있는 대학을 '노년 빌리지'로 만든다는 계획을 제안했다. 대학의 규모가 있기 때문에 노년을 위한 숙식동도 만들고, 문화체육, 쇼핑시설 등등의 편의시설을 만들 수 있다는 얘기다. 우리나라도 반드시 그렇게 변해 갈 것이라고 생각된다. 굳이 집의 소유를 탐할 이유가 없다는 생각이다.

가용재산은 없지만 국민연금제도가 시작되면서 한 달에 124만 원 정도를 받을 수 있다. 젊었을 때 부어둔 돈이다. 다행히 와이프가 정년이 없는 전문직이다. 연금제도의 수혜를 본 사람들은 모두 연금제도의 중요성에 대해 인정한다. 나도 그렇다. 국민연금은 반드시 모든 국민들이 지켜내야 한다고 생각한다.

다만 자식들이 걱정이다. 큰 아이가 서른 셋, 아래로 여자 아이가 둘이 있다. 아직 모두 결혼을 안했다. 나는 자식들에 대한 의무감을 가져야 하는 부분은 학업으로 끝내야 한다고 생각한다. 그래서 자식들에 대한 부담감을 떨쳐야 한다. 다만 자식들이 정상적인 생활궤도로 진입할 수 있을 지에 대해서는 걱정이 있다.

경제적인 것 이외에 노후 준비는 어떻게 하고 있나?

피터 드러커(Peter F. Drucker)가 말년에 공동체를 강조했다. 피터 드러커는 90여세까지 장수하는 사람의 조건으로 공동체 의식을 지목하고, 자신도 그렇게 살기위해 애썼다고 한다. 7~8년 전 사업을 하면서 경제적으로 어려운 시절을 겪었다. 경제적 어려움을 겪게 되면서 주면에 다른 문제도 한꺼번에 쏟아져 터진다. 잘 벌던 돈을 못 벌게 되면서 주변에서 모두가 등을 돌리는 상황에 놓인 적도 있다.

좌절을 겪으며 '물질이 없으면 정신으로 메워야 한다'는 생각을 했다. 그래서 문학 활동을 하고 9988클럽을 만들자고 했다. 18명이 발기인을 모았을 때도 나이가 들어서 활동력이 떨어질 때 이런 운동을 시작하는 게 아니라 현업에서 무엇인가를 하고 있을 때 노후에 대한 생각을 해보자고 제안했다.

일본에 여성학자 중에 소노 아야꼬(曽野綾子)가 『계로록(戒老錄, 한국어판 제목 『나는 이렇게 나이들고 싶다』)』이라는 책에서 나이가 들어서 감당하지 못할 부조나 축의를 하지 말라고 충고한다. 꼭 돈봉투를 들고 가야한다는 부담감을 떨치고 생활을 '다운사이징'하라는 얘기다. 생활을 다운 사이징하면 마음이 편해진다. 나이가 들면 노동을 하던 때와 비교해 경제적으로 떨어질 수밖에 없다. 생활수준을 낮추면서 은퇴 생활을 시작해야 한다.

9988클럽이 '99세까지 팔팔하게 살자'는 의미로 알고 있다. 어떤 활동을 하고 있나?

9988클럽을 하면서 가장 먼저 한 것은 농사 사업이다. 농사를 함께 짓고 결과물을 나눠가지자는 의미에서다. 처음에는 60평 땅을 빌려 시작했다. 처음 봄철 감자를 심는 데 2명이 나왔다. 5월 수확을 하는 데도 몇 사람 나오지 않았다. 하지만 묶음을 작게 하더라도 전 조합원이 나눴다. 그러고 나니 농원 출석률이 높아졌고, 지금은 모두 농사 사업에 대한 자부심을 가지고 있다.

매달 문화사업이라고 해서, 인문 강좌나 음악회를 하고 있다. 9988클럽은 별도의 회의를 하지 않는다. 토요일 마다 밭에 모여 세상사는 이야기를 하고 한 달에 한번 강좌를 할 때 모여 논의한다.

수익사업도 하려 한다. 7~80세가 돼서도 적어도 용돈을 버는 일은 있어야 한다고 생각하기 때문이다. 스페인의 몬드라곤은 IMF 위기가 닥치고, 상황이 어려워도 노동자를 자르지 않는다는 원칙이 있다. 공장 문을 닫을 수 있다. 그러나 몬드라곤 조합원은 실직을 당하지 않는다. 9988클럽 조합회원이 직장을 그만두고, 은퇴를 하면 뭔가를 할 수 있어야 하는 데 그런 장을 만들고 싶다.

막걸리 도가를 만들거나 IT 부품을 만들어보자고 했을 때 일정한 인원이 있어야 전문성과 규모를 가지고 일을 시작할 수 있다고 생각한다. 바람이 있다면 그런 사업을 함께 할 수 있는 사람들을 조금 더 모우고 싶다. 몬드라곤처럼 수백 개가 넘는 기업을 거느리지 못해도 지역사회에서 수십 개 일자리를 만들고 나누고 싶다.

앞으로 9988클럽을 협동조합으로 전환하려고 한다. 말 그대로 협동정신을 갖고 있는 사람들이 협동조합을 만들어야 한다.

노년을 준비하면서 건강은 어떻게 관리하고 있나?

특별히 준비하는 건 없다. 가능한 한 운동 삼아 걸어 다닌다. 주말에는 산에 가는 걸 신경 써 챙기고 있다. 생활 속에서 체력관리를 하려고 노력한다. 아직 특별히 검진을 받아도 이상은 없다.

다만 내가 암에 걸렸다고 한다면 100% 수술을 거부할 생각이다. 편안하게 살다가 가겠다는 각오를 했다. 질병에 미리 겁먹을 필요는 없다. 내가 좋아하는 위인이 3명이 있는데 이순신 장군과 세종대왕과 제갈공명이다. 모두 50대에 죽었다. 그분들에 비하는 지금도 과분하게 살고 있다.

가족과의 관계도 노년 준비에 핵심적인 사항이다. 가족 관계는 어떤가?

서로 내려놓기를 하자 말을 한다. '하심가'라는 연작시를 쓰면서 나이 더 들수록 더 내려놓자고 표현을 했다. 아내가 나와 동갑내기다. 나이가 더 들수록 친구처럼 지냈으면 좋겠다고 생각하고 있다.

여성들은 나이가 들면 들수록 남성 호르몬이 늘고 남성은 줄어든다고 한다. 그래서 일부러 아내에게 존댓말을 쓴다. 와이프도 나에게 막대하지 말라는 싸인이다. 서로간의 존경하는 의식이 없이 친구, 연인, 부부가 될 수 없다고 생각한다.

노년을 준비하는 주변사람들이나 후배들에게 해주고 싶은 당부가 있다면?

몸이 허락되는 한 자기 일을 해야 한다고 생각한다. 벌어둔 돈이 많아서 즐기는 생활을 하겠다는 후배들이 있다. 휴식은 일을 한 후에 휴식이지, 휴식만 하며 방전이 된다. 나이가 들수록 자기가 하고 싶은 일을 발견하고 만들어 가야 한다.

9988조합 농사 반장인 양회택 씨는 공방에서 목공을 배우고 술도가를 찾아 술 담그는 법을 배웠다. 나도 글을 쓰고, 매일 시를 남긴다는 걸 생활화했다. 본인이 감당할 수 있는 일, 나이가 들어서도 계속할 수 있는 일을 트레이닝 해야 한다. 은퇴에 갑작스레 직면하면 초초해진다. 내가 하고 싶은 일을 골라 준비해야한다.

가장 존경하는 분인 중국의 지셴린(季羡林) 교수가 '3불 원칙'을 세우고 평생을 실천했다고 한다. 지셴린 교수의 3불은 '먹는 것을 가리지 않는다. 빈둥거리지 않는다. 수군거리지 않는다.'이다. 나는 거기에 한마디를 더 보태고 싶다. '감당 못할 짓을 하지 않는다.'이다. 늙었다고 괜히 어디에 불려가 줄만 서있는 일을 하면 안된다는 말이다.

"가치있는 삶, 보람있게 인생을 마무리하려면 지적활동을 쉼 없이"

[인터뷰] 건강이 허락할 때까지 저술과 강의를 멈추지 않는 김동민 교수

인터뷰하는 김동민 교수

노년의 기준 나이는 몇 세라고 보는가?

70세 정도로 잡아야 하지 않을까 생각한다. 예전에는 환갑까지 살아가는 게 어려웠지마는 지금은 환갑잔치를 하는 게 부끄러워한다. 맹자는 50세가 넘어가 비단옷을 입는다고 했는데, 당시는 50세까지 사는 게 대단히 어려운 시기였을 것이다.

제도적으로는 노년의 기준을 환갑에서 회갑 사이인 65세로 잡고 있는데 지금은 그 보다 훨씬 수명이 길어져 70세 정도를 기준으로 해야 하지 않을까 생각한다. 개인적으로는 70세가 넘어서고 판단의 능력이 떨어지고 자신이 가진 가치관을 수정하기도 힘들다고 본다. 그러면 미래를 결정하는 선거권도 제한하면 좋겠다.

노후에 대한 경제적인 준비는?

개인적으로 특별하게 준비하는 것은 없다. 공부하는 게 직업이다. 공부는 나이제한이 없고 본인의 의지에 따라서 계속할 수 있다. 어떻게 보면 공부하는 게 노후 대책이다. 강의도 할 수 있는 데까지 하고, 앞으로 연구소도 만들어 활동하려하고, 책도 쓰고 있다.

개인을 떠나서 노후 복지는 국가가 책임을 져야 한다고 본다. 특히 우리

세대는 노후 대책에 잘돼 있는 사람이 비율이 높지 않을 것이다. 우리 세대는 애들 교육 시킨다고 돈을 다 쓰고, 교육 뿐 아니라 결혼 이후까지도 챙기고 있다.

그런 면에서 노후 준비가 되지 않은 사람들을 방치하는 것은 국가가 할 일이 아니다. 기초노령연금이나 국민연금도 그런 차원에서 도입이 됐다. 정부에서 이를 상향 조정하려고 시도하려 하는 것은 국가가 책임을 지려고 하는 좋은 자세다.

경제적인 것 이외에 노후 준비는 어떻게 해야 하나?

이것도 공부를 해야 한다고 본다. 정신적으로 삶에 만족할 수 있는 것을 얻기 위해서는 공부가 필요하다. 대선 때 후보 캠프에 노인들의 교양교육과 노인도 공부를 할 수 있게 하자고 제안하기도 했다.

노인들의 보수화도 생각할 필요가 있다. 공부를 안하는 게 보수화의 원인이다. 보수가 나쁘다기보다, 수명이 길어지면서 자기 자신에 대해서도 성찰하고 세상을 더 알고자 하는 의지가 필요하다. 2~30년 전 뇌에 뿌리내린 지식이나 생각, 상식에 머물러 있는 것은 본인에게도 불행한 삶을 강요하는 것과 같다.

그런 면에서 노년이 되서도 지적활동을 계속하면서 삶의 의미를 만끽할 수 있어야 한다. 단발적인 것이 아니라, 국가가 책임지고 노인정도 활용하고, 비워있는 학교를 활용하면 노년의 공부를 돕는 게 가능하리라 생각된다. 놀고 있는 박사들에게도 일자리를 마련해 주는 일이 될 것이다.

노년의 일자리, '인생 2막'에 대해서는 어떻게 생각하나?

정규직 비슷한 일거리를 만들어야 한다. 선진국에 비해서 자영업자들이 너무 많다. 일찍 퇴사를 하게 되면 일자리가 없으니 뭘 해야 한다는 강박관념에서 젤 쉽게 생각하는 게 프랜차이즈 음식점, 치킨집이다. 개인의 선택을 그렇게 유도한 국가가 해결해야 할 문제이다. 개인이 해결할 수 있는 문제가 아니지 않나?

일은 언제까지 이어갈 생각인가?

체력이 닫는 데까지, 허락하는 데까지 계속할 것이다. 강의하는 데 체력이 닫지 않으면 책을 쓰는 데 집중할 생각이다. 건강이 허락하는 데까지는 계속할 생각이다.

건강은 어떻게 챙기고 있나?

다행히 부모님이 건강한 체질을 물려줘서 술도 잘 먹고 아직 건강하다. 일주일에 한두 번 산에 간다. 차 없이 걸어 다니는 생활을 하고 있다. 대중교통을 이용하니 걷는 양이 상당하다. 담배는 피우지 않는다.

최근 젊은 세대의 노인 혐오에 대해 어떻게 생각하나? 젊은 세대와의 소통 방법도 알려 달라.

노인 혐오와 같은 문제는 노인의 문제가 아니다. 사회구조의 문제로 봐야 한다. 부동산 정책, 조세정책에 대한 문제다. 노령연금을 40만원을 올린다고 하면 당장 20대가 반발할 수 있다. 부자증세나 누진세를 적극 도입해 수입 있는 곳에 세금을 매겨서 부동산을 소유한 노인 세대에 대한 젊은 세대의 비꼬인 시선을 돌릴 필요가 있다.

노인들도 젊은 세대와 소통이 필요하다. 젊은 세대와 소통하기 위해서는 공부를 해야 한다. 젊은 세대를 먼저 이해해야 소통할 수 있다.

젊은 친구들 문제도 있다. 자기들이 어렵다고 화살을 가까운 노인 세대에 겨냥하고 있다. 당장 직면한 문제의 원인과 감정도 배설할 통로를 너무 가까운 데서 찾으니 문제다. 결국 젊은 세대가 스스로 자신들의 문제가 사회적 구조에서 비롯된 문제라는 점을 알아야 한다. 일부 노인들 탓으로만 돌리지 말고 구조의 문제로 접근을 해야 한다.

젊은 20대의 취업과 같은 문제를 개인적으로 돌파하라는 사회적 분위기도 문제다. 각자도생해서 개인 몇몇은 성공할 수 있을지 모르겠지만 대다수가 어려운 게 현실이다. 이런 문제는 젊은 세대들이 집단적으로 돌파해야 한다. 다수가 뭉쳐야 힘이 생기고 국가도, 일안하다고 욕먹는 국회의원들도 움직인다. 개인적으로 돌파하라고 종용하고 이를 부추기며 경쟁시키는 사회적 분위기를 극복해야 한다.

노후의 가족 관계는 어떻게 설정하고 있나?

딸이 있는데 기대하는 건 없다. 도와주지 못해 오히려 걱정이다. 아직 결혼도 하지 않았다. 잘 되기만을 바랄 뿐이다.

노년을 준비하는 사람들에게 하고 싶은 조언이 있다면?

가치 있는 삶을 끝까지 추구하고 아름답고 보람 있게 인생을 마무리하려면 지적인 활동을 쉼 없이 해야 한다. 그래야 자신이 소중함을 찾는 노년을 삶을 준비할 수 있다.

"즐거운 일하기에도 얼마 남지 않은 인생"

[인터뷰] 고등학교 교사에서 사진작가로…이상곤 작가

대야미 마을 공동체 공간 배움터에서 만난 이상곤 작가

지하철 노약자석에 앉나?

노약자 석에 앉아야 될 이유도 없고, 아직 그 정도라고 생각을 안 한다. 굳이 노약자 석에 앉을 이유가 없다.

언제부터 노년이라고 생각하나?

육체적인 나이와 마음의 나이가 있다고 생각한다. '신체적으로 자기 몸을 다루기 어렵다. 생각처럼 활동이 어렵다'고 생각되면 육체적으로 노인기라고 본다. 정신적으로는 삶의 활력이 떨어지면 노년이라고 생각한다. 나이로 따지면 적어도 70세는 넘어야 노년에 접어든다고 볼 수 있을 것이다.

가족들은?

큰애는 30대이고, 둘째는 30대 접어들고 막내가 10살이다.

아이들이 결혼을 앞두고 있다. 부담감은 없나?

대학을 모두 졸업시켰다. 이미 스스로를 책임져야 할 나이이다. 때문에 결혼을 하면 조금의 도움을 주겠지만 모아 놓은 돈이 있는 것도 아니기 때문에 큰 도움을 주지 못한다. 이미 그렇게 아이들에게 이야기해 놨다.

20살 넘으면 알아서 하라고 농담 삼아 이야기했다. 30세가 넘으면 진로나 경제적 문제는 알아서 해야 한다. 어려워도 본인이 해결해야 한다. 스스로 개척하는 게 의미가 있지 않나?

지금 우리 세대가 중간에 낀 세대다. 부모를 부양해야 문제도 그렇고 윗분들을 봉양하고, 아래부터는 봉양을 받을 수 없는 중간에 낀 세대가 아닌가 생각한다.

경제적인 노후 준비는 어떻게?

노년이 되기 전에 하고 싶은 일이 사진이었다. 남은 삶은 사진 작업을 하면서 보내고 싶다. 경제적 이득을 얻기 매우 어려울 수 있지만 연금 생활자이기 때문에 경제적인 압박은 없다. 교원 연금을 받는다.

사진에 관심을 둔 계기가 있나?

90년대 초 현직교사로 있을 때 그림을 그리는 친구가 화실 한 편에 작은 암실을 두고 사진 작업을 했다. 인화지에 이미지가 떠오르는 걸 보고 사진에 빠져들었다. 그 때부터 틈만 나면 사진을 찍고 다녔다. 학교에서 체육대회 같은 행사를 하거나 등산을 가면 사진을 찍어 학생들과 동료들에게 나눠주기도 했다.

퇴직을 생각했을 때 퇴직 후 뭘 해야 하냐는 고민에 가장 먼저 떠오르는 게 사진이었다. 주저 없이, 지체 없이 사진을 찍겠다고 선택을 했다. 고등학교에서 영어를 가르치다 2013년에 명예퇴직을 했다.

흔히 은퇴 후 인생 이모작, 인생 2막이라는 말에 크게 공감하지 않고 그런 용어를 쓰고 싶은 생각이 없다. 다른 인생이 아니지 않나? 인생은 연결되는 것이지 은퇴가 단절이라고 생각하지 않는다.

사진은 그전부터 관심을 가지고 꾸준히 해왔던 것이다. 은퇴를 하고 나서 좋은 점은 출근을 하지 않고 언제든 사진을 찍으러 다닐 수 있다는 것이다.

'인생 2막'을 말하는 사람들은 은퇴 후 인생이 크게 변한다는 걸 전제하고 있다. 자신이 관심 있는 분야, 즐거운 일을 하는 데 인생이 크게 변할 이유가 없다. 최근에 '녹'이라는 전시회도 했고, '윈드오브체이지'라는 이름의 전시회도 했다. 음악하는 사람들이 음악을 열심히 해서 무대에 서는 것처럼 사진을 여러 사람들과 공유하는 건 즐거운 일이 아닐 수 없다.

마을 공동체 활동도 열심히 하고 있다. 공동체 활동이 은퇴 후 삶에 도움이 되는 점이 있나?

형이니 아우니 하고 지내며 사람 냄새 맡으며 사는 게 도움이 된다. 마을 살이를 하면서 가장 보람이 있는 일은 우리 어릴 때 시골의 정취, 인간관계를 느낄 수 있다는 점이다.

최근에 '대야미 사람들'이라는 이름으로 마을 사람들을 찍어서 전시회를 하고 있다. 한 사람을 찍으면 다음에 찍을 사람을 추천해 주는 식으로 사람들을 이어갔다. 대야미는 2019년에 택지개발을 앞두고 있다. 지금의 모습을 조금이라도 더 남기고 싶어서 시작한 일이다. 2019년에 대야미 사람들 시즌2를 기획하고 있다.

노인 세대와의 젊은 세대와의 소통에 대해서는 어떻게 생각하나?

70년대 중·고등학교를 다닐 때 유행했던 말이 '억울하면 출세하라'였다. 이 말을 듣고 자란 사람들이 오늘날 기득권을 형성하고 있다. 사실 우리 세대에게는 '돈 벌어 출세하라'는 암묵적인 푸시가 있었다. 그래서 모으기에만 급급했지 나누고 함께할 수 있는 계기가 드물었다.

베이비붐 세대는 스스로가 가진 사회적 부에 대해 '우리는 어릴 때 궁핍하게 살았는데 그걸 딛고 이만큼 이뤘어'라는 식의 고정관념을 내려놔야 한다. 지금 젊은 세대들의 생각도 들어봐야 한다. 그들도 그들 나름의 아픔이 있다는 걸 들어줘야 한다. 우리 세대가 이제 그 정도의 연륜은 되지 않았나 생각한다. 다만 우리 세대가 같이 사는 것에 대한 소중함을 느낀 경험이 별로 없어 서투를 수 있다. 함께 산다는 가치보다 경쟁에 내몰릴 때가 많았기 때문이다.

마을 살이를 하면서 내가 가진 고집이나 생각보다 주변의 조언이 더 훌륭한 점이 있다는 것을 느꼈다.

젊은 세대들이 저항의 눈빛으로 볼 때 자신을 돌아보고 젊은 세대가 가진 상대적인 박탈감을 들어주며 해결방안을 함께 고민하면 다소 젊은 세대에게 위안이 되지 않겠나? 결국 사회는 함께 사는 게 아닌가? 내 아들, 내 친구 아들, 내 아들 친구로 얘기하다 보면 젊은 세대와의 소통이 더 쉬울 것이라고 생각된다.

먼저 은퇴를 경험해 봤다. 은퇴를 앞둔 사람들에 하고 싶은 조언이 있다면

은퇴를 할 때 대부분 계획이 너무 거창하다. 내가 가장 즐거운 것을 찾아보고 스스로 즐거울 일을 찾아 해보는 계획을 세웠으면 한다. 스스로 즐거운 일이 당장 없다면 자신의 내면의 소리를 먼저 들어보고 하고 싶은 일이 뭔지를 결정하면 어떨까 한다.

그동안 하기 싫은 일, 의무감에서 해왔던 일을 내려놓고 하고 싶은 걸 하기에도 인생이 얼마 남지 않았다.

건강은 어떻게 챙기고 있나?

자전거 라이딩과 등산, 테니스를 즐긴다. 내년에 60이 되니 조심해야겠다는 생각이 들 때도 있다. 지금처럼 운동하면서 즐겁게 지내면 건강에는 큰 문제가 없지 않을까 기대한다.

"은퇴하고 볕 바른 작은 집과 텃밭에서 자급자족하는 삶을"

[인터뷰] 이금순
(사)자연과함께하는사람들 대표

(사)자연과함께하는사람들 사무실에서 만난 이금순 대표

지역사회에서 환경운동을 오래했다. 얼마나 됐나?

96년부터 준비해서 97년도에 군포환경자치시민회를 만들면서 환경단체 활동을 시작했다. 이보다 앞서 94년 군포시 소각장 반대운동이 환경운동을 하게 된 계기가 됐다. 당시는 1601가구 아파트 동대표 총무를 맡고 있었다. 쓰레기 소각장 반대를 지금 생각해 보면 님비(NIMBY)가 아니었을까도 하지만, 이 운동을 통해 지역에 환경단체와 환경운동이 필요하다는 생각을 했다.

노후는 어떻게 준비하고 있나?

그때부터 환경운동을 하기 시작해 지금까지 거의 모든 시간을 지역을 위해 썼다. 지금은 생태교육을 주로 하고 있다. 생태교육을 하면서 생활비

정도 벌고, 쓰는 건 스스로 마련할 수 있어야 하지만 단체운영과 맞물려 수입이 거의 없다시피 한다. 그러다보니 나이 들어서 어떻게 할 것인가 고민을 많이 하게 됐다.

지금까지 살아온 걸 되돌아보면 돈을 버는 삶은 아니었다. 앞으로도 최소한의 삶을 살아가는 게 목표다. 그래서 은퇴 후를 생각해 태안 지역에 500평, 작은 밭을 샀다. 야생화를 심고 야생화를 뜯어서 나물도 해 먹으니 좋다. 밭이 살아있어 무를 길러 김치를 담아 보면 맛이 있다. 앞으로 은퇴하고도 욕심만 부리지 않으면 밭에 딸린 작은 집과 텃밭에서 자급자족하면서 살 수 있지 않을까 생각한다. 우리나라에 적으나마 복지가 있고, 국민연금이 있다는 데 의지하고 있다.

귀농을 결심하게 된 계기가 있나?

태안은 연고가 없다. 생태교육을 나갔다가 알게 된 곳이다. 태안 매화둠벙마을에 생태교육을 갔을 때 동네가 너무 예쁘다고 생각했다. 이 마을이면 살아볼 만하지 않겠나 생각도 했다. 매화마을에서 가까운 계곡에 밭이 나왔다는 얘기를 듣고 뒤도 안돌아보고 계약을 했다. 처음에는 우리 밭밖에 없던 골짜기에 3년 전부터는 한 사람 한 사람씩 들어오고 있다. 계곡을 한 편이 모두 귀농한 사람들이 자리를 잡은 곳이 됐다.

신두리 해변에서 차로 10분 거리에 위치한 계곡이다. 계곡을 따라 농사를 지을 수 있는 논·밭이 이어져 있는 곳이다. 처음에는 우리 밭밖에 없다가 지금은 일고여덟 가구가 모여 있다. 자연과 함께 살자고 귀농한 분들이라 사람들이 모두 좋다. 요즘은 모임도 만들었다.

문지금하고 있는 일은 얼마나 이어갈 생각인가?

지금 하는 일은 건강이 따르는 한도 내에서는 하고 싶다. 지역 환경운동할 때 나이가 든 게 장점이 될 수 있다. 지금까지 열심히 한길을 달려왔기 때문에 힘닿는 데까지 하고 싶은 바람이다.

귀농에 대해 가족이 동의했나?

남편도 동의했다. 지금은 같이 가고 있다. 최근에는 남편이 생태 화장실을 만들었다. 목재 팔레트로 만들어 줬다. 주변에 귀농한 분들도 보고 놀랄 정도로 잘 만들었다. 내는 밭에 나가 농작물 키워내는 일만 한다. 남편도 요즘은 즐긴다. '뭣 좀 만들어 주세요'하면 뚝딱 만들어 낸다. 여태껏 살아도 그런 걸 할 수 있었는지 알 못했고, 그렇게 하는 걸 처음 봤다. 뭔가를 만드는 능력이 있는 것 같다.

온전한 귀농은 언제 할 생각인가?

내가 환경운동을 할 수 있었던 건 모두 남편이 안정되게 벌기 때문이다. 일단 계획은 남편이 벌 수 있을 때까지 움직이지 않을 생각이다. 귀농·귀촌에는 연습이 필요하지 않나 생각한다. 요즘은 열심히 다니면 연습하고 있다.

귀농을 위해서는 건강도 중요할 것 같다. 건강은 어떻게 관리하나?

허리가 안 좋다. 원래도 좋지 않다가 교통사고가 나서 더 아프게 됐다. 양의도 아니고 한의도 다니며 치료를 하고 뜸도 떴다. 몸살림을 1년간 했다. 겉은 멀쩡해 보이지만 아픈 곳이 많다. 처음보다 많이 나아져 시골에서 일도 곧잘 한다. 다만 밭농사를 계획할 때 짓는 데 에너지가 너무 많이 들어가는 작물을 심지 않으려 한다.

요즘 일하다 스트레스를 받고 머리가 아프면 나가서 걷는다. 물이 흐르는 소리를 들으며 걸으면 조금 나아진다. 내가 스트레스를 푸는 법이다.

귀농을 생각하는 분들에게 조언할 말씀이 있다면

경제적으로 풍요롭지 않지만 정신적으로 풍요로운 삶을 살기 위해 시골을 선택했다. 경제적인 어려움이 크지 않다면 시골 삶이 도시 삶보다 풍요로운 게 많다. 귀농이 좋아서 해야 즐길 수 있다. 충분히 생각해보고 결정해야 한다. 지역 연고는 그렇게 신경 쓰지 않아도 무방하리라 생각된다. 귀농할 의지만 있다면 고향이 아니어도 큰 문제없다.

"은퇴 후 새로운 일도 자신이 하던 일의 연장"

[인터뷰] 부산 동래고 A블록 출생, 이은호 대표

인터뷰하는 이은호 대표

53년생이다. 전후 베이비붐 세대 보다 조금 앞선 나이다.

전쟁 통에 부산에서 출생했다. 예전에 호적등본 같은 걸 떼보면 출생지가 '부산 동래구 A블록'이라고 나온다. 아마도 피난민촌 같은 데서 태어난 것 같다. 초등학교 이후로는 서울에서만 살았다.

지하철 노약자석 앉나?

노약자석 근처에 잘 안 간다. 내가 가끔 손자를 데리고 다닐 때는 어쩔 수 없이 노약자석에 가서 앉는 경우가 있다.

언제부터 노년인가? 스스로 노년이라고 생각하나?

정확하게 내 나이가 만 65.5세다. 아파트 단지에 공고 붙은 걸 보면 '동네 어르신들 점심 대접한다'는 게 가끔 보인다. 여기에 보면 어르신 기준이 65세라고 조그맣게 적혀있던 게 기억이 난다. 나도 거기에 포함이 된다는 말인데 아직까지는 노인이라는 생각이 안 든다.

일요일이나 쉴 때 국립박물관에 자주 간다. 카자흐스탄 특별전 같은 걸 하면 입장료가 만원이 넘는 데 65세가 넘었다고 무료다. 주변에서는 65세가 넘었으니 이제부터 혜택 받고 더 이상 늙지 않았으면 좋겠다고 농담 삼아 말하는 사람들도 있다.

노후 준비는 어떻게 했나?

우리는 준비를 많이 했다. 국민연금 말고도 사설연금에서 매달 40만 원 정도가 나올 것 같다. 국민연금과 합치면 100만 원 이상 나올 듯하다. 아내와 합치면 월 150만 원 이상은 될 것 같다.

지금하고 있는 사업을 접으면 집 하나 있는 걸로 '역모기지론'을 신청할까 한다. 그러면 호화판 생활을 안 해도 손자들 선물 사주는 정도는 살 수 다. 예전에 70세가 넘은 분이 자신의 용돈을 아껴서 매년 손자 한 명에게 컴퓨터를 사줬다는 얘기를 들었다. 나도 그 정도는 할 수 있을 듯하다.

기본재산이 아무리 많아도 소득이 없으면 돈을 쓰지 못한다. 기본재산은 적어도 많은 사람처럼 쓰고 살려고 한다. 돈 쓸 일이 있으면 아직 애들보고 쓰라고 안한다. 우리가 낸다.

자녀들이 모두 결혼을 했나?

딸 둘이 모두 결혼을 했다. 손자들도 있다.

사업 은퇴 후에 어떤 일을 하고자 하나?

일하던 사람이 은퇴 후 할 거리가 없어서 집에만 있으라고 하면 못 견딘다. 내 친구 한 명은 은퇴 후 종교에 심취한 친구도 있고, 그림을 그리는 친구도 있다. 나는 여행을 다니려고 한다. 여행을 다니기 위해 준비를 많이 하고 있다. 중국어 공부도 열심히 하고 있다. 관련 책도 많이 보고 있다. 요새 눈 수술로 책보기가 어려워 다큐멘터리 같은 것을 많이 본다. 여행에 대한 지식을 습득하는 데 많은 시간을 할애하고 있다. 앞으로 일 년에 한두 번은 떠나려고 계획하고 있다.

언제까지 사업을 계속할 생각인가?

앞으로 3~4년 하지 않을까 한다. 이제는 기억력이 떨어진다. 금방 내가 한 일을 잊는다. 내가 얘기하다가도 잊는다. 오래는 못할 것 같다. 중국어 단어를 암기해도 금방 잊는다.

은행원 생활을 3~4년 하다가 부동산을 했다. 아내가 먼저 부동산을 하고 있었다. 부동산을 한지는 20년이 넘었다. 다행히 때가 맞아서 아이 두 명을 키우고 공부시킬 수 있었다. 유학을 보내고 공부를 시키는 데 1년에 1억은 든 것 같다.

은퇴를 앞둔 후배들에게 해줄 조언이 있다면?

은퇴해 새로운 일을 구상하더라도 본래 하던 일을 크게 벗어나면 안 된다. 의류회사 영업부에서 일하던 그 일을 그만두고 옷가게를 차리면 성공할 수 있다. 하지만 의류회사에서 회계 보던 사람이 나와서 옷가게를 차리면 어떻게 될까? 성공하기 어려울 것이다.

또 시대가 변하면서 소용없게 되는 일을 피해야 한다. 은행을 예를 들면 제일은행 남산점과 우리은행 명동점이 예전에는 가장 규모가 컸다. 출납원만 100명이 넘어갔다. 그 많던 출납직원은 어디로 갔을까? 지금은 컴퓨터가 일을 대신하면서 100명이 하던 일을 10명도 안 되는 사람이 감당하고 있다.

고민을 해야 한다. 자신이 할 수 있는 일 가운데서도 소용없어지는 일을 피해 새로운 일을 찾아야 한다. 항상 노력하고 공부해야 한다.

추천도서 한 권 (이진복)

지셰린 지음, 허유영 역, 『다 지나간다』, 추수밭, 2009.

13억 중국인의 정신적 스승 지셴린의 인생에세이이다. 1911년에 태어나 2009년까지 98세를 살았다. 《다 지나간다》는 지셴린이 그동안 발표한 단편 산문들 중에서 사람들에게 큰 울림을 선사한 글들을 가려 뽑은 에세이집으로, 100년에 가까운 인생을 살아온 원로학자가 전하는 사색과 명상이 담겨 있다. 자기 자신의 삶을 가꾸는 지혜, 세상과 소통하는 법, 학문과 일에 대한 마음가짐, 아름답게 나이 드는 비결 등을 각 장에서 다루고 있다. 중국의 원로학자 지셴린은 생(生)과 사(死)에 있어 우리가 적극적으로 나서서 결정할 것은 없다고 말한다. 불안정한 것이 인생임을 받아들이고 순간의 고통과 기쁨에 집착하지 않는다면 나 혼자만이라는 느낌에서 오는 외로움에서 벗어나 따뜻하고 평온한 일상을 누릴 수 있게 될 것이다.

추천도서 한 권 (도형래)

도미야미 이치로, 임성모 역,『전장의 기억』, 이산, 2002.

저자가 2차 세계대전 종전 50년을 맞아 일본사회에서 전후 담논이 이어질 때 펴낸 책이다. 저자는 일본이 2차 세계대전이 반세기 전에 끝이 났지만 '전장의 기억'이 일상 곳곳에 자리잡고 있다고 지적하고 있다. 일본 사회의 우익이 카미카제의 기억을 등에 엎고 전체주의와 애국주의에 열광하는 이유를 일상에 녹아 있는 '전장의 기억'에서 찾는다.

이는 우리 사회에서도 쉽게 찾을 수 있다. '전장의 기억'을 생활 속에서 간접 체험했던 전쟁 이후 세대가 전쟁을 직접 겪고 기억하는 세대 보다 더 우경화된 모습을 우리 사회 곳곳에서 찾을 수 있다. 이 책은 일본의 넷우익이나 우리나라 일베와 같은 비이성성의 기원 가운데 하나가 '전장의 기억'에 있고, 이를 비판하는 나도 '전장의 기억'을 일상에서 발견할 수 있다는 점을 돌아보게 한다.

노인의 아름다운 삶: 「지금-여기」에

박중목[1]

- 목차 -

1 독일 하이델베르크대학교에서 철학전공으로 박사학위를 취득했고 명지대학교에서 교수로 재직하다고 2017년 정년퇴임을 했다. 독일관념론을 중심으로 형이상학과 인식론을 계속 연구하고 있다.

I. 노령화 시대: 무엇이 문제인가?

지난 50년 동안 한국인의 기대 수명은 엄청나게 증가하여 20년 가량이 늘어났다. 통계청에 따르면 1970년 평균수명이 62.3세에서 2017년 출생한 아이들의 향후 기대 수명이 82.7세인 것으로 조사되었다. 이와 함께 100세 이상 노인의 수는 날로 증가한다. 2018년 4월 말 기준 주민등록 통계상 100세 이상은 18,239명이며 이는 2005년 11월 기준 961명보다 약 20배가량 증가하였다. 그리고 빠른 시기 안에 대부분의 사람들이 100세 장수의 삶을 누릴 가능성이 많다고 해서 2009년 국제연합(UN)이 작성한 '세계인구고령화' 보고서에서 호모 헌드레드(homo-hundred)라는 신조어를 만들기도 했다.

풍족한 물자와 과학기술의 엄청난 발전으로 인해 오랫동안 인간이 꿈꾸어 온 장수를 누리게 되었으니 이 얼마나 기쁜 일인가. 앞으로도 인간의 수명은 점점 더 길어질 것임이 분명하다. 최근엔 인간의 수명에 과연 한계가 있는가라는 물음이 과학자들 사이에 논란이 되었다고 한다. 인간의 수명이 길어진다는 것. 이것은 인간이 희망했던 바이니 분명 인간에게 좋은 일이며 축복일 것이다. 그러나 우리는 100세 시대를 맞이하여 마냥 기뻐할 수만은 없다. 지금 이 글을 쓰는 것도 100세 시대를 맞이하여 발생하는 또는 발생할 문제점을 염려하여 어떻게 하면 이 문제점들을 해결하고 해소하는데 있다.

그렇다면 영광스러운 백세시대를 맞이하면서 무엇으로 인하여 인간은 축복 대신에 불행과 재앙을 염려하고 있는가? 이유는 다양할 것이다. 우선 우리는 크게 두 가지 측면에서 수명의 증가에 대한 두려움의 원인을 찾을 수 있다. 그 하나는 개인적인 차원이며 다른 하나는 국가적인 차원이다.

우선 국가적 측면에서 보면 100세 시대에 기다리고 있는 문제점은 국가의 전체인구 중 노인의 인구가 차지하는 비율이 점점 증가하는 데 있다. 특히 우리나라에서 염려하고 두려워하는 가장 큰 이유는 출생률의 급격한 하락이다. 통계상에 따르면 1970년대 합계출산율이 4.53이었던 것이 2017년에는 1.05로 그리고 2018년에는 드디어 0.98로 0대로 추락하였다.

노인인구의 급증과 비례하여 출생률이 급락함으로써 우리나라는 이미 2000년에 노령화 사회를 접어들었다. 주지하다시피 세계적으로 노령화 지수가 7% 이상이면 고령화 사회, 14% 이상이면 고령 사회, 20% 이상이면 초고령 사회라고 정의하고 있다. 이때 노인을 규정하는 기준은 65세이다. 우리나라는 지난 2000년 65세 이상 인구가 차지하는 비율이 7.2%에 달해 이미 고령화 사회에 진입하였으며, 지금은 노령사회로 앞으로 2026년경에 초고령 사회로 진입할 것으로 통계청은 예상하고 있다.

우리가 고령 사회를 진입할 때 가장 많이 염려하고 있는 것은 노동 인력의 감소와 더불어 노동력의 고령화로 인해 경제성장률이 떨어져서 국가 재정난과 국민연금이 고갈될 수 있고 건강보험료의 부담이 가중된다는 점이다. 또한 노인복지에 대한 과도한 재정 부담이 젊은 세대에게 전가됨으로써 사회적으로 세대 간의 갈등이 심화될 수도 있다. 고령화 사회는 지금까지 우리가 겪지 못한 새로운 사회문제를 불러일으킬 가능성이 많다. 특히 우리나라는 짧은 시간 안에 고령 사회로 진입했기에 이에 대한 준비가 미비한 상태이며 그리고 베이비붐 세대가 이미 사회로부터 은퇴하는 시기에 맞물려 그 심각성은 더욱 배가되고 있다. 그러나 이러한 문제점은 국가 정책이나 경제정책으로 해결되어야 할 과제이기에 이 영역의 정책운영책임자나 전문가가 해결방안을 모색해야 할 것이다.

사실 고령 사회에 접어들면서 더욱 심각한 문제점으로 지적되는 것은 무엇보다도 개인적인 차원이다. 가장 많이 꼽히는 것은 경제와 건강 문제이다. 우리나라의 경우 한때 사십대와 오십대에 은퇴한다고 '사오정'이라는 말이 나오더니 이것도 모자라 삼십대 말에 직장을 그만두어야하기에 '삼팔선'이라는 말이 유행할 정도로 은퇴의 연령이 짧아지고 있다. 빨라지는 은퇴 연령에 비하여 앞으로의 수명은 길어진다. 정기적인 소득원이 끊어지고 연금, 퇴직금, 저축 등의 수입으로 늘어나는 수명을 지탱하기에는 노인들의 어려움은 크다. 특히 우리나라는 노인들이 국민연금으로 생활하기에는 턱없이 부족하며 기초노령연금이나 국민기초생활보장도 아직 미흡한 상태이다.

고령 사회에 있어서 경제문제 못지않게 제기되고 있는 문제는 건강이다. 건강한 상태를 유지하면서 오랫동안 삶을 누리다가 죽음을 맞이한다면 이것보다 좋을 수가 없겠지만 늙으면 누구나 건강이 악화되고 다양한 만성질환에 시달리게 된다. 노인들은 질병과 함께 살아가야 한다는 것은 축복보다는 오히려 불행에 가깝다. 그리고 다양한 만성질환은 노인들의 과다한 의료비 지출을 요구하기에 경제문제와 분리될 수 없다. 특히 핵가족화, 소가족화 및 여성들의 취업 등으로 가족의 보호 능력은 더욱 더 저하될 것이기에 노인의 장기 요양욕구는 국가적 차원뿐만 아니라 가족에게 커다란 부담으로 다가온다.

그리고 고령 사회에서 노인이 겪어야 할 개인적인 문제 중에 눈여겨보아야 할 것은 노인들은 강제적 혹은 자발적으로 직장생활에서 퇴직을 하게 되고 은퇴와 퇴직으로 인해 노인들은 직장에서의 사회적 역할과 지위가 상실된다. 100세 시대를 맞이하여 노령기는 길어지고 있으나 퇴직 등으로 인해 상실된 역할을 대치할 만한 적절한 역할과 규범이 확립되지 못하고 있어서 무엇을 해야 할지 모르는 가운데 방황하게 된다. 경제문제와 건강문제 그리고 역할상실 등의 문제는 결국 노인들에게 사회로부터의 고립과 소외문제를 불러일으킨다. 이런 문제점으로 인해 우리나라에서 노인의 자살률은 OECD 국가 중에 1위라는 불명예를 안게 되었다.

오랫동안 인간이 기대했던 장수 시대가 도래했는데도 불구하고 행복보다는 국가적인 차원이나 개인적인 차원이나 수많은 문제점을 안고 있기에 고령 사회는 오히려 미래에 노인이 어떻게 살아가야 할지 고민과 고통을 안겨주고 있다. 따라서 장수는 행복을 제공하기보다는 오히려 불행이나 재앙을 가져다줄 수 있다. 이에 대하여 국가 차원에서 그리고 개인 차원에서 해결책을 시급하게 마련해야 함은 당연하다.

그러나 노인문제는 사실 어느 시대에도 겪는 문제이다. 고령시대를 접어들기 전에도 노인에 대한 사회적 또는 개인적 차원의 문제점은 항상 존재해 왔다. 그런데 노령시대에 유독 강조하는 이유는 어느 시대보다는 이 문제가 더욱 심각하고 또 다른 양상의 문제가 발생하고 있다는데 있다. 역설적이게도 대체로 경제적으로 풍요로운 선진국은 노령사회로 빨리 접어들면서 이로 인해 앞에서 언급된 문제점들이 두드러지게 나타난다는 것이다. 우리나라도 마찬가지로 경제적으로 어려움을 겪었던 시대일 때에 노인의 문제가 오늘날과 같이 그렇게 사회적 문제로 대두되지 않았다. 어떻게 보면 그때가 경제적인 측면이나 건강적인 측면에서 오늘날에 비해 노인 문제가 훨씬 더 심각했는지 모른다.

이런 점에서 볼 때 어느 시대든 간에 노인 문제는 항상 존재해 왔다. 그런데 유독 고도의 산업화된 사회일수록 그리고 경제적으로 풍요로운 사회일수록 노인 문제가 사회적으로 심각하게 받아들인다. 특히 우리나라는 급진적인 경제적 발전에도 불구하고 OECD 국가 중에서 노인의 자살률 1위라는 불명예를 갖게 되는 매우 심각한 상황을 맞고 있다. 우리가 그토록 희망한 장수시대를 맞이했는데도 오히려 노인들이 행복보다는 불행을 염려하고 있다.

이에 필자는 오늘날 과거에 비해 풍족한 사회임에도 불구하고 고령 사회에서 왜 이런 노인 문제가 발생하는지를 사회경제구조의 측면에서 분석하지 않고 단지 노인이면 근본적으로 가질 수밖에 없는 문제점을 토대로 과거에는 문제시되지 않았던 것이 왜 고령 사회에 더 심각한 문제로 대두되는지를 분석하고 이를 통해 고령 사회에서 나타난 노인의 문제가 근본적으로 어디에 있는지를 살펴볼 것이다.

필자는 우선 학문적으로 노화와 노인의 개념을 어떻게 규정하고, 노인의 특성이 무엇인지 그리고 노화의 적응방식에 어떤 유형이 있는지 살펴볼 것이다. 둘째 이를 통해 노인을 바라보는 서로 다른 두 시선이 있음을 밝힐 것이다. 그런데 이 두 시선은 노인을 '대상'으로 본 시선이며 노인 문제를 분석할 때 사용하는 방식이다. 그러나 노인 문제의 근본 해결을 위해서 무엇보다도 중요한 것은 노인 자신이 과연 노년기를 어떻게 보내는가에 달려 있다. 이에 필자는 대상으로서가 아닌 주체로서의 노인이 생을 어떻게 마무리해야 행복하고 보람 있는 그리고 완성된 인격체가 될 수 있는지를 모색할 것이다.

II. 노인과 노화의 개념 그리고 노인의 특성과 적응방식의 유형

1. 노인과 노화의 개념

모든 인간은 출생과 더불어 성장, 성숙, 노화라는 세 가지 단계를 거쳐 발달한다. 이 중에서 노화 단계에 속하는 사람을 우리는 통상 '노인'이라고 부른다. 연령이나 '신체적으로 늙었다'고 하는 생물적인 기준으로 노인을 규정하는 경우가 일반적이지만, 연령에 따라서 인간의 발달 단계를 획일적으로 구분하는 것에는 한계가 있다. 노화는 개인뿐만 아니라 생물적, 심리적, 사회적 노화라는 복합적인 발달영역을 내포하며 또한 특정 시대의 문화, 정치, 경제 등의 다양한 요인과 밀접한 연관성을 가지고 있다.

국제노년학회(International Association of Gerontology, 1951)에 따르면 노인이란 첫째는 개인의 생물적, 심리적, 환경적 변화 및 행동적 변화가 복합적으로 상호작용하는 과정에 있는 사람으로, 환경 변화에 적절히 적응할 수 있는 조직 기능이 감퇴하고 있는 사람, 둘째는 생체의 자체 통합 능력이 감퇴하고 있는 사람, 셋째는 인체의 기관, 조직 기능에 쇠퇴 현상이 일어나는 시기에 있는 사람, 넷째는 생활상의 적응 능력이 결손되어 가고 있는 사람, 다섯째는 조직의 예비능력이 감퇴하여 적응이 제대로 되지 않는 사람이라고 정의하고 있다.

노인에 관한 정의는 흔히 우리가 말하는 나이에 따른 역연령(Chronological Age), 역연령 이외에도 생물학적 건강상태를 지표로 삼고 있는 생물학적 연령(Biological Age), 사람들이 인지하는 사회적 역할에 따른 사회적 연령(Social Age)으로 나누어 설명한다. 이 세 가지는 노인을 연령에 의해 일괄적으로 규정하면서 개인적인 차이를 무시한다. 이에 반하여 개인의 특수한 신체적 및 심리적 영역에 있어서 기능의 정도에 따른 기능적 연령(Functional Age), 그리고 각 개인이 스스로 자신이 얼마나 늙었다고 느끼는 정도에 따른 자각적 연령(Perceived Age) 등이 있다.

가장 보편적으로 사용하는 노인의 정의는 역연령에 따른다. 역연령에 따르면 출생 이후부터 달력상의 나이로 계산한 만 나이가 일정 연령 이상일 경우 노인으로 규정한다. 이 정의는 독일의 노령연금 수급 기준이 65세에 규정된 것에서 유래한 것으로, 서구에서는 일반적으로 사회보장제도의 급여 수급자격을 기준으로 노인을 규정하고 있다. UN의 고령화 사회의 분류 기준에서도 65세 이상을 노인 인구라 정의하여 고령화 사회, 고령 사회, 초고령 사회로 분류하고 있으며, 우리나라의 통계청에서도 이 기준을 적용하고 있다. 우리나라의 노인 관련 법규를 살펴보면, 고용상 연금 차별 금지 및 고령자 고용 촉진에 관한 법률에서는 55세 이상을 고령자로 규정하고 있고, 국민연금법에서는 노령연금 수급 기준을 62세로(노인 증가로 인해 매년 1년씩 기준이 늘어남), 노인복지법에서는 65세를 노인으로 규정하고 있으며, 국민기초생활보장법에서는 노인복지법의 노인연령기준을 원용하고 있다.

따라서 노인이란 시대와 사회에 따라 다르지만 일반적으로 신체적, 심리적, 사회적인 기능이 감퇴되어 정상적인 사회생활을 수행함에 있어 어려움을 경험하는 시기에 있는 사람이라고 할 수 있으며, 노동 능력과 관련해 역연령으로 65세 이상인자를 노인이라고 규정한다.

2. 노화의 특성과 적응방식의 유형

2. 1. 노화의 특성

노인들은 신체적, 심리적, 사회적 기능의 감퇴로 인해 많은 변화를 겪는 것은 필연적이다. 정상적인 생활을 하는데 어려움이 겪는 노인에게는 여러 부분에서 다양한 변화가 나타난다. 첫째로 나타나는 변화는 신체적 변화이다. 신체노화는 체력이 쇠퇴해지고 피로감과 더불어 여러 가지 질병을 수반한다.

둘째로 나타나는 변화는 심리적이다. 노인의 심리적 변화의 배경에는 신체적 변화와 더불어 감각기능, 인지 및 정신기능의 저하 요인이 있다. 물론 역할 상실과 인간관계 등의 사회적 요인도 포함되고 있음은 당연하다.

이러한 요인에 의하여 노인학은 노인의 특정적인 성격의 변화를 대체로 다음과 같이 규정한다.[2]

1) 우울증의 경향

젊었을 때 겪지 못한 새로운 여러 가지 스트레스 즉, 가족관계의 변화, 경제적 수입의 감소, 직장에서의 은퇴 등으로 인한 사회적 역할의 상실, 신체적 건강 수준의 하락, 그리고 사람들과의 관계가 소원해짐으로써 느끼는 사회적 고립 등으로 우울증 경향이 증가한다. 나이가 들수록 성격은 원심성에서 구심성으로 변화해 가는 경향이 있다. 달리 표현하면 나이가 들수록 모든 관심과 활동이 외부로 향하던 것이 내부로 쏟고 내면화시킨다. 노인에게 우울증이 많은 이유는 의학적으로 대뇌에서 우울증과 관련된 세로토닌 등 신경전달 물질이 감소하면서 생물학적으로 우울증에 취약해지기 때문이다. 또 사회가 도시화, 핵가족화되면서 노인이 소외되는 것도 큰 요인으로 작용한다. 그리고 지식 세계의 급격한 변화로 인해 새로운 정보가 물밀듯이 쏟아짐으로서 노인은 이제 불필요한 존재로 취급되면서 존재가치를 찾을 수 없다는데 우울증의 원인이 된다.

2) 내향성 및 수동성

모든 관심과 활동이 외부 지향적이었던 젊을 때와 달리 노인은 자신이 살아온 과거를 회상하면서 모든 것을 내면화한다. 특히 자신이 살아온 과거의 인생을 돌이켜 보면서 모든 문제를 내면적으로 깊이 생각하기에 외부

2 참조: 최순옥 외 4인: 노인복지의 이해, 태영출판사, 62-63쪽. 권중돈: 노인 복지론, 서울: 학지사, 61쪽.

지향적인 적극성을 지양한다. 또한 외부환경 세계와의 관계에서 능동적인 대처보다는 타인의 도움을 받아 해결하려는 수동적인 태도를 보이며 외부적으로 문제가 부딪칠 때 그 문제를 해결하기보다는 포기하거나 체념하려고 한다.

3) 경직성과 조심성

노인은 자기에게 익숙한 삶의 방식을 고집한다. 노인은 자신이 살아오면서 형성해온 가치관을 유지하려고 하고 다른 가치관을 인정하지 않으려고 한다. 또한 자기에게 익숙한 방식으로만 문제를 해결하려는 경향을 가지고 있다. 그런 까닭에 새로운 지식을 두려워할 정도로 조심스러워한다. 예를 들어 과학기술의 급속한 발전으로 인해 편리하고 효율적인 기구들이 개발되어 나오지만, 노인들은 자기가 오랫동안 사용한 기구를 고집한다. 그리고 새로운 도구에 대하여 두려움을 나타내고 매우 조심스러워한다. 이러한 경향이 심화되면 자신이 옳다는 아집과 독선으로 변화될 수 있다.

4) 친근한 사물에 대한 애착심

노인이 될수록 자기가 오랫동안 사용해 왔던 사물에 친근감을 느끼며 애착심을 가진다. 이는 기나긴 세월 동안 살아오면서 세상은 많이 변했지만, 자기 자신과 주변은 변하지 않고 안정성을 유지하고 있다는 안도감과 익숙함을 갖게 한다. 그러나 이는 자칫 변화하는 시대에 적응하지 못한 채 새로운 사물에 대하여 거부반응을 일으키며 더 이상 사용 가치가 없게 된 물건에 집착하기도 한다. 이는 과거에 사용했던 물건에 집착으로서 과거 인생을 회상하고 마음의 평온을 추구한다.

5) 성역할 지각의 변화와 양성화

중년기 이후부터 시작되는 현상으로 남자 노인들은 친밀성, 의존성, 관계 지향성이 증가하여 점점 여성적이고 수동적으로 되어가며, 반대로 여자 노인들은 오히려 공격성, 자기주장, 자기중심적 성향이 높아짐으로써 점점 능동적이고 권위적으로 되어간다. 60세 이후 노인들의 삶의 질 연구에서는 양성적인 노인일수록 안정감이 비교적 높게 나타난다고 한다. 이들은 정서적 조절 능력이 향상하여 이해심이 많고 관용적이었고 성 역할에 대한 구분 없이 서로 양보하고 돕는 경향이 있다고 한다.

6) 생에 대한 회상

노년기에 이르면 특히 생의 시간이 얼마 남지 않았다는 사실과 죽음에 가까이 다가오고 있다는 사실을 지각하면 할수록 과거의 생을 되돌아보고 회상하는 경향이 있다. 사실 노인들이 과거의 생을 회상하는 경향이 높을수록 삶에 도움일 될 수도 있고 아니면 삶을 고통스럽게 할 수 있다. 예를 든다면 회상을 통해 과거의 잘못을 반성할 수도 있고 자신의 지나온 삶을 긍정적으로 수용할 수 있지만, 오히려 과거의 삶을 원망할 수도 있다. 특히 죽음에 가까이 왔다는 것을 자각할 때 자칫 생에 대한 과도한 애착을 가질 수도 있다. 이는 죽음을 어떻게 바라보는지에 따라 노인의 삶에 많은 영향을 끼칠 수 있다.

세 번째로 꼽는 것은 사회적 변화이다. 과거 전통적 가정에서 노인들은 오랜 경험과 지식 및 지혜를 기반으로 가정문제의 최종 결정권자로서 전통문화의 계승과 전달의 책임을 맡았으며, 자손의 교육과 진로 지도의 역할을 수행함으로써 가정생활과 전체 삶에 있어 큰 보람을 느낄 수 있었다. 우리 전통사회에서는 가족 내에서와 마찬가지로 지역사회나 전체 사회 속에서 노인의 사회적 지위가 확고했으며 노인들은 명실공히 사회의 중심적 역할을 수행하였다.

그러나 근대사회로 접어들면서 사회변화에 따라 가족과 사회 속에서 노인의 역할 또한 크게 변화되었다. 부부 중심의 핵가족화로 가족 내 의사결정의 주체가 노인에서 젊은 부부로 옮겨갔고, 사회변화의 가속화와 현대과학발달은 노인들의 전통에 근거한 지식과 기술, 그리고 오랜 인생 경험을 통한 지혜를 화석화시켜 노인을 무식하고 시대에 뒤떨어지는 쓸모없는 존재로 만들었다. 그뿐만 아니라 가족 중심의 산업구조가 공업, 서비스업 위주의 산업구조로 변화함에 따라 가정의 경제권은 생산성이 우수한 젊은이들로부터 부양을 받는 존재로 전락하였다. 노인에 대한 이러한 사회적 평가는 노인들로 하여금 소외감과 고립감을 증대시키고 존재 자체에 대한 불안감과 좌절을 느끼게 한다.

2. 2. 노령기에 있어서 적응방식의 유형

앞에서 살펴본 바와 같이 노화로 인해 신체적, 심리적, 사회적 변화가 일어날 경우 이에 대한 노인의 적응 방식도 다양하게 나타난다. 적응 방식은 학자들마다 여러 가지 방식으로 분류되지만 크게 긍정적인 적응 방식과 부정적인 적응 방식으로 나누어진다. 그렇다면 어떤 유형이 노년기에 긍정적으로 적응하고 부정적으로 적응하고 있는지를 분석하는 것은 매우 중요하다. 왜냐하면 이를 통해 우리는 노인이 어떻게 여생을 보내야 행복한 삶을 누릴 수 있는지를 알 수 있기 때문이다. 은퇴한 남자 87명을 대상으로 은퇴 후 적응 유형을 분석한 라이카드(Reichard)에 따르면 노후에 비교적 적응을 잘하는 유형은 성숙형(matured type), 방어형(armored type), 은둔형(rocking-chair type)이며, 적응을 잘하지 못하여 유형은 분노형(angry type)과 자학형(self-haters type)이다.

라이카드가 매우 긍정적인 유형으로 꼽은 성숙형은 매사에 신중하게 생각해서 말과 행동을 하려고 하고 은퇴 후 변화된 자기 자신을 현실 그대로 받아들여서 지나온 과거에 집착하지 않고 또한 남은 생이나 죽음에 대해 지나치게 불안해하지도 않으며 현실을 직시하고 살아가는 유형이다. 자신의 일생 가운데 실패나 불운보다도 성공이나 행운에 더 큰 비중을 두고 항상 그 점에 감사하는 자세를 가지려 하므로 이 유형의 노인들은 자아통합을 원만하게 수행할 수 있는 사람들이다. 이 유형이 노인에게 바라는 가장 이상적인 유형일 것이다.

둘째로 꼽은 방어형은 늙어감에 대한 불안을 방지하기 위해 사회적 활동 및 기능을 계속해서 유지하는 유형이다. 달리 표현하면 이 유형은 비록 노년기의 불안을 느끼지만, 불안에서 벗어나기 위해 나름대로 적극적인 활동하고 기능을 강화하려고 한다. 특히 이들은 노년기의 수동적인 면과 무기력함, 그리고 늙었다는 감정을 회피하기 위해서 계속적으로 활동하고 또한 신체적 능력의 저하를 막고자 노력하는 사람들이다.

셋째로 꼽은 은둔형은 '흔들의자에 앉아서 지낸다.'라는 말에서 내포하고 있듯이 은퇴 후 과거에 힘든 일이나 복잡한 대인관계에서 벗어나 조용히 수동적으로 보내게 된 것에 만족하며 사는 사람들이다. 이 유형도 늙음을 받아들이는 태도를 갖고 있다는 점에서 첫 번째 유형과 유사하다. 단지 혼자서 여생을 지닌다는 점에서 다를 뿐이다.

넷째로 꼽은 분노형은 젊은 시절의 인생 목표를 달성하지 못하고 늙어버린 것에 매우 비통해하고 그 실패의 원인을 자신보다는 불행한 시대와 사회, 부모나 형제 등 다른 데로 돌림으로써 남을 질책하고 자신의 늙음에 대해 타협하지 않으려는 유형이다. 이 유형은 과거에 집착하여 현재의 늙음을 받아들이지 않고 늙음을 거부하는 방식이다.

마지막으로 꼽은 자학형은 지나온 삶에 대해 많은 후회의 감정이 있고 자신의 이런 불행과 실패의 원인이 자신에게 있다고 여기는 유형이다. 이들은 자신이 무가치하며 열등하다고 느끼고 있으므로 의기소침하고 우울증이 있는 사람들이다. 이 유형은 과거 지향적이며 이 역시 분노형과 마찬가지로 늙음을 수용하지 않는 방식이다. 다만 분노형과 다른 점은 늙음에서 오는 불행이나 상실의 원인을 외부에 돌리는 것이 아니라 자신의 내부에 돌림으로서 자신의 무기력함에 빠진다.[3]

라이카드가 제시한 적응유형을 살펴보면 긍정적인 적응유형은 늙음이나 죽음을 있는 그대로 받아들이고 수용하는 자세를 보이는 반면 부정적인 적응유형은 늙음이나 죽음을 거부하거나 저주하는 태도를 보인다. 이런 점에서 사회심리학자인 에릭슨(Erikson)이 심리사회 발달 단계로 제시된 노년기의 발달과업인 노인의 자아 통합과도 유사하다. 그의 이론에 따르면 인생의 마지막 단계인 노령기에 접어든 노인은 자아통합이나 절망의 상태에 있는 자신을 발견한다. 자아 통합은 자신의 삶을 긍정적으로 수용하고 만족하며 또한 감사하는 마음과 성숙한 마음을 가지고 지나온 삶과 죽음까지 수용함으로써 가능하다. 그리고 이러한 자아통합이야말로 자아완성에 가까워진다. 반대로 그렇지 못하면 절망감과 좌절감에 빠져 매우 고통스러워한다.

지금까지 살펴 본 노인과 노화의 개념 분석은 노인을 대상화 내지 객관

---

3 Reichard, Livson and Peterson, A Study of 87 Olderman, New York. 1962 참조. 이 이외에도 적응유형에 대한 다양한 분석이 있다. 대표적으로 Neugarten, B., Middle Age and Aging, University of Chicago Press, 1968이 있다.

화한 관점에서의 분석이며 노화기의 적응 유형 분석은 노인을 주체로서 바라본 분석이라고 할 수 있다. 그렇다면 객관화된 노인과 노화의 개념 분석을 통해 우리는 과연 노인과 노화를 어떤 시각으로 바라보고 있는지 그리고 이런 시각에서 주체로서의 노인은 어떻게 노화기를 맞이해야 바람직하고 아름다운 그리고 행복한 노후를 보낼 것인지를 살펴볼 것이다.

III. 노인을 바라보는 두 시선.

1. 양로(養老)

노인은 신체적, 심리적, 사회적인 기능이 감퇴되어 정상적인 사회생활을 수행함에 있어 어려움을 경험하는 시기에 있는 사람이다. 그리고 이를 근거로 노인의 신체적, 심리적, 사회적으로 어떤 변화를 겪으며 또한 이 변화에 대하여 어떤 방식으로 적응하는지 살펴보았다. 간단하게 표현하면 노인은 신체적으로나 경제적으로나 사회적으로나 나약한 존재로서 주위에서 도움을 받아야 할 존재이다. 노인을 바라보는 첫 번째 시선은 노인을 보호하고 보살펴야 할 대상이다. 이를 전통사회에서 양로(養老)라고 표현된다. 그러나 오늘날에 우리는 사회생활을 할 능력이 없는 노인을 집단적으로 보호하는 곳을 양로원이라고 부르기에 양로 대신에 노인복지라고 표현한다. 노인은 복지의 대상이다.

나약한 노인을 보살펴야 하는 것은 당연하지만 문제는 어떤 관점에서 보호하고 있는지가 중요하다. 오늘날 우리 사회는 노인의 복지를 위해 다양한 방안을 강구하여 여러 가지 정책을 마련하고 실행한다. 독거노인을 대상으로 한 경제적 지원으로부터 건강검진과 질병을 위한 의료비의 지원과 일자리 제공 그리고 노인학교의 설립, 노인기초연금법 제정 등 다양한 방면에서 지원하고 있다. 그러나 이러한 경제적이며 정책적인 지원에도 불구하고 노인 문제는 더욱 심화되고 있다. 물론 노인을 보호하고 보살피는 데 있어서 경제적이고 정책적인 지원은 무엇보다 중요하다. 그러나 노인을 보호하는 데 있어서 물질적인 복지만으로 부족하다. 양로는 단순한 물질적인 봉양만은 의미하지는 않다.

전통사상에서 특히 유학사상에서 노인을 보살피는 까닭은 두 가지 이유에서이다. 그 하나는 늙음에서 오는 육체적 나약함과 경제력의 약화, 정신적 쇠약 때문이다. 이것은 오늘날 우리가 노인의 복지를 강조하는 이유와 같은 맥락이다. 다른 하나는 노인에 대한 감사와 공경으로부터 노인을 보살핀다. 이는 유교사상에서 강조하는 효 사상에서 비롯된 것이다. 공자의 말씀을 들어보자.

> "子游問孝.(자유문효): 자유가 효도에 대하여 물었다.
>
> 子曰: 今之孝子,(자왈: 금지효자): 선생님께서 말씀하셨다: 오늘날 효도라는 것은
>
> 是謂能養,(시위능양): 부모를 잘 공양하는 것을 말하는데,
>
> 至於犬馬,(지어견마): 개나 말도
>
> 皆能有養,(개능유양): 모두 길러줌이 있으니
>
> 不敬,(불경): 부모를 공경하지 않는다면
>
> 何以別乎.(하이별호): 개나 말을 기르는 것과 무엇이 다르겠는가?"
>
> (『논어』: 「위정」7장)

위의 인용문은 노인에 대한 공양을 직접적으로 언급하지는 않는다. 그러나 전통적인 유학 사상에 비추어 볼 때 부모에게 대하는 태도나 노인에

게 대하는 태도는 같다. 따라서 효도를 통해 노인의 보살핌이 어떠해야 하는지를 유추할 수 있다. 공자는 부모를 공양할 때 경(敬)이 없다면 개나 말을 보살피는 것과 같다고 한다. 이를 노인에게 적용한다면 노인에게 물질적인 보살핌만 있다면 이것은 진정한 의미에서 양로가 아니며 노인을 존경하는 마음이 동반되어야만 양로라고 할 수 있다. 오늘날과 마찬가지로 공자가 살았던 당시에도 부모를 공양하는 것이 주로 물질적인 공양이었던 것 같다. 그리하기에 공자는 효도라는 것이 물질적인 것뿐만 아니라 공경을 강조하고 있다.

오늘날 우리가 노인에 대한 복지를 논의할 때 가장 많이 문제를 삼는 것은 물질적 복지이다. 그런 까닭에 우리는 노인에게 필요한 최소한의 생활비가 얼마이며, 의료비가 얼마나 필요한지, 어떻게 하면 노인의 일자리를 만들 수 있는지 등 물질적인 요인에만 문제를 삼는다. 이로 인해 가정에서는 노인으로 인해 경제적인 부담이 커지고 국가에서도 노인복지로 인해 국가재정에 부담이 발생한다고 골머리를 앓고 있다. 계속된 노인복지의 문제가 사회에 회자되니 이제 젊은 세대는 노인을 쓸모없는 존재나 귀찮은 존재로 간주하여 최근에는 노인을 혐오하는 혐노(嫌老)라는 말까지 나오고 있는 실정이다. 오늘날의 노인복지는 공경이 없어진 복지이다.

2. 경로(敬老)

노인을 존경한다는 경로사상은 오늘날 찾아보기가 힘들다. 아파트 단지 내에 노인들이 휴식을 취하는 공간이나 시골에 노인들이 모여서 소일하고 있는 공간이 경로당이라고 불릴 따름이다. 사실 현대사회로 접어들면서 노인을 존경한다는 경로사상은 거의 사라지고 있고 경로라는 이름은 거동이 불편한 노인들을 위한 지하철 안의 지정 경로석만이 흔적으로 남아 있다. 경로사상이 허물만 남아 있는데 오늘날 노인을 바라보는 시선에 경로를 언급한다는 것은 모순되는 것처럼 보인다.

그러나 전통사회에서 노인은 존경의 대상이었다. 경로라는 언어가 있다는 사실만으로도 과거의 전통사회는 노인을 존경했음에 틀림없다. 비록 오늘날 허물만 남았지만, 전통사회에 비추어 경로사상을 외치는 이유도 그 흔적 때문일 것이다. 그렇다면 전통사회가 경로사상을 강조한 까닭은 무엇인가? 여러 가지 이유가 있겠지만 여기서 우리는 핵심적인 두 가지만 꼽을 것이다. 첫째로 노인은 오랜 시간 동안 도전과 시련 그리고 실패와 성공을 겪고, 그리고 희로애락을 맛보면서 생을 영위해왔다. 불교적인 표현에 의하면 노인은 오랫동안 삶의 고통을 견디며 살아왔다. 우리가 노인을 존경하는 것은 오랜 세월을 살아왔다는 연륜 그 자체이다. 둘째로 노인은 수많은 경험을 통해 많은 지식과 삶의 지혜를 쌓아왔다. 이렇게 경험으로 얻어진 지식과 지혜는 다음 세대를 위한 교육과 사회발전에 도움을 주었다. 따라서 노인은 가족과 사회를 위해 도움이 되는 존재이기에 전통사회는 노인을 존경했다. 그 외에도 우리는 오랫동안 가족을 지켜 온 가장으로서 전통적으로 이어 온 문화의 계승자로서 그리고 젊은 세대가 존재할 수 있게 하는 선배로서 존경했다.

그러나 현대 사회로 접어들면서 노인은 존경의 대상에서 오로지 복지의 대상, 즉 경로 없는 양로로 전락한다. 왜 현대 사회로 접어들면서 경로사상이 퇴색되고 사라지고 있는가? 국가나 가족은 늙은이의 복지로 골머리를 앓고 있는데 인간은 끊임없이 장수를 바라고 있으니 이는 하나의 역설(逆說)이다.

오늘날 우리가 경로사상이 퇴색되는 가장 큰 이유는 두 가지 측면에서 살펴볼 수 있다. 노인이 존경받지 못하는 첫 번째 측면은 전통사회와 다른 가치관이 오늘날 지배하고 있다는 것이다. 현대사회는 과학기술의 발전과 함께 산업화 사회를 맞이하면서 물질적 풍요와 함께 인간의 가치가 물질적 가치에 의하여 평가되었다. 이리하여 현대사회에서는 생산력이 지고의 가치로 간주됨으로써 인간의 가치는 그 사람이 얼마만큼 생산력을 갖고 있느냐에 달려 있다. 이런 현대사회의 가치관에서 노인이란 과연 어떤 존재로 자리매김을 할 것일까? 그는 당연히 생산력을 상실한 쓸모없는 존재가 될 것이다. 따라서 노인은 존경받지 못한다. 생산 없이 소비만 하는 존재는 존재가치가 없다.

또한 현대사회로 접어들면서 과학기술의 급진적인 발전으로 인해 새로운 기술과 정보가 대량으로 생산되고 있다. 특히 4차 산업사회를 맞이하여 IT 산업과 더불어 AI 기술도 급속도로 발전하고 있다. 과거와 달리 오랜 경험으로 쌓인 지식과 지혜는 이제 쓸모없는 지식이 되어 버린다. 오랜 경험으로 쌓인 지식과 지혜로 존경을 받았던 노인은 이렇게 변화된 시대에서 대우를 받을 수 없다. 노인이 가진 지식은 사회적으로 가치 없는 무용지물이 되어버린다. 지식과 지혜가 무용지물이 되어버린 상황에서 노인은 존경의 대상이 될 수 없다.

노인이 존경받지 못하는 두 번째 측면은 노인 자신에게 있다. 노인은 인지적 기능과 신체적 기능이 비록 노화되고 있지만 자신이 살아온 가치관을 계속 지속하려고 한다. 그런 까닭에 과거의 삶을 고집하고 자신의 가치관을 관철시키려고 한다. 무엇보다도 젊은이에게 자신이 살아온 가치관을 강요한다. 사회는 변화한다. 그리고 노인 자신도 변화한다. 그런데 그 변화를 노인들은 받아들이지 않는다. 그들은 변화된 사회도 변화된 자신도 받아드리지 않고 과거에 집착한다. 과거에 집착될 때 노인은 존경받을 수 없다.

그렇다면 노인은 어떻게 여생을 살아가야 존경까지는 아니더라고 적어도 혐오의 대상이 아닌 아름다운 삶을 영위할 수 있을까? 국가가 노인을 위한 복지지원기금을 확대한다고 해서, 일자리를 마련해준다고 해서 그리고 의료비를 부담한다고 해서 노인의 삶이 진정 행복할까? 물론 노인을 위해 가족이나 국가의 보살핌은 필수적이다. 그렇지만 아름다운 삶은 노인 자신이 살아가는 가치관이나 삶의 태도에 달려 있다고 본다. 아름다운 삶, 존경을 받는 삶이 되기 위해 늙음의 주체인 노인은 과연 어떻게 살아야 할 것인가?

IV. 노인의 아름다운 삶: 지금 - 여기

노화는 모든 생명체가 겪게 되는 필연적이며 자연스러운 변화이다. 누구나 나이가 들면 육체의 노화가 일어난다. 육체뿐만 아니다. 사회적 측면에서도 나이가 들면 많은 것을 상실한다. 관계의 상실과 경제적 상실은 노화에 따른 사회적 상실의 대표적인 영역이다. 앞에서 살펴본 바와 같이 이런 상실을 통해 여러 가지 심리적 변화가 일어난다. 그러나 이러한 상실은 어쩔 수 없이 겪어야만 한다. 그런 까닭에 가족이나 국가는 노인을 보호하고 보살피는 복지가 필수적이다. 주체로서의 노인이 필수적으로 겪을 수밖에 없는 이러한 상실로 인해 노인은 보호나 보살핌의 대상이 된다. 노인이 주체로서 겪을 수밖에 없는 상실은 양로로 이어진다. 그런데 경로 없이 양로만 있다면 공자가 말한 것처럼 동물의 양육과 마찬가지이다. 단순한 양로만 있다면 노인의 삶은 결코 행복할 수도 없고 아름답다고 할 수 없다.

그렇다면 노인은 어떻게 해야 존경받을 수 있는 대상, 즉 경로의 대상이 될 수 있는가? 오늘날 과거처럼 오래 살았다는 연륜만으로 그리고 경험이 많다는 사실만으로 존경의 대상이 되지 못한다. 또한 경험으로 쌓아 온 지식이나 지혜로도 존경을 받지 못한다. 오늘날 과거의 지식은 새로운 지식에 의해 무용지물이 되거나 폐기된다. 이제 노인이 지닌 지식으로도 존경의 대상이 되지 못한다. 주체로서의 노인이 어떻게 살아야 경로의 대상이 될 수 있는가?

노인은 생의 마무리 단계에 접어든 존재로서 죽음을 눈앞에 두고 있다. 우리는 생의 마무리 단계를 인생의 완성 단계라고 부르기도 한다. 노인이 아름답게 살아가는 유일한 길은 인생을 잘 마무리하는 것이고 인생을 잘 마무리한다는 것은 자신의 인격을 완성하는 것이다. 그래야만 노인이 존경받는 경로의 대상이 되는 것이다. 그렇다면 어떻게 신체적으로나 경제적으로나 사회적으로 상실되어 가는 노인이 인격을 완성할 수 있는가? 거의 불가능한 것처럼 보인다. 그러나 우리가 노인에게 인격의 완성을 요구하는 것은 현자나 도인이나 성인을 요구하는 것은 아니다.

모든 인간은 출생으로부터 성장, 성숙 그리고 노화의 과정을 겪으면서 죽는다. 이 과정은 필연적이다. 인간만이 변화하는 것이 아니다. 모든 존재는 변화한다. 이 단순한 진리를 우리는 곧잘 망각하거나 거부하기까지 한다. 그런 까닭에 인간은 변화를 거부한다. 인간이 변화를 거부한다고 말한다면 독자들은 의아해할 것이다. 그런데 이는 사실이다. 일상생활에서 우리가 변화를 얼마나 두려워하고 거부하는지 알 수 있다. 인간이 나이가 들면 얼굴에 주름살이 생겨나고 피부는 탄력성이 없어지고 검버섯이 생긴다. 흰머리가 생기고 머리카락도 빠진다. 그런데 이 변화를 노인들은 거부하고 싶고 또한 두려워한다. 그래서 머리에 염색을 하고 머리카락을 심고 얼굴에 성형수술을 한다. 물론 이런 행위가 변화를 두려워서가 아니라 추하게 보이기 때문이라는 반론이 있을 수 있지만 이것은 변명에 불과하다. 만일 이런 행위가 추함에서 벗어나서 아름답게 한다고 주장한다면 늙음 자체는 언제나 추함만 남아 있다. 인생을 마무리한다는 마지막 단계는 인생의 완성이 아니라 추함으로 전락한다.

노인이 늙음이라는 변화를 두려워하는 현상은 이것만이 아니다. 젊음을 부러워하고 스스로 젊어지기를 바라는 마음이나 젊었던 자신의 과거에 항상 집착하는 것도 그리고 죽음을 거부하는 것도 늙음이라는 변화를 두려워하는 현상이다. 이런 변화를 거부하는 것은 단순한 심리적 현상만이 아니다. 왜 인간은 변화를 거부하는가?

1. '불변하는 자아'로부터 '변화하는 자아'로

근원적으로 변화를 거부하는 사상은 서구의 철학에서 출발한다. 우리가 살아가고 있는 경험세계는 변화하는 세계이다. 태어나서 늙고 병들고 죽는 것도 우리가 변화의 세계 속에 살아가고 있기 때문이다. 그런데 이런 변화를 서구사상은 거부한다. 변화는 진리가 아니라고 주장하면서 변화 속에 불변적인 것, 즉 본질이 있다고 생각하고 그것이 무엇인지 추구한다. 그런 까닭에 우리가 살아가고 있는 변화의 세계인 경험세계를 진리의 세계로 받아들이지 않는다.

서양철학을 대표하는 플라톤은 경험세계를 불변하는 진리 세계인 이데아 세계의 그림자 내지 모방이라고 본다. 즉 경험세계는 참된 세계가 아니기에 경험 속에 변화하는 존재는 참된 존재가 아니라 이데아의 그림자에 불과하다는 것이다. 불변하는 실체 내지 본질을 주장하는 서구철학은 플라톤으로부터 출발하여 서구철학사에 주류를 이룬다. 이런 사유는 변화하는 자아를 참된 자아로 받아들임을 거부하고 불변의 실체로서의 자아를 진리로 받아들인다. 이런 사유는 인간에게 늙음을 받아들이지 않게 하고 죽음을 두려워하게 한다. 따라서 늙음에 대한 거부나 죽음에 대한 공포는 단순한 심리적 요인뿐만 아니라 서구철학의 심연에도 자리 잡고 있다. 근대 철학을 대표하는 데카르트 역시 자아의 불변을 주장한다.

인간이 자아의 실체를 그리고 불변을 주장하면 할수록 인간은 자아에 집착할 수밖에 없고 변화하는 자아를 받아들이지 않으려고 한다. 왜냐하면 변화는 죽음을 예고하기 때문이다. 그리하여 노인은 죽음으로 향하는 늙음을 한탄하고 저주하고 결국 분노한다. 한탄과 저주와 분노는 노인을 불행하게 한다. 불행한 자아를 노인은 벗어나고 싶다. 바로 이런 이유로 노인은 자신의 과거, 즉 자신의 젊음에 집착하거나 자신의 늙어가는 모습을 거부하거나 자신이 젊었다고 착각하기도 한다. 그뿐만 아니라 자신이 젊었을 때 가졌던 이념이나 가치에 집착한다. 그리고 젊은이에게 강요한다. 이런 모습이 오늘날 노인을 혐오하게 만드는 것이다. 이런 사유는 앞에서 언급한 라이카드가 제시한 적응유형 중에 과거 지향적이며 늙음을 수용하지 않는 분노형이나 자학형으로 나타난다.

그렇다면 인생의 마무리에 접어든 노인은 어떻게 해야 자신을 비참하게 만들지 않고 행복하게 그리고 완성된 인격체로 만들 수 있을까? 어떻게 해야 노인은 늙음에 대하여 한탄이나 저주에 빠지지 않을까? 만일 노인이 스스로 행복해하고 그리고 스스로 성숙한 존재가 된다면 전통적으로 내려온 경로사상은 저절로 회복될 것이다. 변화하는 존재를 가상이라고 보고 불변의 존재를 추구하는 서구의 철학적 사유에서 노인이 마음으로 행복에 도달하는 것은 쉽지 않다.

이제 우리는 서구의 철학적 사유에서 근본적으로 모든 것이 변화하다는 생성원리를 진리로 삼고 있는 동양의 철학적 사유에 눈을 돌리면 아마도 아름답고 성숙한 노인의 모습을 찾을 수 있지 않을까? 중국사상을 대표하는 음양사상은 근본적으로 생성원리이다. 유가나 도가는 변화 속에서 인간이 어떻게 살아야 성인이 될 수 있는지를 철학적 과제로 삼았다. 더 나아가 불교는 불변의 실체를 부정하고 변화의 진리인 연기설에 근거하여 공(空)을 주장한다. 불교는 모든 존재가 공임을 깨닫는 것을 과제로 삼는다. 그렇다면 삶의 마무리 단계에 있는 노인에게 생성의 원리는 과연 무엇을 요구할 것인가? 이 물음 속에 우리는 노인이 어떻게 살아야 인생의 마무리 단계를 아름답게 보낼 것이며 인격을 완성할 수 있는지의 길을 찾을 수 있을 것이다.

2. 지배로부터 수용으로 그리고 '지금 여기'에

생성하는 것이 진리라면 우리는 생성을 거부할 수 없다. 노인이 되면 신체와 감각기능이 쇠약하고 기억력이 감퇴하며 모든 것이 상실되어 간다. 이런 변화를 겪으면 노인은 스스로가 늙어가는 것을 바라보고 괴로워한다. 그러나 노인은 이 괴로움을 피할 수 없다. 그렇다고 노인이 노화를 지배하고 없애려고 성형수술을 하고 머리에 염색하고 젊었을 때의 자신에 집착하고 고집한다고 해서 늙음이 사라지는 것이 아니다. 오히려 노화를 없애려고 지배하려고 하면 할수록 젊음에 집착하면 집착할수록 노인의 괴로움은 가중된다.

그렇다면 노인은 어떻게 해야 괴로움으로 벗어나서 편안하고 품위 있는 그리하여 아름다운 노화를 보낼 수 있을까? 노인은 우선 스스로 늙음이 괴롭다 하더라도 늙음을 받아들일 수밖에 없다. 그래야만 지배로부터 오는 괴로움의 가중을 피할 수 있다. 늙음은 자연스러운 현상이며 이는 거역할 수 없는 진리이다. 그런 까닭에 노인은 일차적으로 늙음을 받아드려야 한다. 앞에서 살펴보았듯이 라이카드가 제시한 노화의 적응유형에서 노화에 대하여 긍정적으로 적응하는 유형은 기본적으로 늙음을 받아들인다. 그런데 단순하게 늙음을 받아드리는 은둔형(rocking-chair type)은, 즉 흔들의자에 가만히 앉아 있는 유형은 노화를 소극적으로 받아들인다. 이것은 노화의 소극적 수용방식이다. 노화를 소극적으로 받아들이면 비록 노화를 거부하는 것보다 괴로움이 가중되지 않지만 괴로움은 그대로 유지되고 극복된 것은 아니다. 그렇다면 노화의 괴로움을 받아들이면서도 어떻게 하면 괴로움을 극복하여 행복하고 아름다운 노화를 맞이할 수 있고 존경받을 수 있는 노인이 될 수 있을까?

모든 것은 생성한다. 이 진리를 받아들인다면 앞에서 논의한 것처럼 우리는 변화를 부정하거나 거부할 수 없고 변화를 받아들일 수밖에 없다. 변화를 받아들인다는 것은 '어떤 것이 다른 것으로 변화한 것'을 부정하지 않고 받아들이는 것이다. 달리 표현하면 '불변하며 그리고 동일하게 머물고 있는 존재'는 있을 수 없기에 우리는 동일하게 머물고 있는 존재를 받아들일 수 없는 것이다. 이것은 불변의 실체를 부정하는 불교의 사상과 같다.

불교는 모든 존재가 공(空)이라고 주장하면서 모든 것은 끊임없이 생성소멸한다고 보고 이를 제법무아(諸法無我)와 제행무상(諸行無常)으로 표현한다. 불교가 인간의 삶을 괴로움이라고 주장하는 이유도 바로 여기에 있다. 우리가 끊임없이 변화하고 있다는 것은 우리의 삶이 생로병사를 겪을 수밖에 없다는 것을 의미한다. 우리가 생로병사를 겪을 수밖에 없음은 우리의 삶이 괴롭다는 것을 의미한다. 그리하여 불교는 우리의 삶을 한마디로 괴로움의 바다, 즉 고해(苦海)라고 한다. 인간은 생로병사를 없앨 수는 없다. 그렇다면 불교는 과연 삶의 괴로움을 어떻게 극복하는가? 만일 어떤 극복방안도 제시하지 않고 은둔형처럼 괴로움을 소극적으로 받아들인다면 그야말로 운명론에 빠질 수밖에 없다. 그러나 불교는 고통을 수용하면서 고통을 적극적으로 극복할 수 있는 실천방안을 제시한다. 불교 경전 중에 다음과 같은 구절이 있다. 이 구절을 통해 우리는 특히 노인은 어떻게 해야 아름다운 삶을 마무리 할 수 있는지를 살펴볼 수 있다.

> "과거를 따르지 말라. 미래를 바라지 말라. 한번 지나가 버린 것은 이미 버려진 것 그리고 미래는 아직 도달하지 않았다. 당면한 현재의 일들을 자신의 처지에서 잘 살펴 흔들림 없이 바르게 판단하라. 그리고 그 경지를 더욱 넓히라. 다만 오늘 해야 할 일에 전력을 기울이라. 누가 내일에 죽음이 있을지 알 수 있는가 ..."
>
> 『대장경 '일여현자경'』중에서

이 경전은 우리가 어떻게 살아야 할 것인지에 대하여 가장 중요한 3가지 명제를 제시하고 있다. 첫째, 우리에게 가장 중요한 것은 지나간 과거나 다가올 미래가 아니라 바로 '현재'이다. 우리의 주제와 연관하여 표현하면 노인은 지금까지 살아온 과거가 중요한 것이 아니고 앞으로 살아가야 할 미래가 중요한 것이 아니라 바로 '지금 여기'가 중요하다. 그 이유는 과거는 지나간 것이기에 존재하지 않으며 미래는 아직 도달하지 않았기 때문에 존재하지 않는 것이기 때문이다. 존재하는 것은 오로지 '지금'일 뿐이다. 사실 우리는 이 진리를 곧잘 잊어버린다. 그리하여 우리는 과거에도 있었고 미래에도 있을 것이라 생각한다. 그런 까닭에 우리는 과거를 거울삼아 현재를 반성하고 미래는 목적이 성취될 것이기에 희망을 건다. 이런 사유의 심연에는 '불변하는 또는 동일한 자아'가 전제되어 있다. 불변하고 동일한 자아가 전제되어야만 자아는 과거에 행한 것을 반성할 수 있고 또한 미래에 목적을 성취할 수 있다. 이것은 모든 것이 생성하고 변화한다는 진리의 관점에

보면 오류이다. 불변의 자아는 없다. 그런 까닭에 우리는 과거에 집착하지 않을 것이며 미래의 죽음을 두려워하지 않는다.

현재만이 존재하고 '지금 여기'만이 있다면 우리는 어떻게 해야 할 것인가? 그에 대하여 경전은 두 번째로 지금 여기에 놓여 있는 자신의 처지에 맞게 올바르게 판단하되 그 경지를 넓히고 오늘 할 일에 매진하라고 한다. 두 번째 명제는 첫 번째의 명제에서 당연히 도출된다. 과거에 연연하지 말고 미래에 희망을 걸지 말고 현재(지금 여기) 자신이 처한 상황에 맞게 올바르게 판단하라! 모든 것은 관계망 속에서 존재한다. 관계 맺음 없이 독자적으로 존재하는 것은 없다. 독자성을 주장하는 사유는 사실 불변성을 전제하고 있다. 생성의 원리는 관계망에도 적용되기에 관계망도 변화한다. 이 관계망을 「일여현자경」은 처지(處地)라고 표현한다. 처지는 '지금 여기'에 놓여 있는 상황이다. 그런데 이 상황은 고정되어 있는 것이 아니다. 이 상황은 때에 따라 그때그때 그리고 자신의 위치에 따라 다르다. 그런 까닭에 과거에 어떤 관계에 있었던지 미래에 어떤 관계를 맺을지 지금의 관계만이 중요하고 지금현재의 관계를 올바르게 판단해야 한다. 따라서 노인은 늙음을 받아들이면서 지금 여기에 자신이 어떤 상황이 놓여 있는지를 올바르게 판단하고 그에 맞게 지금 해야 할 일에 매진해야 한다. 바로 이점이 아름답게 그리고 성숙한 노인으로 늙을 수 있게 하는 가장 중요한 요인이다.

앞에서 언급한 라이카드가 제시한 노화의 적응유형에서 성숙형과 방어형이 바로 이와 같은 삶을 살아가는 유형과 유사하다. 특히 변화된 자기 자신을 현실 그대로 받아들여서 지나온 과거에 집착하지 않고 또한 남은 생이나 죽음에 대해 지나치게 불안해하지도 않으며 현실을 직시하고 살아가는 성숙형은 이 경전이 요구하는 것과 매우 유사하다.

셋째로 이 경전은 누구나 모두 내일 죽을 수 있다고 강조한다. 이는 '지금 여기'가 얼마나 중요한지를 다시금 강조한다. 우리는 내일이 있다고 생각하고 내일을 꿈꾸며 그리고 희망을 품고 살아간다. 그러나 내일은 없다. 그리고 내일을 기약하고 현재를 산다는 것은 앞에서 논의한 바와 같이 불변의 자아를 전제할 때 가능한 것이다. 그러나 이것은 착각이고 환상이다. 누구나 할 것 없이 내일 죽을 수 있다. 우리는 언제 죽을지 아무도 모르며 또한 죽음을 피할 수 없다. 죽음이 언제 나를 찾아올지 모른다. 그런 까닭에 이 경전은 다시금 지금 여기가 중요함을 강조한다. 이는 하이데거가 본래적인 존재 의미를 찾기 위해 죽음에 앞서 달려감을 요구하는 것과 같다. 그는 자신이 언제나 존재할 수 있다는 착각으로 인해 우리는 비본래적 존재양식으로 살아간다고 본다.

따라서 인생의 마지막 단계인 노년기를 맞이하여 노인이 추구해야 할 가장 이상적인 적응방식은 첫째로 늙음을 받아드리는 것이다. 이는 늙음의 현재성을 부정하거나 회피하지 말고 적극적으로 수용해야 한다는 것을 의미한다. 둘째로 늙음의 현재성을 적극적으로 수용한다는 것은 과거에 연연하지 않고 미래를 걱정하거나 두려워하지 않는 것이다. 셋째로 과거의 처지나 앞으로 다가올 처지를 생각하지 말고 현재 자신의 상황을 올바르게 판단하여 그에 맞는 일에 적극적으로 매진해야 한다. 이로써 늙음의 괴로움을 극복할 수 있다. 노인이 늙음을 수용하면서 현재 자신이 놓여 있는 상황이 어떠한지 그리고 이 상황에 무엇을 해야 하는지는 노인 각자의 몫이다. 마지막으로 죽음을 두려워하지 않고 죽음을 적극적으로 받아들여야 한다. 죽음을 수용한다는 것은 '지금 여기'가 중요하다는 것을 깨닫는 것이다. 결론적으로 말하면 이를 위해 가장 근원적으로 요구하는 것은 모든 것이 생성 변화한다는 사실과 더불어 자아는 불변하는 실체가 아니라 끊임없이 변화하는 존재임을 깨닫는 것이다.

참고문헌

공자, 『논어』, 김원중 옮김, 휴머니스트, 2017.

권중돈, 『노인 복지론』, 서울: 학지사, 2012.

김영진, 『공이란 무엇인가』, 그린비, 2009.

각묵 스님. 『금강경 역해』, 불광출판사, 2001.

김태현, 『노년학』, 서울: 학문사, 1998

동국역경원, 『한글대장경』.

장인협, 최성재, 『노인복지학』, 서울대학교출판부, 2010

진영선, 『노년 - 인생 제2막의 삶』, 경북대학교출판부, 2014

최순옥 외 4인, 『노인복지의 이해』, 태영출판사, 2014.

홍승표 외 4인, 『동양사상과 노인 복지』, 집문당, 2013.

홍승표, 『노인혁명』, 문예서원, 2007.

린다 그래튼, 앤드루 스콧, 『100세 인생』, 안세민 옮김, 출판사 클, 2017

Erikson E. H., Childhood and Society, New. York, 1963.

Neugarten, B., Middle Age and Aging, University of Chicago Press, 1968.

Reichard, Livson, and Perterson, A Study of 87 Oldermen, New. York, 1962.

McCrae Robert R. and Costa, P. T., A Five-Factor Theory of Personality, in: L.A. Pervin & O.P. John (Eds.) Handbook of Personality: Theory and Research(2nd. ed.) New. York: Guilford, 1999, pp139-153.

Descartes, Meditation, Felix Meiner Verlag, 1960.

Heidegger M., Sein und Zeit, Tübingen, 1979.

추천도서 한 권

홍승표외 4인, 『동양사상과 노인 복지』, 집문당, 2013.

고령사회를 맞이하여 노인문제의 분석과 그 해결방안은 주로 서구적 관점에서 다루고 있다. 우리사회가 서구화가 된지 오랜 시간이 지났기 때문에 서구사회에서 발생하는 문제를 우리도 안고 있기에 서구이론을 기반으로 논의하는 것이 당연시 될 수 있다. 그러나 우리의 전통사상으로부터 현재 발생하는 노인 문제를 되짚어 보고 그 해결방안을 모색하는 것도 중요하다. 이 저서는 바로 이런 관점에서 전통적인 동양 사상, 즉 유가, 도가, 불교사상을 기반으로 노인문제의 원인과 그 해결방안을 모색하고 있다.

『어린 왕자』에서 『레 미제라블』로: 나이 듦에 대하여

이찬규[1]

- 목차 -

1 서울 혜화동 출생, 숭실대학교에서 프랑스문학을 가르치고 있다. 『문학청춘』에 <아르튀르 랭보, 태양의 편지>를 연재한다. 저서로 『불온한 문화, 프랑스 시인을 찾아서』, 『횡단하는 문화, 랭보에서 김환기로』 등이 있다. 주요 논문으로는 「알베르 카뮈와 김훈: 재난의 장소에 대하여」, 「에밀졸라의 '인간짐승'에 나타난 사운드스케이프 연구」 등이 있다. 『문학과 의학』 편집위원이다.

"신들은 지쳤고 독수리도 지쳤으며 상처도 지쳐서 저절로 아물었다."

\- 프란츠 카프카 -

1. 어린 왕자는 나이 들지 않는다.

앙투완 드 생텍쥐페리(1900~1944)는 작가이자 비행기 조종사였다.

앙트완 드 생텍쥐페리(Antoine de Saint-Exupéry)는 1943년 『어린 왕자』(*Le petit prince*)를 출간한다. 그리고 이듬해 정찰비행 도중 행방불명된다. 사람들은 그의 비행기가 코르시카 해상에서 독일군에 의해 격추되었을 것으로 추정한다. 『어린 왕자』의 화자도 비행사다. 그는 불시착한 사막에서 다른 별, '소행성 B612'이 자신의 고향이라고 말하는 어린아이를 만난다. 책의 화자는 그 아이와 사막에서 함께 지냈던 며칠간의 이야기를 들려준다.

아이 그러니까 '어린 왕자'는 자신의 별로 돌아가기 위해 죽음을 선택한다. 죽음이 여정의 유일한 방법이기 때문이다. 별에서 또 다른 별로 건너가는 이야기 속에서 어린 왕자는 나이 들지 않는다. 『어린 왕자』를 읽었던 독자들이 어느덧 어른이 되고, 늙고, 더러 죽기도 했다. 이런 나이 듦에 대하여 어린 왕자가 어떤 이야기를 해 줄 수 있을까. 나이 듦에 대해서 제대로 말할 수 있는 자는 그 나이에 이른 자일 것이다.[2] 젊음과 늙음의 경계를 경험한 자야말로 연로한 부모를 통해 그처럼 늙어갈 자신을 비로소 보게 되는 것이다. 그런데 어린아이가 주인공인 『어린 왕자』는 나이 듦에 대하여 도리어 찬찬하게 좀 더 객관적인 관점으로 사유할 수 있도록 허락해준다.

왜 객관적인가? 어린 왕자는 나이 들지 않는다. 나이 듦과 무관한 존재로서 이 땅에 내려와 사막을, 높은 산정을, 사람 사는 길들을 유랑한다. 여러 어른들과 노인들을 만난다. 하지만 자신과 같은 또래의 어린아이는 단 한 번도 만나지 않는다. 그러니까 나이 들지 않는 그 어린아이는 전적으로 나이든 자들과 대면한다. 그 대면의 이야기들은 이제 어른이 되었고, 늙었으며, 죽기도 했던 독자들을 다시 소환한다. 어린 왕자가 나이든 자들을 만나 나이 듦에 대하여 전하는 이야기가 있기 때문이다. 마흔네 살에 코르시카 상공에서 행방불명된 것으로 추정되는 작가가 화자인 이유이기도 하다.

프랑스에서 출간된 『어린 왕자』 초판본

2 이를테면 조선시대의 유학자 성호 이익(李瀷, 1681~1763)의 시 「세안행(歲晏行)」은 이러한 나이 듦의 심득(心得)을 읊고 있다. "당시에는 오직 나이가 불어남을 좋아하여 / 다른 사람들이 늙음을 탄식하는 것이 우스웠네 / 솟아오른 둥근 해와 달은 멈춘 적이 없으니 / 머리 희고 눈 어두운 게 잠깐 만에 왔구나 / 이십팔절을 모두 다 보냈다고 하는데 / 이 말이 좋은 소식 아님을 안 지 오래 / 눈 아래 아이들은 떠들썩하며 즐거워하니 / 어리석어 사리를 모르는 게 자못 괴이해라 / 삼십 년 후에는 너희가 바로 나일 테지 / 삼십 년 전에는 내가 바로 너희였다 / 나는 본래 한 몸이건만 근심과 기쁨 변했어라 / 더구나 너희는 딴 몸이니 느낌 다른 게 당연하지 / 나는 고인에 비해 이룩한 일이 없지만 / 세월을 따라 사라져가는 건 꼭 같아라 / 인생은 그야말로 말 타고 달리는 격이니 / 지난날은 아득히 멀어지고 오늘이 오는구나 / 앞선 사람은 어디로 갔는가 / 뒤에 가는 사람 서로 이어져 온다."

2. 영아와 늙은 조개

나이 듦은 공들여 만들어져야 한다. 또한 독자는 어린 왕자와의 대면을 통해 '영아(嬰兒)'로 다시 한 번 되돌아가기도 한다. 노자(老子)식대로 일컫자면, 어린 왕자는 우리의 "타고난 본성"을 헤아려보게 한다.[3] 『어린 왕자』를 말하기 위해 황현산의 번역본을 선택한다. 그는 해설을 통해 나이 듦이 "자기 존재의 확장"이 될 수 있는 방식을 가르쳐 주고 있기 때문이다. 2018년, 올해 그는 별세했다.

"인간은 자기가 공들여 일구고 가꾼 것들과만 진정한 관계를 맺을 수 있고, 이 관계를 통해 자기 존재를 확장할 수 있다. 일만 사람을 알고 지내고, 일만 가지 물건을 소유하고 있어도, 그 가운데 어느 것 하나도 자신이 마음과 노력을 부어 길들인 것이 아니라면, 그 사람은 이 세상을 살았다고 할 수 없는 것이다. 그는 일만 사람을 바쁘게 만나고, 일만 가지 물건을 숨차게 끌어모았지만, 누구에게도, 어느 물건에도, 자기가 살아온 삶의 시간을 새겨 두지 못했기 때문이다. 일만 사람은 그 사람을 기억하지 않을 것이며, 일만 가지 물건은 그 사람에 대한 기억을 불러일으키지 않을 것이다. 그는 생애 내내 눈앞의 보자기보다 더 적은 시간밖에는 가지지 못할 것이다. 그가 눈을 감으면 그 시간은 꺼져 버릴 것이다."[4]

노방출주(老蚌出珠)라는 표현이 있다. 늙은 조개가 진주를 만드는 것이

3 "남성다움을 알고, 여성성을 그렇게 인정하면, 천하의 시냇물이 되리라(知其雄 守其雌) 爲天下谿). / 천하의 시냇물이 되면, 참된 덕이 떠나지 않아, 영아로 되돌아가리라(爲天下谿 常德不離 復歸於嬰兒)." (『노자』 28장).

4 황현산, 「어른들을 위한 '어린 왕자' 해설 - 뱀과 여우」 (앙투완 드 생텍쥐페리, 『어린 왕자』, 황현산 옮김, 열린책들, 2017, 5쪽. (이하 인용문 뒤에 『어린 왕자』와 쪽수만 표기.)

다. 오래됨으로 영롱하게 아름다워지는 것들이 있다. 그러니까 그 아름다움은 시간이 흘러도 사라지지 않는다. 나이 듦이 사유되고 공들여 만들어져야 하는 까닭이다.

3. 사람이 아니라 버섯인 경우

『어린 왕자』의 처음은 작가의 헌정사로 되어있다. 그는 자신의 책을 어린이가 아니라 나이든 어른에게 바친다는 점을 분명히 하고 있다. 그리고 어린이에게 용서를 구한다.

> "나는 이 책을 어른에게 바친 데 대해 어린이들에게 용서를 빈다. 나에게는 그럴 만한 사정이 하나 있다. 내가 이 세상에서 사귄 가장 훌륭한 친구가 바로 이 어른이라는 점이다. 또 다른 사정이 있다. 이 어른은 모든 것을, 어린이들을 위해 쓴 책까지도 이해할 줄 안다는 것이다. 세 번째 사정이 있다. 이 어른은 지금 프랑스에서 살고 있는데, 거기서 굶주리며 추위에 떨고 있다. 그를 위로해 주어야 한다. 이 모든 사정으로도 부족하다면, 지금은 이 어른이 되어 있는 예전의 어린아이에게 이 책을 바치고 싶다. 어른들도 처음엔 다 어린이였다. (그러나 그걸 기억하는 어른들은 별로 없다.) 그래서 나는 헌사를 이렇게 고친다. 어린이였을 때의 레옹 베르트에게."
>
> (『어린 왕자』, 5쪽).

책은 어른, 레옹 베르트에게 헌정된다. 하지만 이 책의 전체적인 줄거리 속에서 어른이라는 단어는 그 부정적 의미가 꽤 깊다. 어린 왕자가 사막에

그림 8 『어린 왕자』에 등장하는 삽화들 중의 하나이다. 책의 화자는 이 그림을 가장 훌륭하게 어린 왕자를 그린 것이라고 설명한다.

불시착한 화자에게 단 한번 화를 낸 적이 있다. 심지어 어린 왕자는 그를 '노려보거나', '매정하게 말을 내뱉는다.' 그러니까 이렇게 내뱉는다. "<아저씨도 어른들같이 말하네!> 그 말에 나는 좀 부끄러웠다. 그러나 그는 매정하게 덧붙였다. <아저씨는 모든 걸 혼동하고 있어. 아저씨는 모든 게 뒤죽박죽이야!> 그는 정말 몹시 화가 나 있었다. 금빛 머리칼을 바람 속에 흔들었다."(『어린 왕자』, 32쪽). 어린 왕자가 구별 짓는 '나이든 어른'이란 어떤 존재인가. 본인이 언제나 중요한 일을 하는 사람이라고 믿는 사람이다.

> "<내가 아는 별에 얼굴이 시뻘건 어른이 살고 있어요. 그는 꽃 한송이 향기를 맡은 적도 없고, 별 하나 바라본 적도 없고, 누구 한 사람 사랑해 본 적도 없어요. (…) 그러면서 하루 종일 아저씨 같은 말만 되풀이한다고요. '나는 중요한 일을 하는 사람이야! 나는 중요한 일을 하는 사람이야!' 그러고는 으스댄다고요. 하지만 그건 사람이 아니야, 그건 버섯이야.>
>
> <뭐라고?>
>
> <버섯이야!>
>
> 어린 왕자는 화가 나서 이제 얼굴이 하얗게 질렸다."
>
> (『어린 왕자』, 32쪽).

'참살이'라는 표현이 있다. 좋아하는 막걸리 이름 중에 '참살이 막걸리'도 있으니 유행을 타는 표현이다. 잘 늙어가는 것welle-aging이 사회적 화두로 떠오르면서 참되게 살고 제대로 나이 들어가는 방편들을 고민하게 되었다. 『어린 왕자』를 읽고 있으면, 제대로 나이 들어가는 것의 종착점은 어린아이로 다시 복귀하는 것이라는 생각이 든다. 그중 하나가 무위(無爲)의 삶이다. 길가에 핀 꽃 한 송이에 다가가 그 향을 문득 맡는 것. 어린 왕자에 따르면 이는 세상 사람들이 아주 오래전에 잊어버린 행위이기도 하다. 이러한 행위는 '중요한 일'이라고 여겨지는 물질적 이득과 거리가 멀기 때문이다. 공자(孔子)가 일찍이 말한 적이 있다. 혈기에 부림을 당하면 젊었을 적에는 색(色)에, 중년에는 싸움에, 노년에는 득(得)에 빠지기 싶다고. 하여 노년에 이르러 경계할 것은 얻는 것이라고.[5]

1993년에 사용된 50프랑 프랑스 화폐

한편으로 '아저씨'라고 불린 화자는 어린 왕자가 폄하했던 그 '중요한 일'을 하고 있었다. 불시착한 비행기의 모터를 고치는 작업이었다. 마실 물도 거의 바닥이 난 상태에서 그는 공포를 느낀다. 그때 어린 왕자는 그에게 양이 꽃도 먹느냐는 질문을 한다. 그 질문은 계속해서 또 다른 질문들로 이어지고 화자의 대답도 계속된다. 하지만 비행기 조종사인 화

5 "少之時, 血氣未定, 戒之在色；及其壯也, 血氣方剛, 戒之在鬭；及其老也, 血氣既衰, 戒之在得."

자는 자신이 중요한 일을 하고 있기 때문에 대답을 더 이상 할 수 없다고 전한다. 그때 어린 왕자의 반응은 이러하다.

> "그는 깜짝 놀라 나를 노려보았다.
>
> <중요한 일이라고!>"
>
> (『어린 왕자』, 33쪽)

서로에게 '중요한 일'은 따로 있을 것이다. 별을 바라보는 것일 수도 있고, 돈을 버는 것일 수도 있다. 노인에게는 늙음일 것이고, 비행기 조종사에게는 불시착한 비행기의 모터를 고치는 경우일 것이다. 하지만 서로에게 있어서 중요한 일을 자신의 생각으로 폄하하는 것은 '깜짝 놀라 노려 볼만한' 일이기도 하다. 그러니까 어린 왕자는 비행기 조종사에게 있어서 중요한 일이란 무엇인지 좀 더 생각해 볼 필요가 있다. 더 나아가 어린 왕자의 반응은 이분법적 사고의 오래된 위험성을 일깨운다. 어린 왕자는 "<아저씨도 어른들같이 말하네!>"라고 진술한다. 하지만 그 어른은 어린 왕자의 중요한 일 혹은 관심사에 귀를 기울이지 않은 것에 부끄러움을 느끼는 자이기도 하다. ("그 말에 나는 좀 부끄러웠다. 그러나 그는 매정하게 덧붙였다.") 자신의 일이 중요하다고 믿는 자를 탓할 수는 없으나, 그 믿음을 공격하고 '어른'과 '아이'와 같이 이분법적으로 구분 짓는 생각은 우스꽝스럽다. 그 생각은 무위의 방식과도 거리가 멀다.

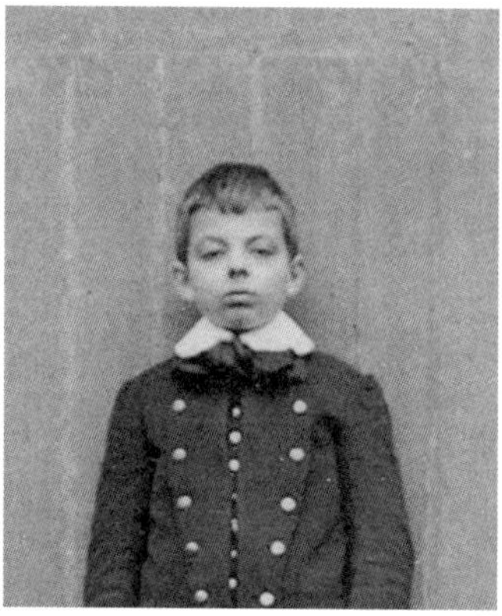

어린이였을 때의 생텍쥐페리

이러한 구별 짓기는 위계적 차이를 만든다. 일테면 '버섯'과 '사람' 중에 어떤 것이 더 중요할까. 인간중심주의적 차원에서는 물론 인간이 비교할 가치조차 없이 버섯보다 중요하다. 하지만 버섯과 인간을 하나의 생명이라는 관점으로 볼 때 그 둘은 동등한 가치를 지닌다. 인간도 하나의 일부분인 자연의 입장에서 보면 그렇다. 따라서 어린 왕자의 다음과 같은 발언은 자신의 행성에서 자라고 있는 장미 한 송이를 자기 자신만큼 중요하게 여기는 그의 행동과는 다른 구별 짓기이다. "그건 사람이 아니야, 그건 버섯이야." 어른이라는 존재는 그렇게 버섯으로 폄하된다. 하지만 『어린 왕자』의 맥락을 따르자면, '으스대는 것'이 아니라 '부끄러움을 느끼는'자가 또한 어른이기도 하다. 이러한 어른은 소위 '꼰대'라고 일컫는 존재가 아니라 본받을 필요가 있는 어른이다.

'늙음'을 추문으로 만드는 징표들 중의 하나는 자신의 늙음을 앞세워서 위계적 차이를 만들려고 하는 생각과 행동들에서 비롯된다. '으스대는 것' 또한 그러한 추문의 대표적인 한 방식이다. 으스대는 늙은 자는 우선 젊은 이들에게 자신들의 의견을 말해보라고 친절하게 권유한다. 그리고 그것을 경청하는 기회를 갖는 대신 자신의 젊은 시절에 있었던 경험을 무슨 교훈처럼 이야기한다. 이를테면 어느 유행가 제목처럼 조금 공격적으로 될 수도 있다. "너 늙어 봤냐, 나는 젊어 봤단다."

4. 어린 왕자가 처음으로 울다.

젊은이들에게 인생의 약이 될 수 있는 좋은 충고를 해주었다고 믿으며 보람을 느끼는 자는 생물적 나이와는 상관없이 일단 늙은 자이다. 어린 왕자가 견문을 넓히려고 주유했던 별들의 일화들은 모두 "어른들은 참 이상해"라는 의미심장한 문장으로 끝나고 있다. 그 일화들 중에 '허영쟁이'가 살고 있는 별에는 칭찬하는 말 외에는 듣지를 못하는 자가 거주한다. 그렇게 스스로 차이와 위계를 만들려고 늙어가는 사람이 그곳에 살고 있다.

> "<너는 정말로 나를 숭배하니?> 그는 어린 왕자에게 물었다.
>
> <'숭배한다'는게 무슨 뜻인데요?>
>
> <'숭배한다'는 건 내가 이 별에서 가장 잘 생겼고 가장 옷을 잘 입고 가장 부자고 지식이 많다고 인정해 준다는 뜻이지.>
>
> <하지만 이 별에는 아저씨 혼자뿐인데요.>
>
> <나를 기쁘게 해다오. 아무튼 나를 숭배해 다오!>
>
> <난 아저씨를 숭배해요.> 어린 왕자는 어깨를 약간 으쓱하며 말했다. <하지만 그게 아저씨에게 어떻다는 거예요?>
>
> 그리고 어린 왕자는 그 별을 떠났다.
>
> <어른들은 아무래도 좀 이상해.> 여행을 하는 동안 어린 왕자는 속으로 이렇게만 생각했다."
>
> (『어린 왕자』, 51쪽).

생택쥐페리의 헌정사에는 작가가 굳이 '어른'에게 책을 헌정하는 이유들이 적혀있다. 첫 번째 이유는 그 어른이 "이 세상에서 사귄 가장 훌륭한 친구"이기 때문이다. 나이가 많이 들어서도 죽지 않거나 건강한 까닭들이 있다. 그중에 하나가 '친구'이다. 흔히 하는 말을 따르자면, 친구가 많은 사람이 오래 산다고 한다. 친구라는 존재는 어른과 아이의 구별 짓기를 무화시키는 관계이다. 하여 작가는 그 어른을 이렇게 부른다. "어린이였을 때의 레옹 베르트에게." 흔히 하는 말을 자꾸 따르자면, 와인과 친구는 오래될수록 좋은 것이라고 한다. 하지만 과연 그런가? 나이가 들면 할 수밖에 없는 반문이다. 오래되면 버릴 수밖에 없는 와인의 종류도 절반이 넘기 때문이다. 그래서 어린 왕자가 장미 정원을 지나 여우를 우연히 만나게 되는 장면은 의미심장하다. 어린 왕자는 유랑한다. 누군가를 혹은 무엇인가를 만나기 위해서 일 것. 그는 장미가 피어있는 정원에 이른다. 그는 5천 송이의 장미들이 아름답게 피어있는 것을 발견하고 처음으로 운다. 그는 자신의 별에 피어나 있는 장미가 이 세상에 존재하는 유일한 장미라고 믿고 있었기 때문이다.

생텍쥐페리의 아내 콘수엘로 드 생텍쥐페리

> "그리고 그는 또 이렇게 생각했다. <나는 내가 세상에 하나밖에 없는 꽃을 가진 부자라고 생각했는데, 흔한 장미꽃 하나를 가졌을 뿐이야. 거기에다 무릎밖에 안 차는 화산 세 개, 그것도 하나는 영원히 꺼져 있을지도 모르는데, 그런 걸 가지고 어떻게 훌륭한 왕자가 되겠어….> 그는 풀밭에 엎드려 울었다."
>
> (『어린 왕자』, 81쪽)

그는 자신이 소유하고 있는 것들에 대해서 초라함을 느낀다. 처음으로 느끼는 슬픔의 이유이다. 그때 여우를 만난다. 그는 자신의 슬픔을 고백하고 여우에게 친구가 되어줄 것을 청한다. 하지만 여우는 자신이 길들여지지 않았기에 친구가 될 수 없음을 알린다. 하여 그는 여우에게 '길들인다'는 것이 무슨 의미인지 재차 묻는다.

> "「그건 모두들 너무나 잊고 있는 것이지.」 여우가 말했다. 「그건 <관계를 맺는다>는 뜻이야.」
>
> 「관계를 맺는다고?」
>
> 「물론이지.」 여우가 말했다. 「너는 아직 내게 세상에 흔한 여러 아이들과 전혀 다를 게 없는 한 아이에 지나지 않아. 그래서 나는 네가 필요 없어. 너도 역시 내가 필요 없지. 나도 세상에 흔한 여러 여우들과 전혀 다를 게 없는 한 여우에 지나지 않는 거야. 그러나 네가 나를 길들인다면 우리는 서로 필요하게 되지. 너는 나한테 이 세상에 하나밖에 없는 것이 될 거야. 나는 너한테 이 세상에 하나밖에 없는 것이 될 거고…」
>
> 「알 것 같아.」 어린 왕자가 말했다. 「꽃이 하나 있는데… 그 꽃이 나를 길들인 것 같아….」"
>
> (『어린 왕자』, 84-85쪽)

생텍쥐페리가 직접 그린 『어린 왕자』의 삽화

어린 왕자는 자신의 별에 남겨둔 장미가 유일한 것이 되어 있음을 깨닫게 된다. 서로에게 하나밖에 없는 유일한 것이 되는 것. 그는 정원의 장미들을 다시 찾아간다. 그들에게 이렇게 말해주기 위해서다. 어린 왕자는 다시금 한 별을 책임지는 왕자처럼 당당해진다.

> "「너희들은 아름다워. 그러나 너희들은 비어 있어.」 어린 왕자는 다시 말했다. 「아무도 너희들을 위해 죽을 수는 없을 거야. 물론 멋모르는 행인도 내 장미도 너희들과 비슷하다고 생각할 거야. 그러나 그 꽃 하나만으로도 너희들 전부보다 더 소중해. 내가 물을 준 꽃이기 때문이야. 내가 유리 덮개를 씌워 준 꽃이기 때문이야. 내가 바람막이로 바람을 막아 준 꽃이기 때문이야. 내가 벌레를 잡아 준 꽃이기 때문이야(나비가 되라고 두세 마리만 남겨 놓고). 내가 불평을 들어주고, 허풍을 들어 주고, 때로는 침묵까지 들어 준 꽃이기 때문이야. 그것이 내 장미이기 때문이야.」"
>
> (『어린 왕자』, 89-90쪽)

5. 슬퍼하는 자를 위로하는 시간

어른에게 책을 헌정하는 두 번째 이유는 그 어른이 "어린이들을 위해 쓴 책까지도 이해할 줄 안다는 것"이다. 이는 '어른들을 위한 동화'라는 익숙한 구절과는 다른 이야기이다. 동화는 '어린이를 위한 이야기'라는 의미이니, 이런저런 요즈음의 책광고에 무수하게 찍힌 '어른들을 위한 동화'라는 장르 설정은 얼마간 앞뒤가 맞지 않다. 하지만 '어린이를 위한 동화를 이해하는 어른'은 가능한 존재일 수 있다. 일테면 어린이가 울 때 자신의 '중요한 일'을 포기하고 그 어린이를 "조용히 흔들어 달랠 줄"아는 자이다.

> "그는 더 말을 잇지 못했다. 그는 갑자기 흐느껴 울기 시작했다. 어둠이 깔려 있었다. 나는 내 연장들을 던져두었다. 나는 망치도 나사도 목마름도 안중에 없었다. 어떤 별, 어떤 행성 위에, 나의 별인 이 지구 위에, 내가 달래 주어야 할 어린 왕자가 하나 있다! 나는 그를 팔로 감싸 안았다. 그를 조용히 흔들어 달랬다. (…) 나는 더 이상 무엇을 말해야 할지 도무지 알 수 없었다. 난 내가 아주 서툰 것 같았다. 어떻게 해야 그를 달랠 수 있는지, 어디를 가야 그의 마음을 다시 잡을 수 있는지… 나는 알 수 없었다. 눈물의 나라, 그건 그렇게 신비롭다."
>
> (『어린 왕자』, 33쪽)

어른은 슬퍼하는 사람을 위로하는 자다. 슬픔의 이유는 중요하지 않다. 슬픈 어린이가 갑자기 흐느껴 울고, 어둠이 깔려 있을 때, 어른은 지혜로운 말을 해주기보다는 "무엇을 말해야 할지 도무지 알 수 없는" 자다. 하지만 시간이 흘러서, "눈물의 나라, 그건 그렇게 신비롭다"고 말할 수 있는 자이기도 하다. 어린 왕자는 자신이 찾아간 다섯 번째 별에서 가로등지기를 만난다. 그는 어두워지면 불을 켜고 날이 밝으면 불을 끈다. 하지만

1935년 사하라 사막에 동료와 함께 불시착한 생텍쥐페리

살고 있는 행성이 작아서 가로등을 켜고 끄는 일을 일분마다 반복해야 한다. 어린 왕자는 자신이 만났던 '허영쟁이', '사업가'등과는 달리 가로등지기는 전혀 우습지 않는 어른이라고 생각한다. 어린 왕자는 그 이유를 이렇게 전한다.

> "어린 왕자는 더 멀리 여행을 떠나며 생각했다. <이 사람은 다른 사람들, 왕이나 허영쟁이나 술꾼이나 사업가한테 업신여김을 받을 거야. 그렇지만 내가 보기엔 우스꽝스럽지 않은 사람은 이 사람뿐이야. 그건 아마 이 사람이 제 자신이 아닌 다른 것에 정성을 들이고 있기 때문일 거야.>
> 그는 서운해서 한숨을 내쉬며 다시 생각했다.
> <내가 친구로 삼을 수 있는 사람은 그 사람뿐이었는데, 그러나 별이 정말 너무 작았어. 둘이 있을 자리가 없어…>"
>
> (『어린 왕자』, 62-63쪽).

6. 부드러운 늙음과 소비하는 시간

가로등지기는 어린 왕자가 별들을 여행하는 동안 처음으로 친구로 삼고 싶은 어른이 된다. 어린 왕자에게 친근감의 감정이 생긴 것은 그가 "제 자신이 아닌 다른 것에 정성을 들이고 있기 때문"이다. 별들을 주유하는 어린 왕자의 일화들은 묵자(墨子)의 '무감어수 감어인(無鑑於水 鑑於人)'을 떠올리게 한다. 즉, 자신의 모습을 물이나 거울에 비추어 보지 말라는 뜻이다. 거울이 없던 오랜 옛날에는 모습을 물에 비추어 보았다. 하지만 그것은 외모만 볼 수 있는 방법이다. 자신의 품성이 어떠한지 깨닫기 위해서는 '감어인(鑑於人)', 즉 자신을 다른 사람에게 비추어 보아야 한다는 것이다. 나이가 들어갈수록 이러한 '감어인(鑑於人)의 자세가 필요하지 않겠는가. 그것이 부드러운 늙음, 중심이 없는 대신 타인을 겸애(兼愛)하는 늙음을 맞이하는 길이다. 어린 왕자는 다양한 인물들을 만나면서 자신이 죽어야 하는 이유를 깨닫게 된다. 그것은 어린 왕자가 자신의 행성에 홀로 살면서 결코 다다를 수 없었던 깨달음이다. 그는 행성에 홀로 남겨둔 장미를 생각한다. 그 장미로 돌아가기 위해서는 자신의 생명을 내놓아야 한다. 어린 왕자는 멀고먼 여행과 많은 만남들 끝에 사막에서 여우를 만난다. 그는 여우의 말을 이해하는 자가 된다.

1829년 청년 시절의 위고

"<네 장미를 그토록 소중하게 만든 건 네가 너의 장미에게 소비한 시간 때문이야.>

<나의 장미에게 소비한 시간 때문이야.> 어린 왕자는 기억해 두려고 되풀이했다.

<사람들은 이 진실을 잊어버렸어.> 여우가 말했다. <그러나 너는 잊으면 안 돼. 네가 길들인 것에 너는 언제까지나 책임이 있어. 너는 네 장미한테 책임이 있어…>

<나는 내 장미한테 책임이 있어…> 어린 왕자는 기억해 두려고 되풀이했다."

(『어린 왕자』, 90쪽)

우리는 우리가 '소비한 시간'으로 늙어간다. 자신이 아닌 것들을 위해서 참 많이도 시간을 소비했다. 그런 걸 사랑이라고도 일컫는다. 우리가 모두 사랑하면서 늙었다는 것을 어린 왕자는 일깨워 준다.

7. 빅토르 위고의 시간적 편차

우리나라에서 생텍쥐페리만큼 많이 알려진 다른 프랑스 작가가 있다면 빅토르 위고(1802~1885)일 것이다. 하지만 프랑스 문학사에서 위고는 생텍쥐페리와 비교가 될 수 없을 만큼 독보적인 작가로 자리매김된다. 그러니까 2002년 2월 26일 위고 탄생 200주년을 기념하기 위해 프랑스의 모든 학교의 첫 수업은 그의 작품을 읽으며 시작되었다. 영국은 셰익스피어, 독일은 괴테라면, 그는 현재까지 프랑스의 가장 위대한 작가로 추앙받고 있다. 위고의 대표적인 소설작품을 두 개 든다면, 『노트르담 드 파리』(*Notre Dame De Paris*, 1831)와 『레 미제라블』(*Les Misérables*, 1862)일 것이다. 이 중에서 『레 미제라블』은 우리의 주제와 맞물려 좀 더 돋보인다.

위고는 『노트르담 드 파리』를 29살에 출간한다. 반면 『레 미제라블』은 위고가 60살이 되던 때 출간된다. 두 작품 사이에는 약 30년간의 시간적 편차가 있다. 그래서일까. 『노트르담 드 파리』에 등장하는 인물들은 거의 예외 없이 젊다. 꼽추 콰지모도의 양아버지이자 연적인 클로드 부주교가 가장 나이든 주요 인물이다. 30대 중반을 갓 넘겼는데, 위고는 조금씩 머리가 벗겨지는 그를 두고 연신 '늙었다'라는 표현을 사용한다. 그 책을 읽던 고등학교 시절에는 그러한 표현이 마음에 걸리지 않았던 것 같다. 조금도 기억에 없는 것을 보니. 반면에 요즈음 그 책을 다시 읽으면서 위고가 20대에 『노트르담 드 파리』를 썼다는 정황들이 속속 보인다. 일테면, 30대 중반의 인물을 두고 육체는 늘어지고 정신은 외곬으로 굳어가는 늙은 나이라고 표현을 하다니. 50대에 그런 이야기를 읽으니 자꾸 눈에 거슬린다.

반면 『레 미제라블』에는 소위 늙은이들이 서사를 이끌어가는 주요 인물로 그려진다. 빵을 훔친 죄로 19년 징역살이를 한 장발장도 이미 초로(初老)의 나이가 된 채 등장한다. 첫 모습이 이러하다. "중간 키에, 땅딸막하고 건장한 체구인데, 한창 나이인 것 같았다. 그의 나이 마흔여섯이나 마흔여덟쯤 되어 보였다." (『레 미제라블1』, 100쪽.) 이제 위고는 40대 후반의 나이를 '한창 때'라고 서술한다. 30대 중반을 '늙은이'라고 폄하하던 『노트르담 드 파리』와는 분위기가 사뭇 다르다. 이는 『레 미제라블』을 집필하던 위고의 나이가 60대였다는 것을 다시 한번 환기시킨다. 프랑스의 가장 위대한 작가의 서술 속에서도 '나이 듦'은 정녕 상대적이라는 것이 느껴진다. 그러니까 늙음이라는 것은 조선 시대의 유학자 이옥(李鈺, 1760~1815)이 말한 바와 같이 어느 정도는 '자초'하는 것인지도 모른다. 이옥은 49세 때 「거울에게 묻는다」(鏡問)라는 글에서 그 '자초'에 대해서 이렇게 적는다:

국내에서 편역 출간된 『레 미제라블』

"아! 나는 칠팔 세부터 이미 너에게서 내 얼굴을 보았고, 지금까지 또 사십 여년이 흘렀으니 내 나이도 오십에서 하나가 부족한 것이다. 정신은 졸아들고 안색은 말라가며, 살은 쇠락하고 피부는 주름지며, 눈썹은 희게 세고 안력은 흐릿하며, 입술은 거뭇하고 이빨은 엉성해짐이 또한 진실로 기약된 것이기는 하나, 내 나이를 다른 사람에 견주어보면 요즘 더욱 사치스럽고 영화로워진 자가 간혹 많이 있기도 한데, 어찌 오직 나에게만 늙음이 빨리 온단 말인가? (…) 지금 그대는 고기를 먹지 못하고, 또 약도 먹지 못하니 어찌 옛날과 지금 사이에 변함이 없겠는가? 세상에서 얼굴을 다듬는 자들은 버들을 씹어 양치질하고, 녹두를 타서 씻고, 베고 깎고 수건질을 했다가 다시 고르게 하여 쓸어내고, 밤 껍데기로 주름을 펴고, 육향(六香)으로 마른 피부를 윤택하게 하고, 명주 수건을 손에 들고 어루만지며 스스로를 보물처럼 다룬다. 지금 그대는 한 달이 지나도록 빗질을 안 하고, 사흘이 지나도록 세수를 않고 눈곱만 비벼 떼고 보며, 찌꺼기를 묻히며 먹고, 땀이 옷에 젖어 더럽혀져 있고, 볕에 그을려 새까맣게 되어 있다. 비록 나를 들어 말하더라도, 먼지가 껴도 털지 않고 녹이 나도 닦지 않는다면 어찌 낡아빠진 기와 조각이 되지 않겠는가? 이것은 그대가 자초한 것임을 그대는 모른단 말이오?"[6]

8. 시들지 않는 육체적 힘과 잘못된 옳은 소리

소설 속에서 신부의 은촛대를 훔쳐서 사라진 장발장은 프랑스 중부의 작은 도시에서 마들렌느라는 가명으로 재등장한다. 그때는 이미 50대의 나이다: "그는 나이 오십쯤 되었고, 무언가 몰두해 있는 듯하며 선량해 보

6 이옥, 『완역이옥전집2』, 실시학사 고전문학연구회 옮기고 엮음, 휴머니스트, 2009, 215-217쪽.

1862년에 총 5권으로 간행된 『레 미제라블』 초판본

이는 남자였다. 그에 관하여 할 수 있었던 말은 그것이 전부였다."[7] 장발장이 마침내 그 도시의 시장으로까지 출세하는 동안 아무도 그의 과거를 눈치채지 못한다. 더군다나 시장이라는 자리에 오르니 그가 과거에 19년을 복역한 도형수였다는 사실은 사실이 되지 못한다. 그런데 당시 감옥소 관리였던 자베르 경감은 유일하게 시장 마들렌느를 도형수 시절의 장발장과 연결 지을 수 있는 사실 하나를 발견한다. 이는 장발장의 시들지 않는 육체적 힘이다. 그가 짐마차에 깔린 마부를 구하기 위해 홀로 짐마차를 번쩍 들어 올렸기 때문이다. 자베르 경감은 이 장면을 바라보다가 어느 젊은 도형수의 엄청났던 힘과 강건한 육체를 떠올리게 된다. 바로 장발장이다. 이는 자베르 경감이 자살로 생을 마감하기 전까지 장발장을 추적하는 서사의 시작이기도 하다. 그러니까 위고는 50대의 나이조차 젊음이 시드는 늙은 나이라고 보지 않았다.

『레 미제라블』을 국내에서 편역한 필자는 책의 해설에서 이렇게 쓴 적이 있다: "『노트르담 드 파리』와 『레 미제라블』사이에 깃든 삼십년이라는 시간적 내공이 위고가 스물아홉 살에는 지나쳤을 법한 노년의 세대와 그 지혜들을 좀 더 풍요롭게 묘사할 수 있도록 허락합니다. 그러한 것이 '레 미

7 빅또르 위고, 『레 미제라블1』, 이형식 옮김, 펭귄클래식코리아, 2013, 206쪽. (이하 인용문 뒤에 『레 미제라블1』과 쪽수만 표기.)

제라블'을 읽는 남다른 재미들 중 하나입니다. 그런데 소설 속의 노년은 용서의 위대함을 구체적으로 보여주기도 하지만 "잘못된 옳은 소리"(채현국)로 비극을 초래하기도 합니다. 어떤 것만을 확실하게 옳다고 믿고 그것 외에는 가능성조차 생각지 않는 고정 관념의 비극입니다. 사실 세상에는 무수한 해답들은 있어도 정답이란 것 자체가 존재하지 않는데도 말입니다. 어쩌면 노년은 나이가 아니라 '잘못된 옳은 소리'를 그렇게 신념화할 때, 노년은 늙음 보다 더 늙어 버리는 것입니다. 소설 속에서 법률과 국가를 위한다는 신념으로 장발장을 생이 다할 때까지 추적하는 자베르 경감이 그러한 경우일 것입니다. 따라서 자베르 경감은 일반적으로 생각하듯 악의 화신이라기보다는 차라리 가련한 인물일 것입니다. 기실 자베르 경감은 장발장에 비해 한층 더 정직한 구석이 있습니다. 그가 위법을 저지른 자들을 예외 없이 "구제 불능"으로, 공무원들을 "결코 실수하지 않는 자들"로 간주하는 것도 그의 공적 청렴성과 성실함에서 기인합니다. 하지만 "잘못된 옳은 소리"에 대한 신념이 너무나 강했기에, 그 강함이 용서하는 자 앞에서 혹은 사랑의 빛나는 무대가성 앞에서 하릴없이 무너져버리기에, 그는 살아서도 죽어있는 듯 절망합니다."[8]

9. 증여행위와 소망에 대해서 좀 더 오랫동안 경험한 경우

『레 미제라블』은 매우 긴 장편소설이다. 따라서 국내뿐만 아니라 프랑스에서도 이를 짧게 줄여서 편역 혹은 편집한 책들이 많다. 이러한 책들의

8 빅토르 위고, 『레 미제라블』, 이찬규·박아르마 옮김, 구름서재, 2014, 8-9쪽.

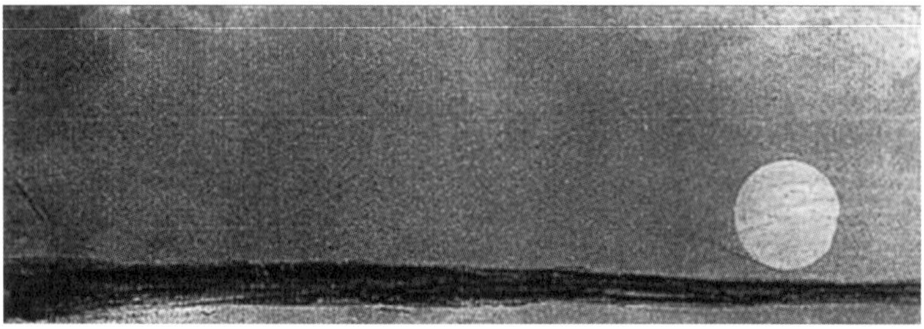

빅토르 위고가 직접 그린 그림으로 제목은 <석양>이다.

처음은 거의 예외 없이 장발장이 어느 주교의 사택에서 은식기들을 훔치는 장면에서 시작된다. 그런데 주교는 장발장의 도둑질을 눈감아 줄뿐만 아니라 자신이 가장 아끼는 은촛대들까지 선뜻 꺼내 그에게 건네준다. 이러한 대가없는 증여행위는 초로의 장발장으로 하여금 자신의 지난 생애를 되돌아보게 한다. 그는 마침내 19년 만에 울기 시작한다: "장발장은 오랫동안 울었다. 뜨거운 눈물을 흘리며, 흐느끼며, 한 여인보다도 더 여린 마음으로, 어린아이보다도 더 두려워하며 울었다."(『레 미제라블1』, 178쪽.) 주인공 장발장은 이렇게 처음으로 이야기 속에 등장한다. 그런데 『레 미제라블』의 원본에서는 장발장이 등장하기 전에 책 한권 분량의 긴 이야기가 먼저 기술되어 있다. 바로 장발장을 새로운 길로 가게 만든 주교의 삶에 대한 이야기이다.

『레 미제라블』의 첫 문장은 그가 나이 75살가량의 노인이라는 설명과 함께 시작된다. 당시 60살이 된 빅토르 위고는 그 노인을 통해 나이 듦의 한 방식을 전한다. 그러니까 위고가 소망했던 노년의 삶이 투영된다. 시몬 드 보부아르가 몽테뉴의 글에 대해서 쓴 적이 있다. 이를 위고가 노년의 시절 때 집필한 『레 미제라블』에 온전하게 적용해 보아도 무리가 없을 것이다: "몽테뉴에게는 그 자신은 몰랐을 수도 있지만 독자에게는 아주 명백하고 묘한 역설이 있다. 즉 책의 저자는 나이가 들수록 에세이가 점점 더 풍부해지고, 점점 더 정통해지며, 창의적이고 심오해진다는 것이다. (…) 그가 가장 위대한 때는 자신의 힘이 쇠퇴하고 있다고 느꼈을 때였다." 보부아르는 육체적 쇠퇴가 있을 때 가장 위대한 시절을 맞이하는 것을 "묘한 역설"이라고 언급한다. 위고는 『레 미제라블』을 집필하면서 이렇게 말한 적이 있다: "내 몸은 쇠하고, 정신은 왕성하다. 노년이 꽃피기 시작했다." 그는 거의 70세이 이르러 임시정부의 파리대표, 의회의원까지 겸해서 맡는다. 사실주의 문학의 거장이자 『마담 보바리』의 작가인 플로베르는 위고를 가리켜 이렇게 언급한다: "그 노인 양반은 그 어느 때 보다 젊고 쾌활하지요." 그러니까 위대한 작가들이 증명하고 있듯이, 말년에 맞이하게 되는 위대한 시절은 "묘한 역설"이라기보다 차라리 공들여 만든 순리의 과정일 것이다.

『레 미제라블』에서는 주교의 먼 친척 중 한 사람으로 백작 부인이 등장한다. 그녀는 자신의 세 아들을 자랑스러워한다. 그들이 모두 집안의 재산 상속자들이기 때문이다. 부유한 장래가 보장되어 있는 것이다. 부인은 이에 대해 주교에게 기쁨에 겨워 이야기한다. 주교는 생각에 잠겨 있다. 그리고 대답한다.

> "주교는 평소에 한 어미의 그러한 순진하고 나무랄 수 없는 자랑을 묵묵히 듣곤 하였다. 그런데 어느 날, 백작 부인이 그 상속재산과 '소망들'을 또다시 세세히 나열하고 있는데, 주교가 평소보다 더 깊은 몽상에 잠겨 있는 것 같았다. 그녀가 약간 역정이 난 듯 이야기를 중단하며 그에게 말했다.
> <어머나, 오라버니! 도대체 무슨 생각을 그토록 골똘히 하세요?>
> <내가 알기로는 아마 성 아우구스티누스의 책에 있던 말인데, 그것이 하도 기이하여 그 생각을 하고 있는 중이라네. 이런 구절이지. '아무도 계승할 수

없는 이에게 당신의 소망을 거시오'"

(『레 미제라블1』, 26-27쪽.)

노인은 젊은이들을 살필 줄 안다. 그들은 돌봄만을 받는 존재가 아니다. 소망에 대해서 좀 더 오랫동안 경험했으니, 옳은 소망을 제시할 줄 알아야 한다. 계층 의식이 급속도로 심화되는 사회라면[9], 주교의 인용은 더욱 의미심장하다: "아무도 계승할 수 없는 이에게 당신의 소망을 거시오." 그럴 때 이런 말도 하게 된다: "내가 이 세상에 있는 것은 나의 목숨을 부지하기 위해서가 아니라 영혼들을 돌보기 위해서입니다."(『레 미제라블1』, 49쪽.) 나이가 든다고 해서 저절로 존경받는 것은 아니다. "나이와 언행은 함께 간다."라는 『시경(詩經)』의 구절도 같은 맥락일 것이다. 옳은 소망을 제시할 때 노인은 젊었을 때의 용맹함을 잃지 않을 것이다. 주교가 이야기했듯이 용맹함의 스타일이 조금 다를 수는 있다: "다만 우리들의 용맹함은 조용해야 한다."(『레 미제라블1』, 47쪽.)

『레 미제라블』에서 주교는 위험한 산적들이 우글거린다는 협곡을 넘어야 한다. 협곡 너머에 있는 목동들의 마을에서 예배를 드리기 위함이다. 경호대와 몇몇 사람들이 산적들이 두렵다고 하며 그를 제지한다. 주교는 홀

9 가령 한국사회가 그러하다. "2013년 통계청 사회조사에 응한 30세 미만 청년 가운데 자신의 계층이동 가능성을 긍정적으로 본 청년은 53%였지만, 2017년 조사에서는 38%로 15% 포인트 떨어졌다. 청년의 주관적인 계층(상상·상하·중상·중하·하상·하하) 의식은 가구소득이 높고, 자가 주택에 거주하고, 아버지의 학력이 높고, 서울에 사는 경우 높은 것으로 나타났다. 또 경제활동에 대해서도 청년의 새로운 인식도 드러났다. 경제활동을 하는 경우를 노동시장에 진입하지 않은 사람보다 계층 상승 가능성을 20%나 낮게 봤다. 이는 곧 첫 취업이 계층상승의 사다리가 아닌, 종착지가 될 수 있다는 인식으로 풀이된다." (시사저널e - 온라인 저널리즘의 미래 - http://www.sisajournal-e.com)

로 떠난다. 그리고 협곡을 무사히 지나 목동들의 가난한 마을에 이른다. 예배 또한 산적들이 남몰래 놓고 간 물건들을 가지고 성대하게 치를 수 있게 된다. 주교는 자신의 주위로 모여든 사람들에게 산적이 아니라 나이든 자가 가지게 되는 선입견이 가장 두려운 것이라고 전한다.

> "<우리 모두, 도둑들이나 살인자들을 두려워하는 일이 결코 없도록 합시다. 그것은 모두 외부의 위험, 즉 작은 위험들이오. 우리들 자신을 두려워하고 경계합시다. 각종 선입견들 그것이 도둑들이오. 각종 못된 버릇, 그것이 살인자들이오. 큰 위험들은 우리들 내부에 있소. 우리의 목숨이나 돈주머니를 노리는 것들이 뭐 그리 대단한가! 우리의 영혼을 노리고 있는 것을 조심합시다.>"
>
> (『레 미제라블1』, 51쪽.)

10. 노년의 유연성 혹은 침묵

늙음은 자기완성을 향한 여정이다. 그 완성에 있어서 경계해야 할 대상은 선입견이다. 주교를 통해 위고가 전하는 바와 같이 삶의 위험은 우리의 내부에 있다. 두려워 할 것은 우리들 자신이다. 내면의 감정을 다스리는 것이 장수의 길이 된다는 생각도 같은 맥락일 것이다. 조선시대의 유학자 홍만선(1643~1715)은 『산림경제』에서 수명을 연장하는 '섭생'에 대해 논한다: "무릇 마음에 좋아함이 있더라도 너무 깊이 좋아하지 말고 마음에 미워함이 있더라도 너무 깊이 미워하지 말며, 기쁨이 이르더라도 마음이 방탕해지지 않고 노여움이 지나간 뒤에는 감정에 머물러 두지 않으면, 이 모두가 정신을 기르고 수명을 연장할 수 있게 한다." 자신의 경험과 생각을 정답이

16세기 르네상스 화가 한스 발둥이 그린 <인생의 세 시기>

라고 생각하는 것, 그것이 삶의 평정을 해칠 수 있는 선입견이다. 사사건건 간섭하는 노년이 있다. 세상에는 하나의 정답이 아니라 수많은 해답들이 있다는 사실을 모르거나 인정하지 않기 때문이다. 그러니까 너그러움은 나이가 들면서 인간이 이룩하는 "위대한 신념의 결과"이다. 너그러움이라는 마음이 어떻게 단번에 이루어질 수 있겠는가. 그렇게 나이든 자가 이룩해서 누릴 수 있는 마음이 있다.

"그의 젊은 시절과 그의 남성다움에 관련된 이야기들이 사실이라면, 비앵브뉘 주교께서 옛날에는 매우 열정적일 뿐만 아니라 아마 과격하기까지 하였던 모양이다. 널리 알려진 그의 너그러움은, 그의 천성이라기보다, 살아오는 동안 그의 가슴속에 스며들었고, 사념들이 한 가닥 한 가닥 천천히 그의 내면에 쌓여 형성한, 하나의 위대한 신념의 결과였다. 하나의 성격에도, 한 덩이 암석에처럼, 물방울로 말미암은 구멍들이 있을 수 있기 때문이다. 그렇게 파인 구멍들은 지워질 수 없으며, 그렇게 형성된 것들은 파괴될 수 없다. 이미 말한 것으로 알지만, 1815년에 그의 나이 칠십오 세에 달해있었다. 하지만 그의 외모는 나이 육십도 넘기지 않은 것 같았다."

(『레 미제라블1』, 92쪽.)

19세기 당시의 교회의 고위층 사회에서는 일상적인 대화에서 라틴어를 즐겨 사용했던 것 같다. 옛날에 의사들이 진료 기록장에 환자가 이해할 수 없는 영어를 휘갈겨 썼듯이. 그러니까 교회 주교 정도의 위치라면 그 권위에 맞는 어투와 태도가 있었을 것이다. 하지만 『레 미제라블』의 첫 장에 등장하는 비앵브뉘 주교는 그런 권위적인 외양을 전혀 갖추지 않는다. 그는 지역 사람들을 만날 때면 그 지역의 사투리를 구사한다. 그때 그는 모든 계층의 사람들과 "가장 거친 방언으로도 가장 위대한 것들"을 이야기하고 나눌 수 있게 된다. 이러한 노년의 유연성은 자신의 위계적인 권위를 해체할 때, 노년의 시절에 맞이하는 축복이다. 그는 주교이나 사람들이 저지르는 잘못에 대해서 판정을 보류한다. 무엇보다 판정의 성급함이 잘못이라는 것을 알고 있는 자이기 때문이다. 그러니까 그는 스스로 "과거의 죄인"이라고 말할 수 있는 자이다.

1884년 경 나다르가 찍은 위고의 사진

"그는; 어느 초가에 들어가건 산골에 가건, 마치 자기의 집에 있는 것 같았다. 그는 가장 거친 방언으로도 가장 위대한 것들을 이야기할 수 있었다. 모든 지역 방언을 구사할 수 있는지라, 모든 영혼들 속에 들어갈 수 있었다. 게다가 사교계 인사들이건 일반 백성들이건 여일하게 대하였다.

그가 주변 정황을 고려하지 않은 채 서둘러 단죄하는 일은 결코 없었다. 그는 이렇게 말하곤 하였다. <그 잘못이 어느 길로 왔는지 좀 봅시다.> 그가 미소를 지으며 자주 스스로를 가리켜 '과거의 죄인'이라고 하던 만큼, 그의 엄격함에는 각박함이 전혀 없었다."

(『레 미제라블1』, 29쪽.)

빅토르 위고는 1885년에 별세했다. 그때의 모습이다.

나이든 자는 침묵해야 할 때 침묵할 줄 알아야 한다. 나이 듦은 침묵할 때를 아는 과정이다. 그러한 때에 침묵하지 못하면, '주책'이라 하지 않는가. '늙어서 주책'이라는 말을 들으면 더 안쓰럽다. 침묵은 어떤 판정을 성급하게 내리지 않기 위해서 필요하다. 침묵은 그런 판정의 원인이자 결과이기도 하다. "가장 깊은 감정은 언제나 침묵 속에 있다"라고 토머스 모어(1478~1535)는 말한다. 그러니까 어린 왕자가 장미 한 송이를 '나의 장미'라고 명명하는 까닭도 침묵과 연관되어 있다. 어린 왕자가 이렇게 말하지 않았는가: 내가 불평을 들어주고, 허풍을 들어 주고, 때로는 침묵까지 들어 준 꽃이기 때문이야. 그것이 내 장미이기 때문이야." (『어린 왕자』, 90쪽) 『레 미제라블』에서 주교는 죽어가는 자들을 찾아간다. 그들이 결국 혼자가 될 수밖에 없는 임종의 순간에 기도하고 유가족들을 위로하는 것이 그의 의무이기 때문이다. 하지만 주교는 위로하기 위해 말을 하는 대신 침묵을 지킬 줄 안다.

"어느 시각이든 환자나 죽어가는 사람의 머리맡으로 미리엘 씨를 부를 수 있었다. 자기의 가장 큰 의무와 가장 큰 일이 그곳에 있음을 그는 잊지 않았다.

과부나 부모 없는 여자아이들은 그를 부를 필요조차도 없었다. 그 스스로 왔다. 그는 사랑하는 아내를 잃은 남자나 아이를 잃은 엄마 곁에서 장시간 동안 침묵을 지킬 줄 알았다. 오! 찬탄할 만한 위안자였다! 그는 망각이라는 방법으로 슬픔을 지우려 하지 않았다. 반대로 그것을 증대시켜 소망으로 그것에 품위를 부여하였다."

(『레 미제라블1』, 35-36쪽.)

어떤 위로의 말 대신 그 누군가의 곁에 가만히 함께 있어 주는 것이 인간의 도리일 때가 있다. 나이 듦은 그러한 침묵의 도리를 파악하는 과정이다. 자가 자신에게도 마찬가지이다. 그 누군가가 자기 자신일 때가 있기 때문이다. 오늘날의 사회에서는 더 빈번하게 침묵의 가치를 잊는다. 알랭 코르뱅의 생각을 따르자면 그렇다: "옛사람들은 침묵의 그윽함과 흥취를 음미할 줄 알았다. 그들은 침묵을 묵상이나 몽상에 잠기고, 내면의 소리에 귀를 기울이고, 사색하거나 기도하고, 무언가를 창조해낼 수 있는 조건이라 여겼다. 무엇보다도 말이 나오기 전에 명료하게 모습을 갖추는 내면의 장소라 여겼다. (…) 사회는 내면의 소리에 귀 기울이기보다는 소음에 순응하여 전체의 일부가 되라고 명령한다. 그렇기 때문에 개인의 체질조차 바뀌게 된다. 물론 몇몇 고독한 여행자, 예술가와 작가, 명상가, 수도원으로 떠난 사람, 묘지를 찾은 여인, 특히 서로 그윽이 바라보는 여인은 침묵을 추구하기에 침묵의 밀도에 예민하다. 그러나 그들은 흡사 버려진 어느 섬의 기슭에 좌초된 나그네 같다."[10] 나이 들면서 생겨나는 증상 중의 하나는 아침에 일찍 잠을 깨고 마는 점이다. 그때 비앵브뉘 주교는 명상을 한다. 명상은 그

10 알랭 코르뱅, 『침묵의 예술』, 문신원 옮김, 북라이프, 2017, 7-9쪽.

아침의 침묵을 누리는 하나의 방법이다.

> "모든 노인들처럼, 그리고 대부분의 사상가들처럼, 그는 잠을 별로 자지 않았다. 하지만 그 짧은 잠이 깊었다. 아침이면 한 시간 동안 명상에 잠겼다가, 대성당이나 자기의 기도실에서 미사를 올렸다. 미사를 마친 후, 자기의 암소에서 짠 우유에 호밀빵을 적셔 조반 요기를 하였다. 그런 다음 일을 하였다."
>
> (『레 미제라블1』, 36쪽.)

나이 듦에 따라 생겨나는 것들이 있다. 그중하나가 나이 듦의 아름다움이다. 장발장에게 이전과는 전혀 다른 삶을 살도록 해주는 노인은 그러한 아름다움을 보여주는 인물이다. 소설 속에서 그 노인은 곧 죽음을 맞이한다. 하지만 그 아름다움은 전해진다. 장발장이라는 인물이 언제까지나 우리에게 감동을 주는 까닭이다.

참고문헌

노자, 『도덕경』, 김원중 옮김, 휴머니스트, 2018.

위고 (빅또르), 『레 미제라블』, 이형식 옮김, 펭귄클래식코리아, 2013. 『레 미제라블』, 이찬규 · 박아르마 옮김, 구름서재, 2014.

생텍쥐페리 (앙투안 드), 『어린 왕자』, 황현산 옮김, 열린책들, 2017.

이옥, 『완역이옥전집』, 실시학사 고전문학연구회 옮기고 엮음, 휴머니스트, 2009.

코르뱅 (알랭), 『침묵의 예술』, 문신원 옮김, 북라이프, 2017.

추천도서 한 권

빅또르 위고, 이형식 옮김, 『레 미제라블』, 펭귄클래식코리아, 2013.

완역본이다. 매우 긴 소설이지만, 시간을 들여서 완역본을 읽어 볼 가치가 있다. 인간이 왜 위대한 존재여야 하는지 깨닫도록 해준다. 장 발장과 함께 이 소설에 등장하는 많은 인물들이 왜 노년의 세대인지도 생각해 보면 그 깨달음에 대한 울림이 좀 더 웅숭깊어질 것이다.

신중년 일자리와 지식공유 플랫폼

김인숙[1]

1. 베이비부머 세대에게 4차 산업혁명은 어떤 의미인가?
2. 4차 산업혁명 시대, 무엇이 중요해지는가?
3. 베이비부머 세대를 위한 신중년 정책, 무엇이 달라졌는가?
4. 신중년 정책, 어떻게 접근해야 하는가?
5. 지식공유 플랫폼은 신중년에게 무슨 의미를 가지는가?
6. 정책설계에서 신중년 지식공유 워킹그룹을 어떻게 구성할까?
7. 신중년 세대, 상용화 사업모델에서 어떻게 참여할 것인가?
8. 신중년 세대의 미래, 어디에서 어떻게 출발할까?

---

1 한국개발연구원, 초빙연구위원.
독일 쾰른대학교 경제학 박사학위를 취득하였고, 현재 대통령 직속 정책기획위원회 소속으로 애자일(agile, 민첩한) 조직혁명을 실험하고 있다. 4차 산업혁명은 기술혁명과 조직혁명이 함께 작동할 때 성공한다. 모든 정책 분야 즉, 출산, 청소년, 워킹맘, 신중년 정책을 당사자 스스로가 결정할 수 있는 기반을 만들고자 한다. 그 방식으로 플랫폼 워킹그룹을 구성 및 운영하고 있다. 다양한 분야의 현장전문가를 중심으로 정부정책의 설계, 집행, 피드백이 가능해지는 구조이다. 이론과 현장 전문가들이 한 목소리로 우선순위를 합의하면서 공개하는 방식이다. 4차 산업혁명 시대, 개인, 조직, 단체, 정부에서 더욱 개방적이며, 자기결정권을 가지는 세상을 꿈꾼다.

1. 베이비부머 세대에게 4차 산업혁명은 어떤 의미인가?

베이비부머(1955년~1965년 출생)세대는 70세가 넘어서도 일할 수 있는 건강함을 가지고 있다. 더구나 스마트모빌리티, 스마트시티, 스마트팩토리, 스마트헬스 등의 새로운 사업모델은 신체적인 나이 한계를 넘어서게 하였다. 로봇조교와 인공지능과 빅데이터를 이용해서 새로운 가치를 창출할 수 있기 때문이다. 그동안 직업 혹은 삶에서 습득한 지혜와 경험 그리고 세상을 보는 안목이 중요한 강점으로 작용하는 것이다. 이 강점은 젊은 세대와 협력하고, 다른 전공자들과 협업하면서 다양한 플랫폼 사업모델을 만들게 된 것이다.

4차 산업혁명의 핵심역량은 단연코 '소통역량'이다. 기술혁명으로 시작했지만, 이제 조직혁명이 더욱 중요해지는 시점이다. 엄청난 첨단기술은 모두에게 제공되는 반면에 기술들을 연결한 새로운 사업모델 도출은 누구에게나 주어지지 않는다. 누구나 이에 필요한 개방성, 소통, 애자일(agile, 민첩한, 명민한) 역량은 갖추기는 어렵기 때문이다. 지금까지의 고정된 시각에서 벗어나 개방적 태도로의 인식변화가 먼저 일어나야 한다. 따라서 다양한 첨단기술을 연결하는 의사소통과 조직혁명은 우리 모두에게 매우 도전적인 과제이다. 조직과 의사결정 방식이 바뀌는 영역이기 때문이다. 그래서 의사소통과 조직혁명을 이루어낸다면 곧 차별화된 경쟁력을 가질 것이다. 바로 이 점이 베이비부머 세대에게 주어진 새로운 기회임을 뜻한다.

로봇을 만들고 인공지능 알고리즘을 개발하는 일보다 더욱 어려운 점은 수요자가 원하는 서비스를 찾는 것이다. 이 과정에서 고객, 근로자, 협력업체, 시민, 전문가들과의 원활한 소통이 중요해진다. 바로 소통은 차별화된 핵심역량으로써 복합적인 네트워크 연결을 지원한다. 여기에서 베이비부머들이 그동안 쌓아온 경험과 축적된 지식을 충분하게 활용할 수 있을 것이다. 다만 자신의 강점을 스스로 파악하는 일이 우선되어야 한다. 그래야 파트너를 찾을 수 있기 때문이다. 무엇을 먼저 시작할 것인가? 어떻게 생활할 것인가? 그 대답은 어쩌면 '의미를 찾는 일'에서 시작해야 할 것이다. 왜 사는지, 무엇을 추구하는지, 어떻게 마무리하고 싶은지에 대한 질문일 것이다. 삶의 우선순위를 새롭게 정하는 일이다. 이를 찾기 위한 방법으로 아래 두 가지 질문을 제기한다.

첫째, 베이비부머 세대는 미래의 삶에서 무엇을 꿈꾸는가? 무엇을 택하고, 무엇을 놓을 것인가? 무엇이 우선순위인가? 삶의 의미와 가치를 어디에 두고 있는가? 현재 50세를 넘긴 세대는 스스로 결정하는 본인의 삶을 추구할 것이다. 이전까지 베이비부머 세대는 가족, 직장, 사회적인 활동을 중심으로 살아왔다. 미래에는 본인의 가치관을 최우선으로 두고 삶을 설계할 것이라는 가정이다. 동시에 스스로가 선택한 삶에서 만족도가 높으며, 스스로 유연하게 변화할 수 있는 여지를 제공한다는 점이다. 따라서 새로운 부가가치 창출 혹은 일자리에서 자기 결정권 확보를 목표에 두고자 한다.

둘째, 베이비부머 세대는 앞으로 누구와 협력할 것인가? 협력할 파트너는 어디에서 그리고 어떻게 찾을 것인가? 다양한 전공 및 경험을 가진 사람들과 협력할 수 있는 플랫폼을 찾는 일이다. 특히 축적된 지식과 경험을 나누는 '지식공유' 플랫폼을 중심으로 살펴볼 것이다. 적극적으로 관련된 정책을 스스로 결정하는 플랫폼에서 활동하는 방안을 찾는 것이다. 관련된 정책 결정에서 참여할 방법은 무엇인가? 스스로 자기 결정권을 구현할 플랫폼은 어떤 모습인가? 무엇을 시작할 수 있을까? 이에 정책플랫폼 워킹그룹을 중심으로 그 차이점과 진행방식을 제안하고자 한다.

베이비부머 세대에게 4차 산업혁명은 마치 디지털 여행과 같을 것이다. 새로운 세계에 대한 호기심과 미래의 불확실함에 대한 긴장감의 공존이다. 이 과정에서 자신과의 소통이 첫걸음이다. 순간순간의 선택에서 자신에게 먼저 묻는다. 함께 출발하는 친구들과 상의하면서 변화하는 상황에 적응한다. 그 첫 단추는 바로 자신의 강점을 아는 일이다. 강점을 파악하면 협력하는 파트너를 만나기 쉬워질 것이다. 지식공유 플랫폼에서 의제별로 개방형 워킹그룹을 만들 수 있다. 파트너와 함께 만들거나, 그 안에서 파트너를 찾을 것이다. 흥미로운 정책수립과 집행에 참여하는 일이다. 서로에게 도움이 되는 방안을 찾을 것이다. 이러한 과정에서 4차 산업혁명은 베이비부머 세대에게 새로운 일자리와 그 의미를 제공할 것이다.

2. 4차 산업혁명 시대, 무엇이 중요해지는가?

4차 산업혁명은 새로운 방식의 미래 일자리를 제공한다. 대량생산 공장에서 사물인터넷으로 맞춤형 주문생산이 가능해졌다. 공장 설비들이 서로 소통하면서 고객이 원하는 차별화된 제품과 서비스를 제공한다. 맞춤형 주문생산은 순간적인 판단력을 요구한다. 시장요구에 실시간으로 유연하게 대응해야 함을 뜻한다. 동시에 다른 공장과도 소통하면서 마치 퍼즐처럼 혹은 모듈처럼 실시간으로 만나고 헤어진다. 이제는 로봇이 근로자와 함께 같은 공간에서 일한다. 마치 조교처럼 일하는 협력로봇은 근로자를 도와서 단순반복 작업을 대신해준다. 이제 근로자는 의사소통능력이 탁월해야 한다. 다른 부서와 다른 공장과 다른 설비와 실시간으로 협력을 반복하기 때문이다.

이제 플랫폼에서 다양한 전문가들이 함께 협력할 수 있는 세상이다. 4차 산업혁명 시대, 평생학습과 애자일 대응방식이 일자리에서 더욱 중요해졌다(아래 그림 참조). 근로 시간과 장소의 유연성이 확대되었기 때문이다. 앞으로 플랫폼경제에서 프리랜서와의 협업이 더욱 활발해질 것이다. 주목할 점으로는 새로운 피드백 방식 그 자체가 사업성과와 연결되는 것이다. 그동안 개방형 혁신(open innovation)은 기획단계에서 적용되었다. 고객의견이 직접적으로 제품설계에 반영되는 것이다. 하지만 이제는 실시간으로 고객의견을 반영할 수 있게 되었다. 소통은 민첩하게 이루어지고, 피드백은 곧바로 근로자와 경영진에게 전달될 것이다. 바로 살아 움직이는 조직으로 끊임없이 유연하게 변화하는 것이다. 마치 살아 숨 쉬는 생명체처럼 말이다. 여기에서 새로운 피드백 방식이 중요하다. 어떻게 피드백을 받는지에 대한 방법론 접근이 필요한 이유이다.

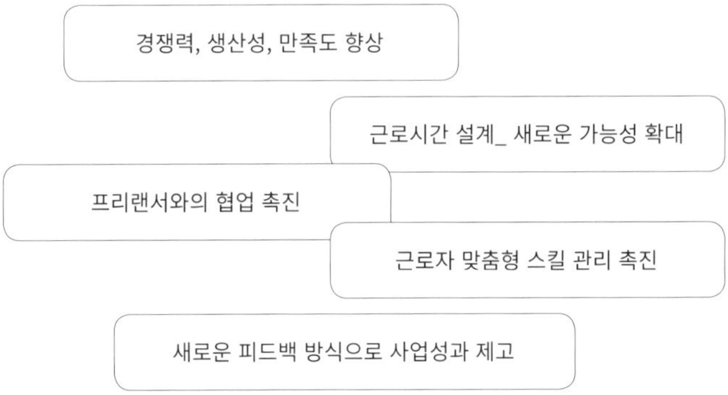

[그림 1] 4차 산업혁명 시대, 일하는 방식의 차이[2]

2 Jacobs·Kagermann·Spath(2017): Arbeit in der digitalen Transformation - Agilität, lebenslanges Lernen und Betriebspartner im Wandel(acatech DISKUSSION).

고객과의 소통이 기획, 디자인, 생산, 공정, 물류, 유통, 소비, 자원순환 전 단계에서 가능해진 것이다. 여기서 중요한 점은 고객과의 소통이 기업성과 즉 수익 창출과 연결되는 것이다. 소통이 가지는 의미는 제품이 아니라 서비스를 판매하는 방식과도 관련이 있다. 바로 제품을 렌탈 하는 방식은 지속적으로 수익을 창출하는 사업모델이다. 일회성 제품판매에서 벗어나, 매월 사용량에 따라 비용을 지불하는 방식이다. 동시에 고객과의 지속적인 만남이 가능해지고, 그 내용을 새로운 제품개발에 반영할 수 있게 한다. 또한 맞춤형 주문생산은 고객과 생산자와의 직접적인 연결을 의미한다. 유통업체와 판매자를 통하지 않고, 생산자와 소비자가 직접 소통하는 방식이다. 이러한 혁명적인 변화에서는 다양한 경제주체와의 소통을 지원하는 서비스가 새로운 가치를 창출할 것이다.

베이비부머 세대는 4차 산업혁명 시대, 다양한 사람들의 소통을 지원할 수 있다. 고객과의 소통 그리고 다양한 협력업체와의 소통에서 혁신이 일어난다. 문제를 해결하면서, 욕구를 충족시키는 스마트한 서비스를 도출하기 때문이다. 고객들과의 의사소통 그리고 단계별 차이점을 고려한 소통은 사전예방적인 성격을 가진다. 문제가 발생하기 이전에 해결할 수 있는 도구로써 소통채널이 구축되는 것이다. 4차 산업혁명은 이렇게 소통역량과 경험노하우를 가진 사람에게 활동기회를 제공한다. 물론 단 하나의 조건이 충족되어야 한다. 바로 베이비부머 세대 자신이 개방적이고 살아있어야 한다. 여기서 살아있음은 스스로 '변화'함을 뜻한다. 환경변화에 민첩하게 반응하고, 개방적으로 협력하며, 스스로 살아서 움직이며 파트너를 찾고 환경과 여건을 만드는 경제주체이어야 한다.

3. 베이비부머 세대를 위한 신중년 정책, 무엇이 달라졌는가?

2018년 8월 8일 자 고용노동부 보도자료 "신중년 인생3모작 기반구축 계획"에서 일자리정책이 공개되었다. 보도자료에서 '신중년'은 퇴직 이후 일하는 세대로 베이비부머 세대를 포함한 50세에서 72세를 뜻한다. 그동안 저출산·고령화 정책과 노인복지정책에서 상대적으로 소외되었던 신중년을 대상으로 처음 시행하는 일자리 정책이다. 각 부처별로 추진되었던 정책들을 고용과 일자리 및 교육훈련이라는 시각으로 새롭게 정립한 것이다(고용노동부, 2018).

[그림 2] 베이비부머 세대, 신중년 인생3모작[3]

3 고용노동부 및 관계부처 합동 보도자료(2018.08.08.), 신중년 인생3모작 기반구축 계획.

인생1모작은 30세에서 50세까지 일했던 시기로 '주된 일자리' 단계를 뜻한다. 인생2모작은 50세 전후 일부 퇴직자의 재취업 일자리와 일부 근무자의 주된 일자리 단계가 공존한다. 인생3모작에서 신중년은 '사회공헌 일자리'와 재취업 그리고 주된 일자리 순서로 활동한다. 이들은 70년대와 80년대 대학에 진학하고 혹은 직장에 취업한 세대이다. 현재는 50대와 60대 나이로 주된 일자리에서 퇴직 혹은 이를 앞둔 세대이다. 신중년은 퇴직 이후에도 약 20여 년 일할 수 있는 시간을 가지는 것이다. 이러한 신중년에 특화된 통합적이고 새로운 정책패키지의 특성을 정리하면 아래와 같다(고용노동부, 2018).

첫째, 고용노동부는 취업성공패키지를 사각지대에 있던 신중년에게도 제공한다. '생애설계-훈련-취·창업'을 one-stop 서비스를 제공한다. 실업급여 확대적용과 직무능력과 훈련의 매칭 효과성 제고를 위한 커리어컨설팅 프로그램을 제공한다. 폴리텍 신중년 친화·특화 훈련서비스를 제공한다. 신중년 적합직무를 개발하고, 이에 신중년을 신규 고용하는 사업주에게 고용창출장려금을 지급한다.

둘째, 창업지원은 퇴직자 제조업 기반 기술 및 경험과 청년의 ICT신기술 및 아이디어를 연계하는 세대융합형이다. 중소벤처기업부는 성장 가능성이 높은 유망 아이템 중심으로 준비된 창업을 지원하는 신사업 창업사관학교를 내실화하여 창업 성공 가능성을 높인다. 세대융합센터는 기존 시니어 기술창업센터를 세대융합형으로 전환하여 기술경력 퇴직자와 청년 창업가 매칭의 시너지 효과를 창출하기 위함이다.

셋째, 귀농·귀어·귀촌 사업은 베이비부머의 초기 진입장벽 해소 및 정착 성공률 제고를 지원하는 일이다. 가족 단위 거주 및 현장 실습을 지원한다. 지역전문가와 귀농·귀어·귀촌을 연결하여, 기술전수 지원 및 지역주민과 함께 상생하는 지역주민과의 융화를 적극적으로 지원하고 있다. 동시에 주택구입 및 농어업 창업 융자를 확대하고 귀농·귀촌 주택단지 시범사업도 추진하고 있다.

<표 1> 신중년 대상 정부지원정책 주요 내용[4]

구분	주요 내용	담당부처
1. 취업지원	신중년에게 특화된 정책지원 생애설계-훈련-취업-창업 연결 서비스 교육훈련(폴리텍 신중년 특화캠퍼스)	고용노동부
2. 창업지원	신중년과 청년 세대를 연결하는 세대융합형 창업지원 제조업 기반 기술과 경험 + ICT 기술과 아이디어 성장가능성이 높은 유망 아이템 창업 지원	중소벤처기업부
3. 귀농지원	신중년층에 특화된 귀농·귀어·귀촌 사업 지역전문가, 지역주민과의 상생을 지원	농림축산식품부 해양수산부
4. 사회공헌 지원	10대 어젠다: 교육역량 혁신, 사회안전 및 범죄예방, 빈곤예방 및 해결, 여가문화, 환경, 마을공동체 강화, 고령화 사회 극복, 인권·다문화·생명존중, 평화통일 등	행정안전부
5. 맞춤형 일감 매칭	관심분야, 경력, 지역 등에 맞는 사회공헌 일감 제공 맞춤형 일감: 지역별 고용과 노후복지 지원센터 연결	보건복지부 고용노동부

넷째, 사회공헌 지원목적은 신중년의 전문성과 노하우를 활용하여 다양한 사회문제를 해결하기 위함이다. 행정안전부는 사회문제 10대 어젠다 분야별 활동프로그램 및 우수사례 발굴하고 있다. 신중년층의 관심분야,

4 고용노동부 및 관계부처 합동 보도자료(2018.08.08.), 신중년 인생3모작 기반구축 계획, 4쪽.

경력, 지역 등에 맞는 사회공헌 일감을 자동 추천하는 맞춤형 일감 매칭서비스를 구축한다. 고용노동부는 생애경력설계서비스를 확대하여 누구나 생애 전반에 걸쳐 최소 3회 이상 경력설계 기회를 가질 수 있도록 한다. 보건복지부는 지역노후준비지원센터를 중심으로 노후준비에 대한 교육·상담 서비스 등을 활성화한다. 고용복지+센터와 국가일자리포털 중심으로 관련 서비스 온·오프라인 연계가 추진 중이다. 신중년이 그동안 쌓아온 전문성과 노하우를 바탕으로 성공적인 2.3모작을 영위하도록 함으로써, 인구절벽 상황에서도 국가 경쟁력 및 생산성 증진을 기대하고 있는 것이다.

하지만 4차 산업혁명 시대, 신중년 일자리정책은 새롭게 접근해야 할 것이다. 어쩌면 50·60세대에 적용된 인생3모작 모형은 베이비부머 세대에만 국한될 것이다. 다른 세대에게는 이러한 3단계 모형적용이 어렵기 때문이다. 자영업, 비정규직, 프리랜서로 시작한 경우 정규직 근로자 중심의 모형과 다르게 적용해야 한다. 정규직을 대상으로 사용하는 '은퇴'라는 개념은 맞지 않기 때문이다. 새롭게 설계한 정책임에도 불구하고 신중년 정책은 여전히 정부주도형이다. 정책의 현장성은 바로 정책수혜대상자가 직접 정책을 설계할 때에 비로소 보장된다. 자신들의 정책에서 자기 결정권을 가질 때, 그들 스스로 환경변화에 '살아있는' 경제주체로 대응하기 때문이다. 정부 입장에서 '신중년을 위한다는' 주장은 현실을 반영하지 못한다. 마치 유치원 어린이에게 그들을 위한다고 부모들이 자신들의 욕망을 투영하는 것과 같은 이치이다. 부모임에도 불구하고 자식을 위한다는 명분이 오히려 자녀의 성장을 방해하는 걸림돌이 될 수 있다. 하물며 국가와 정부 차원에서 '누구를' 위해서 정부주도로 정책을 설계하는 방식은 더 이상 시장에서 살아남지 못할 것이다.

4. 신중년 정책, 어떻게 접근해야 하는가?

2018년 8월 관련 부처의 신중년 정책 이전에도 물론 과거 신중년 일자리정책은 추진되었다. 기존 신중년 관련 정책 역시 이들이 가진 경력·전문성·네트워크 자원을 경제성장에 기여하도록 하였다. 특히 세대 간 협력으로 상생할 수 있는 창업을 지원하였다. 다양한 정책과 사회서비스에 대한 사회적 요구에서 비로소 2004년 노인 일자리 사업, 2007년 노인 돌봄서비스, 2008년 노인장기요양보험이 도입되었다. 고령 사회를 대비한 노인의 사회참여와 경제활동 지원, 그리고 노인 돌봄을 위한 노인복지서비스 기틀을 마련하였다(강은나, 2017).

이러한 장점들에도 불구하고 현재까지 신중년 정책들은 전체적인 맥락과 그 흐름을 따르지 못하고 있다. 여전히 정부 주도형이기 때문이다. 4차 산업혁명 시대에도 아직은 70년대 정책방식에 머물러있는 것이다. 매우 다양한 프로그램과 새로운 지원방식이지만 근본적으로 정부가 결정하고 주도한다는 시혜성 정책을 벗어나지 못한 것이다. 과감하게 '신중년을 위한 정책'은 이제 사라져야 한다. 정부 주도로 제공되는 일방적인 독주를 이제 멈추어야 한다. 신중년이 겪는 문제는 스스로가 가장 잘 알기 때문이다. 신중년이 직접 설계하고 제안하는 정책이 바로 혁신성장에 기여한다. 정부가 주도하고, 관계부처가 사무실에서 설계하는 신중년 정책은 현장성을 더 이상 가질 수 없기 때문이다. 물론 '현장'이라는 이름을 지니고, 현장의 목소리를 반영한다는 취지의 소극적인 방식 역시 경계해야 한다. 여전히 대상화하는 수준에 머무르기 때문이다. 자기 결정권을 인정하지 않는다면, 정책의 현장성은 없다고 봐야 한다.

이러한 관점에서 2018년 8월 보도자료에 근거한 신중년 정책은 하나의 초안으로 제시될 수 있다. 이 안건을 중심으로 경제주체인 신중년의 피드백을 다양한 방식으로 받아야 한다. 그 안에서 우선순위를 결정하고, 의제별 합의를 거치는 방식에서 현장성을 가지는 정책으로 거듭나야 한다. 이러한 방식으로는 신중년의 취업과 창업이 단연코 성공할 수 없을 것이다. 관계부처들이 합동으로 만든 정책에서는 차별화되었지만, 현장성이 없는 과거 정책과 차이를 가지지 않기 때문이다.

신중년 정책 역시 '신중년이 결정하는 정책'이어야 한다. 신중년이 스스로 자신의 미래를 설계하고, 관련된 정책을 설계하고, 피드백을 할 수 있는 '자기 결정권'을 보장받아야 한다. 아니 어쩌면 신중년이 스스로 주장하고 쟁취하여야 한다. 정부와 관료는 지금까지 익숙해진 권력을 쉽게 내놓지 못할 것이기 때문이다. 어쩌면 다행스럽게도 정부결정형 정책은 이미 그 한계에 이르렀다. 4차 산업혁명은 더 이상 그 어느 누구도 혼자서 미래를 예측하는 것을 용납하지 않기 때문이다. 너무나도 다양한 경제주체에 적합한 정책을 실시간으로 시장변화를 반영하면서 수립할 수 없기 때문이다. 그러기엔 세상은 너무나도 복합적이고 매우 빠른 속도로 변화하기 때문이다. 이제 살아남는 방법은 각자가 강구해야 하는 시대가 되었다. 신중년이 직접 결정하고, 스스로 설계할 수 있는 정책을 목표로 설정할 것이다. 이를 위한 방안들을 모색하고자 한다.

4차 산업혁명은 신중년 세대에게 새로운 도전과제를 제시한다. 앞으로 살아남기 위해서는 기존과는 다른 차별화된 방식으로 접근해야 한다. 새로운 시대, 우리 삶을 스스로 설계하는 원칙으로 아래 두 가지를 제안한다.

첫째, 신중년 세대는 이제 직접 미래를 설계한다.

이제 '누구를' 위한다는 정책은 사라져야 한다. '누구를 위한다는' 명분 아래 여전히 중소기업정책, 청년 창업과 취업정책, 스마트팜, 스마트시티 정책은 엄청난 규모로 추진되고 있다. 과연 누구를 위한 정책이 되었는가? 연구개발 R&D 정책이 엄청난 규모로 집행되었다. 이 과정에서 최종적으로 누가 수혜자인가? 누구를 위한다는 정책이 가지는 허상에서 벗어나야 할 때이다.

4차 산업혁명 시대, 현장성이 없는 정책은 국제경쟁력을 가지지 못한다. 자칫 관료를 위한 정책, 관리자를 위한 정책, 특정 관련 경제주체만을 위한 정책이기 때문이다. 중간 브로커 역할을 하는 업체만이 수혜를 입을 수 있다. 마치 직업훈련 국고보조 비용이 교육학원 먹거리가 되는 이치와 같다. 교육프로그램과 다양한 보조지원제도에도 불구하고 정작 신중년의 취업과 창업에서의 성공과는 연결되지 못한다. 매뉴얼화된 프로그램에서 일방적인 강의식 교육에서 단순히 단편적인 기술중심의 교육에 머무르게 된다. 시장에서 원하는 인재양성과 멀어지는 것이다. 시장구조를 파악하지 않은 정책자금은 마치 헬리콥터에서 돈을 뿌리는 것과 같이 흘러갈 수 있다.

여기서 핵심은 신중년이 꿈꾸는 미래이어야 한다. 그들이 직접 설계할 수 있음이다.

"Das Alter hat Zukunft(신중년이 꿈꾸는 미래)"[5]

신중년은 교육을 받으면서 실패하고, 다시 수정하고, 도전할 기회를 가질 수 없다. 그저 주어진 프로그램을 이수할 뿐이다. 자체적인 역량과 근육

5 참고자료: Das Wissenschaftsjahr 2013, Die demografische Chance. 독일은 1년 동안 하나의 주제를 선택하여 학계와 시민이 대화를 한다. 매년 개최되는 '학문의 해(Das Wissenschaftsjahr)' 주제는 2013년 '인구변화', 2018년 '미래의 노동세계(Arbeitswelten der Zukunft)'이었다.

이 길러지지 못한다. 학원쇼핑, 교육쇼핑이 일어난다. 수많은 자격증을 따기만 하고, 실제 사용하지 못하는 상황인 것이다. 끊임없이 배우기만 하고 현장에 적용하지 못하는 '평생학습'에 머무른다. 단지 민간 학원, 일부 기업, 일부 컨설팅 업체만이 실질적인 정책수혜자이다. 신중년에게 스스로 가진 경험과 노하우를 협력모형으로 발전시킬 기회를 주지 못한다. 이제 질문은 '누구를 위한' 정책에서 '누구에 의한' 정책으로 근본적인 기조가 바뀌어야 한다.

'과연 누구를 위한 정책인가?'로 실질적인 최종수혜자에 대한 질문해야 한다. 이를 위해서는 이해관계를 중심으로 시장구조가 파악되어야 한다. 마치 전쟁에서 작전지도를 펴고 전략을 세우듯이, 신중년 정책 역시 한 장의 지도위에 관련된 이해관계자를 깃발로 꽂고, 이들의 관계와 구조를 파악해야 한다. 그 안에서 파급효과를 개별 경제주체 단위로 즉 미시적으로 밝혀낼 수 있을 것이다. 이제 정부는 정책을 수립할 때, 예상되는 최종수혜자에 대한 구체적인 답변을 명시해야 할 것이다.

둘째, 신중년은 개방된 자세로, 실시간 배우면서 민첩하게 적응하는 태도를 가져야 한다.

정부 정책에서 보여야 할 혁명적인 변화는 신중년 스스로의 혁명적인 변화에서 가능해진다. 스스로 개방적이며, 스스로 타협할 수 있느냐이다. 개인적인 차원과 사회적인 관계를 중심으로 구분할 수 있다. 개인적인 차원에서는 본인의 삶과 의미에 대한 깊은 성찰, 자신과의 소통, 개방하고 배우려는 마음을 가지는 것이다. 사회적인 관계와 활동에서는 함께 일할 파트너를 찾는 일이다. 서로 다른 전공과 영역을 가지고 활동한 사람들과의 대화 및 협력이다. 물론 젊은 세대와의 협력은 더욱더 중요한 의미를 가진다.

“사회적인 욕구를 실질적으로 고려하는 일은 ‘사람을 위한 혹은 사람에 대한 연구’가 아니라 그들과 함께 연구프로세스를 설계해야 한다. 개별적인 학문에만 국한되지 않는 것이다.”[6]

신중년은 활발한 지식공유에서 삶의 의미를 찾는다. 신중년은 이미 청년기, 장년기를 경험한 노하우를 가지고 있다. 동시에 가까이 다가오는 죽음을 맞이하면서, 삶의 의미를 인식하는 지혜로움도 있다. 수많은 만남 속에서 그 어느 누구와도 소통할 수 있는 역량이 있다. 서로 다른 세대와의 협력에서 새로운 부가가치를 창출할 수 있을 것이다. 차별화된 경쟁력으로 새로운 사업모델을 만드는 일이다. 다음 세대에게 건강한 자연환경, 행복한 사회공동체를 물려주어야 할 의무가 있다. 그 작업을 바로 다른 젊은 세대와 협력하면서 실행하는 일이다.

보다 개선된 삶의 조건과 좋은 의료시스템에서 우리는 장수하면서 건강한 삶을 누린다. 기술적인 시스템과 지능적인 서비스는 보다 더 효과적으로 신중년을 지원할 수 있다. 스스로 결정하는 삶을 장기간 유지할 것이다. 우리는 더 오래 산다. 의료적인 진보와 의식적인 삶의 방식에 근거해서 점점 더 사람들이 더 오래 건강하게 살 것이다. 수많은 사람들이 은퇴 시점에도 적극적으로 자신들의 능력으로 수익을 창출하는 방안을 고민할 것이다.

6 Das Wissenschaftsjahr 2018 보고서 내용 중 원문, “Um die tatsächlichen gesellschaftlichen Bedürfnisse zu berücksichtigen, sollten Forschungsprozesse so gestaltet werden, dass nicht für oder über Menschen geforscht wird, sondern mit ihnen - unabhängig von der Fachdisziplin.”

5. 지식공유 플랫폼은 신중년에게 무슨 의미를 가지는가?

4차 산업혁명 시대는 공유경제가 더욱 발전할 수 있는 구조이다. 공유경제 모델은 재화공유, 공간공유, 지식공유로 구분할 수 있다. 특히 전문기술과 경험노하우를 가진 신중년에게 의미를 부여하는 지식공유를 중심으로 살펴보고자 한다. 개인의 전문적 경험, 재능, 시간 등의 무형자산을 공유하는 플랫폼 형태의 비즈니스 모델이다. 상품아이디어 교류, 지식 경험 강의 워크샵에서 기술 공유, 재능 나눔, 강연, 페이스북 정보공유 등이다. 공유경제 플랫폼 개설 기업 또는 단체들은 거래 수수료를 통해 수익을 창출하며, 특성상 지역별 커뮤니티별로 거래가 일어난다.

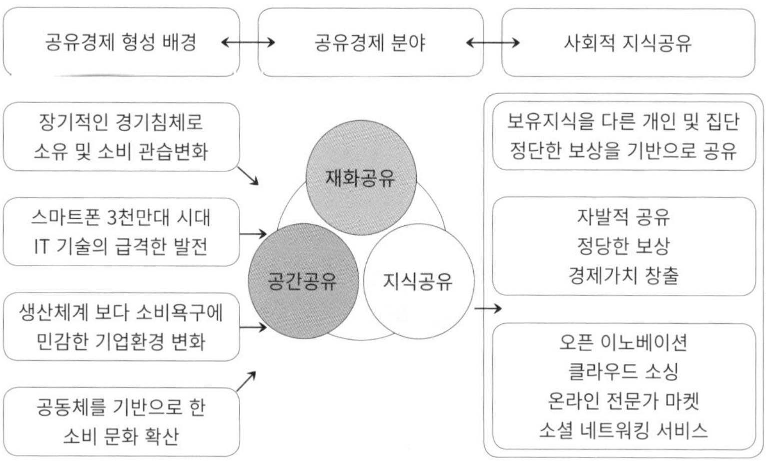

[그림 3] 공유경제 형성배경과 사회적 지식공유의 개념[7]

7 한국정보화진흥원(NIA, 2015), 시니어 경제활동 참여 확대를 위한 사회적 지식공유 모델 수립, IT & Future Strategy, 제9호, 2015.10.26. 6쪽.

사회적 지식공유는 사회 전체를 지식공유 시장으로 인식하고, 개인 및 집단(민간, 공공기업)이 보유한 지식을 다른 개인 및 집단과 정당한 보상을 기반으로 공유하여 상호 간 경제적 가치를 창출하는 체계이다. 참가자의 자발적이고 유연한 지식공유가 특징이며, 지식제공자 의도에 따라 기부, 유료, 공유 결과물에 대한 지분 확보 등 다양한 형태의 참여와 수익분배 가능하다. 사회적 지식공유는 공유가치 창출을 위한 구체적인 모델 제시, 사회적 이슈 해결, 개인, 기업, 국가의 지식연계 및 새로운 일자리, 소득 창출 등 공유가치를 추구한다. 사회적 지식공유는 사업모델에 따라 온라인 전문가 마켓, 클라우드 소싱, 오픈이노베이션, 전문가 소셜네트워킹으로 분류한다.

> "사회적 지식공유 모델을 통해 고령화 문제는 물론 중소기업 지원문제 해결, 사회전체를 지식공유 시장으로 인식하고, 개인과 집단이 보유한 전문지식을 정당한 보상을 기반으로 모바일, 웹 기반 지식공유 플랫폼을 통하여 활용하는 공유경제 체제이다. 30년 이상 축적된 업무적, 사회적 지식, 경험 및 인맥은 기업경영에 중요한 자원으로 활용하는 일이다. 시니어 계층을 단순한 복지수혜 대상에서 지속적인 경제적 가치창출의 주체로 바라보는 정책이 필요하다(한국정보화진흥원, 2015)."

디지털혁명과 4차 산업혁명은 노동의 미래를 더욱 불확실하게 만들었다. 연구자들은 서로 다른 원칙으로 이러한 미래의 가능성에 대해서 몰두하고 있다. 이러한 연구 결과의 기초 아래 예측을 하는 것이며 기술적인 진보를 예측하거나 혹은 조직적인 발전을 예상해야 할 것이다. 인공지능에 대한 토론 및 복합적인 연구는 사회적인 책임에 대안을 제시해야 한다. 첨단

기술에 대한 사회적인 수용성이라는 윤리적인 측면과 더불어서 첨단기술의 상용화를 동력으로 삼는 혁신성장에서 중요한 문제가 되었다. 바로 이 점이 학문과 시민사회가 적극적으로 대화해야 하는 이유이다. 학문과 연구에 종사하는 사람들의 근본적인 인식전환이 필요한 시점이다. 지식과 공동체 사회는 함께 발전한다.

아래 표는 개인별 주된 일자리에서 차별화된 정책수단의 필요성을 정리하였다. 경력경로, 개인별로 처한 경제적, 가정적 여건과 삶을 대하는 태도 및 가치에 따른 차이점을 보여준 것이다. 이는 교육, 고용, 복지가 연계된 차별화된 직업교육 훈련 방향을 제시하기 위함이었다. 신중년은 퇴직 후 삶에 대해 경력의 완성, 새로운 출발, 휴식, 계속, 강요된 좌절로 인식하고 있으며, 성별, 나이, 학력, 가족 형태별로 차이가 있다. 퇴직 후 삶-일 인식은 5가지로 유형화할 수 있으며, 휴식형이 28.6%로 가장 많고, 그 다음은 방어형(24.5%), 활동형(20.5%), 혼란형(20.5%), 좌절형(6.8%) 순서이다(이수정, 2018).

<표 2> 퇴직 이후 삶과 일에 대한 인식[8]

구분	그룹별 주요 특성
1. 휴식형(28.6%)	퇴직을 받아들이고, 활동보다는 쉬면서 휴식하는 것을 선호
2. 방어형(24.5%)	퇴직에 대한 긍정적인 기대와 부정적인 인식이 공존
3. 활동형(20.5%)	퇴직에 대한 긍정적인 자세로 현재처럼 지속적으로 일하고자함
4. 혼란형(20.5%)	퇴직에 대한 자신만의 관점이 없이 모든 상황에 대해 고려
5. 좌절형(6.8%)	일에 대한 헌신도는 높으나 퇴직에 대한 부정적인 인식

8 이수정(2018), 고령자의 퇴직 이후 삶과 일에 대한 인식, KRIVET(직업능력개발원), Issue Brief, 158호, 2018.12.13.

다만 그룹별 차별화된 지원방식 역시 유연해야 한다. 이 설문은 현재 직장을 다니는 사람을 대상으로 조사한 것이다. 따라서 퇴직 이후에 인식은 이러한 유형으로 고정시키기 어려울 것이다. 변화하는 상황에서 인식 또한 변화할 것이다. 유연하고도 민첩하게 대응하는 방안을 모색해야 할 것이다.

4차 산업혁명 교육 핵심은 스스로 결정하면서 살아가는 역량을 키우는 일이다. 급변하는 세계에서 가능한 위험을 빠르게 인식하고 추정할 수 있는 능력이기 때문이다. 디지털 근로 시장에서 자기 결정권을 보장하는 일이다. 데이터 주권과 데이터보안의 시각이다. 이때 교육, 학문, 연구는 디지털 전환의 마중물 역할을 수행한다. 조정과 설계에서도 핵심적인 역할을 담당한다. 디지털화를 보다 폭넓게 이해하고, 책임을 가지고 설계하는 일이다.[9] 디지털 활동의 모든 표현은 단지 한 순간 포착하는 일이다. 핵심은 교육과 연구 정책에서도 이러한 흐름에 유연하게 반응하는 일이다. 어떠한 트렌드에도 뒤처지지 않는 일이다. 긴 시각과 긴 호흡을 가지는 일이다. 따라서 기업, 학자, 시민과의 소통과 대화는 매우 중요해진다. 디지털화가 모두에게 성공모델이 되기 위한 전제조건이기 때문이다(BMBF, 2017).

6. 정책설계에서 신중년 지식공유 워킹그룹을 어떻게 구성할까?

4차 산업혁명은 기술혁명인 동시에 조직혁명이다. 특히 정부 정책은 현

9 학문의 개방을 위한 응원과 눈높이에 맞춘 공동 연구. 2018년 독일 '학문의 해' 주제이었던 '미래의 노동세계(Arbeitswelten der Zukunft)'에서 논의된 내용이다.

장성이 중요해졌다. 정책담당자가 책상에서 구상할 수 있을 정도로 현실 세계는 그리 단순하지 않다. 이렇게 복합적이면서도 빠르게 변화하는 시장여건에 대응하는 새로운 방식이 필요하게 된 것이다. 정부 정책의 기획, 설계, 집행, 평가 과정에서 실시간(real time) 피드백이 필요해진 것이다. 정책혁명은 이제 4차 산업혁명의 핵심적인 전제조건이다. 애자일(agile) 정책혁명이 필요한 이유이다.

그동안 정책기획과 정책연구에서 공청회, 자문위원회, 관련 포럼, 설문조사, 전문가(FGI) 등의 방식이 주로 사용되었다. 규제영향평가에서 새로운 규제도입에 따른 규제와 정책 영향을 사전에 평가하였다. 거시변수 성장률, 산업구조, 인플레이션, 고용효과 등을 중심으로 정책 파급효과와 그 실효성을 평가하였다. 최근 이해관계자 참여원칙과 시민참여의 중요성으로 새로운 방식들이 실험되고 있다.

숙의민주주의에 기초한 원자력발전을 포함한 에너지 정책에 대한 공론화위원회를 시작으로 교육제도에 관한 공론화위원회, 서울시에서 미세먼지 대책과 같은 정책의제별로 실시하는 타운홀미팅, 스마트시티 시민참여에서 리빙랩 방식, 최근 4차 산업혁명위원회에서 적용한 해커톤 방식 등이 도입되었다. 소수 전문가 그룹을 넘어서서 보다 넓은 범위로 공론화하고, 그 내용을 공개하며 아젠다를 도출하고 합의하는 방식이 다양해진 것이다. 문제점은 이러한 방식이 효과적인 정책도출보다는 담당부처와 담당자의 책임회피에 사용될 수 있다는 점이다. 입시제도에 대한 공론화 실패사례도 있다. 관련된 이해관계자를 정확하게 파악하고, 이들이 합의할 수 있는 절차와 논점을 제시하는 프로세스를 제대로 기획하지 못한 경우이다.

신중년은 이러한 방식의 문제해결에서 탁월한 역량을 발휘할 수 있다. 본인의 전공영역이 있을 것이며, 순환보직으로 다양한 분야를 섭렵했을 수도 있다. 그동안 쌓아온 경험과 네트워크로 관련된 의제에 핵심적인 경제주체를 찾아낼 수 있다. 의제별 가치사슬을 넘어서서 가치네트워크를 만들 수 있고, 지속적인 피드백 방식으로 합의안을 도출할 수 있다.

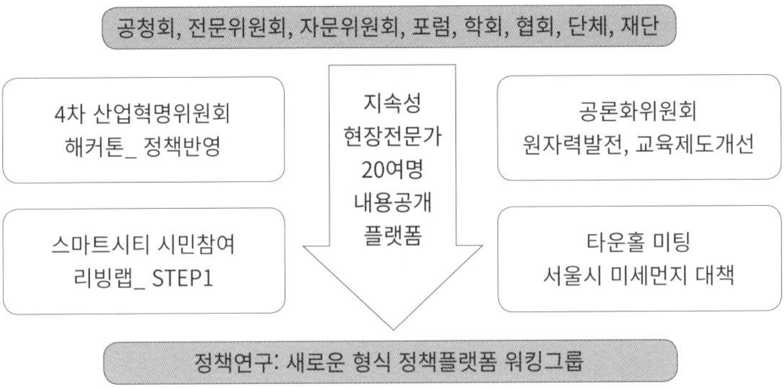

[그림 4] 정책설계 방법론과 신중년 참여방식

신중년이 참여할 수 있는 방식으로 플래폼 워킹그룹을 제안하고자 한다. 여기서 플랫폼은 다양한 사람들이 온라인과 오프라인으로 만나서 소통하고 대화하는 곳이다. 소통플랫폼에서 20여 명을 기준으로 의제별 워킹그룹을 구성하고 운영하는 일이다. 기존의 위원회와 포럼 및 협회 및 단체와의 워킹그룹의 차이점은 세 가지이다.

첫째, 워킹그룹 구성 및 활동은 자발적이다. 관심 주제에 대한 적극적인 활동의지를 가지는 경제주체는 누구나 참석할 수 있다. 학력이나 지위 혹은 소속에 무관하다. 물론 필요할 경우 전문성을 보여야 할 것이다.

둘째, 워킹그룹은 매우 다양한 전공과 직업 및 연구주제를 가진 사람들로 구성된다. 자연과학, 사회과학, 공학, 인문학을 전공한 사람들이 만나는 곳이다. 특정 분야에서 10년 이상 활동한 사람 역시 현장 전문가로 초대될 수 있다. 분야가 다양할수록, 장기적인 시각으로 짚어낼 수 있을 때 워킹그룹 결과물은 실효성을 가지는 정책도출에 기여할 것이다.

셋째, 워킹그룹의 논의결과물은 일반 시민에게 공개된다. 동시에 시민들의 피드백을 지속적이면서 반복적으로 받는 일이다. 결과물은 쉬운 언어로 작성되어, 일반 시민도 이해할 수 있어야 한다. 동시에 논점을 중심으로 아젠다를 도출하여, 이를 근거로 사회적인 토론과 사회적인 합의가 이루어져야 할 것이다.

요약하면 플랫폼 워킹그룹은 서로 다른 전공과 현장경험을 가진 경제주체들이 모인 곳이다. 의제별로 특화된 워킹그룹을 구성하고, 누구나 참여할 수 있는 개방형이다. 결과물을 1쪽 이내로 작성하여 지속적으로 공개한다. 다양한 연구자와 학자들이 모여서 특정한 아젠다 하나에 합의하는 방식이다. 그 기반 아래에서 사회적인 대화와 토론이 가능해지기 때문이다. 워킹그룹은 개념 정의, 아젠다 셋팅, 정책설계, 사실상 표준제정, 정책 우선순위 선정 등을 목표로 한다.

7. 신중년 세대, 상용화 사업모델에서 어떻게 참여할 것인가?

신중년 워킹그룹은 기획하거나 진행 중인 연구개발과제에서 피드백을 제공할 수 있다. 로봇 서비스 첨단기술 수요자와 소비자로 제품혁신에 피드백을 제공하는 일이다. 동시에 기술, 경제, 경영 전문가로서 전체적인 사업모델에 대한 의견을 제시한다. 여기서 중요한 점은 신중년 개개인 차원을 넘어서서, 다양한 전공과 경험을 가진 신중년 워킹그룹이 함께 피드백을 한다는 점이다. 워킹그룹 내부에서 지속적으로 토론하고, 합의하는 과정에서 본인의 지식과 경험이 기여하는 것이다. 새로운 기술개발 혹은 기존의 정책수단은 이미 누구에게나 개방적이다. 이 방식을 연결해서 전혀 새로운 서비스를 스마트하게 제공하는 사업모델이 살아남는다. 그것도 매우 빠르게 변화하는 시장에서다. 바로 이 점이 4차 산업혁명에서 소통하는 역량이 가장 핵심기술인 이유이다.

아래 그림은 상용화를 추진하는 과정에서 필요한 워킹그룹 운영을 보여준다. 연구개발(R&D)과 특허 및 시제품 생산까지 해결했던 과제가 시장에서 판매되는 상용화까지 성공하는 확률은 10%를 넘어서지 못한다. 곧 죽음의 계곡(death valley)을 넘어서지 못해서이다. 시장으로 판매되고, 수익을 창출하기 위해서는 전혀 다른 현장 문제에 직면한다. 상용화로 진행하는 성공적인 방식은 시장진입 이전에 사전예방의 관점에서 다양한 시각을 점검해야 한다. 현장 전문가, 시민단체, 대기업, 전문가, 협회, 스타트업, 테스트베드, 글로벌 기업 등 다양한 분야의 전공자들이 모여서, 새로운 사업모델에 대한 피드백이 필요한 것이다.

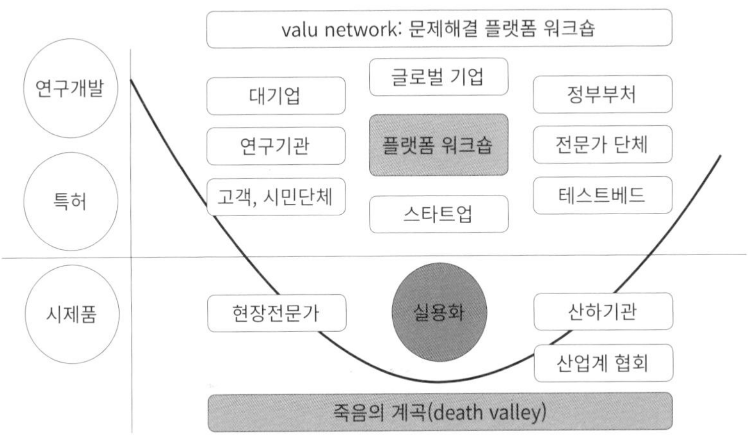

[그림 5] 사업모델 도출과 상용화 과정에서 신중년 역할 분담

개인별 설문조사, 일회성 자문회의와 공청회, 소수 전문가 중심의 FGI 연구방식이 보완되어야 한다. 참석자들의 집단지성이 활발하게 일어날 수 있는 여건을 만들어야 한다. 그 내용이 일부 공개되어서 다시 피드백을 받는 방식도 추가될 수 있다. 이 방식은 애자일(agile)하게 이루어져야 한다. 워크샵 진행에서도 일회성 토론과 발표로는 피드백 효과를 볼 수 없다. 전체 참석인원이 제안하고, 피드백을 받는 과정이 세 번 정도 반복해야 한다.

플랫폼 워킹그룹 워크샵은 3차로 진행될 수 있다. 기간은 3개월이나 3주일 이내로 구성할 수 있다. Two Track으로 먼저 기획분과를 10명 이내로 구성하여, 전체 프로그램을 기획하고 의제 초안을 제시한다. 이 내용을 중심으로 이해관계자 20여 명이 모여서 실행분과를 구성하고 함께 논의하는 워크샵을 개최한다. 그 과정에서 합의한 문서는 1~2쪽 이내로 요약하여 공개한다. 워크샵은 처음에는 3시간으로 시작하여, 6시간 및 1박 2일로 확대할 수 있다. 이 과정에서 최소한 알 수 있는 내용은 다음과 같을 것이다. 무엇이 문제이며, 관련된 이해관계자들은 누구인지를 아는 일이다. 그리고 핵심 경제주체를 밝혀내는 일이다. 신중년을 중심으로 의제별 현장전문가들이 플랫폼 워킹그룹을 만든다. 새로운 문제가 발생하면, 그 주제를 워킹그룹에 제시한다. 그 안에서 논의하고, 그 내용을 공개하는 방식이다. 신중년이 최소 20여 명이 모인 워크샵에서 우선순위와 아젠다에 대해서 합의하는 일이다.

8. 신중년 세대의 미래, 어디에서 어떻게 출발할까?

지금은 4차 산업혁명 시대, 더욱 필요해진 역량은 바로 소통능력이다.

수요자와 시장이 원하는 서비스를 파악해서, 이를 실시간으로 제공해야 한다. 이 과정에서 연결된 모든 경제주체들의 소통이 전제되어야 한다. 길을 안내하는 내비게이션은 교통상황, 도로상황, 기후변화, 주차장, 주유소, 식당, 휴게소, 관광지 등의 정보를 고려하면서 실시간으로 최적화된 경로를 제공하고 있다. 이러한 스마트한 서비스가 교육, 문화, 사회, 정치, 경제 영역으로 요구되고 있다.

4차 산업혁명과 플랫폼 경제는 엄청난 속도와 변화의 깊이로 다가온다. 유연하고도 민첩하게 대응해야 한다. 정부 정책 역시 스스로 살아있는 생명체와 같이 움직이면서 변화하는 것이다. 이를 지원하는 소통플랫폼으로 신중년 세대의 역할이 기대된다. 서로 다른 전공자와의 협력에서 도출되는 사업모델은 바로 미래의 살길이다. 이러한 소통이 효과적으로 진행될 수 있도록 기획하고, 실행하고, 이를 정책에 반영하는 통로를 만드는 일이다. 가장 먼저 신중년 세대 자신들의 문제를 해결해야 할 것이다. 본인들이 원하는 취업과 창업 그리고 귀농에 대한 아젠다를 도출해야 한다. 그리고 이를 정책에 반영할 수 있도록 사전에 충분한 논의를 거치는 일이다.

이러한 플랫폼 워킹그룹 방식은 신중년 정책의 사전예방 시스템이다. 사전에 다양한 이해관계자들이 한자리에 모여서 논의하고, 반복하고, 이를 공개하는 프로세스를 가지는 일이다. 신중년 스스로가 개방적이고, 애자일(민첩한)한 가에 대한 지속적인 성찰이다. 자신의 강점을 가지되, 다른 사람과 소통할 수 있는 신중년, 이를 사업화할 수 있는 네트워크 즉 플랫폼 활용 등이 필요한 역량이다.

스스로 개방적이고, 자신과 소통하면서 자신의 자존감을 지키는 일이 최우선이다. 신체적인 건강 유지와 안정적인 소득보장은 이미 충분하게 논의되었다. 이제는 자신이 가진 강점을 발굴하고, 이를 협력하면서 가치를 창출하는 일에 집중해야 할 때이다. 워킹그룹에서 의제를 설정하고, 합의하는 과정에 참여한다. 자기 결정권을 행사하는 과정에서 우리는 자존감을 느낄 것이다. 내 스스로 뭔가를 결정하고, 그에 따른 책임과 의무를 가지는 일이다. 나에게 의견을 물을 때, 무엇을 원하는지를 대답하고, 선택할 수 있을 때 행복할 것이다.

참고문헌

강은나(2017), 노인일자리사업 현황과 향후 과제, 보건복지포럼, 2017.09, 한국보건사회연구원, 28-39쪽.

고용노동부(2018), 고용노동부 및 관계부처 합동 보도자료(2018년 8월 8일), 「신중년 인생3모작 기반구축 계획」.

이수정(2018), 고령자의 퇴직 이후 삶과 일에 대한 인식, KRIVET(직업능력개발원), Issue Brief, 158호, 2018.12.13.

한국정보화진흥원(NIA, 2015), 시니어 경제활동 참여 확대를 위한 사회적 지식공유 모델 수립, IT & Future Strategy, 제9호, 2015.10.26.

BMBF(2017), Vernetzen. Fördern. Gestalten. Aufgaben für Bildung und Forschung im digitalen Wandel(네트워크, 촉진과 지원, 설계. 디지털전환시대에서 교육과 연구 과제들). https://www.bildung-forschung.digital/files/BMBF_Digitalisierung_web.pdf

Jacobs·Kagermann·Spath(2017): Arbeit in der digitalen Transformation - Agilität, lebenslanges Lernen und Betriebspartner im Wandel(디지털 전환시대에서의 일자리, 민첩성, 평생교육, 경영파트너, acatech DISKUSSION).

Das Wissenschaftsjahr 2013, "Die demografische Chance(인구변화와 기회)." https://web.archive.org/web/20150123011304/http://www.demografische-chance.de/das-wissenschaftsjahr/forschungsagenda-der-bundesregierung.html

Das Wissenschaftsjahr 2018. "Arbeitswelten der Zukunft(미래의 노동세계)." https://www.wissenschaftsjahr.de/2018/

추천도서 한 권

명진, 『스님, 어떤 게 잘 사는 겁니까?』 다산초당, 2018.

우리 신중년 세대는 이제 떠날 보따리를 챙겨야 한다. 삶과 죽음을 준비함에서 종교는 훌륭한 안내자이다. 이 책은 불교의 불생불멸, 무상멸도 사상을 기본으로 삶의 지혜를 전달한다. 구체적인 사례로 쉽게 풀어쓴 책으로 자신의 죽음을 새롭게 인식할 수 있다.

작가의 말

사흘 뒤에 죽게 된다면 어떨까.
사랑하는 사람들을 사방에 놔두고
사흘 뒤에 죽게 된다면
너무나 슬프겠지.
삼 년 뒤에 죽는다면 어떨까.
조금이라도 덜 불행할까. 아마도 그럴 것이다.
삼십 년 뒤에 죽는다면 어떨까.
얼마나 오래 살아야 좋은 걸까.
삼백 년 뒤에, 삼천 년 뒤에 세상을 뜬다면 좋을까.
엄청엄청 행복할까.
가까운 친구, 사랑하는 가족들……
자식과 손자, 그 손자의 손자까지 다 죽는데
혼자 죽지 않고 오래오래 산다면 과연 행복할까.

2

노년과 세대 갈등

세대 갈등과 공동체 문제

김진균[1]

- 목차 -

1 성균관대 하이브리드미래문화연구소 연구원.
근대한문학을 전공으로 내세우고 있으며, 전통과 근대, 국학과 문학의 관계에 주목하여 공부하고 있다. 대학에서 국문학과 교양 강좌 등을 강의하고 있으며, 강사들의 노동조합 활동에도 관여하고 있다. 20세기 초반의 한문학과 국문문학의 문학적 세대갈등론이라고 부를 만한 사태를 다룬 『모던한문학』을 저술하였다.

1. 나, 다니엘 블레이크와 키오스크

가장 먼저 이 영화가 떠올랐다. 노년을 생각하면서, 2016년 개봉 영화 <나, 다니엘 블레이크>를 보던 내내 마음이 아팠던 기억이 떠올랐다. 이 영화에는 은퇴를 전후한 중늙은이가 등장한다. 켄 로치 감독은 이 영화로 칸 영화제 황금종려상을 수상하게 되었는데, 시상식장에서 "우리는 희망의 메시지를 사람들에게 보여줘야 한다. 다른 세상이 가능하다고 말해야 한다." 라고 수상 소감을 말했다고 한다. 그는 이 영화에 희망의 메시지를 담으려고 했던 것 같다. 그러나 나로서는, 이 영화의 감동에도 불구하고 희망의 메시지는 쉽게 읽히지 않았다. 현실은 희망이 보이지 않는 갈등과 좌절 속에 있고, 영화는 그 희망이 보이지 않는 갈등과 좌절을 극적으로 재현한다. 절망적인 주인공 옆에 또 다를 것 없이 절망적인 싱글맘 가족이 등장한다. 살아보려는 악전고투에도 불구하고 이들의 삶은 남루한 넝마처럼 닳고 헤지고 맨살을 드러내며 바닥 모를 심연을 향해 내려앉고 있으며, 영화가 끝날 때까지 이들에게 삶을 견뎌온 노력의 보상이라고는 아무것도 없다. 심지어 영화의 종반은 주인공의 죽음으로 이어진다. 남루한 넝마 같던 삶을 벗어버렸다는 것이 차라리 희망이란 것인가? 희망이 도대체 어디에 있단 말인가?

주인공 다니엘 블레이크는 40년 동안 목수로 근근이 살아왔고, 몇 년 전 아내를 사별했으며, 자녀는 없이, 21세기 영국의 낡은 공업 도시 뉴캐슬에 거주하는 초로의 사내이다. 이웃의 젊은이가 쓰레기 분리수거를 제대로 안 하는 것에 버럭 화를 내고, 돌아서서는 무뚝뚝한 표정으로 바쁠 것도 없는 길거리를 빠르게 지나가는 그런 흔한 모습의 중늙은이다. 그의 무뚝뚝한 표정과 빠른 걸음은, 자기 손으로 일하며 평생을 버텨온 늙은 노동계급의 자존심과 같은 것이리라. 어느 날 의사는 무뚝뚝한 늙은 사내에게 심근경색의 위험이 심각하므로 목수 일 같은 무리한 노동을 하지 말 것을 권한다. 여기서부터 다니엘 블레이크의 곤경이 시작된다.

일을 할 수 없으니 정부의 보조금을 받아야 연명할 수 있다. 질병 수당 상담을 위해 번호표를 받고, 긴 대기시간을 인내하는 것은 무뚝뚝한 표정으로도 견딜 수 있는 일이었다. 복지부서 창구 공무원은 그에게 매뉴얼에 적힌 대로 기계적으로 답한다, 점수가 부족해서 질병 수당을 내줄 수 없다고. 왜 점수가 부족한지, 무엇을 더 해야 수당을 받고 연명할 수 있을지 아무것도 알려주지 않은 채 기계적으로 통보한다, 질병 수당을 받을 자격이 안 된다고. 전화로 항의를 하려고 해도, 두 시간 가까이 수화기를 들고 기다린 뒤에야 전화가 연결되고, 겨우 통화를 하게 된 담당관도 매뉴얼대로만 응대한다.

이번엔 실업 수당을 신청한다. 역시 매뉴얼대로만 업무를 진행하는 실업 수당 담당 부서 직원들에게, 일을 그만둘 수밖에 없게 만든 다니엘 블레이크의 심장병은 전혀 고려 대상이 되지 않는다. 수당을 받으려면 재취업 교육 수강과 구직 활동 증빙의 의무가 있음을 통보할 뿐이다. 심장병 때문에 일을 할 수 없다고 하소연하지만, 담당 직원들은 매뉴얼에 없는 하소연을 접수하지 않는다. 다니엘 블레이크는 실업 수당을 받기 위해 재취업 교육장의 자리를 채우고, 구직 활동 증빙만을 위한 구직 활동에 나선다.

데면데면 이력서를 훑어보는 척하다가 그의 구직을 거절하는 사장들은 오히려 주인공의 구직 활동 증빙에 도움이 되었다. 그런 사장들 틈에서 그의 경력과 구직 활동을 안타깝게 보고 채용하려는 사장이 나타난 것이, 다니엘 블레이크의 내면을 파국으로 몰고 가는 계기가 된다. 선량한 마음으로 채용하려는 사장에게, 사실 자신은 일을 할 수 없는 처지에 있다고 호소하자 사장은 화를 낸다. 실업 수당이나 타려고 거짓 구직 활동을 하는 사기꾼이 아니냐는 말을 쏘아댄다. 평생 노동을 해오며 지켜온 다니엘 블레이크의 자존심이 부서지는 순간이다. 화면은 조용히 통화 내용을 전하고 있었지만, 관객들은 그의 마음속에서 와장창 커다란 소리를 내며 깨지는 자존심의 소리를 들을 수 있었을 것이다. 질병 수당이 당연히 지급되어야 할 사람에게 수당이 지급되지 않아서, 노동할 수 없는 몸으로 실업 수당을 받을 수밖에 없어서, 구직이 성사되면 안 되는 이력서를 들고 구직 활동을 증빙하러 다녀야 했을 뿐이다. 영국 복지 정책 개악으로 구멍 난 제도의 탓이다. 다니엘 블레이크가 어찌 사기꾼이랴.

노년을 생각하면서 이 영화가 떠오른 것은 주인공이 초로의 실직자였기 때문이기도 하지만, 영화 중반 컴퓨터 앞에 앉은 주인공의 인상적인 한 장면 때문이기도 했다. 답답한 복지부서 직원들의 메뉴얼, 망해가는 복지 시스템, 시민으로서의 정당한 권리를 찾을 수 없게 만드는 무수한 난관들 속에서 컴퓨터라는 기계는, 이 늙은 노동계급의 사내에게 또 하나의 절벽이었다.

<“나, 다니엘 블레이크”의 한 장면>

질병 수당이 거절된 실업자가 실업 수당을 신청하기 위해서는, 온라인으로 서류를 접수해야 한다는 말을 복지부서 직원으로부터 듣는다. 필요한 서류는 온라인으로, 오직 인터넷으로만 신청하여야 한다고. 다니엘 블레이크는 집에 컴퓨터가 없었으며 다룰 줄도 몰랐다. 돋보기를 쓰고 공공기관에서 제공된 컴퓨터 앞에 앉아 주변 사람들에게 도움을 요청해야 했다. 컴퓨터 마우스로 모니터의 해당란을 클릭하라는 말에 그는 마우스를 들어 모니터 한복판에 갖다 댈 정도였다. 우여곡절 끝에 겨우 서류를 완성했다. 그러나 서류 접수는 또 한 번 실패한다. 공공기관 컴퓨터 제공 시간이 끝났기 때문이다. 컴퓨터 사용 시간이 다 됐다는 사실도 옆에서 컴퓨터를 사용하던 다른 시민이 알려줘서야 파악했다. 더 이상 무뚝뚝한 표정이 아니다. 슬픔과 분노와 무기력이 뒤죽박죽 섞인 복잡한 표정을 짓게 된다.

컴퓨터라는 기계 앞에 앉은 다니엘 블레이크의 착잡한 표정에 연상되어 떠오르는 장면이 있었다. 딱딱한 기계 앞에서 슬픔과 분노와 무기력을 삼키는 노인들. 요즘 많은 영역에서 기계가 도입되고 있다. 인간이 하던 일을 기계가 하게 된 것이 어제오늘의 일은 아니지만, 최근에 인간 점원이 하던 일을 키오스크 기계가 대체하는 일이 부쩍 늘었다. 키오스크(Kiosk)는 무인 정보 단말기를 말한다. 흔히 터치스크린으로 정보를 입출력하며 접수 업무를 대체하는 시스템이다. 공공기관에서는 업무 안내 및 등본 발급 등에 사용하고, 은행에서는 계좌 거래에 사용하며, 병원에서는 각종 접수 업무에 사용하고, 식당에서는 주문에 사용한다. 얼마 전까지만 해도 용어조차 낯설었던 키오스크가 최근 몇 년 사이 거의 모든 접수 업무를 접수해버렸다. 키오스크가 접수해버린 접수 업무에 적응하지 못하고 당혹스러워하는 대표적인 집단이 노년 세대 그룹일 것이다.

종합병원, 관공서, 은행, 푸드코트, 햄버거집 등의 주문 접수창구에 키오스크 기계가 빠른 속도로 확산되고 있다. 키오스크가 당혹스러운 사람들은 인간 직원을 찾을 수밖에 없다. 종합병원이나 은행의 입구 가까이에 있는 여러 대의 키오스크를 지나면 그래도 몇 사람의 직원이 접수를 받는다. 키오스크를 피해 직원에게 접수를 하려면, 긴 대기시간을 인내해야 한다. 키오스크를 다룰 줄 모르면 별 수 없이 참아야 하는 시간이다. 그래도 아직까지 병원이나 은행에서는 기계 키오스크를 찾는 사람과 인간 직원을 찾는 사람 사이에 비용의 차별을 두지 않았다. 시간만 엄청 더 소모하게 만들 뿐이다.

그러나 관공서의 키오스크는 무료 혹은 더 적은 값에 등본 등을 내어준다. 창구에서 인간 공무원을 만나 등본을 발급받으려면 대기시간도 길거니와 더 비싼 발급 수수료를 내야 한다. 키오스크를 다룰 줄 모르면 별 수 없이 지불해야 할 추가 비용이다. 푸드코트나 햄버거집에서는 아예 접수를 받는 직원이 한 사람도 없는 경우가 있다. 같은 손님에게라도 도움을 받지 않으면 주문을 할 수가 없다. 이제 병원이나 관공서의 접수창구의 대기석에서 오랫동안 기다리고 있는 사람들은 대개 노인들이다. 푸드코트나 햄버거집 들에는 노인들이 거의 나타나지 않는다.

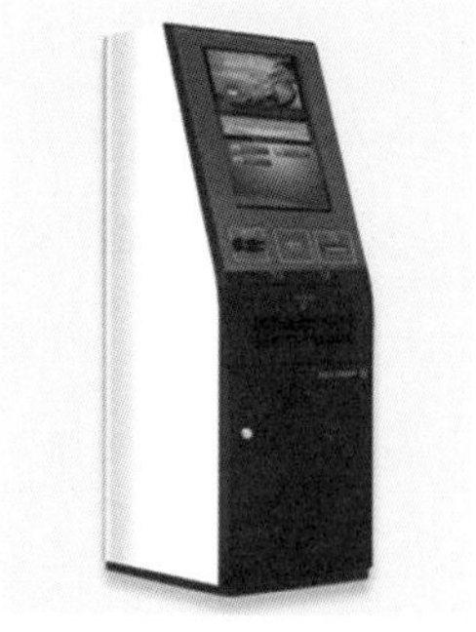

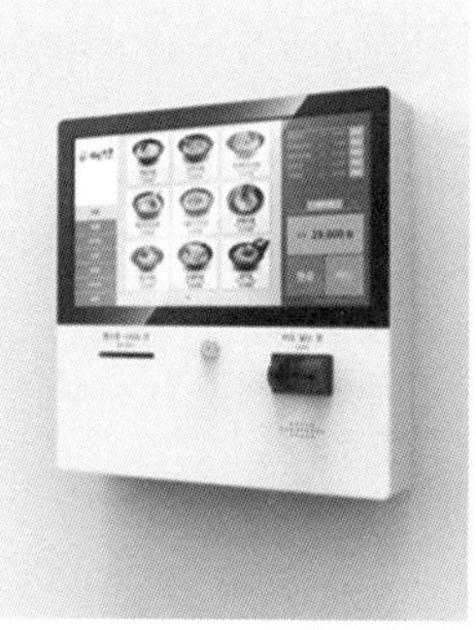

<다양한 키오스크>

키오스크는 인간이 담당하던 접수 업무를 기계에게 맡긴 것이다. 인간이 접수 업무를 담당할 때에는 접수를 담당하는 인간의 대처 능력 범위가 넓었으며 대개 인간의 모든 표현들을 이해하고 대처할 수 있었다. 간혹은 감정적으로 말싸움이 벌어질 수도 있다. 감정이 있는 인간이 인간을 상대로 했으니 당연한 일일 것이다. 그러나 키오스크가 접수 업무를 담당하게 되면서 상황이 매우 달라졌다. 키오스크의 대처 능력 범위는 훨씬 좁아졌으며, 인간의 표현들을 전혀 이해하지 못하고 대처하지도 못한다. 이 기계에 탑재된 시스템 표준을 넘어서는 반응들은 키오스크가 대응하지 않게 되었다. 싸움도 벌어질 리가 없다. 키오스크 앞의 이용자는 우선 이 기계가 대응하도록 설계되어진 아주 좁은 영역의 표현방식들을 파악하여야만 한다. 그 영역 안에서 치밀하게 순서대로 터치스크린을 조작해야 하며, 순서를 바꾸거나 엉뚱한 것을 터치하지 않도록 주의해야 한다. 그래야 이용 목적을 달성할 수 있다. 기계가 인간을 상대로 접수를 받는다기보다는, 인간이 기계를 상대로 접수를 성사시켜내야 하는 것이다. 이 일을 잘 해내기 위해서는 이 기계 조작에 익숙해져야 하지만, 노인 세대에게는 익숙해지기 어려운 일이다.

키오스크 도입은 서비스 제공자의 비용 절감과 깊은 관련이 있다. 인간이 하던 업무를 기계로 대체하는 것은 대개 손익 계산의 결론이다. 줄어든 비용이 더큰 이익으로 돌아오는 만큼, 사업주들은 키오스크 기계를 사용하는 사람에게 조금이라도 혜택을 주어서 키오스크 기계 사용을 장려하고 싶을 것이다. 이런 혜택을 받을 수 있는 사람은, 키오스크의 표준에 적응할 수 있는 인간들이고, 대개의 노인들은 이 혜택에서 배제될 것이다. 그리하여 노인들이 대기석에 길고 지루하게 앉아 있을 수밖에 없는 것이다. 역으로 키오스크 기계를 사용하지 못하는 사람에게 불이익을 주어서라도 인간

직원의 접수로 발생하는 인건비를 줄여보고 싶을 수도 있다. 아예 매장에 접수 직원을 두지 않는 것이다. 그리하여 노인들이 전혀 이용할 수 없는 매장이 발생하기도 하는 것이다.

<나, 다니엘 블레이크>의 영국 사회가 복지 시스템과 온라인 서류 시스템으로 가난한 노동계급의 중늙은이를 무정하게 소외시키듯, 한국 사회도 다양한 시스템들에서 노인들을 박정하게 소외시키고 있다. 제공자 측에서는 키오스크 도입으로 장기적으로 기계 구입비용을 상쇄하고도 남을 비용 절감 효과를 얻을 수 있지만, 그 대가로 기계의 표준에 적응할 수 있는 인간만이 이용자 자격을 얻게 되었다. 직관적으로도 이것은 인간을 쥐어짜는 시스템이며, 쥐어짜지지 않는 인간은 아예 배제하겠다는 시스템인 것이다. 간혹 생각해보면 자본주의 시대의 사업주들은 인간과 물건 중에 물건을 더 대접하고 있는 것이 아닌가 싶은 생각이 들 때가 있다. 접수를 받는 인간은 인건비라는 비용의 측면에서 계산되어 감축의 대상이 된다. 접수를 시켜야 하는 인간은 인건비 절감의 결과물인 키오스크 기계에 적응하도록 강제된다. 기계에 맞지 않는 방식의 주문은 받지 않는다. 적응의 강제력을 따를 수 없는 사람들은 불이익을 받거나 배제된다. 이제부터는 키오스크 기계에 맞추어 살 수밖에 없는 것이다.

경우에 따라선 유리병 따위가 오히려 인간보다 나은 대접을 받기도 한다. 보통 사람이 생각하기엔 인간을 상대로 하는 접수 업무가 훨씬 복잡하고, 이리저리 놓여 있는 유리병을 옮기는 일은 훨씬 단순할 것이라고 판단하기 쉽다. 그런데 자본가가 생각한다면 얘기가 달라진다. 접수 업무에 키오스크 기계를 들여놓으면 인건비를 줄일 수 있고 이용자들은 적당히 적응할 것이다. 물론 적응 못하는 사람들도 발생할 것이다. 적응 못하는 사람이 발생하여 줄어드는 이익과 줄어드는 인건비를 상계해보아, 줄어드는 이

익 쪽이 적으면 키오스크 기계는 들여오는 것이다. 계산기를 두드려보면 답이 나온다. 그런데 불규칙하게 놓여 있는 유리병을 컨베이어벨트에 옮겨놓는 일은 비숙련 노동자도 할 수 있는 일이어서 별로 복잡해 보이지 않는데도 엔지니어들은 난색을 표한다. 깨지지 않는 물건이라면 적당히 흔들어서 위치를 잡아줄 수 있지만, 유리병은 정확하게 잡아서 옮기지 않으면 깨진다. 적당히 불규칙하게 놓여 있는 병의 위치를 계산하여 옮길 수 있는 운반 기계를 만들려면 큰돈이 드는데, 그 비용은 비숙련 노동자의 인건비보다 너무 높다. 인간을 계속 부리는 게 싸다. 계산기를 두드려보면, 적당히 쌓여 있는 유리병에는 인간의 손길이 닿는 것이 더 비용이 절감되겠다 싶은 것이다.

<리싱크 로보틱스가 생산한 불규칙 적재 재료 운반 로봇 백스터>

그래서 최근까지도 병을 컨베이어벨트에 옮기는 일은 기계로 대체하지 못하고 인간이 단순 작업을 반복해왔다. 그런데 최근에 리싱크 로보틱스라는 미국의 로봇 제조 회사가 자동화로봇 백스터를 개발하여 적당히 불

규칙하게 쌓여 있는 병들을 컨베이어벨트에 완벽하게 옮기는 일을 성공시켰다. 이 일이 뉴스가 될 수 있었던 데에는 백스터에 들어가는 비용이 비숙련 노동자의 인건비보다 저렴하기 때문이었다. 인간에게 들어가는 비용보다 훨씬 저렴하게 자동화를 달성할 수 있는 길이 열린 것이다. 이렇게 되고 나서야 불규칙하게 쌓여 있는 유리병들이 비로소 키오스크 앞의 인간만큼 푸대접을 받게 된 것이다. 돈 앞에서는 인간이 유리병이나 기계보다 못한 대접을 받는 셈이다. 그리고 다시 사실 그 돈 때문에 병을 옮기던 노동자가 일자리를 잃는다. 여기서 노인들은 그 인간 일반보다 더 못한 대접을 받는다. 영화를 보는 것과는 비교할 수 없으리만치 처량하고 가슴 아픈 일이다.

2. 21세기의 기술 발전

우리의 마음과는 별개로 기술 발전은 구세대를 끊임없이 차별하면 전개되어 가는 중이다.

인간의 문명이 전개되어오면서 수많은 기술 발전이 이루어져 왔는데, 기술 발전의 속도가 점점 가속화되는 추세에 놓여 있다. 예를 들어 1392년 조선왕조 개창기의 인물이 200년이 지난 1592년 임진왜란이 발발하던 시기의 삶에 적응하는 데에는 많은 노력이 필요하지 않을 것이다. 조선왕조 시기 200년 사이에 일상적 삶에 적용되는 기술에는 큰 변화가 없었기 때문이다. 그러나 1910년 총독부가 들어서던 대목의 인물이 1950년 6.25가 발발하던 대목의 삶에 적응하는 데에는 그보다 많은 노력이 필요할 것이다. 식민지시기에서 해방기에 이르기까지 일상적 삶에 적용되는 기술에는 변화가 컸기 때문이다. 다시 1999년과 2019년 현재의 삶을 비교해보면 더욱 큰 기술적 변화가 이루어져 왔다. 이 변화 과정을 곡선 그래프로 그려본다면, 문명의 출발 시기에 수평선에서 출발하여, 중세를 거치며 완만히 각도를 세우다가, 근대를 지나 최근에는 수직선에 수렴될 정도로 가파르게 일어서는 지수함수로 표시될 것이다. 과학 기술의 측면에서는 이제는 한 세대와 다음 세대 사이에 오를 수 없는 절벽 같은 격차가 발생하게 된 것이다.

최근의 기술적 변화들은 인공지능 영역에서의 기술 발전에 기반하고 있다. 1996년 딥블루라는 컴퓨터 프로그램이 체스 세계 챔피언을 꺾은 일이 있었다. 직관과 통찰이 필요한 체스의 영역에서 단순 계산만으로 수를 계산하는 컴퓨터 프로그램이 인간을 상대로 게임을 이긴 일은 세계적 뉴스거리가 될 만했다. 사실은 컴퓨터공학이라는 인간의 기술이 체스라는 인간의 게임을 장악한 것이지만, 대중적으로는 컴퓨터라는 기계가 인간의 뇌를 이긴 것으로 생각하는 경향도 있었다. 컴퓨터에 대한 대중적 공포심도 확산되었고, <터미네이터>와 같은 영화에서는 인간 문명을 탈취하려는 컴퓨터시스템 스카이넷을 상상하기도 하였다. 그래도 아직까진 인간의 자존심을 주장할 바둑이라는 게임이 남아 있었다. 체스도 경우의 수가 많긴 하지만 바둑은 경우의 수가 그보다 훨씬 많아서, 아무리 컴퓨터 프로그램이 발전하더라도 인간 프로 바둑 기사를 이기는 일은 쉽지 않으리라 여겨 왔다. 그 시기의 공학자들도 컴퓨터 프로그램이 조만간 바둑을 이길 수 있다는 말을 쉽게 하지는 못했다. 말하자면 바둑이 인간 뇌의 우월성을 상징하는 보루였던 셈이다.

바둑의 경우의 수를 따져보면 현대 물리학이 알고 있는 우주 내의 모든 원자의 수보다 많다는 것이다. 가로 19줄, 세로 19줄이 교차하는 지점마다 흑과 백이 서로 번갈아 바둑알을 놓을 수 있다. 19×19=361. 계산상 처음 놓는 돌은 361지점 중의 하나이다. 두 번째 놓는 돌은 첫 번째 놓은 돌을 피해서 놓아야 하므로 360지점 중의 하나이다. 두 번째 돌을 놓을 때까지의 경우의 수는 361×360, 즉 129,960가지이다. 이런 방식으로 마지막 수까지 계산을 해보면, 10의 768승 가량이다. 10에 0이 768개가 붙는 숫자이다. 이것만으로도 이미 우주 원자의 총수를 넘어선다. 그런데 바둑에서는 순서대로 돌을 채워 넣기만 하는 것이 아니라, 따낸 자리에 다시 둘 수도 있기 때문에 그 모든 경우의 수는 현재로서는 계산이 불가능하다. 이것을 컴퓨터가 계산해내는 것은 당분간 불가능할 것이라는 인간적 자존심으로 우월성의 보루를 세웠던 것이다.

그렇다면 인간은 컴퓨터만큼 계산해내지도 못하면서도 바둑을 어떻게 잘 두는 것인가. 직관과 통찰이 있기 때문이라는 것이다. 인간이 바둑을 둘 때는 첫 번째 수를 361지점의 가능성 전체를 고려하여 그중 하나를 두는 것은 아니다. 먼저 장악하면 유리한 지점이라고 알려져 있는 네 귀퉁이의 화점 주변의 지점에 한정하여 착수를 한다. 그리고 그 다음의 수도 360지점 모두를 고려하지 않는다. 서로 치열하게 접전을 벌이는 과정에 대해 바둑계에는 수학의 공식처럼 일정한 정리가 되어 있는데, 정석이라고 불리는 착수법이다. 정석은 오랫동안 이어져온 바둑의 역사를 통해 계승 발전되어온 것이다. 바둑에서는 기풍이라는 것이 있어서 바둑을 두는 스타일을 인품 혹은 인격에 비유하는 경우도 있다. 모든 경우의 수를 따져가며 두는 것이 아니라, 경험과 개연성을 기반으로 일정한 직관과 통찰을 결합하고 심지어는 기풍이라는 감수성을 결합하여 착수 지점을 결정해온 것이다.

오랜 바둑의 역사에서 일정정도 검증된 방식과 프로기사의 창의성이 결합하여 전개되는 한판의 바둑에는 인생을 담을 만한 의미가 부여되고, 높은 수준의 인간 정신이 개입되어 있다는 신념에서 인간 자존심의 보루가 될 수 있었던 것이다. 한수 한수가 계산 같지만 수학적으로 도저히 계산할 수 없는 직관과 통찰에서 나온다고 믿었다. 그런데 이 신념의 보루가 함락되고 말았다. 알파고라는 인공지능 바둑 프로그램이 2015년에는 프로기사를 상대로 전승을 거두고, 2016년에는 세계 최정상의 프로 기사 이세돌과 격돌하여 4승 1패를 기록하였으며, 2017년에는 세계 랭킹 1위인 커제에게 3승을 거둔 것이다. 이제 바둑에서 인간이 인공지능을 이길 수는 없을 것이다.

<2016년 알파고와 이세돌의 바둑 대국>

그런데, 사실 알파고 프로그램이 361팩토리얼(10의 768제곱) 이상이라는 엄청난 경우의 수를 모두 계산하여 바둑을 이긴 것은 아니다. 아직까지 그런 계산을 해가면서 바둑을 실시간으로 진행할 만한 공학은 개발되지 않았다고 한다. 모든 경우의 수를 계산하는 프로그램을 만든 것이 아니라, 공학자들은 알파고에 바둑의 기본 규칙을 입력하고, 최정상의 바둑 대국 기

보들을 입력하고, 일정정도 스스로 학습하게 만들어서, 세계 최강의 프로 바둑 기사를 이길 실력을 만들어낸 것이다. 이때 일정정도 스스로 학습하게 만들었다는 것이, 소위 딥러닝이라 불리는 기계 학습 과정이다. 스스로 학습 강화되도록 만드는 프로그램은 인간이 코딩하여 만들어내지만, 그 프로그램이 다음 착수를 계산해내는 방식은 코딩한 인간이 미리 계산해낸 것은 아니다. 프로그램이 스스로 학습하여 도출해내는 것이다. 그리하여 이 프로그램을 인공신경망이라고 부르기도 한다. 인간의 뇌 신경망처럼 어디로 튈지 알 수 없는 영역이 발생하는 것이다. 가히 지능이라고 부를 만한 수준이 된 것이다.

알파고가 인간을 이긴 뒤에 알파고Ⅱ를 만들어 알파고와 대결시킨 일도 있었는데, 알파고Ⅱ는 기본 규칙만 입력하고 바둑 기보는 입력하지 않은 상태에서 스스로 학습하도록 코딩하였다. 결과는 알파고Ⅱ가 알파고Ⅰ을 완벽히 제압했다는 것이다. 계산 기계로서는 인간이 바둑을 두어오던 관습에서 벗어날수록 이기는 방식을 더 잘 찾아가는 것이다. 직관과 통찰이라고 믿어왔던 것이 오히려 문제 해결에 장애가 됨을 증명한 것이다. 그동안 바둑을 두어오던 인간의 역사가 인공지능 앞에서 무색해졌다.

이 사실 때문에 인공지능에 대한 공포도 적지 않게 다시 사회적 담론으로 부상하게 되었다. 그러나 아직까지는 알파고처럼 극히 제한된 영역에서만 인공지능이 활약할 수 있을 뿐이다. 어디로 튈지 모른다는 영역도 실상은 인간이 제한한 범위 내에서만 튈 수 있는 것이다. 인공지능은 인간의 수행 명령 내에서만 작동하며, 어디로 튈지 모르는 영역도 인간의 명령 범위 안에 있다. 인공지능 영역의 기술은 극도로 빠르게 변화 발전하고 있으니 앞으로 어떻게 전개될지 예측하기 어렵지만, 한 가지 분명한 사실은 기계가 주체적으로 판단하여 인간 문명을 지배하려고 결심하는 일은 앞으로도 오랫동안 발생하지 않을 것이라는 사실이다.

<인공지능의 지구 지배를 상상한 영화 터미네이터>

인간 스스로가 아직 주체라는 것이 뭔지 명확하게 파악하고 있지 못하고 있으며, 인간의 판단이라는 것도 무엇인지 빠른 시일 안에 해석해낼 것 같지 않다. 알파고의 예에서 알 수 있는 사실은, 인간이 수학적 계산으로 전환할 수 있을 만큼 정확하게 알고 있는 영역만 인공지능에 맡길 수 있다는 것이다. 인간 수학자라면 방법은 알지만 백만 년쯤 걸려야 계산해 낼 최상의 수를 알파고에게 맡겨 실시간으로 계산해내는 것이다. 그러나 아직은 인간 누구도 주체성을 구현할 수학적 방법을 알고 있지 못할뿐더러, 주체가 뭔지도 명확히 알고 있지 못하다. 기계의 주체적 판단이라는 것은 아직까지는 공상의 영역에서만 존재한다는 말이다.

주체적 판단으로 인간을 지배할지도 모르는 인공지능에 대한 공포는 우선은 접어두는 것이 옳겠다. 그러나 인공지능의 공포는 여전히 살아 있다. 실상 인공지능은 가파르게 발전하며 우리 삶에 침투하고 있는 기술 문명의 하나이다. 그런데 이 기술 발전 자체가 인류의 삶을 위협하는 것은 사실이라는 점이다. 바둑이나 체스와 같은 게임의 영역이 아니라, 그 기술력이 노동의 영역에 침투해올 때다. 로켓까지 개발되어 있더라도 올림픽에서는 달리기를 계속한다. 알파고가 인간을 능가하더라도 바둑은 인간 사이의 게임으로서 지속될 것이다. 어떤 프로기사들은 알파고의 수에서 바둑의 난제들을 돌파할 방법을 암시받아 기풍에 반영하려고 연구하고 있다고 하는 뉴스가 나오기도 하였다. 기계로부터 게임의 방식을 역으로 배워나가는 것이다. 그러나 접수 노동을 키오스크가 대체하면 접수 노동자의 일자리가 사라지고, 유리병을 옮기는 백스터의 도입은 운반 노동자의 일자리를 소멸시킨다. 기계의 능력이 아무리 뛰어나더라도 스포츠와 게임은 인간이 그만두지 않겠지만, 일자리에서는 기계의 능력이 상승하면 인간이 일을 그만두게 되는 것이다. 상당히 많은 영역에서 기계가 인간을 대체하고 있다.

신문사의 경우. 분석이 필요한 기사에서는 아직 적용되지 않고 있지만, 비교적 정형화되어 분석이 필요 없는 기사들에서는 일부 언론사가 기사 작성 프로그램을 사용하고 있다고 한다. 프로그램을 사용하여 정보만 입력하면 기본적 문장으로 기사가 바로 작성되어 나온다. 주식 정보나 스포츠 경기 결과 소식처럼 정형화된 뉴스는 이 방식으로 상당 부분 작성되고 있다. 정보 입력과 거의 동시에 기사가 작성될 수 있는데, 스환성지진 뉴스의 경우엔, 지진 발생 25초 뒤에 첫 번째 속보가 뜰 수 있었다.

번역의 경우. 번역은 아직까지는 전문 번역가의 영역이다. 출발어의 발화 상황에 걸맞는 대응 언어를 도착어에서 찾아 제시하는 일은 만만치 않은 전문성을 요한다. 그러나 이 영역에 인공지능은 상당히 깊이 들어와 있다. 발화 상황을 이해하고 도착어를 이해하여 번역가의 두뇌에서 이 이해력을 결합하여 만들어지는 통찰의 영역을 기계가 접근한 것은 아니다. 출발어의 내적 논리와 도착어의 내적 논리를 종합적으로 이해하고 번역하는 인간의 길을 버리고, 거대한 양의 원본과 번역물이라는 빅데이터를 통해 기계적으로 매칭하여 통계적 정확성으로 번역물을 제공하고 있다. 알파고Ⅱ의 예에서 보듯, 어쩌면 인간의 번역보다 나은 결과가 나올지도 모르겠지만, 아직까지 번역 결과물은 인간의 손길로 재검토하고 가다듬어야 하는 수준이다.

창작의 경우. 예술성이 중요한 지표가 되는 문학 분야에서도 인공지능 글쓰기 프로그램이 활약 중이다. 마이크로소프트에서 개발한 Xiaoice라는 글쓰기 프로그램은 1920년 이후 수만 편의 중국 현대시를 데이터로 하여 시를 짓는 연습을 하였고, 그 프로그램이 내놓은 시 139편을 모아 시집을 내기도 하였다. 시집의 제목도 글쓰기 프로그램이 직접 정했다고 한다. 소설에서도 인공지능이 맹활약 중이다. M.I.T.에서 개발한 AI Shelly라는 프로그램은 SNS를 통해 사람들과 주거니 받거니 릴레이 소설을 쓰고 있다. Ross Goodwin Sharp가 개발한 Benjamin이라는 프로그램이 작성한 대본을 사용한 8분짜리 단편 영화가 Sci-Fi London Film Festival에 제출되어 상영된 바도 있다.

<인공지능이 창작한 시를 출간한 시집>

이제 고차원의 작업이라 생각했던, 기사 작성, 번역, 창작의 영역에서도 인공지능이 활약을 시작했다. 상당히 고차원적인 작업이라 생각했던 의료의 영역에서도 인공지능은 활약을 시작하여 인간 의사와 함께 진료를 하고 있기도 하다. 아직까지는 인간 노동의 보완 혹은 협업 수준에 불과하다. 그러나 인공지능의 산출물이 인간 노동의 결과물 수준으로 발전하고 비용의 측

면에서도 상업성이 확인된다면, 이 영역에서도 인간의 일자리가 위축되게 될는지도 모른다. 현재의 기술 발전 속도라면 조만간 인간보다 저렴하게 같은 작업을 해내는 인공지능이 출현할 것이다.

단순 영역에서는 인간의 노동보다 로봇의 투입이 더 실용적일 것 같지만, 어떤 단순 영역은 로봇이 감당하기 어려웠던 것들이 있었다. 앞에서 예를 들었던 유리병 옮기기의 경우도, 컨베이어벨트에 병을 놓는 일은 매우 단순하여 인간에게는 이 병들을 저 자리에 놓으라는 명령으로 해결 가능하지만, 그 작업을 기계에게 맡기기 위해서는 병들이 일정한 자리에 놓여 있어야 했다. 상자에 적당히 담긴 병들을 처리할 수 있는 기계는 없었다. 여기에 인공지능이 개입하여 제각기 놓여 있는 병들의 위치를 일일이 다르게 처리할 수 있는 연산을 저렴하게 제공하면서 기계가 하는 일이 되었다. 단순 영역의 일들 중에 그래도 인간의 손이 필요했던 일들이, 이제는 인공지능이 결합된 기계가 더욱 저렴한 비용으로 수행하게 된다. 그러고 나면 인간의 노동이 밀려나는 것이다.

3. 사회 변화와 갈등

기술 발전으로 인한 생활의 변화도 사람들에게 두루 깊이 영향을 미치지만, 그 고통도 사람들에게 두루 깊이 영향을 미친다. 산업혁명으로 인한 기술 발전으로 전지구적 자본주의화가 전개되며 근대 사회를 만들어내기도 하였지만, 또 한편으로는 19세기 영국 방적 공장에서 노동자가 하던 일을 기계가 하게 되자 실직을 하게 된 노동자들이 기계 파괴 운동을 벌이게 만들기도 하였다. 일명 러다이트 운동이라고도 불리는 이 기계파괴운동은 방적 공정을 기계로 대체하며 일자리를 잃게 된 노동자들이 벌인 저항 운동이었다.

공개적이고 조직적인 저항을 할 수 없으므로 그 당시 노동자들은 가면을 쓰고 야간에 기계를 파괴하였다. 그 가면이 러드라는 전설적 기계 파괴 선구자를 상징하는 것이어서, 여기서 러다이트라는 명칭을 얻게 되었다고 한다. 대개는 기계만 파괴하였지만, 간혹 공장주와의 충돌로 인명 상해 사건이 벌어지기도 하였다. 강력한 처벌 속에 노동자들의 기계 파괴 운동은 탄압 받고 진압되었다. 기실 러다이트 운동의 배경에는 노동계급이 스스로를 보호할 수 있는 법률적 장치들을 불법화한 영국 정치권의 비도덕적 선택이 놓여 있다. 초기의 약탈적 자본가들을 지원하던 영국 의회는 1799년 단결금지법을 제정해서 노동자들의 노동조합 구성 자체를 불법화하였다. 기계 도입 과정에서 아무런 합법적이고 조직적인 저항을 할 수 없이 해고되었던 노동자들이 선택할 수 있는 거의 유일한 행위가 기계 파괴 운동이었던 것이다.

<19세기 러다이트 운동>

러다이트 운동을 해보아야 결국 진압될 뿐이고 기계의 도입을 거스를 수 없는 일이었다고 엉뚱한 훈계를 말하는 자들은, 이 사회적 갈등으로부터 진정한 교훈을 얻지 못한 자들이다. 종국적으로는 진압되었지만, 러다이트는 기술 발전의 혜택을 이용해 노동계급의 생존을 위협하는 행위가 사회적 갈등을 불러온다는 교훈을 준 역사적 사건이다. 기계 도입으로 실직한 노동자들에게도 생존의 위협이 닥쳤지만, 실직한 숙련 노동자들의 자리를 얻게 된 비숙련 노동자들도 하루의 임금으로 빵 한 조각을 살 형편밖에 되지 않아 역시 생존의 기로에 서게 되었다. 다른 방법으로는 이익의 분배에 아무런 영향을 미칠 수 없는 노동자들이 선택할 수 있는 방법 중의 하나가 공장 기계의 파괴였던 것이다.

러다이트 운동의 산물이 의회민주주의 운동 일명 차티스트 운동이고, 또 하나가 노동조합의 단결권, 단체교섭권, 단체행동권의 확보이다. 단체교섭의 결과를 문서의 형태인 협약서로 정리하고 조인하는 관습도 이 운동에서 유래한다. 러다이트 운동은 표면적으로 기계 파괴 운동이었지만, 노동자들이 기계 자체에 저항한 것이 아니다. 인간 노동자들이 기계 도입을 둘러싼 비인간적 자본가들에게 저항한 것이다. 기계 도입을 거스르지 못했다는 것은 노동자들에게 패배감을 안겨주기 위한 거짓 교훈이다. 초기의 약탈적 자본주의 형성 과정에서 비인간적 사회 제도를 조금 꺾어 놓은 것만으로도, 이후 노동운동에 큰 영향을 미치는 역사적 사건이 된다. 비인간적 공장주들은 기계 파괴의 손실을 입었고, 노동자들은 약간의 노동 조건 개선을 얻어낸 것이다.

일정한 기술 발전이 발생하면, 기술 발전의 혜택을 독점하다 못해 이익을 과도하게 확장하려는 움직임이 근대 이후 자본의 일반화된 행동 양태였다. 실상 기술이 발전하든 후퇴하든 모든 기회를 활용하여 이익을 확장하려는 것은 자본의 일반적 행동 수칙이다. 그 의도 자체의 비도덕성을 따지는 것은 무의미하다. 문제는 그것을 사회적으로 통제하지 못하면 러다이트와 같은 사태를 겪게 된다는 것이다.

자본의 이익을 최우선의 가치로 둘 때 노동이 가능한 사람들도 그들의 목숨조차 보장받지 못한다. 오이시디 통계를 보면, 2015년 한국의 산재사망률은 10만 명당 10.1명이다. 가장 산재사망자가 적은 영국의 10만 명당 0.4명의 25배에 달한다. 국가지표체계의 통계에 의하면 2016년 2040명이 죽었고, 2017년 2209명이 죽었다. 매일 9명이 산업재해로 죽음에 이르게 되었던 것이다. 인간의 목숨보다 기업의 이윤이 중요하다고 생각하는 것이다. 직접적으로 기업의 이윤이라고 표현하지는 않는다. 보통은 국가 경제가 중요하다고 말한다. 하지만 경제 성장이 누군가의 죽음을 담보로 이루어진다면, 그것이 국민 국가의 중요한 지표라고 하더라도 그것을 문명이라고 말할 수가 있을 것인가.

2018년 12월 10일 태안화력 발전소에서 목숨을 잃은 김용균 씨의 경우는 특히 주목을 받았는데, 그가 대통령에게 한번 만나달라는 호소를 한 뒤에 죽었기 때문이었다. 그는 발전소를 운용하고 있는 한국서부발전이라는 공기업의 외주업체에 고용된 비정규직 노동자였으며, 발전소에서 근무할 때 갖추어야 할 안전장비조차 제대로 지급받지 못한 상태로 위험 업무에 투입되었다. 규정으로야 컨베이어벨트의 이물질을 제거할 때는 기계 작동을 멈추어야 하고, 규정으로야 2인 1조로 근무해야 하며, 규정으로야 위험할 때는 언제든 벨트를 멈출 수 있도록 한 사람이 안전 스위치 옆에서 대기해야 한다. 김용균 씨가 목숨을 잃을 때 아무런 규정도 지켜지지 않았다. 어두운 곳에서 작업하는 사람에게 마땅히 지급해야 할 해드랜턴도 없어서, 혼자서 한 손으로 핸드폰 플래시를 들고 한 손으로 벨트 사이에 낀 이 물질을 제거하려다가 기계에 몸이 끌려들어가는 참변을 당한 것이다. 그가 이 위험한 작업장에서 일을 하면서 두 달 전에 "나 김용균은 화력발전소에서 석탄 설비를 운전하는 비정규직 노동자입니다."라는 글이 적힌 손피켓을 들고 사진을 찍었다. 대통령에게 이 위험한 노동에 투입된 비정규직 노동자들의 실상을 알리려는 취지였다. 그리고 두 달 뒤에 작업장에서 산재 사고로 사망에 이르게 된 것이다. 그의 나이는 스물넷이었다.

한국서부발전에서는 사건 직후에 그가 안전 규정을 어겼다고 발표했다. 사망자의 귀책사유로 인한 사건이라는 취지였다. 그가 과연 죽기를 작정하고 안전 규정을 지키지 않았겠는가. 한국서부발전이라는 공기업에서 비용 절감의 취지로 가장 위험한 업무를 외주로 처리했고, 가장 싼 가격을 제시하는 업체를 공정 경쟁이라는 미명 하에 선정하였고, 하청업체는 적은 비용으로 회사를 운영하려니 장비도 제대로 지급하지 않은 상태에서 미숙련 비정규직 노동자를 투입하게 된 것이다. 스물넷의 김용균 씨가 가장 위험한 작업장에서 죽게 된 사연은, 그가 안전 규정을 지키지 않아서가 아니다. 가난한 비정규직 노동자였기 때문이다. 장비 미지급을 따질 수도, 안전 규정을 지킬 수도 없었다. 생계를 위해 생명을 내놓아야 했던 것이다. 오직 대통령에게 하소연하는 게 그가 생각해낸 유일한 방법이었을 것이다. 그러나 아무도 그의 목소리에 귀를 기울이지 않았다. 그가 죽기 전까지는... 왜 이런 세상이 되었을까.

인공 지능의 발전으로 영화 <터미네이터>에 등장하는 스카이넷처럼 지구를 점령하려는 컴퓨터 프로그램이 나오지 않을까 하는 걱정은 작금의 상황에서는 기우이다. 기나라 사람이 하늘이 무너질까 땅이 꺼질까 걱정하는 것과 크게 다르지 않다. 하지만 인공 지능의 발전으로 이익을 독점하려는 세력이 더욱 비인간적 사회를 만들어내고 많은 사람들을 사지로 몰아가지 않을까 하는 걱정은 매우 구체적이며 현실적인 걱정이다. 최근 4차 산업혁명이라는 말이 유행처럼 흘러 다닌다. 4차 산업혁명이라는 말이 유행하게 되니, 명확하지 않던 2,3차 산업혁명의 개념이 재규정되고 있는 형편이기도 하다. 4차 산업혁명이 무엇인지, 도래하였다는 것인지, 도래할 것이라는 말인지도 선명하지 않다. 그럼에도 재계와 정치권, 그리고 대학에서는 이 말이 하나의 유행어가 되어버렸다.

<클라우스 슈밥의 저서>

4차 산업혁명이라는 말은 2016년 세계경제포럼회장 클라우스 슈밥이 제안한 개념이다. 4차 산업혁명 시대에는 인공지능 등의 정보 기술(IT)과 생명공학 기술(BT) 문화 기술(CT) 등이 결합하여 이전에 볼 수 없던 비약적 기술 발전이 이루어진다는 것이다. 이미 거의 모든 것이 인터넷으로 연

결되어 있는 초연결과 일정 부문에서 인간 지능을 초월하여 활약하고 있는 초지능 등의 개념도 거론된다. 공장 자동화의 획기적 변화를 추구하는 독일 정부의 인더스트리4.0도 언급된다. 사물인터넷에 기반한 혁신적 유통이 언급되기도 한다. 21세기의 비약적 기술 발전을 적용하는 모든 영역을 4차 산업혁명의 범주로 끌어들여 논의하고 있다. 그러나 산업혁명이라는 용어가 18, 19세기 당시에는 거론되지 않다가 20세기 역사학자들의 역사 설명 모델 설정 과정에서 정립된 개념이듯이, 현재 벌어지고 있는 상황은 아무도 그 귀추를 예단할 수 없을 것이다. 다만, 지금의 4차 산업혁명이라는 개념이 일종의 협박처럼 사용되고 있다는 것은 분명하다. 이렇게 거대한 변화가 세계에 닥치고 있으니, 이에 대비하여 노동유연화와 기업자율화를 더욱 확대하는 길로 가야 한다는 협박 수단으로 사용되고 있다. 20세기 산업화시대의 노동 조건과 기업 규제로는 4차 산업혁명시대를 헤쳐 나갈 수 없고, 세계의 조류에도 뒤처지게 될 것이라는 협박이다.

유연한 해고는 노동조건 악화를 의미하고, 자유로운 기업 이익 확대는 분배 악화를 의미한다. 소위 4차 산업혁명을 말하면서, 산업혁명 시대의 교훈도 제대로 배우지 못하고, 산업혁명 시대의 자본가와 같은 행태를 보인다면, 소위 4차 산업혁명은 또다시 약탈적 자본가를 양산하는 구호라는 평가를 얻게 될 것이다. 4차 산업혁명이 어떠한 기술적 비약을 가져온다 하더라도, 4차 산업혁명이 어떠한 생산 증대를 가져온다 하더라도, 적어도 지금 이 문명을 함께 하고 있는 인간에 대한 배려가 없다면, 거대한 사회적 갈등 속에 그 비약적 기술과 증대된 생산은 빨려 들어가 버리고 말 될 것이다. <터미네이터>의 스카이넷은 상상의 재앙이지만, 이익을 극대화하면서 인간의 삶을 파국으로 몰고 가는 자본은 현실적 재앙이다.

4. 다시 키오스크 앞의 노인들

우리 시대 한국의 노인들은 대개 식민지시기 혹은 해방 전후에 태어나서, 20세기 중후반의 역사적 경험을 이루어온 세대이다. 그들의 삶은 대략 6.25, 4.19, 5.18, 6.10 등 숫자로 표현되는 굵직한 사건들을 관통해 왔는데, 이제 키오스크 앞에서 당황하는 중이다. 그들의 생애와 키오스크 앞의 당황이 무슨 관련이 있으랴 싶지만, 사실 관련이 없지 않다. 한국의 근대사는 위기극복과 경제발전의 역사이기도 하지만 또 다른 측면에서 본다면 배제와 차별의 역사이기도 하다. 키오스크를 사용하지 못해서 배제되고 차별받는 사람들은 노인층만이 아니다. 평균 신장의 사람이 사용하기 적당한 높이로 설치된 키오스크의 키는, 휠체어를 탄 사람이 사용할 수 없는 높이가 된다. 시각 장애인은 키오스크의 터치스크린을 제대로 누를 수 없다. 이 사람들은 진작에 사회 제도 탓에, 바퀴가 지날 수 없는 계단 탓에, 제대로 된 점자 블록이 없던 탓에 거리로 자유롭게 다니지 못하고 어딘가에서 나오지 못하고 있다. 우리 사회는 굵직한 역사적 사건들 뒤에서 한편으로는 장애인 혹은 비정상인들을 충분히 배제하고 소외시켜 왔다. 이들은 키오스크 시대가 오기 전에 이미 유폐되어 있던 것이다.

우리 사회가 식민지시기를 겪고, 전쟁을 겪은 바닥에서 비약적 경제 성장을 이루어낸 것이 상당히 고무적인 일인 것은 사실이다. 그러나 그 목적을 달성하기 위해 총력전의 속도를 내는 동안, 상당히 많은 영역에서 마땅히 지불해야 할 비용들을 무시해왔다. 경제 성장을 위해 동료 시민의 권리를 무시하고 생명조차 가볍게 여겨왔다. 이런 분위기에서 사회적 약자와 도전적 소수자들은 유폐의 대상이 되어 왔다.

경제 성장의 논리가 모든 담론을 압도하였고, 국가와 자본이 제시하는 경제 성장의 길에 몰려갔고, 경제적 가치 생산 이외의 모든 영역은 불필요한 비용, 절약할 수 있는 비용이라고 여겼다. 안전을 절약하고 배려를 절약하고 삶의 평화를 절약해왔던 것이다. 사회 공동체의 공공성은 외면받고, 각자 최대한 경제적 가치를 축적하는 데에 몰두하였다. 그것은 각자의 삶을 각자 알아서 추구하는 시대, 각자도생(各自圖生)의 시대라고 부를 만하였다. 각자의 삶을 지키기 위해 최선을 다하는 동안, 그 최선의 결과가 타인의 삶을 구렁텅이로 몰아넣어도 아무도 그를 비난할 수 없는 시대였던 것이다. 공동체의 공공성을 외면하고 각자 최선을 다하는 순간, 그 최선을 다하는 에너지는 사회를 지옥으로 만드는 데에 기여하게 된다. 지옥에서 아무리 최선을 다해도 삶은 지옥일 뿐이다. 젊은 세대가 말하는 헬조선은 한반도의 20세기적 경험의 결과물이다.

각자도생의 경험은 타인의 고통에 무심한 사회 분위기를 형성했다. 한 사회 공동체에서 누군가 고통을 당하고 있다면, 그것은 사회 공동체 전체가 책임을 져야 하는 것이다. 단지 내가 그 고통받는 위치에 가게 될 가능성이 높은 경우에만 지원하고 배려하며, 그럴 가능성이 거의 없는 경우엔 외면해온 역사가 지금의 현실을 만들어낸 것이다. 장애인 혹은 비정상인이라고 부르며 배제한 역사가 그들을 유폐에 놓이게 만들었고, 비정규직 노동자라고 차별하는 역사가 그들을 죽음으로 몰아가고 있다. 타인의 유폐와 죽음에 무심할 수 있는 것은, 자신이 장애인이나 비정규직이 될 가능성이 거의 없다고 여겼던 탓일 게다. 거기서 공공성은 금이 가고 공동체는 구조적으로 취약해졌다. 이쯤 되면 그렇게 될 가능성이 농후한데도 이번엔 내 순서가 아니라고 해서 또 그 고통에 무심해진다. 노인 세대가 겪는 고통의 원인이 바로 여기에 있을 것이다. 각자도생의 시대에 내가 지금 살기 위해서는, 돌아볼 여력이 없는 것이다. 우리 시대의 노인 세대에는 이루 말할 수 없는 복잡한 갈등 문제들이 착종되어 있다. 우리는 무엇을 선택할 것인가.

<나, 다니엘 블레이크>에서는 절망적인 주인공이 또 다른 절망적 상황의 싱글맘을 조우하게 된다. 그녀는 두 아이를 데리고 새로 이사 온 동네에서 길을 헤매는 바람에 수당 신청에 실패한다. 그녀는 식료품 구호소를 찾아가서 토마토소스를 훔치듯 집어 허겁지겁 손으로 퍼먹다가, 사람들이 놀라고 안타까워 쳐다보는 시선을 느끼고는 울음을 터뜨린다. 아이들이 가난 때문에 학교생활이 어렵게 되자 몸까지 판다. 블레이크 역시 수당을 받지 못했다. 그는 생계비를 위해 세간까지 내다 팔게 된다. 다니엘 블레이크의 수당 미지급에 대한 항소가 진행되어 승소를 앞두었을 때, 그는 심장마비로 죽는다. 어떠한 반전도 없이, 남루한 삶을 살던 사람들이 죽고 또 남은 사람들은 남루한 삶을 지속할 것이다. 여기에도 희망이 있을까.

그러나 그들은 이웃이었다. 서로에게 기대고 서로에게 힘을 주는 가난한 이웃이었다. 그녀가 낯선 동네를 헤매다 복지 담당 관공서에 늦었을 때, 다니엘 블레이크는 대기석에서 일어나 서류를 접수해달라고 함께 따져주었다. 그녀가 식료품 구호소에서 울음을 터뜨릴 때, 다니엘 블레이크는 당신 잘못이 아니니 부끄러워할 것 없다고 위로해주었다. 그녀의 아이들을 위해 손재주를 발휘해 나무 장난감을 만들어주고 집을 고쳐주기도 하였다. 그녀가 몸을 팔게 되었을 때 가장 안타까운 표정으로 지켜봐 주었다. 그리고 블레이크가 관청에 아무리 호소해도 수당을 받을 수 없게 되어 좌절하고 두문불출하였을 때, 그녀의 딸이 찾아와 다시 일어설 용기를 내게 만들어주었다. 절망에 놓인 자가 절망에 놓인 자에게 손을 내밀었더니, 숨을 쉴 틈이 만들어지는 것이다. 그것이 희망일까. 블레이크의 장례식장에서 그녀는 블레이크가 법정에서 읽으려 했던 메시지를 낭독한다.

<"나, 다니엘 블레이크"의 한 장면>

"나는 의뢰인도, 고객도, 사용자도 아닙니다.

나는 게으름뱅이도, 사기꾼도, 거지도, 도둑도 아닙니다.

나는 보험 번호 숫자도, 화면 속 점도 아닙니다.

난 묵묵히 책임을 다해 떳떳하게 살았습니다.

난 굽실대지 않았고 이웃이 어려우면 그들을 도왔습니다.

자선을 구걸하거나, 기대지도 않았습니다.

나 다니엘 블레이크, 개가 아니라 인간입니다.

이에 나는 내 권리를 요구합니다.

인간적 존중을 요구합니다.

나, 다니엘 블레이크는 한 사람의 시민, 그 이상도 이하도 아닙니다.

감사합니다."

이웃을 외면하지 않았고, 스스로의 자존심도 내려놓지 않았다는 다니엘 블레이크의 메시지는 이 영화에서 우리가 가장 경청해야 할 부분이다. 20세기를 지나오면서 어떤 사람들을 경제 논리로 배제했던 경험을 되돌릴 수 있다면, 그리하여 휠체어에 앉아 이동해야 하는 사람들이 자유롭게 다닐 수 있는 경사로를 만들었다면, 시각장애인들이 큰 어려움 없이 사람들 틈에 섞여 다닐 수 있는 점자블록을 만들었다면, 어쩌면 오늘날 노인들이 겪어야 하는 소외도 상당 부분 해소될 수 있었을 것이다. 자존심을 꺾고 노예가 되었던 경험을 되돌릴 수 있다면, 그리하여 위험 노동을 거부하고 부당한 지시를 거부하고 안전수칙들을 원칙 이상으로 지켜낼 수 있었다면, 어쩌면 오늘날 노인들이 겪어야 하는 고통도 상당 부분 해소될 수 있었을 것이다. 모두가 권리를 주장하고 인간적 존중을 요구했다면, 한 사람의 시민으로서의 자격을 찾기 위해 노력했다면, 어쩌면 오늘날 노인들이 겪는 절망도 상당 부분 해소될 수 있었을 것이다. 그런데 이웃을 외면하고 자존심을 내려놓은 한반도의 20세기는 그러지 못하였다. 계속 이렇게 세대를 반복할 것인가. 기술과 성장을 외치며 끊임없이 구세대가 되어가는 사람들을 배제하고, 적응 못하는 자들을 격리시키고, 스스로를 소외시키며 계속 살 수 있겠는가. 당장 노인들의 고통을 외면하고 나아갈 수 있겠는가. 기술의 발전에는 겁먹을 것이 없다. 자존심 없고 배려 없는 인간들이 사회에 만연하는 것이 두려울 뿐이다.

추천도서 한 권

김재인, 『인공지능의 시대 인간을 다시 묻다』, 동아시아, 2017.

이 글의 챕터 2를 구성하는 데에 크게 도움을 받은 책이다. 4차산업혁명과 관련되어 다양한 기술에 대한 논의들이 있지만, 가장 핵심적인 기술은 인공지능 기술이고, 이에 대한 개괄적 접근이 가능한 책이다. 인문학자가 공들여 저술한 책이어서, 공학적 개념들도 보편적 언어로 풀어져 있으며, 철학적 고민도 함께 해볼 수 있을 것이다.

심리 및 인지 차이로 본 노년과 세대 갈등

진성오[1]

- 목차 -

1 저자 진성오는 임상심리학자로 현재 세종사이버대학교 상담심리학과 겸임 교수로 있으면서 공감정신의학과 의원 부설 공감 연구소 소장으로 임상 장면에서 활동하고 있다. 인지기능을 증진시키는 어플리케이션 '아이슈퍼브레인'을 개발하기도 하였으며 치매노인을 진단하는 신경심리검사 및 신경심리와 임상심리학 대한 연구를 통해 인간의 심리적 인지적 기능 향성에 대한 심리학적 연구과 심리상담을 하고 있다.

1. 노화와 세대 갈등

'서울 영등포구에서 30대 아들과 함께 살고 있는 이 모(67)씨는 18일 세계일보와의 통화에서 "아들도 내 얘기를 들어주지 않는다. 말을 걸면 귀찮아하는 게 느껴져서 서러울 때가 많다"며 "결국 나는 허공에 대고 잔소리만 늘어놓다 집을 나온다"고 푸념했다.

밖에서도 쓸모없는 사람 취급을 받는 경우가 많아 서러워했다. 부천에 사는 김 모(71)씨는 종종 지하철에서 '무임승차하면서 자리욕심까지 진짜 대단하다', '진짜 무임승차 없애야 한다'등 모르는 젊은이들이 노약자석에 앉아있는 노인들 들으라는 듯이 크게 말하는 소리에 움츠러든다고 전했다. 그는 "이 나이 돼서 지하철을 공짜로 타기 전까지 나도 젊었을 때 열심히 일했다"며 "이제 나이 먹고 경제력 없다고 무시하니 화가 나고 서럽다"고 풀 죽어 말했다.

그래서 많은 노인들이 우울증을 겪고 있다. 지난 5월 보건복지부가 발표한 '2017년 노인실태조사'에 따르면 노인 5명 중 1명(21.1%)은 우울 증상을 겪고 있는 것으로 나타났고, 6.7%는 스스로 목숨을 끊는 생각을 해본 적이 있다고 응답했다. 이 중 13.2%는 실제로 자살을 시도한 경험이 있는 것으로 집계됐다. '<세계일보 2018년, 9월 20일 자>'[2]

위의 기사는 한국의 현재 일어나고 있는 노령화 사회의 대표적인 세대 갈등의 단면이라고 할 수 있다. 이러한 세대 갈등의 가장 큰 요인은 단연코 노년 인구의 증가와 깊이 연관되어 있다고 볼 수 있다. 보통 노인은 65세 이상으로 보고 노년 인구 혹은 노인에 해당되는 세대로 분류된다. 그런데

2 http://www.segye.com/newsView/20180919006167

이러한 노년의 인구가 이제 한국 사회에서는 인구의 많은 부분을 차지하는 시대에 들어서기 시작한 것이다.

표 1.[3]

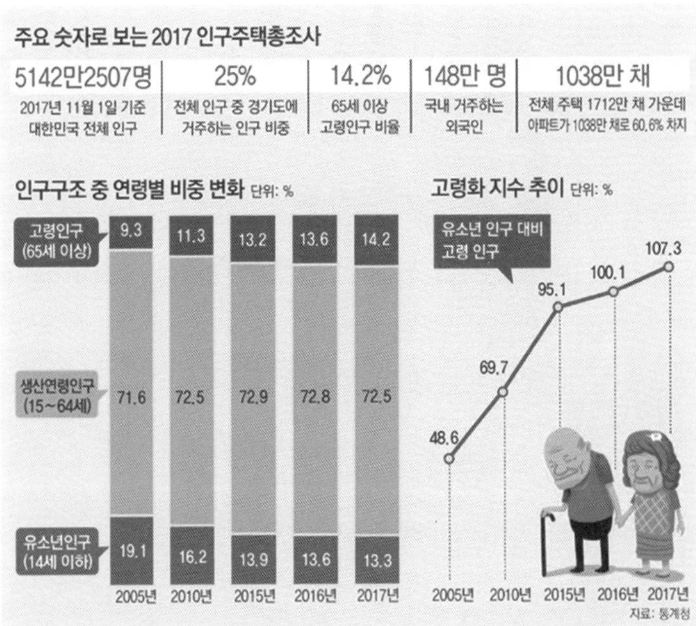

위의 표 1.을 보면 고령화 인구가 매우 빠르게 증가하고 있음을 알 수 있다. 이러한 노년 인구의 증가는 다양한 세대 간의 갈등으로 나타나고 있고 노령화와 노령 인구의 증가는 다양한 문제를 만들기 시작하는데 노인 범죄의 증가도 그 한 예가 될 것이다. <표 2.>

3 http://dimg.donga.com/wps/NEWS/IMAGE/2018/08/28/91706154.1.jpg

표 2.[4]

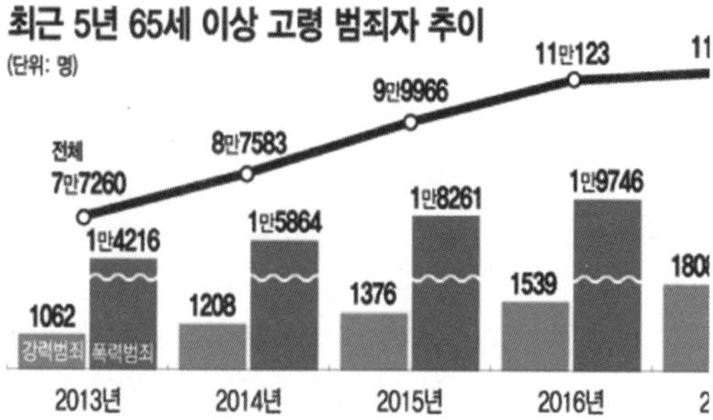

표 2.를 보면 해마다 고령의 노인들의 범죄 증가율이 노령화의 추이와 맞춰 늘고 있음을 알 수 있다. 이러한 노인 범죄는 노령화 사회에서의 어두운 한 부분이다. 또한 노년 인구의 증가는 다른 국가들에 비해 한국에서는 더 많은 젊은 세대들이 노년 인구를 돌봐야 하는 부담감도 같이 증가 시키고 있다. <표 3. 참고>

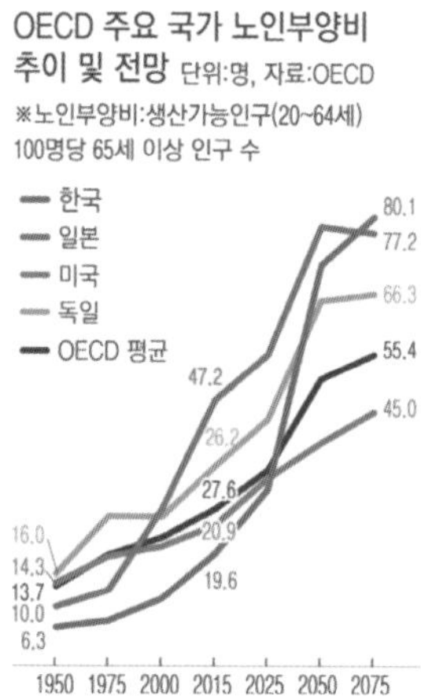

표 3.[5]

4 http://thumb.mt.co.kr/06/2018/08/2018082310433861122_2.jpg

5 http://img.khan.co.kr/news/2017/05/25/l_2017052601003509700290981.jpg

그런데 젊은 세대에게 더 안 좋은 소식은 한국의 노령화 지수가 일본이 24년 걸린 것을 단 17년 만에 도달했다는 것이다.

표 4.[6]

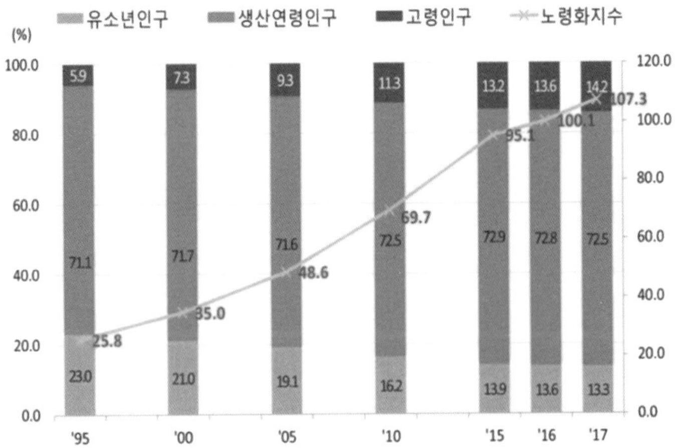

이러한 자료들을 보면 노년의 증가로 인해 젊은 세대와 갈등을 경험하지 않는 것이 오히려 더 이상하다고 할만하다. 노인 범죄의 증가 등 이전에 경험하지 못한 형태의 노년 세대의 행동 등은 젊은 세대의 노년에 대한 이해 부족과 맞물려 노년 세대에 대한 매우 혐오적이면서 차별적인 시각을 야기하고 있다.

또 젊은 세대들은 노년 세대를 비하하는 용어를 사용하면서 경멸하고 이러한 세대들의 행동에 대해 노년 세대는 젊어서의 희생의 대가가 고작 이

6 https://img-s-msn-com.akamaized.net/tenant/amp/entityid/BBMu9jI.img?h=225&w=270&m=6&q=60&o=f&l=f

것밖에 안 되는 것인지 분노하고 실망하며 젊은 세대와 화해할 수 없는 벽을 만들고 있다.

우리는 이제 세대 간의 갈등을 넋 놓고 보고 있어서는 안 되는 위기를 경험하고 있다. 젊은 세대들도 언젠가는 늙을 것이다. 현재 일어나고 있는 세대 간의 갈등에 대한 해결책이나 혹은 갈등을 최소화할 수 있는 최소한의 어떤 방법을 찾지 않는다면 더욱 늙어가는 한국 사회는 서로 고통 받으면서 희망을 잃은 곳이 될 것이다.

그렇다면, 어떻게 세대 간의 늘어나는 갈등을 해결할 것인가? 이에 대한 해결책을 찾기 위해서는 노화가 무엇인지? 또 왜 늙는다는 게 젊은 사람들과의 갈등의 원인으로 작용하게 될 수밖에 없는지에 대한 깊은 이해가 필요할 것이다. 또 노화의 이해 없이 세대 간의 차이를 이해할 수 없고 세대 차이가 일어나는 근본적인 이해 없이 갈등을 해결하고 좋은 관계를 정립하기도 어려울 것이다.

하지만, 세대 갈등의 가장 큰 해결책은 아주 단순한 것일 수 있다. 그 답은 신체적 노화와 심리적 노화가 무엇인지 살펴보면 아주 자연스럽게 밝혀질 것이라고 필자는 말하고 싶다. 이런 면에서 신체적 노화를 기초로 심리적 노화가 무엇이고 노화가 어떻게 세대 간의 갈등과 의사소통을 방해할 수 있는지 알아보자.

2. 노화란 무엇인가?

심리학과 정신의학에서 노화는 성숙한 유기체의 제반 기능이 시간이 경과함에 따라 비가역적으로 소진되어가는 과정으로 본다. 그로 인해 내외

환경으로부터의 스트레스에 대한 적응력이 떨어지고 죽음의 가능성은 더 높아지는 현상으로 설명한다. 이런 면에서 인간의 노화는 생물학적, 정신적, 사회적 관점으로 구분해서 생각해야 한다고 보고 그 이유 중의 하나는 이 세 가지의 요소가 대략 일치하여 일어나지만 그렇지 않은 경우도 흔하기 때문이라고 본다.

이 세 가지는 생물학적 연령, 정신적 연령, 사회적 연령이다. 생물학적 연령은 잔여 수명을 의미하고 정신적 연령은 개인의 행동 적응력을 그리고 사회적 연령은 특정 연령에서 개인이 속한 집단이나 사회 내에서 수행하는 역할을 뜻한다. 이런 면에서 단순하게 노인이란 노화 과정이 상당히 진행된 사람이라고 말하는 것은 지나치게 노인을 단편적으로 정의하는 것이라 볼 수 있다. 특히 노화 과정이 모든 사람에게 같은 속도로 진행되지는 않기 때문에 보통 노인이라고 말할 때는 인위적으로 65세 이상의 사람들을 의미하는[7] 방법으로는 노년 세대를 이해하기 어려울 것이다.

위의 구분으로만 봐도 노화를 통해 늙는 사람인 노인은 나이만이 아닌 복합적인 요소로 볼 수 있고 젊은 세대가 노년 세대를 단순히 나이로만 묶어서 노인이라고 표현하는 것은 더 이상 100세를 바라보는 세대에서는 타당하지 않을 수 있다. 그럼, 구체적으로 각각의 노화가 무엇인지 살펴보자.

노화의 생물학적 변화

나이를 먹는다는 것을 피부의 변화부터 살펴보면, 노화는 피부를 양피지 같은 감촉을 갖게 하고 탄력성을 잃으면서 주름이 잡히고 반점들이 생기게 만든다. 정맥이 튀어나오는 것도 노년에는 보편적인 현상이 된다. 머리

7　최신정신의학(2006), 민성길, 일조각

카락이 많이 빠져 성글게 되고 은발이나 백발로 바뀐다. 30세의 피부세포가 약 100일 정도 산다고 볼 때 70세의 피부세포는 46일 정도 살고 대체되는 것도 젊을 때에 비해 더디게 된다. 더불어 신장도 줄어들게 되어 젊었을 때에 비교하여 40세 이후부터는 매년 2~3cm 줄고 중년 이후부터는 근육량도 감소하게 된다. 더불어 가장 변화를 많이 보이는 것 중에는 이러한 외면적인 변화뿐만이 아니라 신체 내부 장기의 변화도 무시할 수 없다. 장기의 변화는 어떤 경우 눈치를 채지 못하지만 다양한 신체 활동의 회복이 늦어지고 사고나 판단이 떨어지는 것도 사실 내부 장기의 노화로 인한 변화라고 볼 수 있다.

감각도 변화가 일어난다. 그러나 노화가 급격하게 일어나 감각이 급격히 떨어지기보다는 일반적으로 점차 기능이 손상된다. 노인들은 감각 자극에 대해 민첩하게 반응하지 못하고 그들의 환경에서 적절한 정보를 인식해서 받아들이지 못한다. 그래서 이러한 생리적 변화는 다양한 심리적 결과와 심리적 노화를 초래하게 된다. 또 이점이 세대 갈등의 깊숙한 원인으로도 작용하게 된다.

우리는 감각을 통해서 세상과 만난다. 특히 5감인 시각, 청각, 미각, 촉각, 후각을 통해서 외부 세계와 연결되어 있고 이러한 감각 장애 특히 시각과 청각의 손상은 일상생활에서의 의존성을 증대시키는 기능쇠퇴의 위험요소로 된다. 이런 이유로 노인들의 지각은 경험하는 감각의 변화에 의해 영향을 받고 세대 갈등의 생물학적인 원인으로 작용하기도 한다.

예를 들어, 시각과 청각의 저하는 노인의 옹고집과 괴팍성으로 보일 수 나타난다. 시각의 경우 원시는 60세쯤에 안정되며 안경이나 콘택트렌즈를 사용함으로써 노인이라고 하여도 잘 볼 수 있다. 그러나 65세 이상의 노인들에게는 작은 글씨를 보는 것에 어려움을 보일 수 있다. 또한 갑작스러운 빛의 변화에 적응하는데 문제가 있으며 빛 반사에 약하고 어두운 곳에서도 잘 보지 못한다.

청각 문제는 시각의 문제와 비슷한 양상을 띤다. 보통 시각처럼 40세경에 청력 손상이 나타나기 시작해서 60세 이후에 크게 증가한다. 청력이 감소하는 것은 대부분의 노년 인구에서는 일반적인 요소이다. 그러나 이러한 청력의 저하는 의사소통의 문제로 나타나 노인들이 말을 잘 이해하지 못하는 주요 원인 중의 하나이다. 특히 청력에 문제가 있는 경우 말을 잘 알아듣지 못하고 이 때문에 자신이 의도하지 않게 사회적 고립감을 경험하고 우울이나 불안증의 정서적 문제로 발전하기도 한다. 또한, 잘 알아듣지 못하는 것 때문에 자신을 놀리거나 대화 내용에서 자신을 욕한다고 생각하여 엉뚱하게 화를 내거나 공격적으로 행동한다. 이러한 청각의 노화는 신체적 노화로 인해 대표적으로 성격과 감정의 변화로 발전하고 젊은 세대들처럼 건강한 감각을 유지하는 사람들이 볼 때 노인의 부적절한 행동을 하는 근본적인 원인이 된다. 만일 노년 세대가 나이는 먹어도 이런 감각이 살아 있다면 노인들이 보이는 고집과 경직성을 젊은 세대는 보기 힘들 것이다. 하지만, 시간은 인간의 편은 아니다.

신체적 노화의 대표적이면서 흔히 볼 수 있는 다른 현상은 숙면의 어려움이다. 한 연구[8](Vitiello & Prinz, 1991)에 의하면 25%~40%의 노인들이 수면장애를 갖고 있음을 보고하였고 수면 장애는 노화로 인한 생물학적 변화로 인해 발생한다고 한다. 그래서 아침 일찍 일어나고 잠이 없는 모습을 보이기도 하고 반대로 멍하게 하루 종일 누워서 잠만 자는 극단적인 모

8 Vitiello, M.V., & Prinz, P. N.(1991). Sleep and sleep disorders in normal aging. In M. J. Thorpy(Ed), Handbook of sleep disorders. New York: Marcell Decker, 139-151.

습을 보일 수 있다. 대부분은 새벽잠이 없어 아침 일찍 일어나게 되는데 청소년기에 충분한 수면을 해야 하는 손자나 손녀들이 보면 할아버지와 할머니는 아침잠을 깨우는 불편한 가족이 될 수 있는 이유이기도 하다.

위에서 언급했지만 내적 변화는 눈에 보이지 않는 노화의 증상이지만 보이지 않기 때문에 오히려 간과하기 쉽고 어떤 경우에는 내적 변화를 무시하고 싶어 하는 경우도 있다. 특히, 내적 변화는 퇴행성 변화로써 노년기에 신경, 심장혈관, 호흡, 위장, 면역기관 등이 노화로 인해 쇠퇴한다고 볼 수 있다. 하지만 일정 정도 우리 신체가 가지고 있는 예비능력으로 인해 일상생활에서는 적절한 수준을 유지할 수 있어서 일면 다행스러운 면도 있다.

내적 변화 중 뇌의 노화는 중요한 인지 및 성격 변화 요인 중 하나이다. 뇌의 노화는 마음의 노화와 직접적으로 연관되고 특히 세대 간의 갈등과 바로 직결되는 노인들의 경직된 행동이나 혹은 납득하기 어려운 행동과도 연관된다.

노년기의 뇌는 전체적인 변화를 경험하게 되는데 뇌 무게의 감소, 뇌수의 회백질 감소, 수상돌기의 밀도 감소, 신경세포의 자극 전달속도 감소 등이 일어난다. 이 변화 중 수지 돌기의 밀도 감소가 핵심적이다. 그림 1.에서처럼 나이를 먹어가면서 뇌세포의 가지는 점점 줄어들게 되고 이러한 수지상 돌기의 감소는 전역에 걸쳐 골고루 감소하기보다는 어떤 부위에서는 오히려 노년기에 증가하기도 한다. 그러나 평균적으로 뇌신경세포의 밀도는 감소하고 덜 효율적으로 된다. 노인들에게 보이는 뇌 무게의 감소나 뇌수의 회백질 감소는 모두 이 수지 돌기의 밀도 감소에 의한 것으로 보인다.

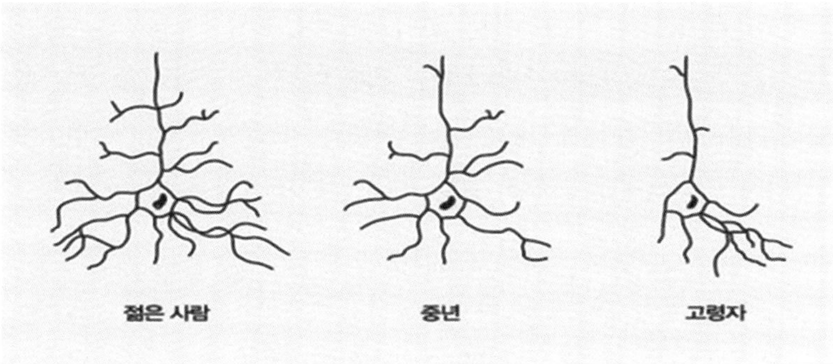

그림 1. 뇌화로 인한 수상돌기 쇠퇴[9]

3. 노화와 인지 및 성격 변화

세대 간 갈등의 가장 큰 원인은 사실 신체 노화가 미치는 심리 특히 인지적 영향이라고 볼 수 있다. 그중인지 변화는 감각의 변화와 연관되기도 하며 젊은 세대와의 의사소통의 어려움과 직접적으로 연관되는 변화라고 볼 수 있다.

노년기의 인지 변화 중 중요한 두 가지는 일반 지능의 감퇴와 기억력의 감퇴라고 볼 수 있다. 전반적인 면에서 다른 설명이 있으나 분명한 것은 뇌세포는 청년기 이후 소멸되고 대체되기 쉽지 않은 신체 기관이다. 그러나 성인기에 뇌세포 간의 신경회로 수는 증가하고 또 증가할 수 있기 때문에 이러한 손실을 보완해 주기도 한다. 특히 뇌세포 간의 시냅스라는 연결 고리의 가시들은 인지적인 훈련과 노력에 따라 그 숫자가 늘어날 수 있기 때

9 http/cfs11.blog.daum.net/image/17/blog/2008/10/11/16/30/48f056237f3f0&filename=%EC%88%98%EC%83%81%EB%8F%8C%EA%B8%B0.jpg

문에 뇌세포의 감소에도 불구하고 어떤 노인들은 노년기까지 젊은 사람들보다 뛰어난 창조성을 유지하기도 한다. 희망적인 것은 인지 훈련이나 지속적으로 뇌를 관리하는 노인들은 가소성이라는 뇌 회복 능력으로 인해 젊은 시절의 수준으로 회복은 아니라고 하여도 모든 사람들이 뇌의 기능 저하를 일정 정도 미룰 수 있다고 설명된다.

표 5.[10] 연령과 지적 능력의 관계

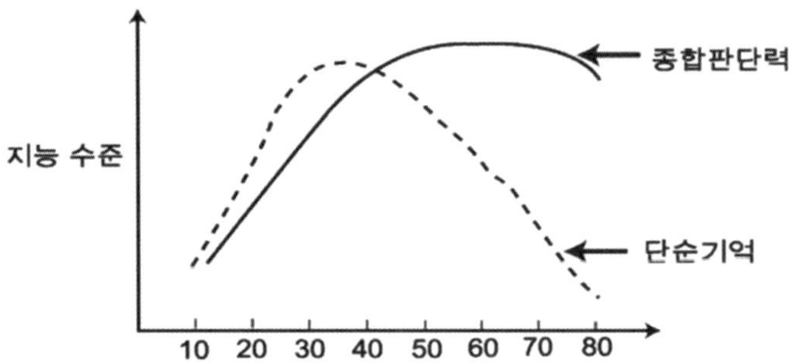

이러한 측면 때문에 어떤 학자들은 일반적인 지능이 노년기에 줄어든다는 것은 속설이며 근거가 없다고 주장하기도 한다. 심리학에서는 여러 지능에 대한 설명이 있지만 현재로는 인간의 지능이 언어적 능력이라고 말하는 결정성 지능과 비언어적 능력이라고 보는 유동성 지능으로 구분되는 지능 이론에 근거하여 설명하고 있다. 물론, 2가지의 지능도 현재 4개의 구성요소로 다시 구분되어 설명되지만 너무 전문적이라 그냥 대표적인 2가지 지능으로 설명하려고 한다.

10 3일 만에 읽는 뇌의 신비, 야마모토 다이스케 감수, 박선무 고선윤 옮김, 서울문화사, 2002.

언어성 지능과 연관되는 결정성 지능은 사실 나이를 먹으면서도 점점 늘어날 수 있는 지능으로 설명될 수 있다. 그래서 오랜 기간의 독서나 말하기 혹은 글쓰기를 통해 습득된 언어 능력은 나이를 먹어서도 계속적으로 훈련할 경우 유지되거나 늘어날 수 있다고 본다. 그러나 유동성 지능은 원래 타고난 지능에 해당하는 개념으로 훈련을 하거나 하지 않는다고 잘 늘거나 줄지 않는 것으로 본다. 그런데 이러한 유동성 지능도 노년기에는 쇠퇴하는 것으로 보고 있고 그 원인으로는 뇌의 손상 때문으로 본다.

이러한 유동성 지능의 쇠퇴는 노년이 되면 융통성이 떨어지고 경직되며 변화를 잘 받아들이지 못하고 상황이 조금만 신속하게 변화되어도 잘 적응하지 못하는 원인 중 하나로 볼 수 있다. 이러한 점을 잘 이해하지 못하고 또 알고 있어도 피부에 잘 와 닿지 못하는 젊은 세대는 자신들의 인지 속도와 건강한 신체 감각 및 인지 능력으로 노인들도 동일한 판단과 능력을 가지고 있을 것이라고 은연중에 생각하고 바라보게 되고 이해보다는 편견의 시선을 보이게 되는 세대 차이의 한 요인이 된다.

신체 노화는 정보처리 과정에도 영향을 미치는 결과를 야기하여 과제 수행에서 느리고 협응이 떨어지면서 기민함도 부족한 모습을 보여 잦은 실수를 하도록 하게 한다. 그래서 메제니치와 같은 학자들은 노년의 인지 변화의 핵심은 정보처리 속도의 저하이며 이는 신경세포간의 정보 전달에서의 부정확성이 높아져서라고 설명하기도 한다.[11] 그러나 인지 기능 저하의 가장 대표적인 노화는 기억기능의 저하일 것이다.

노년기의 인지 변화 중 가장 심각한 것이 기억력의 감퇴이다. 특히 노년기에는 단기기억의 감퇴가 뚜렷해서 방금 기억한 것을 잘 기억하지 못한다.

11 기적을 부르는 뇌, 노먼 도이지 지음, 김미선 옮김, 지호 출판사, 2007

한 번 테스트를 해보자. '의자', '오토바이', '열쇠'라는 단어를 읽고 책을 덮은 후 다시 한 번 3개의 낱말을 말해보라. 글을 읽는 독자가 젊은 사람이라면 뭐가 이렇게 시시한지 하겠지만 저자는 이 세 단어를 말하고 따라하는 게 어려워 꼭 한 단어씩 바로 잊어버리는 노인분들을 치매 검사를 통해 거의 매일 만나고 있다. 이러니 기억력 저하를 보이는 노년의 사람들을 대하는 젊은 사람들이 노인들이 자신의 이야기를 계속 까먹는 것이 의도적이라고 느낄 만큼 어떻게 그럴 수 있나 하고 되묻기도 한다. 심지어 치매 검사를 하던 초기에는 노인분들이 내가 젊다고 장난 하는 거 아닌가 하고 생각이 들기도 했지만 그게 아니라 기억하고 싶어도 할 수 없는 노인분들의 심정을 지금은 충분히 이해한다. 특히 치매가 심한 분들의 경우 자신의 나이가 25세라고 착각하고 거진 50년 전에 돌아가신 아버지가 집에서 기다리고 있어서 빨리 가야 한다고 고집을 피우기도 하는 모습을 보기도 한다. 기억력의 감퇴는 영혼을 잃어버리는 것과도 같다. 기억하는 기억 속에 그 사람을 가둬두는 것이기도 하다.

이상의 인지 기능의 변화는 다시 성격의 변화를 야기하게 된다. 그중 감정의 변화를 보면 노인들이 어떤 심리 상태에서 노년을 지내는지 이해할 수 있을 것이다. 노년기에 들면 이기주의, 의존성, 내향성, 수동성, 독단적 태도, 경직성, 조심성, 순응주의 등의 경향이 뚜렷해지고 위험한 것은 피하려고 하고 의사결정을 잘못하여 피하려고도 하고 목표를 달성하고 성취하려는 욕구가 줄어들게 된다. 또한 자신의 성에 대한 성 역할에 대한 지각에도 변화가 생긴다. 그래서 주위 환경과의 관계에서 적극적이던 자세가 소극적인 대처 방식으로 바뀌게 되고 외부지향적인 태도도 내부지향적이고 자신감을 잃는 모습을 보이게 된다. 물론 모든 나이 드는 사람들이 그러는 것은 아니다.

한편으로 보면, 이러한 변화는 일면 그 사람이 살아온 모습과도 밀접하게 연관되는 것 같다. 젊어서 유연하고 융통성이 있는 노인들은 노화 과정에도 불구하고 유연하고 융통성 있는 모습을 보이며 반대로 젊어서도 고집 세고 대화가 잘 안 되는 노인들은 나이를 먹으면 더 심해지는 모습을 보일 가능성이 있다. 이런 면에서 보면 노인분들의 행동에 대해 갈등을 일으키고 혐오하는 젊은 세대는 자신이 나이를 먹었을 때 자신이 싫어하는 노인의 모습을 하고 있을 가능성이 더 높다고 생각된다.

이러한 감정의 변화는 또 친근한 사물에 애착심이 강해지는 모습으로도 나타나고 젊은 사람들에 비해 역할 수행의 수준도 낮아져서 사회적 역할에 대한 자신에 대한 투자가 적어지고 긍정적인 측면에서는 후세에게 유산을 남기려는 경향도 커진다. 이러한 측면으로 인해 평생 폐지를 모아 만든 몇 억의 돈을 선뜻 기부하는 노년의 세대를 보기도 하는 것이다. 하지만, 어떤 경우에는 반대로 돈이나 먹는 것에 매우 퇴행되어 집착하고 한 푼이라도 아껴서 쓸 날이 얼마 없어 보이는 나이임에도 수전노와 같은 인상을 주기도 한다.

정서적인 면에서는 노년기는 또한 제2의 유년기라고 말되어지는 만큼 자신에 대한 정서적 유대가 강해져서 매우 자기중심적이면서 타인에게는 매우 의존하는 모습을 보이기도 한다. 그래서 정신의학에서는 이러한 노년기에 사랑하는 사람을 잃거나 의존 욕구가 충족되지 않거나 또는 자존심이 상하면 자기애적인 수준으로 퇴행한다고 설명한다. 그래서 뇌 기능의 저하가 동반될 경우 성숙한 행동을 하던 사람도 노년기에는 퇴행하고 사실을 부정하며 남이나 세상을 탓하고 대인관계에서 더욱 위축되어 미성숙한 행동을 하게 되는 것이다. 사실 이러한 측면으로 인해 더욱 세대 간의 갈등을 야기하고 이를 이해하기 어려운 젊은 세대들은 더욱 혐오감을 느끼고 멀리하게 되는 것이다.

또 하나 정상적인 노화를 경험하는 노인들은 죽음이 다가 옮을 경험적으로 느끼기 때문에 과거를 자꾸 되돌아보고 회상하는 버릇이 생긴다. 이러한 과거에 대한 반추는 어떤 경우 긍정적으로 작용하여 반성의 기회가 될 수 있지만 어떤 경우에는 과거 해결되지 못한 갈등이 부활되어 경험하게 된다. 만일 이러한 재부활한 갈등을 잘 해결하면 죽음을 순종적으로 받아들이는 태도가 되지만 그렇지 못할 경우에는 죽음을 앞둔 순간까지 죽음을 받아들이거나 인정하지 못하고 항거하기도 한다.

4. 노화와 사회성 발달

노화는 사회적 관계와 사회적 발달에서도 일어나고 이러한 발달은 노인의 사회적 관계에도 영향을 미칠 수 있다. 여기서 한 가지 오해하지 않아야 할 것은 보통 발달하면 아이가 성장하는 것에 대한 것만을 떠올리지만 심리학에서 발달은 전 생애의 발달이다. 다시 말해 사람이 태어나서 성장하고 노화를 걸쳐 죽음을 맞이하는 전체를 발달로 본다. 이런 의미에서 보면 노화란 나쁘고 일어나서는 안 되는 것이 아니라 발달이라는 것을 완성하는 마지막 단계에 해당된다고 볼 수 있다.

노화는 노인들에게 정신적 능력 감퇴나 신체적 건강 문제 외에도 직업 정년의 제도로 인해서 사회의 주류로부터 벗어나는 것을 의미한다. 이로 인해서 대인관계도 줄어드는 모습을 보이기도 한다. 특히 소가족이 주를 이루는 현대에서는 노인들은 더욱 소외되고 고립되는 경향을 보이기 때문에 더욱 소극적이고 내향적으로 변화되는 경향이 있다.

더불어 성취 욕구도 줄어들기 때문에 내적 생활에 점점 더 몰두하는 모습을 보인다. 이로 인해 동년배의 사람들과도 만남이 줄어들고 더불어 젊은 세대와의 만남도 줄어들기 때문에 자연스럽게 세대 간의 교류로부터 고립되는 모습을 보인다.

또 하나, 노년기의 사회성에서 언급할 것은 경제적 어려움을 경험하는 경우가 많다는 것이다. 특히 한국의 경우는 더욱 노년의 빈곤이 사회문제화된다. 이러한 빈곤은 고립감 등의 심리적 어려움뿐만이 아니라 노인 자살률과도 밀접한 연관 관계를 가진다.

표 6.[12]

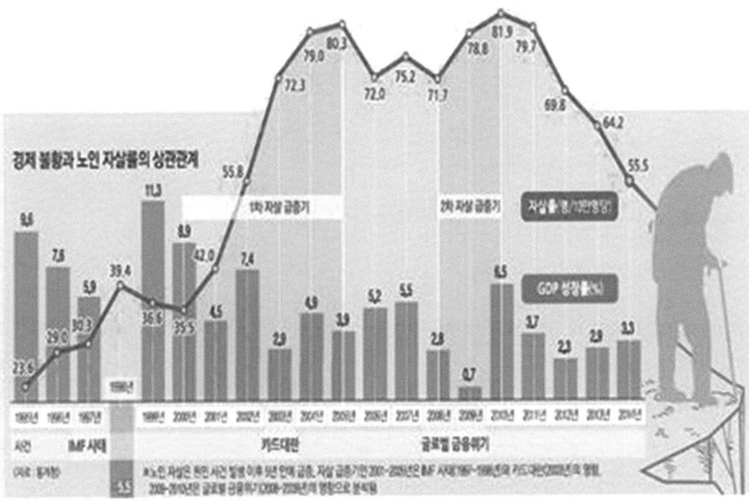

12 http://cfile213.uf.daum.net/image/2373CE3C5672D09513CD70

이러한 노년의 경제적 어려움은 특히 여성에게서 심하게 나타나는 경향이 있어 사회적 고립을 더욱 많이 경험하게 하며 노인들이 젊은 사람들에 비해 사회적 박탈감을 더욱 많이 경험하게 하며 사회적 책임감도 감소하게 만든다.

사회적 책임감의 감소는 여러 이유에 의해 일어난다고 볼 수 있는데 몇 가지를 보면 지도자의 위치를 다음 세대에게 물려줌으로써 사회생활에 참여할 기회가 줄어들고 특히 젊은 세대와의 갈등 중 하나로 볼 수 있는 고루하고 무능력하다는 사회적 통념에 고통을 받을 수 있게 되는 것이다. 사실 이러한 사회적 책임으로부터의 감소는 부정적인 측면뿐만이 아니라 각종 사회적 부담으로부터 해방시켜주는 긍정적인 효과도 있을 수 있다. 그러나 한국에서는 이러한 측면이 부정적인 측면으로 더 작용하는 경향이 있다.

노화가 심리적으로나 사회적으로 어려움으로만 작용하는 것은 아니다. 노화는 노인들로 하여금 성인기 내내 안정적인 성격을 유지하도록 하는 긍정적인 효과로도 작용한다고 볼 수 있다. 특히 만족감이 가장 안정적인 특성에 해당하며 외향성, 활기 등의 특성은 조금씩 감소하는 경향이 있다고 한다. 더불어 순응성은 오히려 증가하는 측면이 있어 한편으로 세대 갈등이 오히려 생각보다는 심각하지 않을 가능성도 시사한다. 이러한 측면에서 이러한 시각은 노인들이 노년기에 성격이 완고해진다는 생각이 일종의 낙인이나 고정관념일 가능성이 있어 세대 갈등의 주요한 부분에 대해서는 더 깊은 연구가 필요하다는 점도 시사한다.

노년기의 성격 변화에 대한 심리학적 연구들을 몇 개 살펴보면, 에릭 에릭슨은 노년기를 통합감 대 절망감의 시기라고 보았다. 그래서 과거의 삶을 성공적으로 살아온 노인들은 자신의 삶을 의미 있고 만족스러운 것으로 인식하나 어떤 노인들은 원망과 씁쓸함, 불만족스러운 마음으로 자신을 바라던 삶을 창조할 수 없다는 사실에 실망하여 다른 사람들을 비난하게 되는데 이러한 비난이 젊은 세대와의 한 갈등 요소로 작용할 수 있다.

펙(1968)[13]이라는 심리학자는 노년기에 경험하는 위기를 3가지로 설명하고 있다. 그 첫 번째가 자아 분화 대 직업 역할 몰두이다. 은퇴는 단순히 일을 더 이상 하지 않는다는 의미를 넘어서서 심리학적으로는 자신의 존재의 한 부분을 잃어버리는 것과 같다. 이러한 측면 때문에 일을 하는 자신의 정체감 말고 개인의 특성을 발견하지 못하는 노년 세대의 경우 좌절감과 자신감의 저하를 심하게 경험할 수 있다. 반대로 오히려 은퇴를 통해서 이제까지 경험하지 못한 자신에 대한 탐구를 수행하고 이전에 안 해 본 것을 시도하는 경험으로 긍정적인 변화를 경험한다면 삶과 관계에 대해 더 많은 풍부함을 얻기도 한다.

노인들과 젊은 세대 간의 갈등의 한 요소는 바로 이러한 변화를 받아들이지 못하고 혹은 이러한 변화에 적절하게 적응하지 못할 때 인지적으로 또 심리적으로 과거에 묶이고 이를 이해하지 못하는 젊은 세대에 대해 공격적인 태도와 실망감을 경험하게 되기도 한다.

두 번째의 위기는 신체 초월과 신체 몰두라고 본다. 앞에서 설명한 것처럼 신체적 노화는 일종의 위기로 작용하게 되고 특히 자신의 신체에 집착하여 지내온 사람일수록 늙어가는 신체에 집착하여 기능 저하나 노화에 대해 고통스럽게 생각할 가능성이 있다. 이런 면에서 남성의 경우 젊어서 힘이나 남성성을 강조해 왔던 분들일수록 신체 노화를 받아들이기 어렵고 또 여성의 경우 외모에 집착하여 노년의 심리적 준비가 부실한 여성일수록

13 Peck, R.C.(1968). Psychological developments in the second half of life. In B. L. Neugarten(Ed.)Middle age and aging. Chiacago: University of Chicago Press.

자신의 외모의 노화를 받아들이기 어려울 수 있다.

마지막 위기는 가장 직면하기 어려운 것인데 바로 자아 초월 대 자아 몰두라고 한다. 즉 앞으로 다가올 죽음에 대한 고통을 어떻게 극복할 것인가와 연관된다. 여기서 자신의 육신에서 모든 것이 끝이 난다는 사고를 벗어나서 나의 자식과 후손들이 자신의 정신적 일부를 유지한다는 생각 혹은 젊은 세대가 자신을 대신하여 자신의 가능성을 더욱 발전시킬 것이라는 것을 통찰하느냐 못하느냐에 따라 동물적인 삶으로써 죽음을 맞이할 것인지 아니면 자신의 육신을 죽지만 자손을 통해 영원한 삶의 고리를 이어갈지를 이해할 수 있을 것이라고 한다.

이러한 면에서 자아를 초월하는 성장을 이룬 노년은 어떤 면에서는 죽음을 넘어서는 삶과 생명의 원동력을 통찰할 수 있을 것이다. 더불어, 이를 통찰한 노년은 젊은 사람들의 부족함을 잘 이해하고 유연하면 융통성 있는 태도로 그들을 지지하는 방법도 배울 수 있을 것이다.

노화로 인해 변화를 맞이하는 사회적 관계도 매우 다양하다. 우선 가장 기본적으로 가족생활의 변화를 들 수 있다. 사실 노년은 가족과의 관계가 더 중요하고 큰 요소를 차지하는 시기이기도 하다. 특히 이러한 가족의 중요성은 바로 노년 자살률과도 직접적으로 연관된다. 앞서 표 6.에서 경제적 빈곤과 자살률과의 관계를 살펴보았는데 노년 자살률을 높이는 또 다른 이유이기도 하다.

표 7.[14] 노인(65세 이상)의 자살생각 이유

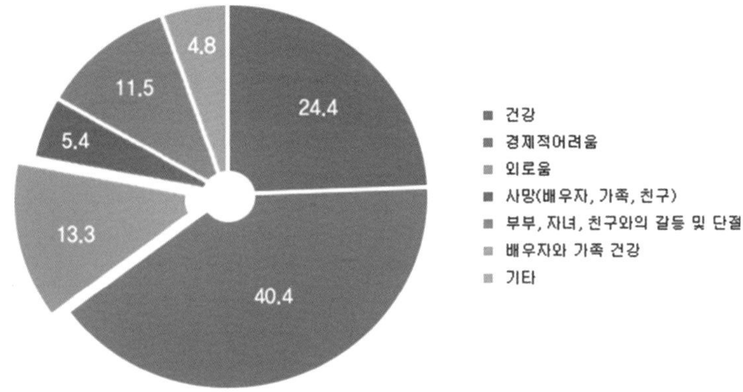

위의 표 7.은 노인들이 경험하는 사회적 관계와 자살에 대한 중요성을 다시 확인하는 자료이기도 하다. 노인이 자살하는 가장 높은 이유는 배우자와 가족의 건강에 문제가 생기는 것이며 더불어 부부, 자녀, 친구와의 갈등도 상대적으로 높은 비율을 차지함을 알 수 있다. 특히 외로움도 사회적 관계의 고립으로 본다면 사회적 관계가 사실 노인들에게는 큰 심리적 고통으로 자살까지 생각하게 하는 원인이 되는 것이다. 또한 이러한 자살에 대한 고통뿐만 아니라 관계의 문제는 세대 갈등의 큰 요인으로 작용하고 있는 분노하는 노인을 양산하는 원인으로도 작용하고 있다고 볼 수 있다.

노인들의 분노는 소위 말해 '분노 노인'이라는 신조어를 만들고 있으며 이러한 분노 노인의 증가는 직접적으로 세대 갈등의 주요한 요인으로 작용하고 있다. 이러한 분노 노인이 생기는 이유는 여러 가지라고 할 수 있지만 노인의 자살을 생각하는 이유와 사실 크게 다르지 않다. 즉, 혼자 사는 노

14 보건복지부 한국보건사회연구소(2014). 2014년 노인실태조사

인의 증가, 세대 간의 대화 단절, 젊은 세대들의 자신들에 대한 폄하, 노인들의 젊었을 때의 삶을 무시당하는 무시 등이 신체적으로는 과거에 비해 건강한 노인들을 분노하게 하여 다양한 범죄의 또 다른 사회적 세대로 출현하고 있다고 볼 수 있다.

그렇다면, 우리는 세대 간의 갈등을 어떻게 극복해야 할 것인가? 답은 바로 새로운 노년 세대의 출현과 그들의 노화에 대한 깊은 이해를 바탕으로 진실을 보는 젊은 세대들의 노력에 있다고 볼 수 있다. 더불어 자신의 노화가 이전의 노인들과는 다르다는 시대적 변화를 인식하는 노인 자신들의 솔직한 인정도 같이 진행되어야 할 것이다. 그 답을 고민해 보자.

표 8.[15] 전체 범죄자 수, 노인 범죄자 수 비교 (단위: 명)

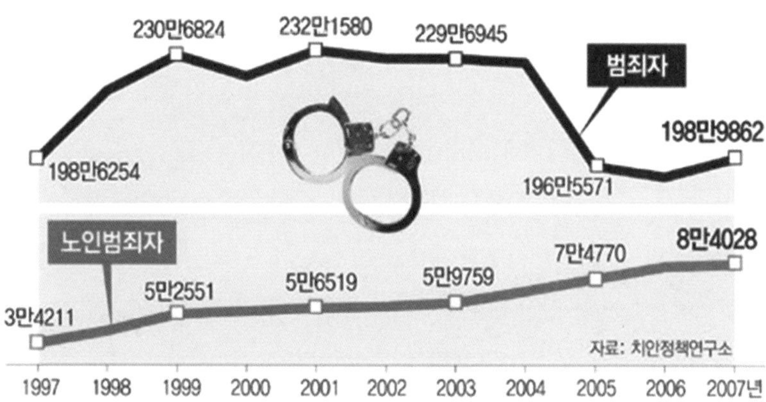

15 '노인범죄 발생 실태분석과 예방 대책', 유지웅(2009) 경찰대 치안정책연구소 생활안전대책 보고서

5. 어떻게 세대 간의 갈등을 넘어설 것인가?

표 9.[16] 달라도 너무 다른 세대별 정치 인식

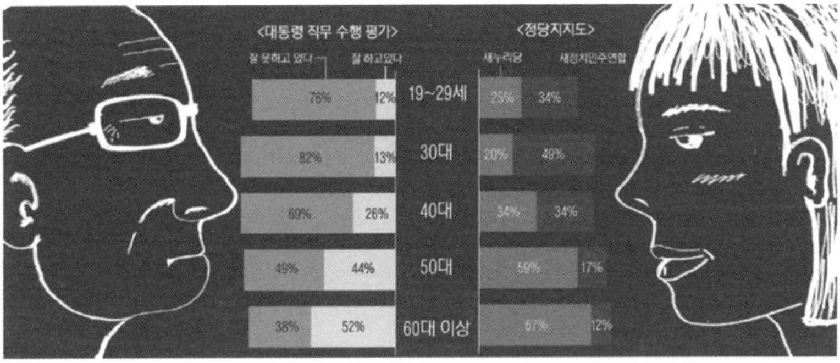

위의 표는 세대 갈등의 한 단면을 보여주는 자료이다. 2015년 당시 대통령에 대한 세대별 평가의 차이는 세대 간의 정치적 사고방식이 얼마나 다른지 보여주고 있다. 그렇다면, 사람들은 세대 간의 갈등의 원인을 무엇으로 보고 있을까? 다음의 자료는 이러한 원인에 대한 사람들의 인식을 보여주고 있다.

표 10.[17] 향후 한국사회 세대갈등 전망 및 원인

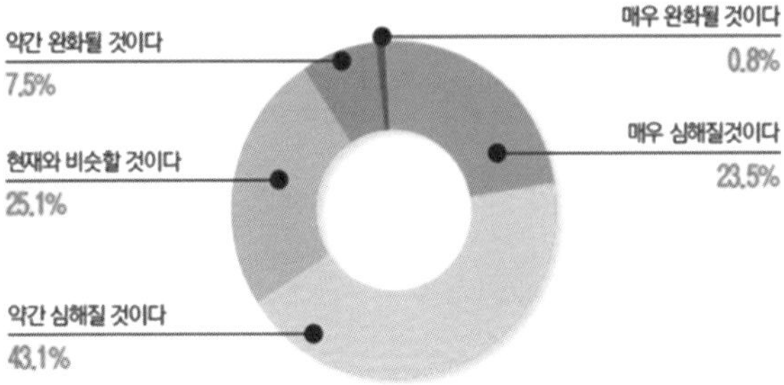

16 http://www.kyeongin.com/main/view.php?key=944071

17 입법국정전문지 The leader, 2017

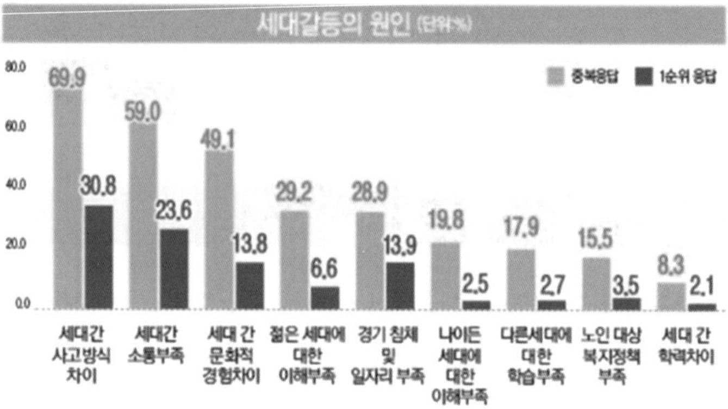

많은 사람들이 세대 갈등의 가장 큰 요인으로 생각하는 것은 세대 간의 사고방식, 세대 간의 소통 부족, 문화적 경험 차이 등을 들고 있다. 더불어 노인 세대와 젊은 세대에 대한 서로간의 이해 부족 등으로 들고 있다. 다소 부정적인 측면은 세대 갈등이 앞으로 더욱 심해질 것이라는 전망이다. 이러한 수치는 아직 세대 간의 갈등을 해결할 방법은 찾지 못하고 또 그러한 방법이 없을 것이라는 생각이 깔려 있을 가능성이 있다고 생각된다.

그러나 오히려 이러한 원인을 바라보는 시각에 필자는 세대 갈등의 해결 실마리가 있다고 생각한다. 앞의 노화에 대한 여러 심리학적 측면을 기술한 이유 중이 하나는 새로운 100세 시대에 젊은 세대가 아닌 노년의 신인류가 출현했다는 점을 우리가 빨리 이해하고 인정해야 한다고 말하고 싶다. 심리적이며 인지적 노화의 이해는 왜 노년 세대가 젊은 세대와 대화가 안 되고 갈등이 되지 않는지에 대한 아주 기초적인 사실임은 명확한 것이다. 이를 바탕으로 해결책을 고민해 보자.

노년 세대가 젊은 세대와 갈등을 해결하는 몇 가지 인식해야 할 점으로

첫째, 노년기는 자신이 받아들이든 들이지 않든 찾아올 것이라는 점이

다. 위에서 설명한 다양한 신체적 심리적 노화는 싫든 좋든 일어나는 것이다. 노화로 야기되는 심리적, 신체적 변화를 새로운 노년 세대들이 인정하고 받아들이는 훈련이 필요할 것이다. 노화는 벌을 받거나 죄를 지는 것이 아니며 나이를 먹는 게 약해지는 것이기는 하나 누구나 경험하는 발달의 완성이라는 사실에 당당해질 필요가 있을 것이다.

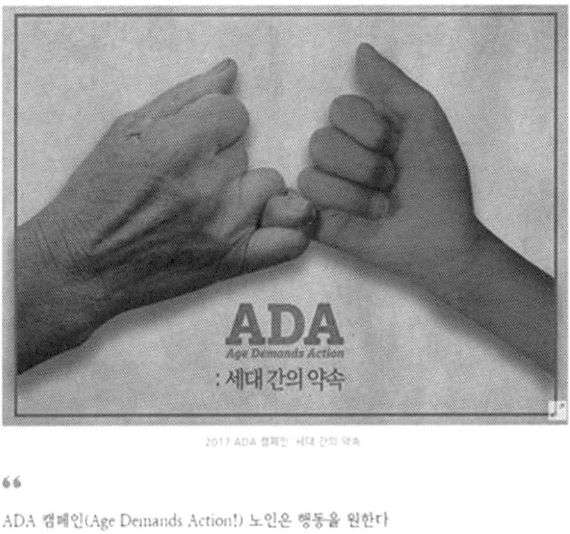

그림 2.[18]

둘째는 그림 2.에서와 같은 자신의 노인으로서의 인권을 찾고 또 그러한 인권을 찾는 것이 단순히 젊은 세대로부터 일방적인 존중이나 대우를 받

18 https://m.post.naver.com/viewer/postView.nhn?volumeNo=9534745&memberNo=6335858

는 것이 아닌 남은 삶을 자신의 능력 하에서 사회적 책임을 지고 젊은 세대보다 먼저 대화의 손길을 뻗어야 함을 받아들여야 한다는 것이다. 과거의 나이를 먹는다는 것 자체가 연장자로써 젊어서 자신의 희생에 대한 대우를 받아야 한다는 사고방식에서 벗어나 자신의 여러 노화의 약점을 도와줄 사람이 바로 젊은 세대임을 인정하고 먼저 손을 뻗어 대화할 수 있는 어른으로서의 태도와 분위기를 노인 세대 스스로들이 만들어나가야 한다는 점이다. 삶의 경험은 무시될 수 없다. 그러나 그 경험이 젊은이와 소통되지 않는다면 또 일방적으로 해봐서 안다는 고집으로 전달된다면 아무 의미가 없을 것이다. 이점은 삶을 살아본 노년 세대가 더 잘 알 것이다. 그래서 노년 세대의 삶의 경험이 젊은 세대에게 좋은 모범이 되는 행동을 통해 표현되어야 할 것이다.

셋째는 젊은 세대들이 해야 할 것들이다. 노년의 노화를 원하는 노인들은 없다. 아니 누구도 늙는다는 사실을 스스로 선택하지는 않았다는 것이다. 다시 말해, 어떤 노년 세대도 자신이 선택해서 인지 감퇴와 신체적 쇠약해짐을 받아들이지는 않았다는 것이다. 이 말은 노년에게 볼 수 있는 경직성과 대화가 되지 않는 점은 젊은 세대 본인들도 감각과 신체 그리고 마음의 노화를 경험하면 나타나는 아주 자연스러운 과정임을 이해해야 한다는 것을 의미한다. 다시 말해, 노인을 대할 때 그들이 가지는 어쩔 수 없는 한계를 공감하고 이해해야 한다는 것이다. 이를 잊어버리고 젊은 세대의 민첩함과 유연함을 가정하고 노인 세대가 왜 저럴까 폄하하는 것은 그 폄하하는 대상이 곧 자신도 똑같이 될 수 있다는 사실을 받아들이지 못하는 젊은 세대의 어리석음이라는 것을 인식하는 것이다. 이런 면에서 노년 세대에 더 마음을 열고 그들의 약점과 문제점을 비난하기 전에 노년 세대가 다음 세대를 위해 닦아 놓은 땅 위에 서 있다는 점을 싫든 좋든 인정해야 한다는 것이다.

넷째, 서로의 한계를 인정해야 한다는 것이다. 노년 세대의 경직성은 젊은 세대가 짊어져야 할 숙제이고 젊은 세대의 미숙함과 미성숙은 노년 세대가 짊어져야 할 숙제인 것이다. 그것을 서로 문제 삼는다면 어떤 대화도 시작될 수 없을 것이다. 이런 면에서 젊은 세대에 대한 다양한 연구들은 많았지만 새로운 100세 세대에 대한 연구와 이해는 이제 시작이라는 점도 어쩜 우리에게 희망일 수 있다. 정확히 말하면 새로운 노년 세대가 어떤 세대인지 사실 우리는 역사상 처음 경험하고 있어 모른다는 것이 정직한 표현일 것이다. 젊은 세대가 노년 세대를 이해해야 하는 만큼 노년 세대도 처음 경험하는 노년 시대를 이해하도록 노력해야 할 것이다.

세대 갈등을 해결하는 만능의 해결책은 아마 없을 것이다. 이 말은 모든 사람과 사람의 갈등을 해결하는 어떤 영역에서도 동일하게 적용될 것이다. 국가 간의 갈등, 인종 간의 갈등, 종교 간의 갈등, 지역 간의 갈등 등 갈등이 존재하는 모든 곳에서는 공통적으로 사람과 사람간의 갈등이 핵심일 것이다. 이 말은 사람과 사람 간의 갈등을 해결하는 방법은 끝없이 서로 생각의 한계를 확인하고 그 한계 안에서 어떻게 던 조화를 이루기 위해 끝없는 대화의 노력만이 고단하지만 해야 할 해결책임을 의미한다.

'노인을 위한 나라는 없다' 영화 제목의 영화가 있다. 물론, 다른 의미일 수 있겠지만 노인을 위한 나라가 없다면 아마도 젊은이를 위한 나라도 없을 것이다. 노년과 젊음의 차이는 단시 시간의 차이 이상도 이하도 아니라는 점을 알면 우리는 두 세대가 결국 서로 맞대서 서로의 다름을 어떻게 이해하고 조화할 것인지에 대한 공통의 고민이 세대 갈등을 해결하는 시작이며 끝이라는 사실을 깨닫게 될 것이다.

참고문헌

발달심리학(2004), 정옥분, 학지사

포스트 휴먼시대의 노년,(2018), 신아사

시간의 심리학,(2009), 갤리온

안녕하세요, 시간입니다(2017), 뜨인돌

최신정신의학(2006), 민성길, 일조각

보건복지부 한국부건사회연구소(2014). 2014년 노인실태조사

'노인범죄 발생 실태분석과 예방 대책', 유지웅(2009) 경찰대 치안정책연구소생활안전대책 보고서

3일만에 읽는 뇌의 신비(2002), 야마모토 다이스케 감수, 박선무 고선윤 옮김, 서울문화사.

기직을 부르는 뇌, 노번 도이지(2007), 김미선 옮김, 지호 출판사

입법국정전문지 The leader, 2017

Peck, R.C.(1968). Psychological developments in the second half of life. In B. L. Neugarten(Ed.), Middle age and aging. Chiacago: University of Chicago Press.

Vitiello, M.V., & Prinz, P. N.(1991). Sleep and sleep disorders in normal aging. In M. J. Thorpy(Ed), Handbook of sleep disorders. New York: Marcell Decker, 139-151.

추천도서 한 권

고봉만외 4인, 『포스트 휴먼시대의 노년』, 신아사, 2018.

새로운 100세 시대의 출현으로 새로운 의미의 인간의 삶이 시작되었다고 해도 과언이 아닐 것이다. 이러한 새로운 100세를 이상적으로 표현한 단어가 포스트 휴먼(Posthuman)이다. 새로운 포스트 휴면 시대에 우리가 노년을 어떻게 이해할지 인문학적 시각을 보여주는 서적.

세대 간 융화의 조건

김종규[1], 윤진[2]

- 목차 -

1. 시간 속에 놓인 인간의 운명
2. 역사를 통해서 본 세대 간의 관계
3. 나이 듦의 가치
4. 산업혁명이 불러온 변화에 마주하게 된 노년 세대
5. 세대 간 인정의 조건

1 성균관대학교 학부대학 초빙교수.
김종규는 성균관대학교와 동대학원에서 문화철학과 기술철학을 전공하여 철학박사학위를 취득하였다. 기술, 도시, 디자인 등등의 여러 주제들을 문화적 현상으로서 분석하는 여러 연구를 진행 중이다.「혼성과 어울림-문화적 거주를 향한 도시 공간의 문화철학적 고찰」,「시장(市場)에 대한 장소적 고찰 - 전통시장의 미래에 대한 인문학적 제언」,「골목에 대한 장소적 고찰 - 도시의 미래를 위한 한 제언」,「4차 산업혁명과 공공소득」 등 다수,『디지털철학』(공저),『인공지능 시대의 인문학』(공저),『청소년을 위한 융복합특강』(공저, 2918 올해의 청소년교양도서 선정) 등 다수의 논문과 저서가 있으며, 삼성전자 디자인경영연구회 연구위원을 역임한 바 있다.

2 고려대학교 사학과를 졸업하고 같은 대학교 대학원에서「헬레니즘 시대 스파르타 '혁명'에 관한 연구」로 박사 학위(2000)를 받았다. 지금 충북대학교 사학과 교수로 일한다. 저서로는『헬레니즘』(2003),『아테네인, 스파르타인』(2005) 등이 있으며, 번역서로는『서양 고대문명의 역사』(루카 드 블로와/로바르터스 반 데어 스펙, 2003),『알렉산드로스 대왕 전기』(퀸투스 쿠르티우스 루푸스, 2010)『알렉산드로스 대왕 원정기』(아리아노스, 2017) 등이 있다.

1. 시간 속에 놓인 인간의 운명

서양의 사유는 그리스에서 시작되었다. 그런데 이러한 말도 있다. 서양의 철학은 신화의 문지방을 넘어 이성(logos)의 길을 걸어가면서 시작되었다는 말이다. 이 문장을 일관되게 읽게 되면, 우리는 한 가지를 간과하게 된다. 그것은 바로 그리스의 신화(神話)이다. 그 사유가 곧 철학이라면, 신화는 그 사유에서 배제되어야 하기 때문이다. 하지만 자연철학이 등장한 연후에야 시작된 소크라테스와 플라톤의 철학에서도 신화는 여전히 언급된다. 그것은 신화를 비판하기 위함이 아니었다. 오히려 신화는 그들 철학 논의의 출발점이기도 하였으며, 설명의 배경이기도 하였으며, 새로운 개념의 토대가 되기도 하였다. 이러한 점에서 우리는 서양 사유의 시작을 그리스의 신화까지 확장해 볼 필요가 있다.

그리스의 신화를 굳이 본 논의의 출발점으로 삼고자 한 것은 세대 간 갈등이라는 주제가 이미 신화 속에서 시작되기 때문이다. 헤시오도스의 신통기(神統記)는 제우스가 세대 간 갈등의 연속 속에서 자신의 왕좌를 차지했음을 일러준다. 우라노스와 크로노스 간에는 크로노스가, 크로노스와 제우스 간에는 제우스가 갈등의 승리자였다. 이 승패 속에서, 크로노스에 의한 우라노스의 거세(去勢)는 세대 간 갈등을 상징적으로 묘사한다. 그런데 다른 한 편으로 이 거세가 크로노스에 의해 행해졌다는 점은 우리가 생각해 볼 또 다른 상징적 의미를 함축하고 있다.

신화 속에서 크로노스(Κρόνος)는 자신의 아버지와 같은 운명에 처할 것이라는 예언을 받는다. 그래서 그는 자신의 형제들과 자식들을 모두 삼켜버린다. 크로노스의 이 같은 행동이 멈춰지게 된 것은 유일하게 삼켜지지 않은 제우스에 의해서였다. 제우스가 크로노스와의 전쟁에서 승리할 수 있었던 것은 크로노스가 그간 삼킨 형제와 자식들을 구출하여 그들이 자신의 우군이 되었기 때문이었다. 여기서 이 구출은 매우 중요한 의미를 갖는다. 알려져 있듯, 크로노스는 시간의 신이다. 크로노스가 그의 형제와 자식을 삼킨 것은 다름 아닌 시간 속에 이들을 가둔 것을 의미한다. 그런데 이들에 대한 구출은 삼킨 것과는 반대, 즉 크로노스가 토(吐)하는 것을 통해 이루어진다. 이것은 곧 이들이 시간(Κρόνος)으로부터 벗어났다는 것을 의미한다. 크로노스를 무찌른 제우스 역시 마찬가지이다. 제우스를 위시한 신들의 승리는 이들이 시간을 벗어난 초시간의 세계, 즉 영원(永遠)한 세계 속에 놓이게 됨을 의미한다. 영원성은 인간에게 적용되는 개념이 아닌 신들에게 적용되는 개념이다. 시간을 벗어난 것은 신(神)뿐이며, 인간은 여전히 그 시간 속에 놓여 있다. 제우스 이후 세대 간의 갈등은 보이지 않는다. 따라서 세대 간의 갈등은 시간 속에 놓인 인간의 운명에 드리운 그림자와도 같다.

<폴리도르 다 카라바조 : 우라노스를 거세하는 크로노스(http://artnews.me/?p=18060)>

서양 사유의 또 다른 줄기인 기독교의 원죄에서도 우리는 이와 유사한 함의를 읽어낼 수 있다. 그리스의 신화와 달리 성서에서는 신의 피조물인 인간은 본래 시간을 초월한 공간에서 살고 있었다. 그가 이 영원의 공간에서 벗어나게 된 것은 그들의 원죄 때문이었다. 인간은 천국에서 지상으로 쫓겨남으로써 시간의 운명에 놓이게 되었다. 남자와 여자 모두 이 운명 속에서 신에게 지은 죄에 대한 형벌을 수행해야만 하였다. 자식을 낳고 길러야 하는 형벌과 땀을 흘려야 양식을 먹을 수 있는 노동의 형벌이 바로 그것이다.

인간의 원죄는 매우 중요한 함의를 갖고 있다. 전자의 형벌에 의해 인간은 이제 세대와 세대라는 연속적 관계를 갖게 되었으며, 더욱이 노동이 이 관계를 유지하는 가장 기초적 활동이라는 점에서, 후자의 형벌은 전자의 형벌과 별개의 것일 수 없기 때문이다. 하지만 시간 속에 놓이게 된 인간은 결코 영원할 수 없다. 특히 시간 속에서의 인간은 자신이 할 수 있는 능력의 쇠락을 지속적으로 경험하게 된다. 자식을 낳을 수 있는 기간은 한정되어 있으며, 노동의 생산력 역시 하락할 수밖에 없다. 이러한 능력의 점진적 상실 과정에서, 부모 세대의 형벌은 점차 자식 세대의 형벌에 의존하는 방식으로 치러지게 된다.

이처럼 우리는 서양 사유의 두 줄기 모두에서 세대 간의 불화가 최소한 가능성으로서 잉태되고 있음을 발견한다. 그것의 잉태는 인간이 시간 속에 존재할 수밖에 없는 제한성에서 근원적으로 연원된다. 인간은 물리적으로 시간이라는 제한 조건을 벗어날 수 없음은 자명하며, 이러한 전제조건 하에서 세대 간의 불화는 인간이 피할 수 없는 귀결인 듯 보인다. 만일 그러하다면, 우리가 시간 속에 존재할 수밖에 없는 인간이며, 그 인간이 존속하는 한, 세대 간의 불화는 인간에게는 언제고 반복될 수 있는 문제이다. 가능성은 늘 현실성과 묶여 있는 것이지만, 그렇다고 가능성이 곧 현실성을 의미하는 것은 아니다. 현실 세계 내에서 세대 간 불화의 양상과 그 원인을 분석하고자 하는 것은 이 문제를 가능성의 영역에 가두기 위함이다.

2. 역사를 통해서 본 세대 간의 관계

우리 시대의 세대 간 불화가 가장 첨예하게 드러나는 것은 정치적 상황이 아닐까 한다. 아마도 촛불혁명 시기에 등장한 태극기 부대는 가장 분명한 예시가 될 것이다. 물론 이것을 정치적 의견의 차이로 이해해 볼 수 없는 것은 아니지만, 집회에 참석하는 대부분의 연령층은 특정한 세대가 중심이다. 더욱이 이러한 정치적 성향 역시도 이와 같은 세대 간의 차이가 반영되어 있다. 예를 들어 2016년도 총선 당시 경남지역 유권자들의 정당 지지도 현황을 보면, 특정 정당 및 정권에 대한 세대 간의 차이는 뚜렷하며, 현재 역시 이러한 경향은 반복되고 있다.

<2016년 4·13총선 당시 부산·울산·경남지역 세대 간 지지도 비교 : 부산일보>[3]

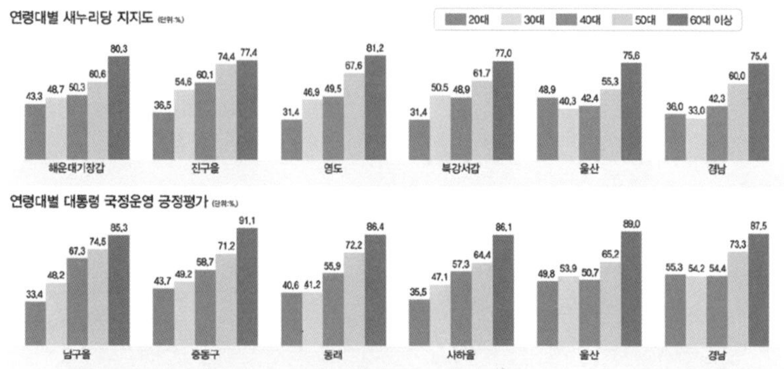

세대 간 정치적 성향이 차이를 보이는 것은 어쩌면 당연한 일일 수 있다. 세대 간의 경험과 판단의 차이가 있을 수 있기 때문이다. 하지만 문제는 이 차이가 단순한 가치관의 다름 수준을 넘어서는 데 있다. 이 차이는 개인의 수준을 넘어 서로의 세대에 대한 반감과 반목을 낳고 있으며, 상호 세대의 비난으로까지 이어지고 있다. 비교적 윗세대 일수록, 특히 노년 세대를 중심으로 나타나고 있는 세대 간 갈등은 가장 첨예한 양상이다. 이것은 물론 현상적으로 드러나 있는 사회적 반응이긴 하지만, 그렇다고 해서 이 반응이 자연스럽거나 당연한 혹은 근원적인 현상인 것은 아니다.

> "구전 문화를 영위하던 모든 민족들에서 노인의 역할은 …… 지식의 수탁자이자 부족의 기억으로서의 역할, 결과적으로 '지혜'와 경험에 따라 교육을 하고 판단을 내리는 역할을 했다. '노인 한 사람이 죽을 때 도서관 한 채가 불

3 http://news20.busan.com/controller/newsController.jsp?newsId=20160105000103

타 없어진다.'라는 아프리카의 격언은 이를 잘 나타낸다. …… 진정한 노년이란 바로 지혜였다. 전제된 지혜와 경험은 또한 원시 종족에서 노인들의 정치적 역할을 설명해 준다. 아프가니스탄의 마을에서 우두머리는 '수염'이나 '백발'을 한 사람들이며, 족장은 자기 종족에 대해 커다란 권위를 지녔다. 원로회의는 구전 문명에서 가장 존경받는 제도 중의 하나이다. 노파는 그 자체로 종종 특권적인 지위를 누렸으며, 나이 덕분에 권력에 접근했다."[4]

구전 문화의 시대처럼, 과거의 경험과 체험이 중요시되던 사회에서 노년 세대의 역할은 매우 중요한 것이었다. 현재에 발생하는 문제에 대한 대처와 앞으로의 삶에 대한 전망에 있어 과거의 경험은 매우 중요한 지표가 되기 때문이었다. 노년 세대의 이 같은 사회적 중요성은 중세의 촌락에서도 발견된다. 이곳에서의 노인들 역시 "세대 간의 매개자로서 시간을 초월한 이야기를 들려주었다. 가족과 마을의 문화 저장소인 노인은 집단을 과거와 연결해 주는 데 없어서는 안 될 끈이었다."[5]

14~15세기 유럽에서도 노년 세대는 사회적으로 중요한 위치를 차지하였다. 조르주 미누아에 따르면, 이는 14세기 유럽을 휩쓸었던 흑사병의 결과였다. 흑사병은 전 세대에 걸쳐 전반적으로 영향을 미치지 않았다. 흑사병의 영향은 주로 어린아이들과 젊은 성인들에 집중되었으며, 흑사병에서 살아남은 사람들은 그들의 강한 저항력에 힘입어 많은 수가 노년까지 생존을 이어가게 되었다. 이로 인하여 14세기 중반부터 노년 세대의 비율이 크게

4 조르주 미누아, 『노년의 역사』, 박규현·김소라 옮김, 아모르문디, 2010, 47~48쪽.

5 앞의 책, 368쪽.

증가되었다. 노년 세대 인구의 증가는 이들의 사회적 역할을 강화시켰다.[6]

"… 기운이 넘치는 노인들은 계속하여 직무를 수행했고, 마지막까지 활동을 했다. 14세기와 15세기에는 나이 든 정치가와 군인, 상인, 예술가들의 자리가 있었으며, 그들은 은퇴하지 않고 여전히 현직에 있다가 사망했다. 그러한 기사와 군인은 모든 계급에 걸쳐 수없이 많았다. …… 성직자들은 여전히 가장 긴 수명을 누렸고 대개 은퇴를 하지 않았다. 전통에 따라 교황들은 매우 노령에 선출되었는데, 60세가 넘는 경우도 많았다. …… 모든 서열에 걸쳐 다양한 도덕 수준을 갖춘 수많은 성직자들이 노년에도 매우 활발한 활동을 펼쳤다. 상스의 대주교이자 필리프 4세의 고문이었으며 성전 기사단을 재판한 필리프 드 마리니는 1350년 70세로 사망했고, 투렌 지방을 떠돌려 청빈한 삶을 산 겸손한 잔 마리 드 마예는 1414년 83세로 사망했으며, 스페인의 도미니쿠스회 수도사 빈센테 페레르는 1419년 반에서 순회 포교를 하다가 64세로 사망했다. 모든 대성당의 참사회에는 노인들의 몫이 있었다. …… 새로운 범주의 사람들이 그때까지 성직자들이 누리던 패권을 위협하기 시작했는데, 바로 미술가들이었다. 그들은 창조적 정신 덕에 지적 능력을 온전히 보존하면서 노령에 이를 수 있었던 듯싶다. … 이 예술가들은 극소수만이 은퇴를 했는데, 그 이유는 그들 중 가장 오래 살았던 티치아노가 90세에 그린 자화상(프라토미술관)을 보면 금세 이해할 수 있다. 수염을 길게 기른 이 여윈 노인의 눈빛은 너무도 형형하게 빛나고 있어, 이런 사람이 활동을 멈춘다는 것은 상상하기가 어렵다. 그는 9년을 더 일했고, 100살 생일을 몇 달 남기

6 앞의 책, 378~396쪽 참조.

고 숨을 거두었다."[7]

하지만 이 같은 상황은 도리어 세대 간의 갈등을 점화시키는 결과를 낳았다. 흑사병이 미쳤던 세대 간의 불균등한 영향으로 가족 구성의 변화가 일어나게 되었다. 이로 인하여 노인이나 연장자 중심의 확대 가족과 공동체가 형성되었고, 여기서 노년 세대는 큰 영향력을 미쳤다. 흑사병의 효력이 소멸된 이후 인구 구성 비율의 변화가 발생하였다. 젊은 세대들의 인구 비율은 증가하였으며, 증가된 젊은 세대들의 눈에 노년 세대의 장기집권은 곱게 보일 수가 없었던 것이다. 이 시대를 살았던 한 사람은 이렇게 증언하기도 하였다.

> "노인들과 젊은이들 사이에는 겉모습에서나 대화에서나 말다툼과 불화가 잦다. 그래서 그들은 마치 다른 종족에 속한 것처럼 서로를 간신히 참아내고 있다. 나이 차는 태도와 사회적 지위의 차이를 야기한다."[8]

이러한 세대 간의 불화는 일종의 밥그릇 싸움과 같은 것이다. 불화의 결과가 때로 단절을 불러오기도 하지만, 불화 그 자체는 하나의 관계 형식이다. 불화하고 있는 것들 간의 관계가 성립되지 않고서는 불화는 결코 발생할 수 없기 때문이다. 이 세대 간의 불화 역시 마찬가지였다. 새롭게 성장하고 증대하고 있는 젊은 세대들에 있어 노년 세대는 자신들의 자리를 차지하

7 앞의 책, 434~437쪽.

8 Christine de Pisan, *The Treatise of the City of Ladies or the Book of the Three Virtues*, Penguin Books, 1985., 조르주 미누아, 앞의 책, 397쪽 재인용.

고 있던 것이다. 그리고 이 노년 세대에게 젊은 세대들은 자신이 지켜온 자리를 대체하려는 세력일 따름이다. 일정한 크기의 파이를 놓고 벌이는 이 세대 간의 불화는 상호 간의 경쟁이라는 방식으로 전개될 수밖에 없다. 경쟁의 결말은 빤하다. 그것은 대체이외에 다른 것이 아니다.

> "14세기와 15세기에 노인들은 의심의 여지없이 강력한 위상을 차지했으나, 그들의 상황은 여전히 불안정하고 모호했다. 흑사병으로 인한 젊은 층의 죽음이라는 과도기적이고 특수한 상황에 의해 그들이 누렸던 사회적 중요성은 일시적인 것이었다. 1480년부터 인구가 회복되면서 자신의 권리를 주장하는 젊은이들이 물밀 듯 쇄도했고, 그들은 나이 든 사람들을 몰아내고 조롱했다. 또한 역사의 상대적인 가속화와 몇몇 전통에 대한 반발, 새로운 기술의 출현은 어떤 면에서는 노인들에게 이롭지 않았다. 특히 교구의 명부가 체계화되고 인쇄술이 보급되면서, 공동체의 기억을 보존하는 자로서의 노인의 역할은 점치 상실되었다."[9]

이와 같은 세대 간의 경쟁은 경제적 측면에서 더욱 강렬하게 이루어졌다. 그리고 이 세대 간의 경쟁은 노년 세대에게는 너무도 가혹한 것이었다.

3. 나이 듦의 가치

구전 문화의 시대에서 노년 세대가 오로지 지식의 수탁자이자 부족의

9 조르주 미누아, 앞의 책, 444~445쪽.

기억인 것은 아니었다. 새로운 기억의 매체가 등장하기 이전이었던 그 시대에 있어서도 때때로 노인들은 그들의 경제적 지위에 따라 운명이 결정되었다. 만인 노인들이 공동체에 짐이나 해가 된다면, 가치 없이 그들은 죽음으로 내몰리기도 하였다.

> "가난하고 궁핍하며 빈곤의 극한까지 간 사회에서는 노인들을 버려야 했던 것으로 보인다. 사람들은 노인들에게 음식을 주지 않았을 뿐만 아니라, 집단이 긴 이동을 시작하면 그들을 그 자리에 버려두고 갔다. (…) 힘없고 재산도 자식들도 없는 늙은이는 가장 큰 멸시를 받았다. 더욱 처참한 것은 사람들이 그런 노인을 불길한 사람으로 대했다는 사실이다." [10]

인간의 사회가 약육강식(弱肉强食)의 공간이라면, 시간 속 존재로서 인간 노년의 육체적 허약함은 치명적인 약점이 된다.[11] 약육강식의 사회에서 가장 중요한 가치는 생존이며, 육체는 이 가치를 확보하기 위한 가장 핵심적인 수단이기 때문이다. 물론 지적 능력이 육체적 능력을 능가할 수 있기도 하지만, 그러한 역량 역시 육체의 쇠락과 무관할 수 없다. 더욱이 경험과

10 Louis-Vincent Thomas, *Anthropologie de la mort*, Payot, 1975, pp. 361~362. 조르주 미누아, 앞의 책, 49쪽 재인용.

11 육체의 빈곤으로부터 유래하는 경제적 빈곤은 노년층이 겪게 되는 우울증의 원인이 되기도 한다. 최근의 연구 결과에 따르면, 우리나라의 노인은 외국의 노인에 비해 우울증의 빈도가 높은데, 그 주요 원인 중 하나가 바로 빈곤이라는 것이다. 노인의 빈곤은 다른 세대의 빈곤과 달리 그 자신이 극복할 수 없다는 점에서 노인 빈곤은 치명적이다. 이 연구에 따르면 "빈곤한 노인은 필요한 만큼 일상생활에 필요한 물건이나 서비스를 구입하지 못한다. 이들은 또한 의료 서비스를 필요한 만큼 이용할 수 없고 다양한 사회활동에도 참여하지 못한다. 이러한 점들은 모두 우울을 증가시키는 요인이 될 수 있다." 특히 "노년기에 경험하는 상실은 자기 효능감을 감소시키고 슬픔, 외로움을 증가시켜 우울 증상을 초래할 수 있다." 김영범, 「춘천 노인의 우울」, 한림대학교 고령 사회연구소, 『노년의 모습』, 박문사, 2018, 41~42쪽 참조.

지식을 저장하는 방식이 발달하게 됨에 따라, 노년의 육체적 허약함이라는 약점은 더욱 도드라지게 된다. 세대 간의 경쟁 속에서 이렇게 목도되는 노년 세대의 처지는 노년 자신뿐만 아니라 다른 세대에게도 노년을 바라보는 특정한 시각을 형성하게 한다. 그것은 바로 나이 듦을 적(敵)으로 바라보는 것이다.

노년 세대에게 있어 자신들이 겪는 고충의 원인은 그들 자신의 나이 듦이다. 이것을 극복하는 것은 두 가지 방향에서이다. 하나는 그 나이 듦을 사회가 받아들이게 하거나 아니면 그 스스로 그 나이 듦을 부정하는 것이다. 전자의 경우 노년 세대는 젊은 세대들이 가질 수 없는 그들만의 풍모를 갖추어야 한다. 그리고 후자의 경우 노년 세대는 젊어질 수 있도록 노력해야 한다. 하지만 약점을 극복하려는 이 두 시도는 노년 세대에게 이중의 고통일 뿐이다.

> "노인들의 상황은 인생의 그 어느 시기보다도 인간 조건의 모순성을 잘 보여준다. 그들은 이 세상에 살지만 더 이상 그 일부가 아닌 것처럼 느낀다. 젊은 이들의 활동과 태도와 오락은 그들에게 금지된다. 그들에게 허락된 유일한 역할은 실수와 결점이 없는 완벽한 지혜를 구현하는 초인적인 역할이다. 이 세상에 받아들여지려면 노인은 성인이 되어야 한다. 존경을 받거나 미움을 받거나 둘 중 하나의 선택밖에 없는 노인은 최소한의 실수를 저지를 권리도 없다. 너무나 많은 경험을 누린 노인은 최소한의 정욕에도 굴복해서도 안 된다. 너무나 쇠약해지고 쪼그라든 노인은 완벽해야만 한다. 그렇지 않으면 망령 든 혐오스러운 늙정이가 되기 때문이다."[12]

12 조르주 미누아, 앞의 책, 538쪽.

성인의 완벽한 상을 노년 세대에게 기대하는 것은 불가능한 것이다. 그것은 노년 세대의 약점과는 무관하다. 그것은 우리가 성인으로 추앙하는 극히 일부를 제외하고서는 거의 일반적으로 인간에게는 불가능한 요구이다. 남는 것은 젊은 세대를 닮아가는 것이다. 하지만 그것 역시 조롱과 멸시의 대상이 될 수밖에 없다. 그렇게 하는 것은 노인답지 않은 것이자 어리석은 짓일 따름이다. 이러한 시각은 서양만의 것은 아니다. 조선시대의 문제적 작가였던 이옥(李鈺, 1760~1815) 역시 〈각로선생전〉에서 이렇게 말하고 있다.

> "하필 넓게 물리칠 필요가 있겠는가? 다만 귀밑과 턱의 것만 없앤다면 세상 사람들이 싫어하는 늙음을 이미 다 물리치게 된 셈이다. 그렇다면 선생의 늙음을 물리치게 된 셈이다. 그렇다면 선생의 늙음을 물리친 것이 이미 많은 것이 아닌가.
>
> 이 말을 들은 혹자는 '세상 사람들이 늙음을 대하는 것이나 당신이 세상을 대하는 것이나 모두 슬픈 일'이라고 하면서 이러한 태도가 곧 집을 망하게 하고 나라를 망하게 할 것이라고 비판한다.
>
> "슬프다! 무릇 세상 사람들이 늙음을 대하는 것이나, 당신이 세상 사람들을 대하는 것이 모두 슬픈 일이다. 당신이 장차 밤가루를 분가루에 타서 귤껍질 같은 주름을 없애고, 버드나무를 깎아 단단하게 하여 구두 앞니가 빠진 자리를 막으며, 꽃을 아로새기고 잎을 마름질하여 넓고 희 옷소매를 바꾸어 총각들과 구거의 어린아이들과 더불어 날래고 드세게 파피리와 대말놀이를 하고 있는 아이들 모임에서 교활하게 논다면 이 역시 잘못된 것이 아닌가. 이를 집안에 비유한다면 (…) 그 집은 곧 망할 것이다. 나라에 비유한다면 (…) 그 나라는 오래갈 수 없을 것이다. 이와 무엇이 다르겠는가. 나는 당신을 위태롭게

여긴다네."[13]

세상 사람들이 늙음을 싫어하는 태도 때문에, 젊은 세대를 닮아보려 하거나 따라하려는 것은 스스로를 위태롭게 만드는 일이다. 이를 통해 그가 실제로 젊어질 수도 없을 뿐만 아니라, 경쟁의 구도 속에서 이러한 모습은 패배한 경쟁자의 안쓰러운 몸짓으로 보일 수 있기 때문이다. 물론 이 때 이 대신에 늙음을 그 자체로 받아들일 수 있는 가능성이 없지는 않다. 하지만 이것이 실현되기는 사실 매우 어려울 것으로 보인다. 앞서 언급된 것처럼, 이것은 노년 세대에게 성인의 자세를 요구하는 것과 다를 바 없을 수 있기 때문이다. 이는 노년 세대가 자신들의 나이 듦을 한탄하는데 있어 결정적인 이유 중의 하나이다. 이러한 상황에 내몰릴 때, 노년 세대는 죽는 것보다 나이 듦이 더 서럽고 슬픈 것이 된다.[14]

나이 듦에 대한 시선은 노년 세대만의 전유물이 아니다. 다 같은 시간 속 존재라는 점에서 젊은 세대들에게도 나이 듦은 중요한 문제일 수밖에 없다. 경쟁의 구도 하에서 유리한 것은 노년 세대에 속하지 않는 것이다. 여기서 중요한 것은 나이 듦을 적으로 간주하는 것이다. 물론 물리적으로 대부분 노년에 이르게 될 수밖에 없지만, 나이 듦을 최소한 신체적으로 늦춰 볼 수는 있다. 의료 영역이 나이 듦에 주목하는 것은 바로 이러한 이유에서이다.

13 김경미, 「우러름과 능멸의 삶, 늙음을 받아들이는 법」, 김미영 외, 『노년의 풍경』, 글항아리, 2014, 182~183쪽. 재인용.

14 앞의 책, 180쪽 참조.

"… 건강을 '생물학적 정상'으로 질병을 '생물학적 비정상'으로 단순화시키고, 그 치료를 개인적인 의료의 차원으로 축소시켜보려는 생의학 모형은, 현대 의료에서 나타나는 두드러진 특성인 일상생활의 의료화(medicalization)와 전문가지배(professional dominance)를 정당화하는 강력한 이데올로기적 도구를 제공한다. 여기서 의료화란 정상적인 삶의 과정까지 의학의 문제로 만들어 재정의하는 경향을 말한다. 현대 의료는 성장, 출산, 폐경, 노화와 같은 자연스러운 인체의 변화 과정이나 어린이 행동, 음주 등과 같이 과거에는 의학적 문제로 여기지 않던 일상의 영역까지 의학전문기술의 적용을 확대시키고 있다. 의료화의, 과정을 통해 의사들은 개인적이거나 사회적인 문제였을 것을 의학적인 용어로 정의하고 적절한 해결책으로 의학적 치료를 제시한다. 일단 질병으로 지칭되면 의료는 사회적 통제의 대행자가 된다."[15]

노화의 과정은 크게 일차적 노화와 이차적 노화로 구분된다. 일차적 노화는 누구나 태어나면서 겪을 수밖에 없는 변화이다. 이러한 변화를 정상 노화(normal aging)라 부르기도 한다. 이차적 노화는 병과 연관된다. 정상적인 노화의 과정에서 질병의 발생 확률이 높아지거나 실제로 병과 직접적으로 연관될 수도 있다. 이렇게 이차적 노화는 일반노화와 병적노화로 분류된다. 치료와 직접적으로 연관되는 것으로 보이는 것은 이차적 노화이지만, 1차적 노화 역시 의료의 대상이 되었다. 의료의 대상이 되었다는 것은 그것이 질병이라는 것을 의미한다. 다시 말해 노화는 병이다.

15 한혜경, 「의료와 미디어 산업의 노년담론 비판」, 부경대학교 인문사회과학연구소 노년인문학센터, 『인문학자, 노년을 성찰하다』, 푸른사상, 2012, 148쪽.

"노화는 더 이상 유한한 생명체인 인간이 저마다 자신의 고유한 방식에 따라 생애를 완성해가는 자연스러운 과정이 아니라, 의학의 시선이 규정한 매뉴얼에 맞춰 관리되고 통제되어야 할 대상이 되어 버린 것이다."[16]

노화는 시간 속 존재로서의 인간 누구나가 겪게 되는 보편적 현상이다. 여기서 노화를 병으로 규정하는 것은 의료계의 역할을 엄청나게 증폭시키는 계기가 된다. 누구나가 걸리는 보편적 질병이 등장하였으며, 이를 치료하는 것은 의료계의 임무이기 때문이다. 잘 알려진 것처럼, 의료계를 구성하는 요소는 병원만이 아니다. 지속적으로 제약과 뷰티 분야도 이 영역으로 활발히 도 진입해왔으며, 어떤 면에서는 전통적인 의료 분야보다도 훨씬 적극적으로 노화를 통제하고 관리할 수 있는 방안 모색에 몰두해왔다.[17]

<세계 안티-에이징 시장규모>[18]

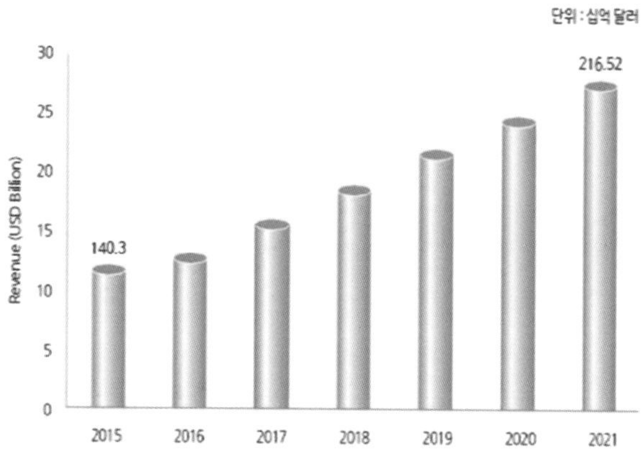

자료 : Zion Market Research. Anti-Aging Market. 2016

16 앞의 책, 151쪽.

이 결과 세계적으로 노화에 대항하는 소위 안티-에이징(anti-aging)은 하나의 시장으로 형성되기에 이르렀으며, 향후 그 시장의 규모는 크게 확장될 것으로 예측되고 있다. 노화에 대한 이러한 시각은 점차 어린 세대에게도 확대되고 있다. 소위 얼리안티에이징(early anti-aging) 현상이 그것이다.

> "얼리안티에이징 관리는 젊음의 연장과 동안을 오래도록 유지하고, 삶을 영위하기 위한 노화지연관리를 뜻하며, 어린 1020세대부터 꾸준히 관리의 필요성을 제시하면서 탄력 있는 피부를 강조한다. 이미 주름이 생긴 30대 이후를 위한 노화와 관련된 피부변화를 개선이나 복구보다 사전에 예방하는 것이 더 효과적이라는 인식이 우세하므로 최근 얼리안티에이징 확산현상이 일어나고 있다."[19]

나이 듦을 회피하고자 하는 욕구의 확산은 그것의 가치와 반비례하고 있는 듯 보인다. 하지만 나이 듦의 회피는 그 한계가 뚜렷하다는 점에서 그것의 가치 상실은 노년 세대의 문제가 아닌 인간의 문제가 된다. 어떠한 노력과 기술에도 불구하고, 인간은 결국 시간 내의 존재이며, 그러한 한 나이 듦은 인간의 근본적 조건일 수밖에 없기 때문이다. 인간의 근본적 조건이

---

17 안티에이징은 고령화시대에 주목되고 있다. 한 연구에 따르면, 안티에이징은 "5대 트렌드 중 하나"이며, "노화의 속도를 지연시켜 젊음을 최대한 연장시키는 것으로 노화를 질병으로 보고 치료하는 항 노화 의학까지도 생겨 난 실정이다. 최근의 항 노화, 안티 에이징은 단순히 오래 사는 생명연장의 의미뿐만 아니라 보다 오랫동안 아름다움과 젊음을 유지하고 다양한 미용성형수술과 피부미용기술들을 통해 주름과 피부노화 개선에 대한 자기관리의 욕구를 충족시키기 위한 수단으로 여겨지고 있다." 김미영, 정재윤, 「얼리안티에이징(early anti-aging)현상에 따른 20대남녀의 뷰티소비성향조사」, 『한국디자인포럼』, 2011.11.26., 440~441쪽.

18 http://www.ibric.org/trend/news/view_news_stats.php?id=12474

19 김미영, 정재윤, 앞의 책, 440쪽.

병으로 규정되는 한, 인간 역시 병적 존재일 따름이다. 이렇게 본다면, 나이 듦과 그렇게 나이 든 노년 세대와의 불화는 인간 자신과의 불화일 따름이다.

4. 산업혁명이 불러 온 변화에 마주하게 된 노년 세대

우리가 앞서 살펴보았듯이, 세대 간의 갈등, 특히 노년 세대와의 갈등은 역사적으로 매우 뿌리 깊은 것이었다. 기록 기술의 전개되어 기억이 외재화되면서 구전문화의 시대에서 부족의 기억으로 존재했던 노년의 사회적 존재 의미는 상실되고 말았다.[20] 그나마 존재했던 노년 고유의 역할과 기능이 상실됨으로써, 노년 세대는 다른 세대와의 무한 경쟁 속에 내몰리게 되었다. 노년 세대는 다른 세대와 동일한 생존의 조건 속에 놓이게 되었으나, 생존의 능력을 점차 상실해가는 그러한 존재가 되었다. 권력의 측면에서 노년 세대들은 사회적 소수자가 되었다. 이로 인해 노년 세대들에 대한 이해는 그들 스스로에 의해 이루어지기보다는 상위 권력에 의해 이루어지는 상태에 놓이게 되었다. 이른바 타자화(他者化)에 이르게 된 것이다.

20 조르주 미누아는 다음과 같이 말한다. "…구전 전통과 관습에 의존하는 문명들이 노인들에게 더 호의적이었다. 그러한 사회에서 노인들은 세대 간의 연결 고리이자 집단의 기억의 전수자 역할을 했다. 노인들은 기나긴 야회와 법적 소송에 필요한 존재였다. 그리스, 그리고 특히 중세가 그러한 경우였다. 반대로, 관습에 대한 그들의 지식을 무용한 것으로 만드는 문자와 문서 기록, 성문법의 발달은 노인들에게 득이 되지 않았다. 그런 의미에서 로마와 르네상스는 그들에겐 흉조였다. 법률을 존중하는 이 문명들은 노인의 관습적 경험을 덜 필요로 했다. 더구나 르네상스 시대에는 역사가 상대적으로 가속화되어 노인들이 시대에 뒤떨어지고 무용한 것들의 대열로 낙오하는 데 한몫했다." 조르주 미누아, 앞의, 책, 540쪽.

"사회적 소수자의 공통적 특징은 이들이 사회 주류 구성원에 의해서 명시적, 혹은 암묵적으로 사회적 차별을 받고 있다고 느낀다는 것이며, 집단 내 구성원들의 다양성은 무시된 채 어떤 특정한 호칭으로만 불린다는 것이다. … 노인들에 대한 사회적 차별은 엄연한 현실이고, 이들은 나이가 들었다는 이유로 노인으로 불리며 단지 하나의 집단으로 식별되고 있기 때문이다. 이 과정에서 노인은 여타 소수자들처럼 사회에서 자신의 부분적 정체성으로 자신의 전체 정체성을 규정당하는 경우를 경험하게 된다. 점차 힘없고 주름진 몸을 가진 신체적 정체성을 통해 노인의 전체 정체성을 규정당하고 주변화되며, 이들의 주변성과 타자성이 극대화되는 과정을 거친다. 이를 통해 노인은 주체가 아닌 타자로 인식되며 동정과 시혜의 대상으로 여겨지는 것이다."[21]

노년 세대의 타자화 과정은 그 세대가 다른 세대와 경쟁하고 있다는 점을 명확히 보여준다. 사회적 소수자와 다수자가 차별적으로 구분되는 것은 그 사회에 일종의 직선적 위계구조(linear hierarchy)가 존재하기 때문이다. 이 위계구조는 모두에게 공통적으로 적용되는 기준 하에서 구축되며, 사회적 생산성과 이것에 기초한 권력은 이 위계구조가 구축되는 데 결정적인 역할을 하였다. 이미 언급한 바이지만, 이 사회적 생산성은 인류의 초기 사회부터 생존과 직결되는 것이었으며, 산업혁명을 거치면서 사회적으로 최고의 가치를 획득하였다. 윌 듀란트는 이에 대해 이렇게 말한다.

"집단의 굶주림은 집단의 호전성을 낳고, 호전성은 개인의 경우와 마찬가지로 집단에서도 방어와 공격을 위한 기관을 발전시킨다. 집단의 경우에는 이

21 한예경, 앞의 책, 155~156쪽.

것을 군비(軍備)라고 한다. 힘이 강해지면, 소년이 자신의 이두박근을 의식할 때처럼 힘 자체가 전쟁의 이차적인 원인이 될 수 있다. 어떤 경우든 어느 정도의 군비는 필요하다. 싸움은 불가피하고, 경쟁은 삶의 일부이기 때문이다. 이런 심리적, 생물학적 요인들이 분쟁의 궁극적인 원천이다. 여기에서부터 국가 간의 경쟁 관계가 흘러나와 전쟁의 근인(近因)을 만든다. 경제적인 원인과 정치적인 원인이 그것인데, 피상적인 분석가들은 이 이상 전쟁의 원인을 파고들지 않고 대략 이 정도에서 만족하려고 한다. 경제적인 원인 중 기본은 땅을 둘러싼 경쟁 관계다. ……정복 전쟁의 원인이 된 이 일반적 요인들을 더욱 날카롭게 다듬고 강화한 것이 산업 혁명이다. ……어느 사회에서든 소수가 다수의 재화를 소유하는 일이 조만간 벌어지게 된다. 하지만 이처럼 부가 자연스레 집중되면 이윤을 재투자해서 생산량을 늘리는 일이 거듭되면서 널리 많은 사람들이 구매력을 갖기 힘들어진다. 따라서 생산량이 소비를 훌쩍 앞서게 되고 재고가 늘어서 불황이나 전쟁의 원인이 된다. 생산을 멈춰 소비가 생산량을 따라잡을 수 있게 하거나, 아니면 본국에서 소비되지 못한 잉여 재화를 풀어놓을 해외 시장을 반드시 확보해야 하기 때문이다."[22]

윌 듀란트는 집단의 굶주림에 대한 초기사회의 대응 방식을 산업혁명 이후의 사회에도 적용시킨다. 그 핵심은 바로 사회적 생산성과 경쟁이다. 초기 사회의 사회적 생산성은 굶주림의 수준에서 집단 간의 경쟁을 통해 호전적 해결된다. 보다 확대된 국가 수준의 사회적 생산 단계에서도 땅을 둘러싼 경쟁은 발생된다. 이 경우 경쟁은 전쟁의 수준으로 확장된다. 산업혁명 이후 극대화된 생산성은 상품의 소비와 재생산을 위한 국제적인 경쟁

22 윌 듀란트,『노년에 대하여』, 김승욱 옮김, 민음사, 2018, 142~145쪽

을 촉발시킨다. 이 경쟁은 소비를 위한 시장의 확보에 초점이 맞추어지고, 이 과정에서 전쟁은 촉발된다. 사회적 생산성의 수준과 경쟁의 양상은 다르지만, 그럼에도 불구하고 동일한 원리가 각 시대를 관통하고 있다. 그것은 바로 생존이다. 인간 모두는 생존을 위해 분투하며, 이 동일한 목적을 위해 모두가 경쟁한다. 그 경쟁은 국가의 수준이 될 수도 있으며, 개인의 수준이 될 수도 있다.

생존은 인간의 필연적 조건이라는 점은 분명하다. 필연적 조건인 한, 인류 역사의 전 과정에서 생존을 위한 노력은 늘 반복될 수밖에 없다. 하지만 생존은 인간만의 목적은 아니다. 동물 역시 생존을 위한 투쟁에 매진한다. 만일 동물과 인간을 근본적으로 구별할 수 있다면, 생존만을 통해 인류 역사를 관통하여 이해하는 것은 불충분한 이해일 따름이다. 이와 달리 한나 아렌트는 인간의 활동적 삶(vita activa)을 세 개의 범주로 나누어 이해하였다.

> "활동적 삶(vita activa)이라는 개념으로 나는 인간의 세 가지 근본 활동, 즉 노동·작업·행위를 표현하고자 한다. 이 활동들이 근본적인 까닭은 인간이 지상에서 삶을 영위할 때 주어져 있는 기본 조건들과 각각 일치하기 때문이다.
>
> 노동은 인간 신체의 생물학적 과정과 일치하는 활동이다. 신체의 자연발생적 성장, 신진대사와 부패는 노동에 의해 생산되어 삶의 과정에 투입된 생명필수재에 묶여 있다. 노동의 인간적 조건은 삶 자체다.
>
> 작업은 인간의 실존에서 비자연적인 부분에 상응하는 활동이다. 인간의 실존은 '인간 종'의 영원한 순환에 완전히 들어맞지 않으며 개별적인 인간의 사멸성이 인간 종의 불멸가능성으로 보상받지도 않는다. 작업은 모든 자연적 환경과는 분명하게 다른 '인공적'인 사물세계를 제공한다. 각각의 개별적 삶

은 그 경계 안에 자리 잡고 있지만, 이 세계 자체는 개별적 삶보다 더 오래 지속되고 이를 초월하는 것으로 여겨진다. 다시 말해 작업의 인간적 조건은 세계성이다.
행위는 사물이나 물질의 매개 없이 인간들 사이에서 직접적으로 이루어지는 유일한 활동이다. 행위는 다수성이라는 인간의 조건, 즉 한 인간이 아니라 다수의 인간이 이 지구상에 살고 세계에 거주한다는 사실과 일치한다. 인간의 조건의 모든 측면은 어떤 식으로든 정치와 연관되기는 하지만, 이 다수성은 모든 정치적 삶의 '필요조건'일 뿐만 아니라 '가능조건'이라는 의미에서 절대적 조건이다. …… 노동은 개인의 생존뿐 아니라 종의 삶까지 보장한다. 작업과 그 산물, 즉 인간의 인공물(artifact)은 유한한 삶의 무익함과 인간적 시간의 덧없음에 영속성과 지속성을 부여할 수단을 제공한다."[23]

한나 아렌트의 이 구분에서 앞서 언급한 생존은 노동의 범주에서 이해되는 것이다. 인간에게 생존은 필연적인 것이며, 이를 위해 자연에 의존해야 하는 것 역시 필연적이다. 따라서 인간의 노동은 노예적인 삶의 방식이다. 생존과 자연의 필연성에 예속되어 있는 한, 인간은 결코 자유로울 수 없다. 한나 아렌트는 이것이 고대 그리스가 노동을 노예에게 일임했던 이유라 설명한다. 자유민은 그가 진정으로 자유롭기 위해서 노동의 예속에서 벗어나야 했으며, 노예의 노동을 착취하기 위해서가 아니라 그들이 자유롭기

23 한나 아렌트, 『인간의 조건』, 이진우 역, 한길사, 2017, 73~75쪽. 볼드 표기는 필자. 역자는 work를 '작업'으로 번역하였지만, 그 보다는 '일'이 더 적합한 표현이라 나는 생각한다. 한나 아렌트는 호모 파베르의 work가 '제작'이라고 말하는데, 이 때 work는 호모 파베르의 고유한 구실(ergon, 일)이다. 작업은 이 구실 가운데 속하는 한 종류일 뿐이며, 이러한 의미에서 work는 작업보다는 일(ergon)로서 이해하는 것이 좋다고 본다.

위해 생존의 필연성을 노예에게 예속시켰던 것이다. 인간의 '일'이 노동과 다른 것은 그것이 생존과 자연의 필연성에 예속되지 않는다는 점이다. 인간의 일은 생존을 지향하지 않는다. 인간 일의 대표적인 예는 도구의 제작이다. 물론 도구는 생존을 위한 활동, 즉 노동의 과정에서 사용되기는 하지만, 도구 제작의 근본 목적이 생존인 것은 아니다. 예를 들어 연필이라는 도구는 생존을 위해 제작된 것이 아니다. 제작된 도구가 생존의 과정에 사용되어 노동의 강도를 낮춰 줄 수는 있지만, 그렇다고 해서 그 사용이 그 제작의 목적으로 전치될 수는 없다.

인간 실존의 조건에 따라 노동과 일은 구분되지만, 노동을 노예만의 활동을 국한시킬 수는 없다. 실제 노예제는 인류 역사의 한 페이지에 불과하며, 그 페이지를 넘어서 있는 인간들은 그 자신의 생존을 위해 노동을 하지 않으면 안 되었다. 더불어 노동하는 인간은 일하는 인간이기도 하였다. 인간은 당면의 목표인 생존을 위해 분투하면서도, 그 목표와는 다른 인공물을 제작하는 활동 역시 수행하였다. 인간의 문화가 형성될 수 있었던 것은 바로 인간이 노동 외에 일을 할 수 있는 존재였기 때문이다. 하지만 인간은 홀로 문화를 형성할 수는 없다. 인간은 홀로 노동하고 일하는 존재가 아니라 본래 타인과 더불어 살 수밖에 없는 존재이다. 노동도 일도 이러한 인간의 복수성에 기초하여 이루어질 수 있는 활동이다. 따라서 행위는 절대적 조건일 수밖에 없다. 하지만 서로 다른 이 세 활동은 서양 근대의 사유를 거치면서 그 다양성을 유지할 수 없었는데, 인간의 일과 행위는 노동으로 환원되었던 것이다.

서양 근대의 시각에서 인간은 효율성과 자신의 이득을 추구하는 존재로 이해되었다. 이른바 계산적 합리성에 바탕을 둔 존재로 이해되었으며, 이러한 의미에서 인간은 사유하는 존재가 아닌 호모 에코노미쿠스(homo economicus)로서 이해되었다. 이반 일리치는 호모 에코노미쿠스에 대해 다음과 같이 말한다.

> "산업 노동의 무미건조한 역사는 … 경제학의 사각지대를 없애왔다. 호모 에코노미쿠스는 한 번도 중성적인 적이 없었다. 그것은 애초부터 비르 라보란스(vir laborans)와 페미나 도메스티카(femina domestica) 즉 '일하는 남자'와 '집안일 하는 여자'라는 커플로 창조되었고, 이로부터 호모 인두스트리알리스가 탄생했다." [24]

근대로부터 추동된 인간에 대한 새로운 이해는 이제 인간이 자신의 이득을 위해 합리적으로 판단을 내리고 행동을 수행하는 존재라는 것을 사람들에게 각인시켰다. 물론 이것은 정상적인 교육을 통해서 이루어진 것은 아니었다. 그것은 산업혁명을 통해 펼쳐진 산업 노동 속에서 전제되고 각인되었다. 특히 산업혁명을 통해 촉진된 시장사회는 인간 활동의 의미를 근원적으로 변경시켰다. 산업혁명을 통해 산업생산 방식은 인간 삶에 있어 일종의 환경이 되었다. 칼 폴라니는 이 과정을 다음과 같이 설명하였다.

> "생산은 인간과 자연의 상호작용이다. 만약 생산 과정이 물물교역과 교환의 자기조정 메커니즘을 통해 조직된다면 인간과 자연도 자기조정의 메커니즘 궤도 안으로 들어가지 않을 수 없다. 즉 인간과 자연도 수요와 공급 법칙에 종속되어야만 하며, 다시 말해 판매를 위해 생산된 재화로 취급되어야만 하게 되는 것이다.

24 이반 일리치, 그림자노동, 노승영 옮김, 사월의 책, 2015, 45쪽.

시장 체계의 제도란 바로 이런 것이다. 인간은 노동이라는 이름 아래, 자연은 토지라는 이름 아래 시장에서 구입할 수 있는 것으로 변했다. 노동력의 사용은 임금이라고 불리는 가격으로 어디서나 사고팔 수 있게 되었고, 토지의 사용은 지대라고 불리는 가격으로 흥정할 수 있었다. 토지나 노동에도 시장이 생겨났고, 그 수요와 공급은 토지가 판매를 위해 생산된 것이라는 허구를 일관되게 받아들였다."[25]

산업생산은 생산된 물품이 판매되어야 하는, 즉 생산과 소비의 과정을 전제해야 했다. 이 과정 전체는 시장 속에서 이루어졌다. 생산물뿐만 아니라 생산을 위한 요소들 역시 시장에서 구매되어야 했던 것이다. 시장에서 구매되기 위해서는 시장 안으로 구매될 것이 진입해야 하며, 이 진입은 특정한 변환 과정을 거쳐야 했던 것이다. 그것이 바로 상품화이다. 인간의 노동도 생산의 요소이며, 따라서 그것 역시 하나의 상품이 되어야 했다. 상품화의 목적은 팔리는 것이다. 따라서 상품으로 전환된 노동 역시 팔리는 것이 목적이며, 자연으로서의 토지와 인간 활동으로서의 노동 모두 마찬가지의 의미로 이해된 것이었다.

산업생산이 유일한 삶의 조건인 한, 다시 말해 산업생산 시스템을 벗어난 인간 삶이 유지되지 못하는 한, 인간의 모든 활동은 상품화 속에서 이해되고 변경되어야 했다. 인간 일의 산물인 도구는 오직 생산에 투입되는 것으로서만 의미가 있었으며, 생산도구로는 효율적인 생산을, 생산물로서 이윤에 적극적으로 봉사할 수 있어야만 했다. 더욱이 생산의 과정에서 인간

25 칼 폴라니 저, 홍기빈 역, 『거대한 전환』, 길, 2009, 378쪽. 볼드체는 필자 표기.

은 또 다른 인간이 아닌 기계와 관계를 맺어야 했다. 인간은 기계가 펼쳐 놓은 시스템 속에서 마치 기어의 톱날처럼 맞물려 돌아가야 하는 존재가 되었다. 이 변화는 이중의 과정을 동반하였다. 하나는 인간이 기계에 따라 작동되어야 하며, 이러한 한 인간과 기계는 작동은 근본적으로 구분되지 않는다. 이로써 인간과 기계는 동일한 기준 하에서 평가될 수 있는 것이 되었다. 다른 하나는 이 과정에서 인간의 노동은 행위라는 활동으로 이해되지 못한다는 것이다. 기계에 따라 움직이는 인간이 여럿일 수는 있으나, 그들은 사물의 매개 없이 서로 관계를 맺는 존재가 아니라 각자 그저 여럿으로만 기계와 함께 작동하는 존재들일 뿐이다. 이 두 과정을 통해 한나 아렌트가 인간의 실존적 활동으로서 구별했던 인간의 일과 행위는 모두 노동으로 전환되었다. 특히 행위가 노동으로 환원됨으로써 인간과 인간의 관계를 서로에 대한 의존의 관계에서 벗어나게 된다. 이들은 그저 서로 같은 노동을 나누어서 하는 것일 뿐이며, 그 노동은 그 누구에 의해서도 수행될 수 있는 것이다. 만일 그러한 수행의 기회가 부족하다면, 누군가는, 호모 에코노미쿠스로서, 자신의 이익을 위해 그 자리를 대신 차지해야만 한다. 이러한 대체의 이데올로기가 바로 경쟁이며, 산업사회에서 경쟁은 자연스럽고 당연한 조건이 되었다.

<찰리 채플린의 '모던타임스'의 한 장면>

노동이 인간의 유일한 활동이 됨으로써, 당연히 인간 삶의 목적은 생존으로 귀결되었다. 더욱이 서로가 서로에 대하여 무한히 경쟁해야 하는 조건 하에서 약자의 조건은 치명적인 것이었다. 더욱이 기계와도 경쟁해야 하는 인간으로서는 나이 듦과 노동 능력의 쇠퇴는 결정적 약점이 되었다. 경쟁의 조건을 갖지 못한 인간은 그러한 조건을 갖고 있는 또 다른 인간에게 대체되어야 했으며, 이러한 점에서 은퇴는 선택의 결과가 아닌 강요의 결과일 따름이다. 산업혁명이 불러 온 이러한 변화 속에서 노년 세대는 고유한 자신의 공간을 사회 속에 마련하기 점차 어려워지게 되는데, 그 주된 원인은 바로 노동만이 인간의 유일한 활동이기 때문이다.

"노년에 대한 모든 사회의 일반적 태도는 사회 계층마다 각기 특색을 띠었다는 점도 덧붙여야 한다. 늙고 가난한 것보다는 늙고 부유한 것이 언제나 더 나았다. 늙고 가난한 이들이 바랄 수 있는 최선의 것은 자신이었다. 이러한 노인들은 타인들에게 전적으로 의존했다. 요컨대 노년의 황금시대란 없었지만, 여러 문명의 종잡을 수 없는 탈동시적 가치 변화에 따른 혼란스러운 변천은 있었다.

몇몇 특권층을 제외하고는 이 모든 먼 과거 시대에 은퇴의 개념은 존재하지 않았다. 따라서 노인은 두 부류로만 나뉘었다. 우선 일하는 노인들이 있었다. 이들은 노령을 무릅쓰고 계속해서 직업에 종사했으며, 동시대인들은 이런 노인들을 성인 집단의 일부로 간주했다. 그리고 일하지 않는 노인들이 있었다. 이들은 노쇠로 인해 어쩔 수 없이 쉬고 있는 노인들로, 문서 기록상 허약자와 병자 내에 분류되었다. 그리하여 결국 노년은 해체되고 사라졌다. 바로 이것이 노인의 가장 큰 고충이었고, 이로 인해 과거의 노인들은 약하고 불행해졌다. 여전히 매우 폐쇄적이고, 개인의 사회적 인정은 오로지 지위와 집단 구성원으로서의 자격을 통해서만 보장되며, 고립된 개인은 살아남을 수 없는 사회에서 노인의 특수성은 인정받지 못했다. 그러므로 노인은 아무런 권리도 없었고, 전적으로 주위 사람들의 손에 좌지우지 되었다. 결국 당대의 규범과 인간의 이상으로부터 노인들의 이미지를 창조하는 것은 사회적 환경이었다."[26]

노동만이 인간의 유일한 활동인 한, 산업사회에서 노년 세대를 향한 시선은 결코 따뜻할 수 없다. 자신들의 생산성 일부를 노인들의 삶을 위해 사용하는 사회적 합의도 그리 쉽게 이루어지지 않고 있는 실정이다. 노년의 해체와 불행은 그저 과거의 것이 아니며, 지금도 여전히 진행 중에 있다.

26 조르주 미누아, 앞의 책, 542~543쪽.

5. 세대 간 인정의 조건

현재 새로운 산업혁명이 진행되고 있다. 여러 실질적인 변화가 이루어지고 있으며, 이 변화의 양상과 영향에 대한 관심도가 사회적으로 높아지고 있다. 인간을 돕는 여러 기술들이 개발되고 있으며, 이제 감정을 공유할 수 있는 로봇도 등장하였다. 생산 영역의 변화는 그 어느 영역보다도 두드러진다. 생산의 방식 자체가 변경되고 있으며, 이에 따른 소비의 패턴과 양식도 변화되고 있다. 그렇다면 과연 새로운 산업혁명은 우리 인간 삶의 새로운 조건일 수 있을까? 이 속에서 세대들 간의 경쟁과 불화는 잦아들 수 있을까?

이것은 사실 미래에 대한 예측의 영역이며, 그러한 한에서 여러 입장들이 공존해 있는 상태이다. 기술사회의 미래에 대한 낙관적 전망도 제시되고 있으며, 지난 산업혁명들과 유사한 패턴이 유지될 것이라는 전망도 있다. 그리고 미래에 대한 암울한 전망도 제기되고 있다. 예측이기에, 그 어느 것이 맞고 어떤 것은 틀리다고 단정할 수는 없다. 다만 그러한 예측의 대상이 미래이기에, 그 예측에 있어서 위험의 요소는 반드시 고려되어야 한다. 만일 그 위험의 요소가 제거될 수 있을 것이라 단정하지 못한다면, 그 위험의 가능성을 우리가 심각하게 받아들여야 한다.

현재 예측되고 있는 가장 큰 위험 요소는 일자리이다. 현재 산업혁명을 추동하고 있는 기술이 과거의 자동화와 달리 자율성에 기초해 있기 때문이다. 한나 아렌트는 노동이 유일한 활동인 사회에서 자동화는 매우 큰 위험 요인이라고 보았다. 자동화는 유일한 활동인 노동을 대체할 것이고, 이러한 결과 노동자 없는 노동사회가 도래할 것이라는 것이 그녀의 예측이었다. 하지만 현재의 자동화는 그 당시의 자동화 수준을 크게 넘어서 있다. 2016년

백악관이 제시한 보고서는 현재의 자동화 기술을 '인공지능 주도의 자동화(AI-driven automation)'라 명명하기도 하였다. 현재의 자동화는 인간의 통제나 개입 없이 인공지능 간의 소통과 판단을 기초로 기계적 장치들이 자동적으로 작동하는 시스템을 구축하는 데 초점이 맞춰져 있다. 이러한 시스템이 구축되고 점차 확장된다면, 인간의 노동이 더 이상 넘볼 수 없는 기계노동(machine labor)이 일반화될 가능성이 있다. 물론 그럼에도 불구하고 이렇게 증가된 노동생산성이 더 많은 일자리를 산출할 것이라는 예측도 있다. 그리고 그 영향이 적을 것이라는 보고서도 있다. 하지만 비교적 오랫동안 노동생산성이 소득과 고용을 동반 상승시킨 것은 아니라는 MIT의 연구자 맥아피와 브린욜프슨의 연구 결과가 2015년 하버드 비즈니스 리뷰(Harvard Business Review)에 발표되었다. 이들은 여러 자료들을 분석 종합하여 2000년 대 들어서면서부터 노동생산성이 소득과 고용과 동조화되고 있지 못함을 지적하면서, 이를 '거대 탈동조화(the great decoupling)'이라 명명하였다. 이들에 따르면, "기술적 진보가 파이를 키워나가면서 모두에게 공평하게 이득이 돌아가는 것을 보장하는 경제법칙은 존재하지 않는다."[27]

https://hbr.org/2015/06/the-great-decoupling

이것이 의미하는 것은 새로운 산업혁명이 과거의 산업혁명보다 더 나은 결과를 도래하지 않을 가능성이 높다는 점이다. 이러한 가능성이 노년 세대에게 심각한 것은 기존의 산업사회 내에서 노년 세대가 처했던 상황보다 앞으로의 상황이 더 좋지 않을 수 있다는 점이다. 사실 이 문제는 비단 노년 세대에게만 국한되지는 않는다. 거대 탈동조화의 결과는 노년뿐 아니라 다른 모든 세대의 문제이기도 하기 때문이다. 만일 이러한 가능성이 현실화될 수 있다는 점을 우리가 가정한다면, 우리는 이 미래에 대하여 어떠한 준비를 해야 할 것인가?

> "경쟁은 서로 다른 생각들이 경계를 설정하여 대결하는 양상으로 일어나기 때문에 생각을 제한할 위험이 있다. 경쟁은 필연적으로 평가를 통해 순위를 정한다는 전제에서 출발하는 것이고, 이렇게 정해진 순위가 객관성을 갖기 위해서는 다른 것도 같은 것으로 취급하여 동일한 기준과 척도에 의해 평가해야 하기 때문이다. 이러한 이유 때문에 경쟁은 의도적이건 의도적이지 않건 간에 다양성과 독특성을 억압하고 동질적으로 측정될 수 없는 것을 배제하는 결과를 필연적으로 수반한다. 더욱 심각한 것은 경쟁이 타자에게 이익이 되는 것을 결코 개방하지 않는 폐쇄적 적대성으로 귀착된다는 점이다. 이처럼 독특성이 배척되고 타자에게 폐쇄되는 환경은 창의성의 발현에 치명적이다.

27 Amy Bernstein and Anand Raman, "The Great Decoupling: An Interview with Erik Brynjolfsson and Andrew MacAfee," Harvard Business Review, June 2015. https://hbr.org/2015/06/the-great-decoupling
왼쪽 도표에서 볼 수 있듯, 2000년대 내내 경제의 성장과 달리 직업 소득은 정체 혹은 하락되는 현상들을 보이고 있으며, 이러한 현상을 이들은 'the Great Decoupling'이라 부른다.

반면, 협력은 서로 다른 생각들이 합류함으로 질적으로 다른 생각을 창발할 가능성을 높인다. 협력은 사로 다른 생각, 관점, 방법론, 나아가 서로 다른 전문성을 갖는 개인들에 의해 이루어지는 활동이다. 이렇게 서로 구별되는 독특한 것들의 상호작용은 상호보완, 상호자극, 상호비판의 동적 과정으로 진행되어 협력당사자들에게 지속적인 활동의 동기를 부여하고 각자의 생각을 변화시키는 가운데 새로운 것이 창발할 수 있는 동력을 제공한다."[28]

현재의 기술혁명이 드러내고 있는 모습에서 추론해 볼 수 있는 위험성에 기초해 본다면, 우리는 과거의 산업시대에서 생존을 위해 선택해야만 했던 경쟁의 구도 속에서 더 이상 생존의 가능성을 찾을 수 없을지도 모른다. 기계기술은 더 이상 인간과의 경쟁을 용납하지 않으며, 이러한 상황에서 인간 간의 경쟁은 효과적인 대안이 될 수도 없을 것이다. 유일한 삶의 조건인 노동이 이제 인간에게 가능하지 않을 수도 있기 때문이다. 이러한 점에서 우리가 반성적으로 고찰해야 할 것은 인간의 활동이 갖는 근본적인 의미이다.

노동이 유일한 활동이라는 것은 인간 활동이 결코 다양하지 않다는 것을 함의한다. 하지만 노동이 생존을 지향하는 활동이며, 그것이 유일한 활동이라면, 인간의 활동은 동물과 근본적으로 다르지 않다. 동물의 세계는 노쇠한 동물에게 냉정하다. 인간의 세계가 동물의 세계와 근본적으로 다르지 않다면, 우리의 노년 세대 역시 마찬가지의 상태에 있을 수밖에 없다. 하지만 노년의 문제는 곧 우리의 문제이다. 우리 모두 시간 속 존재이기 때문이다. 유일한 목적을 우리 모두 동일하게 갖게 될 때, 경쟁은 필연적 결과

28 이종관, 『포스트휴먼이 온다』, 사월의 책, 2017, 397~398쪽.

일 따름이다. 우리가 경쟁에서 벗어나기 위해서는 우리의 목적을 다양화해야 하며, 이의 근본적인 조건은 인간 활동의 다양성을 회복하는 것이다. 한나 아렌트의 말을 빌자면, 노동 외에도 또 다른 인간의 활동적 삶들인 일과 행위가 회복되어야 하는 것이다. 일의 회복은 우리가 산업의 영역에서 노동을 상실할 때에도 인간이 그 삶을 영위할 수 있는 또 다른 가능성을 우리에게 열어줄 수 있다. 우리가 만일 노동의 방식과는 전혀 다른 보상체계를 마련할 수 있다면, 자신의 노동을 오로지 상품화해야만 하는 단일한 방식에서 벗어나 다양한 형태와 방식의 일들을 우리 스스로 만들어갈 수 있을 것이다. 우리가 하는 일이 고유한 한, 우리는 진정한 행위를 회복할 수 있다.

> "… 다른 누구와 동일하지 않다는 점에서만 모든 인간은 동일하다. 이 때문에 다수성은 인간 행위의 조건인 것이다."[29]

고유한 것은 결코 대체될 수 없다. 만일 우리의 활동이 고유한 일들일 수 있다면, 우리는 서로의 존재를 인정해야 하며, 동시에 서로의 일 역시 인정해야 한다. 이러한 인정이 우리에게 촉구하는 것은 경쟁이 아니라 바로 협력이다. 협력은 하나의 유일한 인간상을 결코 요구하지 않는다. 한나 아렌트의 말처럼, 우리가 동일한 것은 서로 동일하지 않다는 점에서이다. 따라서 인간 활동의 다양성 회복을 통한 협력의 삶 속에서는 세대 간의 타자화는 결코 이루어질 수 없다.

협력적 삶, 그것은 우리의 오래된 미래이다.

---

29 한나 아렌트, 앞의 책, 75쪽.

참고문헌

김미영 외, 『노년의 풍경』, 글항아리, 2014.

부경대학교 인문사회과학연구소 노년인문학센터, 『인문학자, 노년을 성찰하다』, 푸른사상, 2012.

한림대학교 고령 사회연구소, 『노년의 모습』, 박문사, 2018.

윌 듀란트,『노년에 대하여』, 김승욱 옮김, 민음사, 2018.

이종관, 『포스트휴먼이 온다』, 사월의 책, 2017.

조르주 미누아, 『노년의 역사』, 박규현·김소라 옮김, 아모르문디, 2010.

한나 아렌트, 『인간의 조건』, 이진우 역, 한길사, 2017.

칼 폴라니 저, 홍기빈 역, 『거대한 전환』, 길, 2009.

김미영, 정재윤, 「얼리안티에이징(early anti-aging)현상에 따른 20대남녀의 뷰티 소비성향조사」, 『한국디자인포럼』, 2011.11.26. http://detra.org/html/sub_view/33/view_02.asp(2018.11.30.)

Amy Bernstein and Anand Raman, "The Great Decoupling: An Interview with Erik Brynjolfsson and Andrew MacAfee," *Harvard Business Review*, June 2015. https://hbr.org/2015/06/the-great-decoupling(2018.11.25.)

추천도서 한 권

이종관,『포스트휴먼이 온다』, 사월의 책, 2017.

『포스트휴먼이 온다』는 현재 우리의 기술적 현상을 다루고 있는 책이다. 하지만 『포스트휴먼이 온다』는 현재 우리의 기술적 현상을 다루고 있는 책이다. 하지만 이 책은 인간에 대한 이야기이다. 이 글의 저자는 인간의 능력을 뛰어넘고 있는 기술적 현실들의 다양한 철학적 전제들을 분석하고, 이러한 담론들이 갖고 있는 문제점을 낱낱이 고발하여, 미래인문학의 관점에서 향후 우리의 실제 삶이 '협력'을 바탕으로 전개되어야 함을 우리에게 일러주고 있다. 미래를 맞이하고 있는 현재 우리에게 반드시 필요한 이야기이다.

‘세대 공정성’과 세대 간 협약

이진일[1]

- 목차 -

1 현재 성균관대학교 동아시아 역사연구소 연구교수로 재직하고 있다. 독일 튀빙엔(Tübingen) 대학교에서 20세기 독일사를 전공했으며, 이후 지금까지 역사와 공간의 관계, 서구 학문의 동아시아로의 전이과정, 한독관계사 등에 대해 관심을 갖고 연구해 왔다. 최근 논문으로는 「해양과 '공간혁명' - 칼 슈미트의 <땅과 바다>를 중심으로」(2018), 「해방공간을 살다간 한 독일 지식인의 민주주의 인식: 에른스트 프랭켈」(2017), 「전간기 유럽의 동아시아 인식과 서술 - 지정학적 구상을 중심으로」(2016) 등이 있으며, 현재 특정 세대에서 형성되는 그들 고유의 시대적 감정과 세대의식, 이를 통한 세대형성의 문제를 독일 나치즘의 전개와 관련해 구상 중이다.

I. '세대 공정성'이라는 문제

풍요와 빈곤, 남성과 여성, 또는 다양한 민족 간의 갈등과 더불어 세대 간의 갈등이 근대 사회 안에서 새로운 이해충돌의 영역으로 등장하고 있다. 세대 간의 갈등은 시간을 매개로 자연적으로 생겨나거나 일시적으로 고착된 문제가 아니라 사회적으로 구성된 문제이다. 생활 수준, 위생, 의학의 발전에 따른 노인 세대의 삶의 연장이 기대와는 달리 활동성과 사회에 더 많은 활력을 불어넣는 방향으로 진행되지 못하였다. 오히려 오늘의 세대의 향유가 다음 세대가 누려야 할 인간다운 삶의 몫을 선취해 가거나, 다음 세대가 짊어져야 할 의무의 과중한 부과로 이어져 청년과 노인, 현재와 미래 간의 자원의 공정한 배분이 이루어지지 못할 수 있다는 걱정과 비관이 갈등의 중심에 자리하고 있다. 이를 우리는 '세대 공정성' 문제로 이름붙일 수 있다.

계급 간의 정의, 양성평등, 기회의 공정성 같은 개념들처럼, 세대 간에도 공정성을 얘기할 수 있을까? 이 개념이 성립되기 위해서는 어떤 전제들이 만들어져야 하는가?

그러기 위해서는 우선 공동의 경험과 특성을 간직한 특정 연령대의 집단이 있어야 하며, 이와 시기적으로 간격을 갖고 특성과 경험에서 이들과 다른 연령대의 집단이 있어야 한다. 하지만 일반적으로 다음에 오는 세대가 보다 좋은 상황에 놓이게 되면, 이를 두고 그 앞 세대가 불공평하다고 호소하지는 못한다. 이는 그저 나중에 태어난 세대에게 주어지는 자연스러운 혜택일 뿐이다. 오히려 자신들의 희생과 노고에 의해 다음 세대가 더 좋은 환경에 놓이게 됨을 기뻐할 것이다. 세대 간 불공정에 대해 언급하게 되는 경우는 일반적으로 전 세대에 비해 공평하지 못한 삶의 조건에 놓이게 되는 후 세대에게서 발생하며, 자신들의 기회를 앗아가거나, 앞 세대가 짊어졌어야 했을 문제들을 부당하게 다음 세대에 넘겨주었을 때 제기된다. 이는 미래 세대와 과거 세대 간의 충돌이며, 부족한 재원이나 자원들의 정의롭지 못한 분배로 인한 이해관계나 요구의 충돌이다. 그리고 궁극적으로 이는 다음 세대의 삶의 기회와 연결되어 있다. 이러한 갈등이 고조되면 '세대 간 전쟁'으로까지 불리우기도 한다.

1957년 독일은 연금개혁을 시행하면서 그 진행논리로서 '세대 간 협약(Generationsvertrag)', 혹은 '세대 간 연대(Generationssolidarität)'라는 용어를 처음으로 고안해 쓰기 시작했다. '세대 공정성(Generationen-gerechtigkeit)'이라는 개념은 1997년 연금정책과 연금체제를 두고 사회적 갈등이 생기면서 처음으로 등장했고, 일종의 정치용어로서 급속히 확산된 개념이다. 독일이 이 문제에 다른 유럽 국가들보다 일찍 나선 것은 역사적으로 잦은 전쟁과 국가적 위기, 인플레이션 등으로 인한 재정적 불안정 혹은 붕괴의 경험이 있었기 때문이다.

프랑스에서도 2012년 대통령 선거에서 높은 청년실업 문제를 해결하기 위해 '세대 간 협약(Contrat de Generation)'의 문제가 본격적으로 등장하게 되는데, 즉 그 목표는 16살에서 25살 사이의 젊은이들을 위한 일자리 창출을 57살 이상 연령의 은퇴를 앞둔 노동자들의 일자리와 연계시켜, 나이든 세대에게 젊은 세대의 일자리 훈련을 맡기면서 양 측이 상호 협조 하에 조화롭게 노동시장 전체를 유지하고자 하는 의도였다. 유사한 '세대 공정성'의 논리로 이탈리아는 1992년, 영국은 1986년, 스웨덴은 1994년 각각 연금수령 연령을 연장했다. 오늘날 '세대 공정성' 문제는 국가의 재정정책 문제를 넘어 복지국가 제도 전반에 대한 방향전환 논의로 확대되고 있다.

복지국가는 근대 민주주의가 이뤄낸 하나의 혁명적 발상이었다. 복지

국가라는 개념이 처음 만들어지고 발전되면서, (적어도 이론적으로는) 더 이상 사람들은 자신의 생존을 위해 가족을 통한 부의 소유와 축적에만 매달리지 않아도 되게 되었고, 성장환경에 따른 빈부격차, 혹은 물려받는 재산의 유무에 따라 그 삶의 지속과 중단 자체가 극적으로 결정되지 않아도 되는 시대가 만들어 진 것이다. 혈통개념이 축소되면서 가족에 의한 부양과 유기체적 전승의 개념은 세대 개념을 바탕으로 하는 복지체제의 제도화와 그의 구체적 실현으로서의 연금 혹은 보험이라는 개념으로 대체된다. 더 이상 가계와 혈통에 따른 계승이 의무가 아니게 되면서, 집단이나 사회가 갖는 책무의 성격도 변화되었다. 혈연적 계보(Genealogy)가 아니라 연금과 보험이 세대와 세대 사이의 관계를 규정하게 되며, 이러한 전환을 제도적으로 드러낸 것이 복지국가였다.

가족적 부의 다음 세대로의 전승체제는 그 어떤 법적 요구권도 없는 도덕적, 사회적 규범의 성격일 뿐임에 반해, 복지국가에서의 부의 이전체제(transfersystem)는 법적으로 보장된 권리와 의무로 규정되고, 분배규칙을 제도화하였다. 1898년 독일에서 처음 사회보장 제도가 만들어진 이래 다양한 삶의 영역에서 복지체제의 지속적 확장을 이루어 왔다. 초창기의 연금보험이 노후의 빈곤을 벗어나는 최소한의 보장이 그 의도였다면, 1945년 이후 근대적 발전이 일반화된 후에는 연금을 통해 취업 당시의 삶의 수준을 노후에도 보장할 수 있어야 한다는 취지로 강화되어 간다. 동시에 연금에 대한 당사자의 기여 의무도 가중되며, 국가에 의한 지원도 제도적으로 보장된다.

대부분의 서구 국가에서의 100년이 넘는 노인연금의 역사는 전쟁과 경제위기, 환율개혁, 화폐통합 등을 거치면서도 굳건히 지켜져 왔다. 하지만 이렇게 이룩된 근대적 복지체제의 근간은 인구상의 변화를 통해 지난

1990년대 이후 다시 한번 근본적으로 흔들리게 된다. 기존의 방식으로는 더 이상 늘어나는 사회복지 지출, 특히 노령연금과 관련해 더 이상 유지하기 어려운 구조에 처하게 되었다. 이는 1945년 이후 급속한 발전을 이뤄낸 대부분 국가들에서의 공통된 현상이다.

복지국가 체제는 바로 전 세대가 지출한 임금과 수입에 기반해 내놓은 출연금에 의해 작동된다. 이는 세대들끼리 상호 종속됨을 의미한다. 오늘날 대부분의 공적 연금 시스템은 연금 지급 수준을 상당한 수준 깎거나 보험료율을 높은 수준으로 인상하지 않으면 연금제도가 유지될 수 없는 구조가 되었다. 하지만 은퇴세대의 연금지급 수준을 과거처럼 유지하기 위해 지금 일하는 세대의 보험료율을 대폭 올리는 일은 현 취업세대에게 과도한 경제적 부담을 지우는 일이 되고, 이는 심각한 사회 불만의 요소가 된다.

과거에 사회 정의를 애기할 때는 기본적으로 자본과 임금 간의 분배의 문제를 다루는 것으로 받아들여졌다면, 이제는 정치적으로나 학문적으로 이것만으로는 충분하지 않다. 복지국가의 이해를 위해서는 납입금의 공평성만큼이나 그것이 주는 혜택의 공평성, 수급 연령의 공평성, 시대에 따라 다른 요구의 공평성들을 함께 고려해야 한다. 사회적으로 공정한 것이 세대의 시각에서 보면 공정하지 못한 것이 되기도 하고, 현재 유리한 것이 미래를 희생해서 만들어지게 된 것이거나, 나이든 이들에게 가는 분배가 젊은이들을 희생 삼아 이루어지기도 한다. 그래서 과거의 분배정책과는 완전히 다른 접근이 필요하게 되었다.

노령연금을 둘러싸고 진행되는 세대 간 공정성이란 궁극적으로 취업세대와 연금수급자 세대 간의 이해관계의 공평함을 이루고, 동시에 시대를 넘어 모든 세대들 간에 자원이 공평하게 분배되도록 하는 것이 목표다. 이러한 세대 간의 공정성과 세대가 짊어져야 할 의무와 대상은 단지 연금과 관련해 납부해야하는 세금의 문제만이 아니라, 국가가 짊어지는 채무, 신뢰와 같은 사회적 자본, 자연보호와 같은 공동자산으로까지 그 범위가 확산된다.

노동시장에서의 불평등한 기회, 환경오염에 따른 불평등한 환경, 적절하지 못한 복지혜택에서 생겨나는 세대 간의 불평등 등으로 논의의 범위가 넓어졌으며, 이에 따라 과거 주로 양극화 문제로만 논의되던 분배정의 개념의 척도에서 벗어나, 성적 공정성(Geschlechter Gerechtigkeit), 전지구적 공정성(globale Gerechtigkeit), 참여의 공정성(Teilnahme Gerechtigkeit), 분배의 공정성(Teilhabe Gerechtigkeit) 등 공정성 개념이 구체화되고 다양화되었다. 이들 다양한 공정성 개념은 상호 합의될 수 있으며, 부분적으로 겹치기도 하고, 혹은 통일적으로 이해되기도 한다. 이들 다양한 공정성의 내용들을 사회적으로 서로 연결시키는 시도가 필요하다.

하지만 다른 한편에서는 이를 과도한 염려로 치부하는, 미래에 대한 낙관적 시각도 존재한다. 당면한 대규모 노령 인구 세대의 부양비용은 경제발전에 따라 쉽게 감당할 수 있으며, 이주나 노동력의 수입을 통해, 혹은 출산패턴의 변화를 통해 바뀔 수 있다는 견해이다. 또 설혹 바뀌지 않는다 하더라도 은퇴관행의 변화, 개인 및 정부의 저축과 지출패턴의 변화로 예고된 '위기'를 막을 수 있으리라는 시각이 그것이다.(팻 테인 엮음, 노년의 역사, 글항아리 2012)

그럴까? 지금의 우려가 과도한 것일까? 본 글은 그래서 오늘날의 연금위기의 실체를 다양한 통계수치를 동원해 검증해 보고자 하는 것은 아니다. 그보다는 오늘날 제기되고 있는 고령화와 노인복지 문제를 세대의 시각으로 살펴보면서, 유아 및 청소년 복지와 노령연금 문제를 복지국가 체제의 변화와의 관련성, 세대와의 관련성 아래 검토하고, '세대 공정성'을 화두로 유아세대 - 취업세대 - 은퇴세대 간에 맺어질 수 있는 도덕적, 사회적 계약의 가능성에 대해 사유해 보고자 한다.

II. 노인은 없다?

무엇보다 '세대'는 20세기에 들어와 자신을 분명하게 사회적으로 드러낸 범주이다. 산업화 이전 사회에서 세대 개념은 혈통적 계보에 따른 생성의 순서를 의미했을 뿐이었음에 비해, 근대부터 세대성과 세대는 연속성과 불연속성의 다양한 측면들을 포함한 관계로 표현된다. 비슷한 시대에 태어난 이들은 자신들을 하나의 세대로 설정함으로써 정치적으로 세력화할 수 있었다. 하지만 단지 특정 연령집단에 속한다고 해서 모든 사람을 하나의 동일한 세대로 묶을 수는 없다. 세대는 계층이나 계급, 단체 등의 사회적 집단과는 달리 확실한 소속이 없는 개념이다. 같은 세대에 속함이란 단지 생의 나이가 덤으로 덧붙여준 소산 이상의 그 무엇이다.

세대란 동일한 특정한 삶의 단계에 속하는 사람들(일반적으로 유년과 교육, 취업활동, 은퇴 등 세 단계로 나뉘게 되는데), 혹은 특정한 외적 특징들을 통해 각인된 시기적으로 동일한 집단(cohort, 예를 들면 전쟁세대, 전후 세대, 베이비 부머 세대, 미래세대 등과 같은) 등으로 이해된다.

세대 개념 안에는 그것으로 사고, 감정, 행동을 설명할 수 있는 어떤 전형적인 속성이 있다. 이미 자신들의 인구가 다른 세대보다 많다는 사실만으로도 당당하게 권리를 요구할 만한 정당성이 있는 것처럼 느끼도록 만들기도 한다. 이에 따라 각 세대는 그 나름의 특징과 차이를 갖게 되고, 나름의 공정성을 측정할 수 있는 다른 세대들과의 연결점들을 만들게 된다.

역사적으로 정치적, 사회적으로 큰 변화가 생겨날 때에는 그 바탕에 새로운 세대의 성장이 자리잡고 있었다. 그 주기를 19세기의 통계학자들은 대략 30년으로 잡았지만, 급격한 사회변동이 지속되는 오늘날은 사건과 시대적 특성에 따라 임의적으로 나누어 지칭하게 되었다. 오늘날 사람들은 더 이상 시간적 간격에 얽매이지 않으면서 시대의 변화나 새로운 문화를 대변하는 집단의 대두를 임의로 이름 붙이고, 그 대상에 이런저런 특성을 부여하고 있다. 언론과 사회학자, 수많은 소셜 미디어들은 지속적으로 새로운 세대를 발견해 내고 또 사라진다. 오히려 세대를 부르는 너무도 많은 명칭으로 인해 세대 개념 자체가 무의미해질 정도이다. 그런 명칭들이 지나치게 사회학적이거나 지나치게 기계론적인 모델을 상정하면 그 명칭은 곧 사라지고 만다. 보다 중요한 것은 일정한 세대의식으로 귀결될 수 있는 기획과 구조, 그리고 경험들 사이에서 벌어지는 복잡한 상호작용을 지적하는 것이다.

사회적 상상의 공동체들에서 세대적 정체성이나 세대 고유의 그룹의식이 생겨날 수 있으려면, 그 이전에 하나의 연령집단이 공동으로 겪었던 경험들이나 생활조건들이 반드시 있어야 한다. 하지만 그 이상으로 필요한 것이 있다. 세대 간의 단절과 갈등을 지속적으로 불러일으키거나 그것이 폭발할 때에 파급력을 부여했던 것은 문화적 단절이었다. 국가와 민족이 사회적 지속성을 보장하는 관련 단위들로 작동하던 동안에는 시간적인 투자의 논리와 사회적 균등의 논리, 즉 세대 간 공정성의 문제가 제기되지 않았다. 하지만 국가와 민족이 신뢰할 수 없다고 밝혀지면서 개인적인 생애시간, 집단적인 세대시간, 국가적인 제도시간 사이에 균열이 생긴다. 그러한 불연속성과 우연성의 기원이 더 이상 전쟁이 아니라 복지국가가 된 것이다.(울리케 유라이트, 미하엘 빌트, '세대'란 무엇인가? 한울, 2014)

역사 속에서 세대 간 갈등은 언제나 있어왔지만, 그 속에서 악역을 맡는 이는 언제고 나이든 세대였다. 혹은 사회는 거의 언제나 노인에 적대적이었다. 역사에서 노년을 바라보는 시각이 호의적이었던 적은 없다. 이미 2000년 전 키케로는 노년을 죽음을 준비하는 우울한 시간으로 묘사하고 있다: "간추려보면, 나는 노년이 비참해 보이는 네 가지 이유를 발견하게 되네. 첫째, 노년은 우리를 활동할 수 없게 만들고, 둘째 노년은 우리의 몸을 허약하게 하며, 셋째, 노년은 우리에게서 거의 모든 쾌락을 앗아가며, 넷째, 노년은 죽음으로부터 멀리 떨어져 있지 않다는 것이네."(키케로, 노년에 관하여, 우정에 관하여, 숲 2005)

<수상록>의 작가 몽테뉴는 만년에, "사람들은 내가 늙은 것을 탓하지만, 그 반대로 일반의 여론에 굴하고 남을 위해서 자기를 억제하는 것은 젊은 사람들이나 할 일이다. 청춘은 사람들과 자기 모두를 위해서 일해 줄 수 있다. 그러나 우리는 자기 혼자의 몸도 추스르기 힘들다"면서, "나는 이제부터는 마지막을 장식할 생각밖에 않는다. 나는 내게서 모든 새로운 희망과 계획을 벗어 던진다. 나는 이제 두고 떠나려는 모든 장소에 마지막 작별을 고한다. 그리고 날마다 내가 가진 것을 포기해 간다"라고 쓴다.(몽테뉴, 수상록, 동서문화사 1978)

시몬 보부아르가 쓴 <노년>에서 그녀는 가차 없으리만큼 신랄하게 노년의 삶을 부정적으로 서술하고 있다. 그녀는 "노인도 정말 인간인가?"라고 물으면서, "젊은이들과 똑같은 욕망, 감정, 욕구 등을 표명하는 노인은 사람들의 빈축을 사게 된다. 노인들의 사랑과 질투는 추하거나 우스꽝스럽고, 성 행위는 혐오스러우며, 폭력은 가소로운 것으로 여겨진다. 노인들은 모든 미덕의 본보기를 보여주어야 한다. 무엇보다도 먼저 사람들은 그들에게 평정함을 요구한다"면서 이처럼 노인들에 대한 불가능한 요구들은 노인들 궁극적으로 "인간이라는 범주 바깥에" 위치하도록 만든다는 것이다.(시몬 드 보부아르, 노인 - 나이 듦의 의미와 그 위대함, 책세상 2002) 서양적 사고에서 노년은 악이고 병이며 죽음을 준비하는 우울한 시간이었다.

그렇다면 노인들의 범주는 무엇인가? 노인은 지금까지 나이든 성인일 뿐이었고, 독립된 하나의 사회적 범주로 등장한 것은 현대에 이르러서였다.

과거 그들은 포착할 수 없는 다수의 개인으로 인식될 뿐이었다. 역사 속에서 노인은 사회적으로 인정받지 못하는 존재였고, 노인만의 특수성도 인정받지 못했다. 아직 은퇴의 개념이 없을 때 오직 소수의 특권층만이 스스로 은퇴 시기를 결정할 수 있었다. 대다수의 노인들은 나이와 상관없이 계속 일을 하는 것을 당연히 받아들였고, 노쇠해 더 이상 일을 못하게 되면, 그들은 단지 병자였을 뿐이다. 즉 노인은 없었다. 단지 예외가 있다면 고집스러운 정치지도자들이 그들이다. 이들 예외 없이 고집스러운 정치지도자들에게는 은퇴가 없었다. 72살의 프랑스 대통령 샤를 드골이 1962년 독일을 방문했을 때, 86세의 수상 콘라트 아데나워가 그를 맞이했다. 스탈린은 1953년 74세의 나이로 재임 중 죽었고, 브레즈네프는 1982년 76세로 사망했다.

특히 우리 사회는 '태극기 부대'로 상징되는 나이든 세대의 일탈을 보면서 노년을 바라보는 사회의 시선은 싸늘함을 넘어 적대감과 혐오에 다가가고 있다. 교육자 채현국은 한 인터뷰에서 우리나라 노인 세대를 어떻게 봐야 하는가라는 질문에 이렇게 말해 사람들의 주목을 받은 적 있다: "봐주지 마라. 노인들이 저 모양이라는 걸 잘 봐두어라. 너희들이 저렇게 되지 않기 위해서. 까딱하면 모두 저 꼴 되니 봐주면 안 된다"고 비판해 주목을 끈 바 있다.[2]

왜 더 많은 경험을 했고, 더 큰 인생의 지혜를 지녔을, 그래서 더 올바른 판단력을 지녔을 노인들을 사람들은 멸시하고 우스꽝스럽게 생각했을까?

전통과 관습에 의존하던 고대 문명들에서 집단적 기억의 전수자로서 노인들은 세대 간의 연결고리 역할을 했지만, 점차 문명이 발달하고, 인간 기억에 의존할 필요가 없어지면서 사람들은 더 이상 노인에게 의존하지 않아

2 한겨레 신문 2014. 1. 5. (http://www.hani.co.kr/arti/society/society_general/618266.html?_fr=mt1#csidx9d6fc23b53df146ab199c59d9031e7d)

도 되었다. 즉 산업화, 도시화 등 근대사회에 들어서면서 노인의 지위가 하락했고 노년기 삶의 질이 악화된 것이 아니다. 전통사회에서 노인들이 행복하게 존경받으면서 만년을 보냈다는 것은 낭만적이고 목가적인 이야기일 뿐이다. 역사에서 그런 적은 없었다. 마침내 가부장적 사회가 해체되고 핵가족 시대를 맞으며, 혹은 전통적 의미에서의 혈연으로 연결된 가족이라는 개념이 해체돼 가면서 노년 세대는 지향할 곳도, 갈 곳도 없어졌다. 20세기 말에 와서야 비로소 노년을 그 자체로 즐길 수 있은 삶의 한 단계로 보게 되었지만, 노인들은 그들이 보유한 구매력으로 시장의 새로운 표적이 되었을 뿐이다. 거기다 노인들이 권력과 재산을 독점했다면 젊은이들은 더욱 초조해질 것이다. 아직 노년에 이르지 않은 젊은 세대에게 노년은 여전히 두려운 현실이다. 노인들의 수명은 점점 늘어가고 젊은이들은 점점 취약해져 간다.

특히 빈곤한 노인의 운명은 세계 어디서나 비슷하다. 공공복지 지원은 어디서나 최소였고, 연금이 노인들로 하여금 일을 그만두게 할 정도로 충분했던 적은 역사에서 거의 없었다.[3]

한국의 통계청이 발표한 '2017년도 인구주택 총 조사'에 따르면 65세 이상 고령 인구는 712만 명으로 전체인구의 약 14.2%를 차지하였다. 남한 사회도 이제 고령화 사회를 넘어 고령 사회로 진입했음을 보여주고 있다. 게다가 베이비붐 세대인 1955~1963년생 출생자가 65세 이상이 되는 2020년부터 노령 인구는 기하급수적으로 늘어나 2060년에는 65세 이상 노인 인구의 비중이 40%가 넘어설 것이라는 전망이 나오고 있다. 인구 고령화로 인한 문제는 단순히 생산능력 인구의 감소뿐만 아니라 생체 기능의 약화로 인한 노인성 질환자의 증가로 연결된다. 이는 곧 노인의료비 증가를

3 팻 테인 엮음, 노인의 역사, 글항아리 2012.

의미하며 저출산 고령화 사회의 가장 큰 걸림돌이 될 전망이다.

연금 연령이란 일반적으로 자발적 혹은 비자발적 은퇴 연령으로 인식되고 있다. 즉 노령 연금 생활자란 더 이상 생산적 노동자가 아니며, 국가나 젊은이에게 의존하는 무력하고 의존적인 존재로 사회 안에서 받아들여진다. 국가 역시 노인 문제를 심각하게 받아들이기 시작했다. 근본적으로 개인과 가족의 일이었던 노년의 문제가 광범위한 사회현상이 되었으며, 이들 늘어나는 노년 계층에게 사회적 위상과 규정을 부여하고자 노력한다. "경제학자들은 은퇴자들의 비중 증가로 인해 이 비생산 집단에 들어갈 비용을 걱정하고, 인구 통계학자들은 이 주름진 프랑스가 21세기 초에 보여줄 것으로 예상되는 거꾸로 뒤집힌 모양의 괴상한 연령 피라미드 앞에서 시름에 잠겨있다."[4]

우리는 몇 년 전 전국을 공포에 몰아넣었던 바이러스를 기억할 수 있다. 당시 희생된 이들은 거의 노년기에 들어선 이들이었다. 과거에는 자연스러운 세대교체의 방식이었던 전염병이 백신과 치료를 통해 방어되면서 인구의 뒤집힌 피라미드 구성이 만들어지고 있음을 본다. 2016년도 한국인의 기대수명을 보면 평균 82.36세(남 79.30, 여 85.41)로 유병기간을 제외한 기대수명(건강 수명)은 64.90세로 나타나, 약 17년을 질병상태로 살아야 함을 의미한다. 인간의 수명이 늘어감이 그만큼 병상에서 치료받으며 사는 기간 또한 늘어나는 것이라면 오래 사는 것이 과연 좋은 일이기만 한 것인가?

III. 인구문제의 왜곡

세대 현상이 전 지구적으로 유사하게 나타나는 것은 현대적 현상이다. 베이비부머(Baby Boomer)는 2차 세계대전을 겪은 동서양의 많은 국가들에서 동시적으로 나타났으며, 민족적, 정치적 배경의 분명한 차이에도 불구하고 이들 세대로 인해 제기된 문제 또한 나라마다 거의 비슷했다. 베이비부머 세대는 전쟁의 경험이 없고, 비록 어린 시절은 가난하게 보냈지만, 이후 빠른 경제 발전 속에 앞 세대에 비해 훨씬 여유 있는 성장기를 갖게 되며, 이들이 사회에 나가 취업하는 70년대는 경제발전의 중요한 원동력이 되었던 세대였다. 베이비부머 세대의 팽창은 60년대 중반 피임약의 보급으로 중단된다.

미국의 경우 베이비부머 세대는 일반적으로 1946~1962(64)년에 태어난 이들을 지칭한다. 영국의 경우는 1945~1965년 사이에 태어난 세대다. 이들은 가족의 구성이나 물질적인 면에서 전쟁을 겪었던 전 세대보다 훨씬 좋은 환경에서 자란 세대적 공통성이 있으며, 청년 시절 베트남전쟁을 겪으면서 비판적 시민운동이나 여성운동에 일찍 눈뜬 세대였다. 그들은 비틀즈나 엘비스 프레슬리를 들으며 자라났고, 처음으로 인간의 달 착륙을 경험하였다. 이들 세대의 일부는 소위 '68세대'로 불리기도 할 만큼 그 전이나 후세대들과는 다른 독특한 자신들만의 성격을 형성했다.

많은 이들이 결혼을 하지 않았고, 결혼한 많은 이들이 이혼한다. 이들의 다음 세대(X세대, 1963~1980 태어난 세대)와는 달리 대규모 실업이나 경제적 혼란상황을 겪지 않았으며, 전쟁도 특별히 없었고, 성장시절 아직 컴퓨터를 경험하지 않은 오직 TV 세대였다. 그들은 수입도 좋았고, 그만큼 지출도 많았으며, 부분적으로는 지금까지도 사회에서 지도적 집단에 속하고 있다. 한국에서 베이비부머 세대는 한국전쟁으로 인해 이들 서구 국가보다 10년 정도 늦은 1955년부터 시작되며, 산아제한정책이 도입되는 1963년까지 8~9년 사이에 태어난 세대로서, 그 숫자는 약 700만명, 전체 인구의 14% 정도

4 조르주 미누아, 노년의 역사, 아모르문디 2010.

를 구성한다.

문제는 이들 베이비부머 세대로 인해, 이후 각 국가의 인구분포가 심각하게 왜곡되었다는 점이다. 이 시대에 들어와 인구는 폭증했고, 평균수명은 획기적으로 연장되었다. 산업화 이전 시대에서는 출생률을 제한함으로써 물질생활 수준과 기대수명을 높일 수 있었다. 전통적으로 인구란 곧 국력을 의미해 왔다. 지속적으로 낮은 출생률로 인해 충분하지 못한 인력 수급에 대한 두려움은 어느 국가나 있었고, 전후 출산율의 퇴조는 민족적 약화의 증거로 받아들여지기도 하였다. 이러한 인식이 근본적으로 뒤집히게 된 것은 1970년대 급속한 경제 성장 이후였다. 인구팽창이 물자와 식량의 부족이라는 인식과 연결되었고, 피임과 산아제한이라는 프레임이 등장하게 된다. 특히 남한에서 이론적으로 산아제한 정책을 기반한 이들은 미국에서 경제학을 배워 온 경제관료들이었다.

독일의 인구분포 예상 2000년, 2025년, 2050년[5]

(중간의 두선은 각각 80살과 60살에 해당하는 연령)

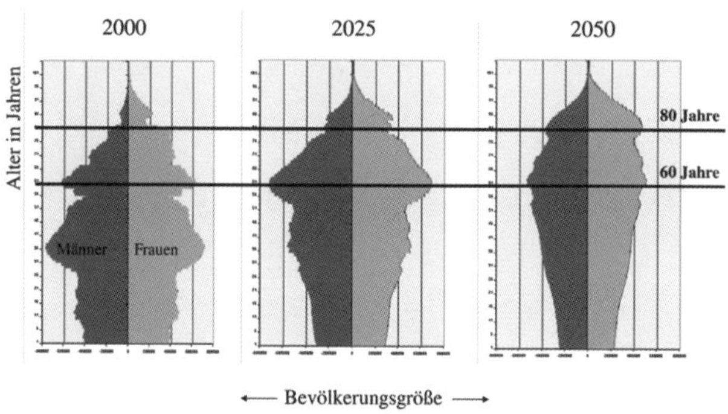

5 H. Scherl, Langlebigkeit - die neue "Soziale Frage" des 21. Jahrhunderts?, Zeitschrift fur Gerontologie und Geriatrie, Band 36,2 (2003)

인구가 동일한 수준으로 유지되기 위한 합계출산율은 일반적으로 2.1일이라고 볼 때, 남한의 2014년 합계출산율은 1.25로서 세계에서 압도적 1위를 차지하고 있다. 이러한 인구 감소는 외부로부터의 노동 인력의 수입을 통해 어느 정도 충족될 수 있지만, 그럼에도 부족하며, 궁극적으로 이런 현상은 취업인구의 감소로 이어지게 될 것이다. 나아가 연금생활자의 증가는 그 부담이 현재 취업자에게 부과될 것이며, 특히 베이비부머 세대가 연금생활자가 되기 시작한 2010년대 중반 이후 가속되어 왔다.

기대수명 또한 세계적으로 늘어나 지난 50년 동안 독일에서 남성은 약 10년 정도 늘어난 74살, 여성은 12년 정도 늘어나 81살의 기대수명을 갖게 되었다. 앞으로 50년 동안 남녀 각각 그 정도의 발전을 이루지는 못하겠지만, 적어도 각각 4년과 6년의 증가를 갖게 될 것으로 본다. 즉 78살, 87살이 된다. 2017년 OECD 보고서에 따르면, 2030년에 태어나는 한국 여성의 기대수명은 90.82살에 이를 것으로 예측되는데, 이는 세계에서 최상위인 것으로 예측된다. 한국 남성의 기대수명도 84.07살로 세계 1위를 기록했다.

2005-2010년 사이 태어난 주요 국가 유아들의 기대수명 (UN 보고서 2011)

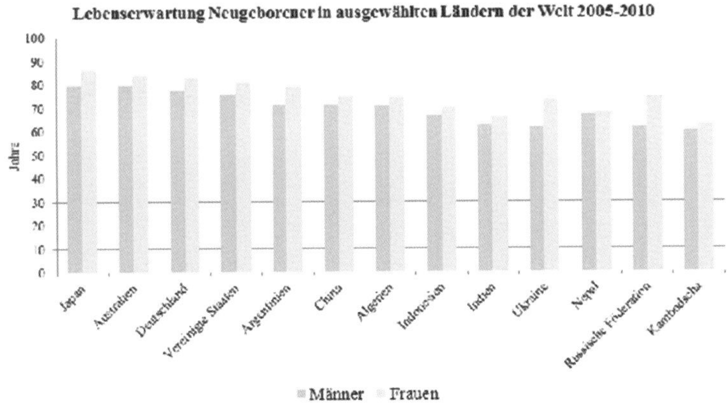

전체인구에서 65세 이상 노인인구가 차지하는 비율이 10%에서 20%까지 소요되는 기간을 중심으로 고령화 속도를 국제적으로 비교하면 다음과 같다.

고령화 속도의 국제 비교

국 가	고령인구 10%	고령인구 20%	10%에서 20%까지 소요연수
한국	2010년	2032년	22년
일본	1984	2007년	23년
독일	1951년	2012년	61년
스웨덴	1947년	2011년	64년
미국	1971년	2028년	57년

(박광준, 고령 사회의 노인복지정책, 현학사, 2004)

이들 베이비 부머들이 태어나고 활동했던 1950~1970년까지 30여 년간 전 세계적 경제팽창과 발전이 이루어졌으며, 이 시기 사회보장제도의 대대적 팽창을 가져왔다. 그리고 오일 위기 이후 인구 상의 불균형, 이에 따른 노동시장의 변화, 경제 및 예산정책의 변화 등으로 세계 도처에서는 이 시기 약속했던 사회보장제도들을 더 이상 유지하기 어렵게 되었고, 어떤 방식으로든지 변화를 모색해 왔다. 지급되는 연금액의 많고 적음을 떠나 세대 간의 공정한 분배 문제가 제기되면서, 기존의 기금운용 방식이나 지급형식으로는 더 이상 기능하지 못할 것이 분명해졌다.

IV. 복지국가의 등장과 '세대 공정성'

최초의 연금제도는 1889년 비스마르크가 도입한 독일 복지제도의 일환으로 만들어졌지만, 당시 수급연령을 70세 이상의 남성 노동자를 대상으로 함으로써 실재 수혜자는 그리 많지 않았다.(1891년 독일 남성의 기대수명은 40.6살이었다. 1916년 수급 연령은 현실을 반영해 65세로 하향 조정됐다.)

덴마크가 1892년 60세 이상의 주로 극빈층 여성을 대상으로 노령연금을 시행한다. 한국에서는 1960년, 공무원연금제도를 시작으로 군인연금제도(1963), 사립학교 교직원 연금제도(1975)가 실시되었고, 1988년부터 국민연금제도를 시행하고있다.

과거에는 노후의 생활자금이 가족의 재산에서 나왔고, 가족 간의 관계들은 대부분 결혼과 상속의 순위를 통해 정해졌다. 가족의 재산은 독립적으로 직업 활동을 하는 사람들이 독자적인 삶을 영위하기 위한 경제적인 토대였다. 가족 내 세대에서 세대로 연결되던 계통적 불확실성은 19세기 말 복지국가의 창안을 통해 하나의 제도적 해결책을 발견한다.

국가가 훌륭한 가장이 된 것이다. 가족은 이로써 세대 계승 문제에 대한 부담을 덜게 된다. 국가가 노인들을 부양하는 의무와 젊은 세대를 양육하는 의무를 떠맡았기 때문이다. 이후 미래 보장을 위한 '윤리적 경제'는 더 이상 가족, 친족 관계 혹은 지역공동체가 아니라, 국가적으로 매개되고 제도적으로 보장된 복지국가 시스템으로 진화했다. 그런 의미에서 "복지국가는 하나의 혁명이었다." 이제 더 이상 개인의 생존을 위해 가족의 재산이나 젊은 시절 벌어놓은 축적에 의존하지 않아도, 국가에 의해 최소한의 삶은 보장될 수 있게 된 것이다.

1945년 이후 오랜 평화의 시기 동안 비슷한 연도에 태어난 이들의 삶의 상황은 복지국가가 이룩한 성과의 건설과 해체를 통해 규정되었다. 민주적 제도, 교육개혁, 연금개혁, 보육연금 등의 법제화가 전후 시기 사회복지국가 세대의 특징이다. 복지 국가의 발전은 일반적인 산업 발전과 밀접한 연관성을 갖고 발전하였다. 하지만 1970년대 초반의 오일쇼크와 이어지는 '성장의 한계'에 대한 자각, 1980년대 대처와 레이건으로 대표되는 '사회복지 축소'는 국민국가 안에서 뿌리를 내린 사회복지 국가를 글로벌한 경쟁 앞에서 흔들리게 만든다. 이는 곧 복지국가의 혜택을 받고 성장한 세대의 인생 설계가 흔들리게 됨을 의미하였다. 세대관계는 불연속적이 되었고, 국가들간의 관계의 트랜스내셔널한 얽히고 섥힘 속에서 국민국가적 통일체라는 가정도 오늘날 확실하지 않게 되었다.

이제는 한 세대가 현재의 지불여건을 바탕으로 새로운 노년연금 보장정책을 수립한다 하더라도 그들 자신이 노년이 되었을 때에도 이 협정이 여전히 유효하리라는 보장은 없다. 연령 정당성이, 다양한 연령대의 사회 구성원들이 공동의 지원을 받을 수 있는 동일한 요구권을 갖는다고 주장하는 것이라면, 세대 정당성은 전 세대와 후 세대를 모두 끌어들인 집단적 비교를 통해 연금 납입과 연급 지출의 정당한 조정을 요구하는 것이다. 이미 납입한 금액과 예상되는 연금소득 사이의 불균형이 생겨나며, 이에 대한 불평이 세대 속에 생겨난다. 지금까지 지탱해 왔던 사회적 합의의 전체 맥락이 신뢰를 잃게 되었으며, 그 합법적인 타당성을 상실하게 된 것이다.

노인연금에 대한 독일 국민들의 신뢰도 (2000년 조사)[6]

나이	16-31살 (415명)	32-51살 (1084명)	52-60살 (485명)	61-101살 (1012명)
전적으로 불신	33.5%	26.3%	22.7%	19.9%
어느 정도 불신	39.3%	39.3%	32.6%	33.4%
어느 쪽도 아님	17.8%	21.4%	25.6%	24.7%
어느 정도 신뢰	6.3%	9.7%	12.6%	17.0%
전적으로 신뢰	3.1%	3.3%	6.6%	6.0%

궁극적으로 연금이든 건강보험이든 사회적 보장체제는 현재 일하고 있는 이들의 재정기여에 기반해 이루어져야 한다. 이는 비록 각 세대가 상호 문서를 통해 체결한 협약은 아니더라도, 세대 간에 이어져 내려오는 암묵적 협약이다. 이 세대 간 협약은 인구의 지속적 발전과 이에 따른 지속적 소득발생을 전제로 한다. 하지만 1950년대 이후세대들의 급격한 출생증가와 60년대 이후 나타나기 시작하는 출생의 급격한 축소는 이러한 전제와 균형을 깨뜨렸다.

노동자가 은퇴해 연금생활을 하는 기간은 1960대까지만 해도 독일에서 평균 10년 정도였다. 그러나 이후 점차 인간의 수명이 길어지고 다른 한편 노동자들이 점점 더 이른 시기에 연금생활자가 되고자 하면서, 점점 더 많은 이들이 더 긴 기간 동안 연금을 받게 되었다. 2002년, 독일의 남성들은 평균 14년을, 여성들은 19.3년 동안 연금을 받았다. 2017년 독일인의 기대수명은 남녀 각각 77.5, 82.5살이다.

출산율 증가와 기대수명의 연장을 통해 수적으로 다수가 된 특정 노령층을 그보다 훨씬 숫자가 적은 세대에서 맡아 부양하는 결과를 가져오게 된 것이다. 이는 연금보험에서 심각한 경제적 문제를 야기하고 있다. 오늘날의 연금 붓는 이들은 과거보다 더 많은 연금생활자를 위해 돈을 부어야 하며, 더 긴 기간 동안 이들을 돌봐야 한다. 그 결과 연금 체제에서 수입과 지출의 균형은 이미 오래 전에 깨져버렸다. 남한의 경우 이러한 현상은 특히 베이비부머 세대가 은퇴를 시작하는 2016년 이후 분명하게 나타나고 있는 것으로 분석된다.

---

6 Ursula Dallinger, Generationengerechtigkeit - die Wahrnehmung in der Bevölkerung, Aus Politik und Zeitgeschichte 8/2005

연금지급을 위한 재정충당 방법에는 소위 '부과방식(Umlageverfahren, pay-as-you-go financing, 당해 연도 부과방식)'과 '기금적립방식 (Kapitaldeckungsverfahren)'이라는 두 방식이 있다. '부과방식'이란 연금지급과 이의 관리를 위한 당해 연도의 지출은 당해 연도에 납입된 총액의 범위 안에서 지급하는 걸 의미한다. 부분적으로는 정부의 지원으로 유지되게 된다. 즉 내가 현재 내는 보험료가 내 몫으로 적립되지 않고 현재 연금수급자의 연금지급 재원으로 쓰이는 구조이며, 젊은 세대가 내는 보험료를 고령세대가 연금으로 받아가는 형식이다.

당해 연도 부과방식과 달리 '기금적립방식'은 당장 필요한 지출 범위 안에서 필요한 액수를 납입하는 것이 아니라, 후일 연금수령 나이가 되었을 때 자신이 받을 금액에 맞추어 규칙적으로 젊은 시절부터 쌓아가는 제도이다. 완전적립방식과 부분적립방식이 있지만, 지급할 연금 100%를 온전히 보장할 수 없는 만큼, 기금을 적립해 나가되 어느 정도 후세대 부담을 담보로 연금의 일부만을 적립하는 방식이 일반적이다. 현재 한국은 부분적립방식으로 보험료를 적립해 기금을 마련하고 있다. 사적 보험들은 모두 자본적립방식을 유지하고 있지만, 인플레이션의 위험, 인구상의 변화, 경제위기의 가능성, 혹은 정치적 개입 등으로 언제고 위험에 처할 수 있으며, 모아놓은 자본 자체가 한꺼번에 위기에 처할 가능성 또한 상존한다. 이에 따라 복지체제 시스템 내에서의 연금 적립방식에도 변화가 불가피하게 되었다. 그렇기는 하지만 지금까지 주로 '당해 연도 부과방식'을 유지해온 서구가 이제 더 이상 과거의 연금지급수준을 유지하기 어렵게 되자 '기금적립방식'으로 변경을 시도하고 있으며, 여기에서의 부족분은 국민들로 하여금 사적 보험을 통해 충당토록 유도하고 있음을 볼 때, 현재 한국사회에서 논의되고 있는 '당해 연도 부과방식'으로의 기금운용방식 변경은 문제의 해법이 될 수 없다.

미국의 경우 사회보장제도가 도입됐던 1940년 63세였던 미국인의 기대수명은 2017년 78세까지 상승했다. 1960년대 은퇴한 1인을 위해 납부하는 노동자가 5인이었던 것과 비교해 현재 은퇴자 1인당 납부자는 3인에 불과하다. 사회보장청에 따르면 2020년 이 숫자는 2인까지 감소할 것으로 예측된다. 이런 상황에서 현 수준의 연금 급여를 유지하기 위해서는 보험료율이 12%에서 2030년 18%까지 올라야 한다.

독일에서도 연금 고갈과 급여 축소에 대한 우려가 커 사회적 이슈가 되고 있다. 이에 따라 정부는 2029년까지 유예 기간을 두고 수급 연령을 67세로 상향 조정하기로 했다. 법적 연금의 수취액 또한 점점 낮아져 2002년 평균수입의 53%를 받았음에 비해 2030년에는 43%로 줄어들게 된다. 그래서 정부는 가입이 의무적인 법적 노령연금 이외에도 이를 보충할 보조연금으로서 개별적 자유선택에 의한 기업연금과 개인연금을 통해 부족분을 충당하도록 유도하는 정책을 취하고 있다. 독일의 경우 2000년 경 연금개혁을 하면서 다음 세대를 만드는, 즉 아이를 낳은 사람에게는 기존처럼 당해 연도 부과방식으로 연금지급을, 아이가 없는 사람은 이 체제에서 분리시켜 기금적립방식으로 연금지급할 것을 고려하였으나 실현되지는 못하였다. 추가적 연금으로서 독일은 어머니연금(Mütterrente)을 지급하고 있다. 1992년 이전에는 아이를 낳았을 때 1년간 보육지원금을 지급했으나, 1992년부터는 이를 3년으로 연장했는데, 뒤늦게 이 차별을 시정하기 위해 1992년 이전에 아이를 키운 부모를 대상으로 현재 추가적 연금을 지급하고 있다.

2015년 현재 65살 이상 독일노인들의 노령연금 가입 현황[7]

	동서독 전체		서독		동독	
	남성	여성	남성	여성	남성	여성
법정 노령연금	68%	82%	63%	78%	96%	97%
기업 연금	9%	3%	11%	4%	1%	0%
추가 공무원연금	2%	3%	2%	4%	1%	1%
공무원연금	17%	10%	20%	12%	2%	1%
농민 노령연금	1%	1%	1%	1%	0%	0%
직종 노령연금	2%	1%	2%	1%	1%	0%
전체	100	100	100	100	100	100

유럽노인들의 요양보호 체제[8]

	오스트리아	벨기에	독일	이탈리아	북아일랜드
직업적 요양사	70,8%	78,3%	78,9%	44,9%	83,0%
같은 집에 사는 가족	60,7%	44,3%	38.9%	17,8%	31,8%
집 근처에 사는 가족	58,4%	82,6%	57,8%	23,3%	60,2%
개인적으로 도우미 고용	44,9%	17,4%	55,6%	8,9%	30,7%
이웃	24,7%	44,3%	33,3%	68,9%	28,4%
친구	15,7%	46,1%	20,0%	10,0%	37,5%
무료 봉사자	3,4%	7,8%	8,9%	0%	3,4%

7 Thomas Ebert, Die Zukunft des Generationenvertrags, Bonn 2018.

8 Harald Künemund·Klaus R. Schroeter (Hrsg.), Soziale Ungleichheiten und kulturelle Unterschiede in Lebenslauf und Alter, Wiesbaden 2008.

연금고갈 상황은 한국의 경우도 심각하다. 인구의 절반 가까운 수치가 가입하고 있는 국민연금기금은 2018년 8월, 적립금이 635조원 정도를 기록해 세계 연기금 3위 수준으로 쌓여있으며, 앞으로도 지속적으로 증가해 2030년에는 1732조원, 2043년이 되면 약 2,600조로서 정점을 찍을 것으로 예측되고 있다. 이후 기금은 급감하게 될 전망인데, 2056/57년이면 기금 전체가 완전히 소진될 것으로 최근 예측되고 있다. 2018년 국민연금의 장기 재정을 추계한 결과다. 이는 몇 년 전까지만 해도 2062/63년을 고갈 예상해로 지목했던 관측보다 5~6년 빨라진 수치인데, 이처럼 예상보다 더 빨리 고갈될 것으로 관측되는 이유는 급격히 낮아지는 출산율과 기대수명의 빠른 증가, 아울러 동력을 잃은 경제성장 등이 영향을 미치고 있기 때문이다.

현재 연금 고갈의 시기를 늦추면서 실질적으로 연금이 삶의 주 수입원이 될 수 있는 다양한 방법들이 논의되고 있는데, 한국의 경우 현재의 부담률은 수입의 9%이지만, 이를 13%로 올리면 국민연금 고갈을 30년 정도 늦출 수 있다. 만일 지금의 부분 적립방식이 아닌, 부과방식으로 전환하면서 지금 수준의 혜택을 유지하고자 한다면, 미래세대는 자신의 소득에서 31.3~33.5%의 보험료를 내야 한다. 즉 현재 대부분의 공적 연금 시스템은 연금 지급 수준을 상당한 수준으로 깎거나 보험료율을 훨씬 높은 수준으로 인상하지 않으면 유지될 수 없는 지점에 와 있다.

V. 분배정의와 세대 간 협약

전체 인구에서 노령인구가 늘어나면 자연스럽게 인구 전체는 노령화된다. 그 결과 연금이나 돌봄보험, 건강보험과 같은 사회적 복지 체제의 여러 분야들에서의 지출이 확대된다. 즉 노령화된 사회란 곧 비용의 상승을 의미하지만, 고령화에 따른 비용은 공정하게 분배되어야 한다. 세대 간 분배의 정의가 제대로 이루어지지 못하는 가장 큰 이유는 인구상의 왜곡에 연유한다. 재화나 부채의 불공정성은 그가 어떤 역사적 시대에 태어났느냐, 그리고 당대의 함께 태어난 동시대에 태어난 집단(cohort)이 얼마나 크거나 작으냐에 달려있다. 특히 당대에 취업집단이 얼마나 되느냐에 노령연금 부담의 많고 적음이 달려있다.

우리 헌법 11조 1항에는 "모든 국민은 법 앞에서 평등하다. 누구든지 성별, 종교 또는 사회적 신분에 의하여 정치적·경제적·사회적·문화적 생활의 모든 영역에 있어서 차별을 받지 아니한다."고 되어 있다. 이는 복지국가를 지향하는 기본권 해석에서 핵심 개념이다. 여기서 국가가 시행하는 분배문제에 관한 공정성 개념이 제시되는데, 국가는 모든 시민에 의한 기본권의 사용과 요구를 가능토록 해야 하는 과제를 갖고 있다. 이러한 보편적 평등 원칙에 따라 젊은 세대에게 연금수익율의 공정한 분배가 돌아갈 수 있도록 세대 간 공정성의 문제가 논의될 필요가 있다.

어느 한 세대에 속한다는 것이 곧 그 세대가 손해보는 쪽으로 이끌어져서도 안되지만, 세대 간의 공정성 문제는 동일한 삶의 사이클을 갖고 있는 특정 세대가 이들의 앞뒤의 선후배 세대들과 맺는 세대 간의 공정성뿐만 아니라, 장기적 시각에서의 사회적 공정성의 문제도 포함하고 있다. 그런 의미에서 세대 공정성이란 세 세대 간의 공정성을 의미한다.

세대 간의 상호 조직된 연결성의 중심에는 다음 세대를 생산하고, 어린 세대를 키워나가거나 은퇴세대들에 대한 돌봄을 떠맡을 중간세대가 있다. 활동적이며 소득이 있는 중간 세대가 비활동적인 젊은 세대와 노인 세대를 위한 부담을 떠맡을 때에만 '세대계약'이 보장되기 때문이다.

오늘의 우리 사회는 상호 충돌하는 두 상황이 동시에 전개되고 있다. 한편으로는 전 후 낮은 출산율에 따라 젊은 층이 감소하고, 낮은 정도의 사회보장제도가 노인들의 조기정년을 억제하도록 작용하기도 하지만, 다른 한편 첨단 기술의 발달과 높은 수준의 실업이 일반화되면서, 노쇠한 경비원이나 청소부를 기계가 대신했고, 여성과 이주노동자들의 값싼 인력이 나이 든 노동자들을 대치했다. 이런 현상들이 특히 1990년대 이후 노년 세대의 조기정년화를 촉진했다.

이처럼 상충하는 현상들이 어느 방향의 우위로 나아갈지는 더 지켜봐야 되는 상황이지만, 자본주의 체제 하에서 절대적인 사회적 평등을 요구할 수는 없다. 수입의 차이에 근거한 어느 정도의 불평등은 누구나 받아들인다. 오히려 노동과 차이가 삶의 동기가 되고 경제적 생산성을 더욱 증대시킬 수 있다. 하지만 이와는 별도로 세대 간의 지불관계는 공평하게 이루어져 다음 세대가 지불할 수 있는 능력 안에서 은퇴세대와 새롭게 올라오는 세대를 위한 지출이 이루어져야 한다. 국민연금 적립금이 완전히 소진된 이후, 국가부채로 미래 세대의 연금을 충당하는 것이 가능할까?

하지만 달리 생각해 볼 여지도 있다. 취업세대의 다른 세대 부양을 위한 지출은 양 방향이다. 한편으로는 아직 노동시장에 유입되기 이전의 젊은이들과 유년층에 대한 양육비와 교육비 등으로 지출되며, 다른 한편으로는 더 이상 일하지 않는 노인에게 지불되는 연금형태가 그것이다. 노인지원은 고도로 사회화되어 있다. 즉 사회가 자금조달을 주도하고 지원하고 있다. 그럼에도 노인들은 그들의 연금으로만 사는 것이 아니다, 많은 이들이 이자소득을 갖거나 개인 소유의 집을 가지고 있다.

복지체계도 과거보다 많이 촘촘해졌다. 개인적으로 자유로이 감당할 수 있은 소비수준도 19세기 보다 5~6배 높아졌다. 물론 많이 부족하다. 하지만 유/청년 세대에 비해 상대적으로 과잉부양되고 있다고 할 수 있는 상태가 된 것이다. 그런 측면에서 우리 사회가 젊어져야 할 보다 근본적인 과제는 노인부양이 아니라 아직 사회적 생산에 직접 기여하지 않는 세대에 대한 부양체계에 있다. 이들, 뒤에 올 세대를 위한 기본적인 지원인 출산지원, 아동지원, 무상교육제도, 무상급식제도 등은 한국사회에서 여전히 논쟁 중이거나 이제야 조금씩 실현되고 있는 상황인 것이다. 이들 아직 어린 비생산층은 투표권이 없고 자신들의 이해를 대변할 기구가 부재함으로써, 노인층에 비해 자신들의 이해관계를 충분히 보장받지 못하고 있는 상황에 놓여있다. 앞선 세대가 뒤에 올 세대를 위해 손해를 보거나 희생하는 것은 역사에서 늘 있어 온 인간적 순회의 일부였다.

다른 한편 보수적 정권 아래에서는 복지체제의 축소와 임금인상 억제, 기업의 노동유연화 정책이 시행되면서, 세대공정성이라는 이름으로 자신들의 정치적 논리를 정당화한다. "이렇게 임금체계가 바뀌고 노동유연성이 개선되면, 기업들은 그만큼 정규직 채용에 앞장서 주셔서 고용과 성장의 선순환 구조를 만들어내야 할 것입니다."(2015년 8월 박근혜 대통령의 대국민담화). 즉 이들의 논리 속에서는 고품질의 일자리를 독점한 이기적 기성세대와 그 노조 때문에 젊은이들은 일자리를 제공받고 있지 못하고 있으며, 이러한 세대 갈등에 모든 사회적 불평등구조의 원인을 지목함으로써 구조적 불평등과 사회 내 계층적 지배관계의 불평등한 관계를 은폐한다. 사회문제의 책임을 자본가, 고소득자, 권력자에, 기득권자에게 묻지 않고, 정규직 기성세대에게 전가하는 것이다.(전상진, 세대게임, 문학과 지성 2018)

더욱이 민주주의는 오늘의 문제만을 넘기고자 하는 구조적 문제점을 스스로 품고 있다. 민주주의는 미래를 위해 지금 부채를 털어내고자 하는 행위를 즐겨하지 않는다. 오늘날 민주주의는 선거에서 승리하기 위해 많은 선심을 쏟아내지만, 현재의 부족함을 채우는 일에 급급해 내일의 더 많은 부담이나, 미래의 환경오염과 에너지 고갈까지 염려하지 않는다. 이러한 문제를 제기함은 곧 현재의 일자리를 없애고자 하는 시도로 받아들여진다.

문제는 노년 세대는 선거권을 무기로 자신들에게 유리한 연금제도를 국가와 정부에 강요하지만, 유아세대는 선거권이 없고, 자신들의 이해를 대변할 제도도 없다는 것이다. 특히 한국의 노인들은 확고한 조직표의 성격을 갖는다. 누가 이들을 거스르겠는가?

인간은 나이가 들수록 보수주의의 중심 가치인 질서, 안정과 같은 덕목들을 정치적 선호의 핵심적 문제로 받아들이는 경향이 있다. 노년은 불확실한 미래보다 현상유지를 선호하며, 주관적 만족감이 주는 안정을 더 지향하게 된다. 노인을 대상으로 하는 여러 연구들은, 점점 더 나이가 들어감에 따라 노인 계층은 개인 차원에서 새로운 것에 대한 의욕이 점점 더 줄어들며, 동시에 개방성도 줄어드는 것을 보여준다. 동시에 더 많은 삶의 경험은 능력뿐 아니라 사회적 적응능력 또한 높여준다. 이는 한편으로는 온화함과 인생의 지혜, 평온함, 삶에 대한 만족감과 여유를 의미하지만, 다른 한편으론 미래에 대한 회의, 오늘의 변화를 거부하는 태도 등을 동반한다. 실제로 60살 이상의 노인들은 사회에서 일반적으로 보수정당에 표를 주는 경향이 강하며, 보수정당은 사회적 안전 혹은 연금의 안정적 확보를 자신들 선거정치의 주요 테마로 내세우고, 사회의 진보적 가치변화를 회의적으로 생각하는 테마들을 전면에 드러냄으로써, 자신들에게 유익하도록 노인들을 전략적으로 이용한다.

연금제도에 개혁이 가해지지 않는다면 파산이 거의 확실한 현재의 연금제도가 놓인 갈등상황을 과장하여 '세대 간의 전쟁', 나아가 국가 차원에서 행해지는 젊은이들에 대한 일종의 '피라미드 사기'로까지 표현하기도 한다.

지금까지 노인들에게 제시되었던 비교적 좋은 연금조건은 인구 상의 변화와 환경변화, 경제 상황의 악화 등으로 인해 더 이상 과거와 같은 조건으로 지급될 수 없음이 분명해졌다.

하지만 점점 더 줄어드는 출산율은 '세대 간 협약'이라는 무형의 계약의 가능성에 대해 근본적 의문을 낳게 한다. 만하임적 의미에서의 세대는 시간 간격을 두고 서로 관계를 맺음에 비하여 이 문제에서는 유아세대와 성인세대, 노령세대가 동일한 시간대에서 상호 관계 맺기를 만들게 된다.

세대 간 관계 맺기가 공정하고 평화적으로 진행되기 위해서는 무엇보다 윤리적으로, 경제적으로 신뢰할 수 있는 복지 시스템이 구성되어야 할 것이다. 문제는 인구발전상의 변화와 단절로 기존의 기금적립방식이 더 이상 통용되지 않으며, 그래서 다음 세대를 위해 지급을 줄이거나, 혹은 지금 세대가 더 많은 부담을 지불해야 한다는 것이다. 이러한 현재의 정책상의 위기 속에서 '세대 간 협약'이라는 개념이 자리 잡을 여지가 있을까? 이러한 위기와 의문의 보다 근본에는 근대 이후 만들어진 세대 간의 관계에 대한 정당성 자체의 문제 제기가 있다. 즉 사회적 내부결합력 형성의 기반이 되는 세대 간의 상속이라는 행위는 지금까지 현대사회의 테두리 안에 남은 마지막 공동사회적 유산이었다. 우리 사회에서 유산에 대한 상속, 증여와 같은 것은 결혼과 가정이라는 사회 내 계보를 형성하는 행위 등과 함께 일종의 지난 시대의 잔여물이다. 이런 사고 속에서 우리는 보다 근본적인 문제를 제기할 수 있는데, 세대 간의 분배의 공정성, 기회의 공정성을 모두 잃지 않으면서 어떤 방식으로 공정성의 개념을 법적으로 평등의 조문과 기본법에 맞게 서로 조응시킬 수 있을까?가 그것이다.

세대 간 협약이란 법적인 의미에서 당사자들 간에 맺어지는 계약이 아니다. 사회 전체의 합의로서 젊은이와 취업 세대들이 보편적 이해를 바탕으로 더 이상 취업상태에 있지 않는 노년 세대들에게 삶의 다양한 비용들을 보장하는 도덕적 의무를 짐을 의미한다. 이를 통해 이들 세대가 은퇴하는 세대가 되면 동일하게 다음에 오는 취업 세대에게 자신들의 노년을 맡을 것을 요구할 수 있다. 사회 전체의 합의로서 만들어진다는 것의 의미는 단지 하나의 가정 안에서 이루어지는 시스템이 아니라 국가가 법과 제도로서 보장하는 제도임을 의미한다. 즉 세대 간 협약이란 세대 간의 상호 의무관계에 놓임을 의미하는 것이다. 이는 단지 노령연금에 국한된 문제도 아니며, 연금을 납부하는 세대와 연금을 받는 세대만의 문제가 아닌, 제도, 법적 문제 등이 함께 연결된 복잡한 연관성의 일부이다.

이 개념의 광범위한 수용은 분배정책 문제와 관련해 새로운 문제를 드러내게 된다. 자본주의 사회 안에서 모든 문제는 복합적이다. 사회적 공정성 아래 오직 자본과 노동 간의 분배 관계를 다루는 일이 정치적으로나 학문적으로 더 이상 적절하지 않게 된 것이다. 즉 분배받을 권리의 문제가 제기되면서, 21세기의 분배정책은 자본의 공정한 분배만으로는 더 이상 충족되지 않게 된 것이다. 이에 따라 과거 국가에 의해 시행되던 분배정책만으로는 더 이상 이 문제를 해결할 수 없음이 분명해졌고, 세대 간 공정성과 사회적 공정성이라는 두 공정성 개념이 상충하게 되는데, 사회적으로 공정하게 보이던 것이 세대 간의 시각에서 보면 미래의 희생을 대가로, 혹은 젊은 이들의 희생을 대가로 노인들이 현재의 풍요를 누리는 불공정한 모습으로 보이게 되는 것이다. 또한 기존 연금정책의 지속을 위해 국가 부채의 증가 문제가 제기되면서, 세대 간 공정성의 문제는 다른 다양한 공정성의 문제들을 새롭게 부각시키게 된다.

지난 20년 동안 기회의 공정성, 분배의 공정성, 참여기회의 공정성, 세금의 공정성 등등 다양한 분야들로 지속적으로 그 대상이 확대되고 분화되어 왔다. 물론 그들 모두가 표현의 적절함을 인정받은 것은 아니다. 공정성이 공공으로부터 인정받기 위해서는 무엇보다 오랜 지속성이 중요한데, 특히 오늘날은 국경을 넘어 전지구적 공정성이 요구되는 환경, 쓰레기, 핵발전소의 건설 등 과학기술 발전을 통한 미래 세대의 삶의 질과 관련 있는 사안들에 대한 공정성 요구가 사회 내 중요한 흐름으로 자리 잡았다. 지속 가능한 성장과 생태적 균형을 유지하는 일은 지구자원을 뽑아 쓰는 현 세대뿐 아니라 아직 태어나지 않은 세대에까지 지속적으로 영향을 미칠 문제들이다.

VI. 어찌해야 하는가?

모든 사회는 이상적 인간의 형태를 전파한다. 한 사회의 노년의 이미지가 이상적 상과 거리가 있을 때 그 사회는 불화할 수밖에 없다. 노인의 바람직한 모습을 미리 설정해 놓고, 그 이상에 얼마나 부합하느냐에 따라 좋은 노인 또는 나쁜 노인을 만들기도 한다. 노인이 현명하고 온화하다는 표현도 그들을 그런 방향으로 유도하기 위한 사람들의 여러 욕구 중 하나일 수 있다. 마찬가지로 특정 세대나 연령층에 대해 이러저러한 모습으로 포장하고 과잉 일반화하는 작업은 피해야 한다.

세대 공정성이란 우리의 후세들에게 오늘 우리의 삶과 동일한 정도를 넘어서 더 나은 삶의 조건들을 가능하도록 만들어 주는 것을 의미한다. 다음 세계에 대한 우리의 도덕적 의무는 법과 제도로서 규정해 놓은 여러 조문들 보다 크다. 다음 세대의 아이들이 더 나은 환경에서 공부하고 더 많은 문화적 혜택을 받도록 만들어야 할 의무가 우리에게 있다. 어느 면에서는 다음 세대에게 더 나은 조건들을 만들어 주고자 하는 것은 인간의 본능이기도 하다.

우리는 비록 그들이 누구인지 모른다 하더라도, 다음에 올 세대에 대한 도덕적 의무를 갖고 있다. 하지만 후대를 향한 도덕적 의무를 충족시키기 위한 우리의 전망은 현실 앞에서 점점 줄어든다. 일자리를 지키기 위해 핵발전소를 폐쇄하지 못한다거나, 여전히 석탄과 갈탄에 의존하고, 우림을 밀어내며, 온실효과와 핵무기의 확산 같은 문제를 인지하면서도 손 놓고 지켜볼 뿐이다. 미래 세대, 우리의 아이들은 우리보다 훨씬 더 나쁜 환경에서 더 나쁜 삶을 살 수 있다. 이를 피하게끔 하는 것이 우리의 책임이다. 오늘날의 세대는 그런 의미에서 대단히 결정적 시대에 살고 있다고 할 수 있다.

세대 간 분배의 불균형이 일반적 평등원칙에서 금지하는 차별적 취급이라 하더라도 이를 미래세대의 연금수익률 저하라는 추정적 상황을 근거로 일정한 입법적 조치를 명령하기는 어렵다. 더욱이 이러한 연금 상의 불리를 반드시 불합리한 차별이라고 하기 어렵다. 연금수령액의 불합리한 차별을 국가는 출산율 상승이나 경제발전 등 법적 규정 이외의 정책적 방식으로 개선할 수도 있다. 세대 간의 공정성과 정의로운 분배란 궁극적으로 윤리적 의무와 세대 간의 대화와 합의에 의해 결정되어야 할 일이기 때문이다.

또 세대 간 분배의 불균형을 차별적 취급으로 판정 내릴 수 있는지도 분명하지 않다. 즉 평등원칙의 법적 위반으로 파악하기는 어려우며, 이는 도덕적 윤리적 판단의 범위에 속한다고 할 수 있다. 기본적으로 세대 간 공정성은 동일한 시대에 사는 동일한 나이의 세대 간에 일어나는 사건이 아니다. 그래서 아직 노동 전선에 뛰어들지 않은 세대, 현재 취업 중인 세대, 그리고 이미 노동의 장에서 은퇴한 세대들이 함께 짊어지거나 서로 나누어야 할 책임과 부담들을 공정하게 규율할 '도덕 경제학(moral economy)'을 내용으로 하는 논의가 필요하게 되었다.

물론 미래 연금 수령액의 감축 예상을 노령계층의 증가와 청년세대의 감소만으로 예측할 수는 없다. 이들 외에도 인간 수명의 연장이나 출생률의 장기적 변동, 국가경제 및 세계경제의 변화와 같은 많은 불확실한 상황들이 함께 고려되어야 한다. 국가는 '지속성의 원칙'을 유지시켜 나가야 하며, 미래세대에 불리하지 않도록 법을 조정해 나가야 한다. 더욱이 보험료율을 인상하는 것은 정치적으로 큰 반발을 일으키기 때문에 현실화가 쉽지 않다. 결국 이런 문제들을 설득하고 해결하는 몫은 정치에게 돌아간다. 다만 문제는 이를 해결할 힘이 있는 나이든 세대가 정치를 좌우하고 있으며, 새로운 세대는 아직 이를 해결할 힘이 없다는 점이다. 사회 전반에서 나이든 세대들의 존재감이 커지면 그 사회는 필연적으로 보수적으로 회귀되며, 젊은이들과 지식인 계층은 나이든 세대에 대해 비판적이 될 수밖에 없다.

어떻게 보다 공평하고 연대에 바탕한 세대 간 협약을 새롭게 만들 수 있을까? 과거의 연금 시스템은 위기의 시그널을 보내고 있지만, 아직 신뢰할만한 대체물이 나타나지 않고 있다.

노령연금의 붕괴를 막을 방안들은 몇 가지가 있다. 우선 조기 연금수급의 조건을 어렵게 만듦으로서, 가능한 연금수급 연령을 늦추는 것이다. 보험료율 인상 효과를 낼 수 있도록 수급 연령을 높이는 것도 하나의 방법이거니와, 지금의 기금 운용 방식에 변화를 주어 더 많은 투자 수익을 내도록 전환하는 것도 방법이 될 수 있다. 즉 수익의 다변화를 추구하는 것이지만, 이는 그만큼 위험을 동반하는 작업이기도 하다. 또 다른 한가지 방법으로는 세대 간의 공정성과 다음 세대의 물질적 법적, 제도적 보호 문제를 현

세대의 의무로서 법적 근거를 헌법에 구체화하는 작업이 있다. 동시에 이를 지속적으로 유지 발전시키기 위한 옴부즈맨(Ombudsman), 미래위원회 등과 같은 제도적 장치를 마련할 필요가 있다. 사적 보험으로 부족분을 채우도록 유도하는 것도 한 방법이지만, 이는 빈부의 격차를 더 강화시킬 우려가 있다.

아울러 복지정책의 중심을 노인 중심의 복지에서 미래세대 중심의 복지로 전환해야 한다. 노령연금보다 아직 취업에 나서지 않은 세대를 위한 복지에 더 많이 투자해야 한다. 미래세대를 위한 투자는 무상복지가 아니다. 젊은 세대 혹은 아직 태어나지 않은 세대는 자신들의 나이로 말미암아 자신들에게 미칠 절대적 정치적 결정에 있어 전혀 어떤 의견을 제시하지도 영향을 미칠 수도 없다. 따라서 우리가 이들 후대에 오는 세대들이 자신들에 관한 권리를 행사할 수 있도록 법적 장치를 마련하는 일은 중요하다. 노년의 가난과 불평등을 넘어 전체 세대에게 공정하게 사회적 안전판을 구성하는 작업은 궁극적으로 국가의 책무이다.

참고문헌

Aus Politik und Zeitgeschichte, 8/2005, "Generationengerechtigkeit".

Aus Politik und Zeitgeschichte, 47/2009, "Soziale Gerechtigkeit".

Burkart, Günter/Wolf, Jürgen, Lebenszeiten. Wiesbaden, 2002

Bristow, Jennie, Babyboomers and generational conflict, Hampshire 2015

Christian, Christen, Politische Ökonomie der Alterssicherung, Marburg 2011

Ebbinghaus, Bernhard/Schulze, Isabelle, "Krise und Reform der Alterssicherung in Europa", Archiv für Sozialgeschichte, 47/2007, p. 269-296

Kohli, Martin, "Moralökonomie und 'Generationenvertrag'", Deutsche Gesellschaft für Soziologie (DGS) (Ed.): Kultur und Gesellschaft: Verhandlungen des 24. Deutschen Soziologentags, des 11. Österreichischen Soziologentags und des 8. Kongresses, der Schweizerischen Gesellschaft für Soziologie in Zürich 1988. Frankfurt am Main, 1989, p. 532-555.

Kohli, Martin (ed.), Generationen in Familie und Gesellschaft, Opldaen 2000

Lampert, H., "Der Generationsvertrag in der Bewährung", Der Internist, 1, 1999

Liebig, Stefan/Scheller, Percy, "Gerechtigkeit zwischen den Generationen", Berliner Journal für Soziologie, 3/2007, p. 301-321

Reulecke, Jürgen u.a. (eds.), Generationalität und Lebensgeschichte im 20. Jahrhundert, München 2003

Roseman, Mark (ed.), Generations in Conflict, Cambridge 1995

Schmidt, Andrea E., "Kampf der Generationen oder Solidarität zwischen Jung und Alt? Das Österreichische Pflegesystem im europäischen Vergleich",

Momentum Quarterly, Vol 3, N. 1, p. 15-26
Tremmel, Jörg, Bevölkerungspolitik im Kontext ökologischer Generationen-gerechtigkeit, Wiesbaden 2005

만하임, 카를, 세대 문제, 책세상 2013
몽테뉴, 수상록, 동서문화사 1978
시몬 드 보부아르, 노인 - 나이 듦의 의미와 그 위대함, 책세상 2002
유라이트, 울리케/빌트, 미하엘 (편), '세대'란 무엇인가? 카를 만하임 이후 세대담론의 주제들, 한울 2004
전상진, 세대게임, 문학과 지성 2018
최샛별, 한국의 세대 연대기, 이화여대출판문화원 2018
키케로, 노년에 관하여, 우정에 관하여, 숲 2005
홍일선, "세대 간 정의와 평등", 헌법학연구 16권, 2호 (2010.6)

추천도서 한 권

조르주 미누아, 『노인의 역사』, 아모르문디, 2010.

팻 테인 외, 『노인의 역사』, 글항아리, 2012.

이 두 권의 번역서의 제목은 똑같다. 조르주 미누아의 책이 고대부터 르네상스 시대까지 노인과 노년의 삶을 서양의 역사 속에서 통일적으로 서술하고 있다면, 팻 테인이 엮은 다른 한권은 7명의 저자들에 의해 고대부터 현대까지 노인의 역사를 각 시대나 세기별로 나누어 서술하고 있다. 역사를 관통하는 노인에 대한 공통적 현상은 그들이 존중과 기대의 대상이었다기 보다는 거의 언제나 경멸과 불평의 대상이었으며, 어디서나 노년보다는 젊음이 사랑받았다는 것이다. 둘이 공통적으로 기대고 있는 노년의 문제에 대한 역사적 고전은 키케로의 <노년에 관하여>, 몽테뉴의 <수상록>, 시몬 드 보부아르의 <노년> 등이며, 독일의 사회학자 카를 만하임의 <세대문제> (1928, 책세상 2013)는 시대와 학문의 경계를 넘어 여전히 지금까지도 세대담론의 이론적 기반을 구성한다.

3

노년의 삶의 질

노년을 위한 유니버셜디자인(Universal Design)

김문석[1]

- 들어가며
- 유니버셜디자인(Universal Design)
- 실버산업(Silver Industry)
- 베리어프리디자인(Barrier-Free Design)
- 모두를 위한 디자인(Design for All)
- 노인을 위한 주택
- 노인을 위한 의료
- 노인을 위한 IT
- 노인을 위한 식품

1 한양대학교 응용미술학과에서 박사학위를 받고 현재 광운대학교 인문사회과학대학 동북아문화산업학부 교수로 재직하고 있다. 주요과목은 문화콘텐츠, 광고콘텐츠, 색채심리, 디자인 관련 과목을 가르치고 있다. 한국디자인리서치학회 회장으로 겸직하고 있다. 주요저서로는『공공을 위한 디자인과 예술』,『멀티미디어콘텐츠제작전문가』등이 있다. 최근에는 공공디자인, 젠트리피케이션, 그래피티아트 등에 주요관심을 가지고 연구하고 있다.

들어가며

최근 제주도에서 장애를 가진 한 도의원이 유니버셜디자인의 현실에 대해서 호소한 5분 스피치가 주목 받고 있다. 그 내용에 대한 기사는 다음과 같다.

"가족들과 유명 관광지에서 여행하면서 폼 잡고 사진도 찍으면서 누군가의 도움 없이 다녀보길 꿈꿉니다." 제주도의회 의원은 회의에서 5분 자유발언을 통해 장애인과 노인 등 누구나 안전하고 편리하게 시설을 이용할 수 있도록 주거 환경이나 시설 등을 디자인하는 유니버설 디자인 제주 실현을 촉구하였다.

"장애가 더는 장애가 되지 않는 철학을 담은 도정의 의지를 보여 달라"며 눈물로 호소한 의원 본인도 장애인이다. 이 날 의원은 본회의 5분 발언석에 있지 않았다. 휠체어를 탄 의원이 5분 발언을 한 곳은 별도로 마련된 단상이다. 의원은 "이번 의회에 가장 많은 장애의원이 입성함에 따라 경사로 공사 등 의회 사무처에서 많은 노력을 한 것으로 알고 있다. 그럼에도 저는 지금 홀로 다른 단상에서 말씀을 드린다."며 "본 의원이 지금 느끼는 42명의 의원과 구별되고, 소외되는 감정은 모든 장애인들이 일상생활에서 비일비재하게 느끼는 것이기에 더욱 마음이 아프다"고 말했다. 의원은 "유니버설 디자인은 성별, 연령, 국적, 장애의 유무에 상관없이 누구나 손쉽게 생활할 수 있는 환경을 조성하는 것을 말한다."며 그동안 장애인으로 느낀 감정을 진솔하게 소개했다.

그는 "아침에 눈을 떠, 휠체어에 올라타 턱이 없는 화장실에 들어가서 세면대 높이를 조절해 세수를 하고, 저상버스를 타기 위해 전동 휠체어로 작은 들꽃들과 인사하며, 콧노래 부르며 버스를 타는 일상적인 삶을 꿈꾼

다."는 바람을 전했다.[2]

위의 호소와 같이 지금 우리사회가 얼마나 노인과 장애인 모두를 아우를 수 있는 진정한 유니버셜디자인을 구현하고 있는지에 대해 깊이 생각해 보아야 할 때이다.

유니버셜디자인(Universal Design)

우리나라의 한 여론조사 기관에서 조사한 바에 의하면, 노후에 걱정되는 여러 가지 요소 중에 건강과 경제력이 가장 중요한 요소로 작용한다고 한다. 뉴스채널(YTN, 2018.10.2.)의 우리나라 청장년층의 70% 이상은 노후 빈곤을 가장 두려워한다고 보도되고 있다. 일본에서는 노후에 금전적인 문제로 장례에 따르는 막대한 비용을 줄이기 위하여 로봇스님으로 장례를 치르는 사례가 증가하고 있다고 한다. 경제력과 건강은 안전한 노후를 보장받기 위한 필수불가결한 요소인 것이다.

사람은 자연스럽게 늙게 되고, 모든 신체의 활동이 부자유스러워지기 마련이다. 사람의 노화와 관계없이 선천적 또는 후천적으로 다양한 신체적·정신적 장애를 가지고 살아가는 사람도 매우 많은 것이 현실이다.

이러한 문제점을 해결하기 위해 유럽을 비롯한 북미 등 선진국에서는 이미 오래전부터 사회 인프라에 사회적 약자를 배려하고, 유니버셜디자인을 적용한 사례를 어렵지 않게 사회 곳곳에서 확인할 수 있다. 가령 예를 들면, 지하철역사, 백화점 및 쇼핑센터, 도서관 및 공공기관 등의 시설물을

2 김대휘, 제주도의원 눈물의 5분 발언 "유니버셜 디자인 현실", 제주 CBS(2018. 7. 24), 2018. 11. 12.

들 수 있다. 그런 곳들의 모든 주 출입구는 자동문으로 되어 있어 장애인 등이 휠체어로 충분히 쉽게 드나들 수 있도록 되어 있다. 신체가 자유로운 일반인들은 양쪽 사이드에 손으로 밀고 여닫을 수 있는 수동문이 배치되어 있다.

당연히 건물로 진출입하는 통로에는 경사로가 마련되어 있으며 일반인은 계단을 이용하거나 문턱이 있는 공간을 이용할 수 있다. 장애인이 이동하기 위한 사회적 인프라도 매우 잘 갖추어져 있다. 버스 등의 대중교통 또한 장애인 휠체어가 자유롭게 승하차가 가능한 저상버스가 마련되어 있으며 자전거 이용자도 자유롭게 버스를 이용할 수 있도록 버스 전·후면에 자전거 거치대 역시 구비되어 있다. 이러한 사회적 약자를 배려하기 위한 사회적 인프라는 열거할 수 없이 많이 발견할 수 있다.

이를 위해서는 사회적 약자를 배려하는 문화가 선행되어야 한다. 더불어 살기 위한 사회적 배려가 없는 장애인, 노약자 등을 위한 유니버셜디자인은 아무런 의미가 없는 것이기 때문이다.

다음 그림 1은 캐나다의 섬유 박물관 입구 바깥쪽 문과 내부 문을 보여준다. 이곳의 유니버셜디자인을 자세히 살펴보면 우선 박물관에 장애가 있는 방문객을 동반한 사람은 무료입장 혜택을 받는다. 또한 앞을 보지 못하는 사람(장님)을 위한 봉사동물(안내견) 서비스 역시 구비되어 있다. 박물관의 입구는 턱이 없으며 거리 수준의 레벨을 유지하여 휠체어 등이 자유롭게 이동할 수 있어서 누구나 진입이 수월하다. 부드럽게 경사진 화강암과 벽돌 표면이 인도와 박물관의 입구를 연결한다. 입구에는 현관과 자동도어 오프너가 있는 두 세트의 문이 있다.

박물관의 공공장소는 4층에 있으며 모든 층은 엘리베이터로 접근 할 수 있다. 휠체어로 접근 가능한 화장실이 있으며 전용 엘리베이터가 있다.

이 화장실의 문에도 자동문 버튼이 있다. 접근 가능한 가장 가까운 곳에 화장실이 있으며 모든 출입문과 화장실 출입구 넓이가 충분하다. 프런트에서 휠체어를 무료로 이용할 수 있다. 직원 및 자원 봉사자는 필요에 따라 언제든지 지원 된다. 강당은 계단이 있으나 요청 시 휠체어 이동이 가능한 접이식 램프가 비치되어 있다.

그림 1. 캐나다 섬유 박물관 입구의 바깥 문(왼쪽)과 내부 문(오른쪽)[3]

유니버셜디자인의 일반적인 의미는 고령이나 장애 또는 기타 신체적·정신적인 요인과 관계없이 모든 사람들이 이용할 수 있도록 환경이나 시설 및 제품 등을 설계하는 것을 말한다.

"유니버셜 디자인"이라는 용어는 미국의 건축가 로널드 메이스(Ronald L. Mace)에 의해 처음으로 개념화 되었다. 그는 모든 제품을 디자인하고 건축하는데 있어서 주변 환경과 나이, 능력 또는 삶의 지위와 관계없이 모든 사람이 이용가능 한 최대한의 배려로 미적으로도 아름다우며 모든 사람이 사용 가능하도록 설계하는 개념을 설명하기 위해 제시되었다.

3 www.textilemuseum.ca/plan-your-visit/accessibility, 2018. 10. 24.

일반적으로 유니버셜디자인은 사람들이 이용하기에 장벽이 없는 개념, 다양한 사람들의 신체적 운동능력을 포괄하는 개념, 모든 사람들이 적응할 수 있으며, 신체 부자유자 등을 보조할 수 있는 기술에서 비롯되었으며 디자인을 이러한 핵심 고려 사항에 혼합하려고 하려는 경향을 보인다고 할 수 있다.

인류의 평균 수명이 증가하며 현대 의학의 발달로 인해 심각한 상해나 질병 또는 선천적인 결함이 있는 사람들에게도 그들의 자립을 돕고, 생존율을 높일수록 광범위하고 보편적인 디자인에 대한 관심은 나날이 커지고 있다.

이러한 보편적인 디자인은 강한 시장 침투력을 가지고 있는 수많은 산업들이 존재하지만, 아직은 어느 정도 고려되지 않은 많은 다른 산업들도 존재하고 있다. 이러한 이유로 유니버설 디자인은 디자인 자체뿐만 아니라 기술 분야, 교육 분야, 서비스 분야 및 기타 제품 및 건축·환경 디자인에도 광범위하게 적용된다. 이러한 유니버셜디자인을 적용하기 위해서 일반적으로 디자이너는 다음 표1)과 같이 유니버셜디자인의 7가지 원칙(The Seven Principles of Universal Design)을 고려하여 활용하고 있다.

표 1. 유니버셜디자인의 7가지 원칙(The Seven Principles of Universal Design)

원칙1	공정한 사용 (Equitable Use)
원칙2	사용의 유연성 (Flexibility in Use)
원칙3	간단하고 직관적 인 사용 (Simple and Intuitive Use)
원칙4	지각 할 수 있는 정보 (Perceptible Information)
원칙5	오류에 대한 허용 오차 (Tolerance for Error)
원칙6	낮은 물리적 노력 (Low Physical Effort)
원칙7	접근과 사용을 위한 크기와 공간 (Size and Space for Approach and Use)

유니버셜디자인은 모든 제품과 환경에 있어서 인간의 능력이 광범위하게 분포되어 있는 사실을 인식하고 이를 존중하며 수용하기 위해 시도하는 디자인 개념 또는 철학이다. 유니버셜디자인은 능력과 연령이 각기 다른 모든 사람들에 대해 보다 민감한 이해와 그들에 대한 지식을 필요로 한다. 과거의 '접근성이 있고, 변형가능하며, 장애를 제거한 디자인'의 개념을 훨씬 더 넘어서는 개념이다.

이는 특별한 요구를 지닌 사람을 위해 차별되고 외관상 당혹감을 일으키며, 대개의 경우 차별된 특성과 공간 환경이 더 이상 생기지 않도록 해준다. 유니버셜디자인은 제품과 환경이 보다 폭 넓은 대상에게 사용되도록 하는 디자인 개념으로 모든 사람에게 접근하는 마케팅 아이디어다. 유니버셜디자인은 성공적으로 적용되었을 때에 겉으로 드러나 보이지 않으며, 시장성이 있고, 소득을 보장받으며, 안전하고 거의 대부분의 사용자들에게 물리적, 감정적으로 접근이 가능하다. 유니버셜디자인은 인간요소에서 일반적으로 받아들여지는 평균 그 이상을 수용하는 사용자 지향적인 'Good Design'이다.[4]

무장애 디자인(Barrier-free Design)에서 출반한 유니버셜디자인은 현재 장애인, 노인을 위한 디자인이라는 개념을 넘어 다양한 능력과 인간의 전체 생애주기를 수용하는 디자인 개념으로까지 발전되었다. 이러한 개념의 발전은 장애나 자유롭지 못한 신체적 능력을 특수한 상황으로 보는 것이 아니라 사람마다 누구나 가지고 있는 개별적 특성 즉, 개성으로 보는 시각에 기인한다. 모든 사람은 다양한 신체크기와 능력을 가지며 그러한 다

4 박미리, 유니버설 디자인을 위한 User Interface에 관한 연구, 강원대학교 대학원 석사학위논문, 2002, p. 23.

양성을 나이에 따라, 상황에 따라 변하는 것이 자연스러운 것이 아니라 사람의 다양한 개성을 있는 그대로 포용해 주어야 한다.

유니버셜디자인 개념이 등장하게 된 배경은 20세기 고도의 산업화 과정에서 대량 생산으로 경제적 도약을 갈망했던 사회상에 기인한다. 생산된 물품과 건설 환경의 대상은 인간이었으나 대량생산의 효율성을 위해 표준화된 대상만을 선정하였고 이에 속하지 않은 대상들은 인위적 환경에서 차별을 받았으며 이에 대한 비판과 반성으로 나타난 것이 유니버셜디자인이다. 따라서 유니버셜디자인이란 다양한 사용자의 요구를 만족시킴으로써 인간을 평등하게 포용하는 환경을 창조하는 것이다. 그 대상은 나이, 성별, 장애여부, 신체 크기, 신체 능력 뿐 아니라 경제적 계층, 인종 등이 모든 범위를 포함함으로써 디자인을 통한 사회평등의 실현을 의미한다.[5]

2012년 버팔로 대학교(University of Buffalo)의 포괄적 디자인 및 환경 접근 센터에서는 사회적 참여와 건강 및 웰빙을 포함하는 보편적 디자인 원칙으로 확장해서 유니버셜디자인의 목표를 설정했다. 이에 따라 현장 기반 설계에 기초를 둔 유니버설 디자인의 8가지 목표(The Eight Goal of Universal Design)가 개발되었다.

표 2. 유니버셜디자인의 8가지 목표(The Eight Goal of Universal Design)

목표1	몸에 맞는 (Body Fit)
목표2	편안함 (Comfort)
목표3	인식 (Awareness)
목표4	이해 (Understanding)
목표5	웰니스 (Wellness)
목표6	사회적 통합 (Social Integration)
목표7	개인화 (Personalization)
목표8	문화적 타당성 (Cultural Appropriateness)

유니버셜디자인의 8가지 목표 중 처음 네 가지 목표는 인체측정, 역학, 지각, 인식 등에 관한 내용이다. 웰니스는 인간의 성과와 사회적 참여를 연결하는 것을 말한다. 마지막 세 가지 목표는 사회적 참여에 대한 결과를 의미한다. 전반적으로 유니버설디자인은 "모든 사람을 위한 포괄적인 환경 만들기"로 그 정의와 목표를 가늠할 수 있다.

실버산업(Silver Industry)

실버산업의 사전적 의미는 노년층을 대상으로 한 상품·서비스를 제조·판매하거나 제공하는 것을 목적으로 하는 산업이다.

선진국에서 고령인구의 급증 및 공사연금제도의 확충으로 인한 고령자 경제력의 인구비율 이상의 증가, 고령자 간호 등 유료서비스 이용인구 증가, 공적 기관의 고령자대책 서비스의 실버산업에의 위탁 등으로 인해 실버산업의 수요가 급증하고 있다. 실버산업의 유형에는 ① 홈케어서비스(Home Care Service)사업, ② 중간보호시설 및 1일 위탁노소사업, ③ 유료의 양로 및 요양시설, ④ 노인전용의 의료서비스산업, ⑤ 케어하우징(Care Housing)의 절차운영사업, ⑥ 노인을 대상으로 하는 관광·취미·오락프로그램을 제공하는 사업, ⑦ 노인식품, 노인의복, 노인용 생활용품의 제조·판매사업이 있다. 그 외에도 노인이 소유하고 있는 주택 등 부동산을 담보로 종신생계비·의료비를 지급해 주는 금융업, 노인전용식당, 노인만을 대상으로

5 이소라, 유니버설 디자인개념을 도입한 도심형 복합노인주거시설에 관한 연구, 2010, 한양대학교 대학원 석사학위논문, p.23.

하는 재활센터 등이 있다.

미국에는 홈케어 대행업소가 수익자부담으로 되어있으며, 고령 후기의 노인을 대상으로 일상생활을 도와주는 노인생활조력센터(Aging Network Service Center)가 지역단위로 있다. 또한 자녀의 주택 바로 옆에 조립식 집을 지어 자녀와 별거하면서도 동거하는 것과 같이 보살핌을 받을 수 있는 시스템인 ECHO(Elder Cottage Housing Opportunity)가 있다. 한국도 경제가 발전하고 고령화된 인구가 많아지면서 이러한 요구가 높아지고 있지만 아직 실버산업이 본격화되지 못하고 있다.[6]

전경련에 따르면 한·중·일의 시니어 인구는 2015년 1억7000만 명이며 2030년에는 2억9000만 명에 이를 전망이다. 이 같은 노인 인구의 증가 추이에 비춰볼 때 시니어 제품은 미래의 주력 수출산업으로 발전할 잠재력을 갖추고 있다. 그러나 아직 국내 시니어 제품 분야는 초기 단계이다. 시니어 제품 종류 및 관련 정보가 별로 없고, 살 수 있는 유통망도 미흡하다. 반면 시니어산업이 발전한 일본의 경우, 시니어 체험관을 통한 사용경험 확대, 다양한 유통망을 통한 구매편리성, 표준화된 시니어 제품의 구비가 성공요인으로 꼽히고 있다.

일본은 1990년 초반부터 전국 81개 시니어제품 상설전시·체험관 운영을 통해 '보고, 체험해야 아는' 시니어제품 활성화의 결정적 계기를 마련했다. 최대 규모인 오사카 아시아태평양트레이드센터(ATC) 에이지리스 센터(Ageless Center)에는 시니어 개조차량, 전동휠체어 등 고가의 제품부터 주방, 욕실 등 일상용품까지 2000여 종류의 다양한 시니어용품이 전시되고 있다. 개인 신체 특성에 적합한 용품을 직접 체험해볼 수 있기 때문에 연간

6 네이버 지식백과, 실버산업, 2018. 10. 5.

20여만 명이 방문할 정도로 인기가 높다.

일본 유통기업 로손은 시니어들이 가까운 동네 편의점 쇼핑을 선호한다는 점에 착안해 편의점 내 70여 가지의 시니어용품을 진열하고 노인 서비스 상담 코너도 갖췄다. 대형마트 이토요카도 역시 자체 시니어용 PB 상품 매장인 '안심서포트숍'을 설치해 100여개 점포를 운영하고 있다. 집에서 받아보는 택배 서비스도 활성화 됐다. 도시락 택배회사인 와타미타쿠쇼쿠는 거동이 불편한 노인을 위해 개인 특성에 따라 식재료·칼로리 등을 고려한 도시락 택배 서비스를 시행하고 있다.[7]

베리어프리디자인(Barrier-Free Design)

유니버셜디자인과 유사한 의미로 베리어프리디자인이라는 용어를 쓰기도 한다. 일반적으로 계단을 디자인 할 경우에 특별히 이동 장애가 있는 사람들을 위한 경사로 및 리프트를 제공하기 위해 관련된 신체장애 또는 기타 장애인을 위한 설계를 추가하는 행위가 있을 수 있는데 그러한 행위를 일컬어 보편적으로 베리어프리디자인이라고 한다. 곧 베리어프리디자인은 디자인의 설계 단계에 대한 대체 접근 수단을 의미한다고 할 수 있다.

배리어프리디자인의 디자인 표준은 1960년에 미국에서 발표되었다. 그것은 11년 이상의 장애인에 대한 공학 연구의 결과였다. 1961년 이 규격은 "American National Standar"라고 불리는 최초의 배리어프리디자인

7 박기태, 전경련 "2030년 한·중·일 노인 인구 2.9억명… 실버산업 뜬다"(2015. 10. 1), 뉴데일리경제, 2018. 10. 22.

표준이 되었다. 이는 장애인의 사용을 위한 시설 및 프로그램을 설계하기 위한 기준을 제시 한 최초의 표준이다. 이 연구는 1949년 University of Illinois Urbana-Champaign에서 시작되어 현재까지 계속되고 있다. 이 프로그램은 전 세계에 장애인을 위한 다양한 디자인적 해결방법과 건축디자인을 통해서 장애인을 위한 독립적이고 기능적인 디자인방법에 대한 개념을 제시했다. 이러한 장애인에 대한 인체 공학은 설계자, 엔지니어, 비영리 단체들에게 장애가 있는 사람들을 위해 안락한 환경을 제공하고 기능적으로 만드는 것에 대한 이해를 높이도록 제공한다.

배리어프리디자인 방식은 빌딩 리-모델링이나 개보수시 건물이나 시설 일부를 변경하여 장애인이나 신체장애자가 사용할 수 있도록 개선하는 것을 말한다. 이 용어는 주로 일본어와 비영어권 국가(독일 또는 핀란드 등)에서 사용되는 반면, 영어권 국가에서는 일상적인 사용에서 "접근 가능성"및 "장애인 접근 가능"과 같은 용어가 지배적으로 사용된다. 장애물이 없는 디자인의 예로는 휠체어 용 램프를 계단 옆에 또는 계단 대신에 설치하는 것 등이다. 그러나 새로운 건물의 경우에는, 배리어프리 의미인 "대체수단"에 대한 내용대신에 누구나 쉬운 접근을 지원하기 위해 처음부터 설계를 시도하는 보편적 디자인(Universal Design)의 개념으로 디자인된다.

배리어프리디자인에서 핵심으로 고려할 내용은 다음과 같다. 첫 번째, 일부 사람들에게는 장애를 형성 할 수 있는 기능을 인식하는 것이다. 두 번째, 전체 디자인 범위에서 장애에 대해 포괄적으로 생각하는 것이다. 세 번째, 디자인의 구조 검토에서부터 가장 작은 세부 사항까지 모든 것을 검토하는 것이다. 마지막으로 사용자의 피드백을 찾으며 오류를 찾아 수정하는 것이다.

배리어프리디자인은 1990년 미국의 장애인 법(American Disabilities

Act of 1990 Guidelines)과 같은 법에서 기본적인 장애인에 대한 구체적인 사양을 제시하지 않는 상황에서 핸디캡을 보완하기 위한 방법으로 적용되는 용어이기도 하다. 주택 단지에 장애물이 없는 접근성을 구현하고자하는 국가의 예로는 싱가포르가 있다. 싱가포르는 나라의 모든 공공 주택 단지에 베리어프리디자인을 적용하여 모든 아파트가 그 혜택을 적용받고 있다.

우리나라의 베리어프리디자인 개념의 구체화는 2003년 중국, 일본 및 한국 대표들이 베이징에서 만나 이해하기 쉽고 사용하기 쉬운 다양한 제품과 서비스에 대한 공통의 설계 기준을 정의하는 위원회를 설립하기로 합의하면서 시작되었다. 그들은 이후 제품의 포장 및 포장 기준과 공공시설 표지판의 표준화 등 산업제품 등의 분야에서 서로 관심 있는 분야를 다루었다.

모두를 위한 디자인(Design for All)

유니버셜디자인과 또 다른 유사한 의미로 DfA(Design for All)가 있다. 모두를 위한 디자인이라는 용어는 제품이나 환경에 적응을 필요로 하지 않으면서 최대한 많은 사람들이 제품, 서비스 및 시스템을 사용하는 것을 목표로 하는 디자인 철학을 의미하는데 사용된다. "모두를 위한 디자인은 인간의 다양성, 사회적 포용 및 평등을 위한 디자인으로 제조업체 및 서비스를 제공하는 업체가 제품이나 서비스를 활용하는 미숙한 청소년을 위한 직관적인 편의기술 제공과 마찬가지로 노약자 및 장애인에게 적합한 기술과, 모든 사람을 위한 새로운 기술을 생산할 것을 권장한다. 무두를 위한 디자인은 장애인을 위한 장벽 없는 접근성과 보편적인 디자인이라는 더 넓은 개념을 가지고 있다.

모두를 위한 디자인 개념은 사용자 친화적인 사회를 찾는데 있어서 하나의 방법으로 유럽에서 시작되었다. 이는 환경, 제품, 서비스 및 인터페이스가 다양하고 복잡한 상황에서 모든 연령대와 다양한 능력을 가진 사람들을 위해서 작동하도록 디자인적으로 보장하는 것이다.

모두를 위한 디자인은 그 대상이 인구 고령화와 점차 다민족으로 범위가 넓혀지는 것에 의해 주류의 문제가 되었다. 모두를 위한 디자인은 시장으로의 접근 방식을 능동적으로 따르고 더 넓은 시장에 다가 갈 수 있도록 한다. 사용하기 쉽고 접근하기 쉬우며 저렴한 제품과 서비스는 모든 사람들의 삶의 질을 향상시킨다. 모두를 위한 디자인은 건설 환경에 대한 접근, 서비스 및 사용자 친화적인 제품에 대한 활용도를 높인다. 이러한 요소는 품질 요소 일뿐만 아니라 많은 고령화 또는 장애인에게 필요하다. 또한, 디자인 프로세스 초기 단계에서 제품을 이미 출시 한 후 문제점 해결을 통해 변경 작업을 수행하는 것보다 훨씬 비용 효율적이다. 이는 디자인 아이디어 단계에 이르는 의사 결정 프로세스에서부터 사용자를 이해하고 관여시킨다.

이러한 결과로 공공 및 민간 부문의 의사 결정자에게 디자인을 일관된 방식으로 사용함으로써 얻을 수 있는 사회적·경제적 이점에 대한 공감을 얻을 수 있다. 모두를 위한 디자인의 개발 사례로 오디오 북, 자동문, 전동 칫솔, 유연하게 휘어지는 빨대, 저상 버스 등이 있다. 다음 그림 2)는 영국에서 운행 중인 저상 버스 사례를 보여준다. 영국 저상 버스의 전원 램프는 일반적으로 중앙에 장착된다. 버스정류장에는 휠체어 사용자가 스스로 탑승할 수 있는 푸시 버튼이 제공된다. 휠체어 사용자가 운전자에게 알릴 때 충분한 진입로도 제공한다. 또한, 저상 버스는 버스의 현가장치를 낮추고 정류장의 계단 높이를 낮춘다. 이처럼 모두를 위한 깊이 있는 생각과 디자인의 유연성을 제공하고 있다.

그림 2. 영국의 저상 버스[8]

노인을 위한 주택

최근 국내의 지자체나 대부분의 도시에서 노인을 위한 유니버셜디자인을 적용한 도시를 설계하고자 하는 움직임이 일어나고 있다. 이제 노인 문제는 더 이상 남의 일이 아닌 우리 생활과 밀접한 관련이 있는 문제이기 때문일 것이다. 노인과 젊은이가 다양한 사회적 인프라 속에서 공존해 살아가야 하는 시대가 도래 한 것이다.

---

8 www.whatdotheyknow.com/request/5744/response/18114/attach/html/3/accessibile%20bus% 20stop%20design%20guidance.pdf.html, 2018. 10. 20.

세계보건기구(WHO)는 2007년 '고령친화도시(Age-friendly Cities)' 개념을 도입하였다. '내 집처럼 편안한 주거환경에서 노후보내기(Aging in Place)'를 세계로 확산시키기 위해서다. 노인들은 일반적으로 새로운 환경에 적응하기보다는 익숙하고 친숙한 환경에서 안정적으로 생활하려고 하기 때문이다. 노인들이 실버타운이나 요양시설 등으로 옮기지 않고 지금 살고 있는 곳에서 여생을 보낼 수 있도록 하겠다는 의지이다.

최근 연구결과에 따르면, 미국이나 캐나다에서는 60세 이상 노인의 약 50%가 지난 25년간 거주해 오던 근린지역에 살고 있다. 양로원이나 요양원, 장기보호시설 등에 입소하는 65세 이상 노인의 60% 이상도 지난 25년간 거주하던 집에서 반경 25마일(약 40㎞)을 벗어나지 않는다고 한다. 일본의 경우도 아무리 시설과 환경이 좋아도 노인들은 현재 살고 있는 도시를 떠나지 않으려고 한다는 조사결과가 있다.

미국은 다양한 형태의 실버타운과 노인전용병원, 노인요양시설에 대한 시도를 적어도 50년 전부터 해오고 있다. 일부는 본인과 가족의 만족도가 높은 곳도 있지만, 경제적인 부담 등 실질적인 요소들까지 모두 고려하면 대체로 만족도가 낮다. 특히 노인들의 만족도가 높지 않다.

결국 미국에서도 '삶에 대한 자기 결정권'의 관점에서 볼 때 최근 '컴백 홈(come back home)' 혹은 '백 투 홈(back to home)'의 트렌드가 강하게 형성되고 있다. 자신의 집에서 노후를 보낸다는 것은 가족과 같이 집에 산다는 점, 자녀와 같이 살지 않더라도 자기 집에서 산다는 것 자체가 나이가 많은 고령자들에게 가장 큰 안정감과 위안을 주는 요소다. 내 삶의 둥지에서 산다는 것만으로도 최고의 안정감을 준다. 그리고 가장 친숙하고 익숙한 공간인 집에서 산다는 것은 극도로 높은 삶의 편의성을 보장한다. 여기에 무엇보다도 고령자 자신들의 사회적 네트워크가 계속 이어진다는 점이 매우 중요하다. 가까운 이웃, 늘 만나던 사람, 자주 다니던 동네의 가게, 반갑게 만나는 복지관 친구 등 나이든 노인에게 지역네트워크는 중요한 사회생활이자 삶의 활력소이다.[9]

일본은 고령 사회 초기에 실버타운을 도시에서 벗어난 외진 곳에 지었다가 실패를 맛보았었다. 노인들이 소외감을 극복하지 못하고 방황했기 때문이다. 이 때문에 최근에는 도시나 도시 근교에 소규모 실버타운 위주로 공급한다. 의료시설을 완비하지 않고 최소한의 간호시설만 갖추며, 도심의 가까운 병원과 연계하는 것을 더 중요시 한다고 한다.

노인들은 노화로 인해 시각, 청각, 촉각 등 감각의 쇠퇴와 근력, 지구력, 민첩성 등이 떨어지고 기억력과 학습능력도 떨어져 자주 다친다. 주목할 만한 것은 노인들이 다치는 대부분의 사고가 집에서 발생하는데 나이가 많을수록 집에서 보내는 시간이 그 만큼 많기 때문이다.

보건사회연구원의 조사에 따르면 우리나라 65세 이상 노인 상해사고의 57.4%가 집에서 발생하는데, 90세 이상의 경우는 무려 85.3%가 집에서 다친다. 그래서 노인들은 이런 부분이 충분히 고려된 주택에서, 주변에 친구들이 많은 익숙한 환경에서 살기를 원하는 것이다.

우리나라도 마찬가지지만 노인들의 주거지인 실버타운에는 유니버설 디자인 적용이 기본이다. 쉽게 여닫을 수 있는 슬라이딩 도어와 신발을 신고 벗기 편하게 현관에는 의자가 있고, 문턱이 없다. 또 노인의 키에 맞도록 싱크대의 높이를 낮추거나, 높낮이를 조절할 수 있는 세면대 등이 구비돼 있다. 거동이 불편한 노인들을 위한 휠체어 접근이 수월한 접근로와 집안 곳곳에 설치된 안전손잡이, 낙상방지를 위한 욕실과 거실이나 침실 바닥의

9 이윤학, 노인들의 희망 '컴백홈(Come back home)' (2017. 3. 23), the bell, 2018. 10. 28.

미끄럼방지 시설 등은 필수 요소다.

미국이나 유럽에서는 살던 집에 유니버셜디자인을 적용해 리모델링하는 경우가 많다. 턱이 높은 쓰던 욕조의 중간을 잘라 문이 달린 욕조로 만들고, 집안의 문턱을 모두 없애거나 욕실이나 화장실 곳곳에 안전 손잡이를 설치하는 방식이다.[10]

다음 그림 3)과, 그림 4)는 노인을 위한 주방과 화장실의 유니버셜디자인 적용 사례다. 유니버셜디자인이 적용된 집은 모든 사람의 신체적 능력 등이 변화하더라도 거주자가 살기 쉬우며, 손님이 자유롭게 방문 할 수 있게 해준다. 집에는 누구나 쉽게 접근 할 수 있는 통로가 있고 집 자체는 물론 주방, 욕실, 침실 등의 공간에 휠체어 등을 이용하는 사람이 쉽게 움직일 수 있는 충분한 공간이 있을 때 유니버셜디자인이 적용되었다고 할 수 있다.

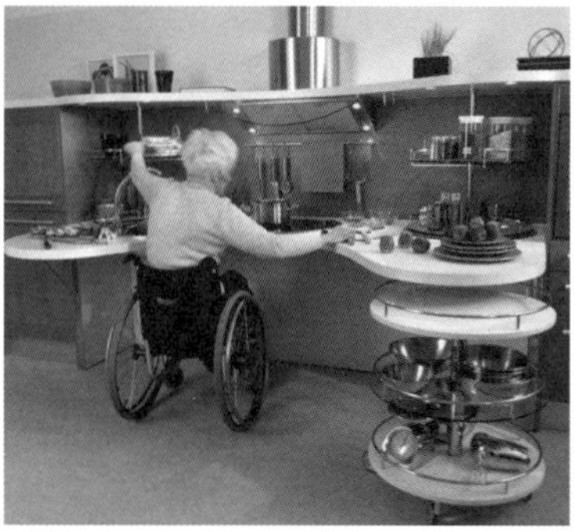

그림 3. 노인을 위한 주방 유니버셜디자인 사례[11]

10 김종화, 아시아 경제(2018. 3. 2), 2018. 10. 25.

11 www.fosterhousingandinteriordesign.blogspot.com/2013/01/universal-design.html, 2018. 11. 4.

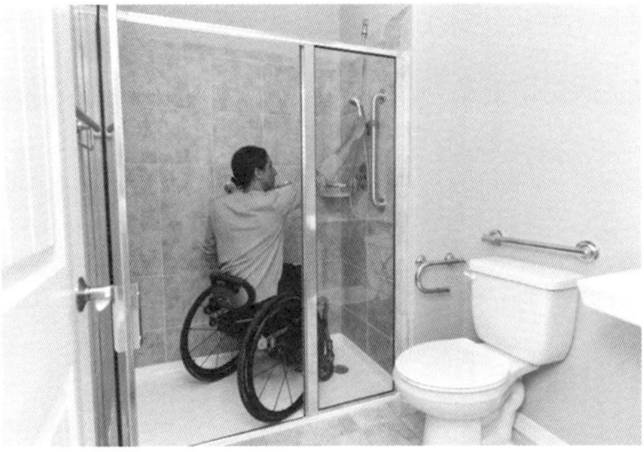

그림 4. 노인을 위한 화장실 유니버설디자인 사례[12]

우리나라도 많은 도시에서 고령화를 대비한 도시설계를 시도하고 있다. 특히, 부산에서는 '고령친화도시'를 위해 무장애 공공실버타운을 계획하고 있다. 그 내용은 다음과 같다.

부산은 전국 8대 특별·광역시 가운데 65세 이상 노인인구 비율이 가장 높다. 2014년에 노인인구 비율이 14.0%를 넘어서 이미 고령 사회에 진입했고 2022년에는 20%, 2032년에는 30%를 웃도는 등 급속히 고령화 현상이 진행되고 있다. 하지만 부족한 노후 준비와 세대 간 단절로 노인 문제는 미래 부산이 직면할 최대 위기로 부상하고 있다. 부산시가 이번에 세계보건기구(WHO)의 고령친화도시 네트워크 가입을 추진함에 따라 그동안 제각각 이루어졌던 노인복지정책이 노인복지 기본계획이라는 틀 안에서 '글로벌 스탠더드'를 지속적으로 추진할 수 있는 기반을 마련할 수 있다는 점에서 의미가 있다. 시는 교통과 주거, 사회참여, 일자리 등 8대 분야에 59개 실행계획을 도출해 실행할 방침이다. 47개 사업은 저상버스와 무장애 건물 확대 등 현재 추진 중인 사업을 강화하는 방향으로 진행된다.[13]

고령화 사회를 맞이하여 노인 인구들이 증가하고, 기술이 발달하여 장애인들도 다양한 활동에 참여할 수 있게 되면서 일반인들과 차이가 있는 특수한 상황의 사람들이 모두 평등하게 사용할 수 있는 환경과 디자인을 제공하는 것이 필요하게 되었다. 인간의 삶의 질을 높이기 위해서는 유니버설 디자인의 폭넓은 적용이 필요하며, 이를 위해서는 유니버설 디자인의 원리를 이해하여 공간 사용자의 신체적 특성과 요구를 고려한 디자인을 제안해야 한다.

노인을 위한 주택의 설계지침에서는 주거 공간의 유니버설디자인 설계의 요구 조건으로 주택 안의 일상생활에서 이동을 용이하게 수행할 수 있고, 장래의 보행 보조기구나 개조용 휠체어에 의한 주택 안의 이동에도 용이하게 대응할 수 있어야 한다.[14] 노인을 위한 유니버셜디자인의 구체적 설계항목과 관련된 대응 지침은 다음 표 3.과 같다.

표 3. 노인을 위한 유니버설디자인 9가지 설계지침[15]

분류	내용
방의 배치	• 기본 생활공간(침실, 화장실, 세면장, 욕실, 탈의실, 거실, 식당, 현관)을 동일 층에 배치
단차	• 안정된 자세로 용이하게 이동할 수 있도록 주택 내·외부 공간의 바닥은 단차를 없앰 • 보행 환경이 변하는 경계 부분에서는 단차를 없애거나 단순 단차로 계획함 • 높이가 다른 바닥을 잇는 통로는 슬로프 또는 완만 균배의 단차가 바람직함
난간	• 중심의 상하 이동, 한쪽 발로 서기 등에 의해 불안정한 자세를 취할 경우에는 난간을 설치하는 것이 원칙 • 수평면의 보행이 불안정해질 경우를 위해 난간을 설치할 수 있는 구조로 할 것 • 난간은 사용하기 쉬운 형상과 재질로 할 것

12 www.barrierfreeplusinc.com/universal-design-homes/, 2018. 11. 2.

13 윤정길, 국제신문(2016. 8. 3), 2018. 11. 2.

14 www.khousing.or.kr/ecoschool/mn3/sub_01_02.jsp, 2018. 11. 8.

15 유니버설디자인연구회, 유니버설디자인 연구, 유니버설디자인연구센터, 2006, pp.263~267.

분류	내용
통로 폭	• 일상적인 이동이나 물건 운반 시의 편이성뿐만 아니라 장래의 대응도 포함하여 보행 보조기구나 개조용 휠체어가 통행 가능한 폭을 확보할 것
마무리	• 바닥 마감재는 넘어지지 않도록 평탄부에 울퉁불퉁하게 돌출 부분이 발생하지 않을 것 • 잘 미끄러지지 않는 바닥재로 할 것 • 전도하더라도 충격이 적은 바닥재로 할 것 • 벽 마감재는 충돌하여도 충격이 적은 재료로 할 것 • 몸을 비벼도 찰과상을 입지 않는 재료로 할 것
창호	• 개폐가 쉽고 안전한 것으로 할 것 • 창호의 손잡이나 문고리는 편리한 것으로, 적절한 높이에 장착할 것 • 창호는 상부에 매다는 형으로 경량화 하여 개폐를 용이하게 할 것 • 출입구는 900㎜ 폭을 확보하여 휠체어의 출입도 쉽게 할 것 • 출입구의 문턱을 없애고 바닥 단차를 해소할 것 • 건구의 손잡이는 좀 크게 하여 잡기 쉽고 잘 닿는 위치에 설치할 것 • 바닥은 표면에 미끄러짐을 억제하는 무기첨가제를 가한 도장마무리를 실시할 것
설비	• 사용 방법이나 표시가 알기 쉽고 오동작 방지의 기능을 가진 기기를 설치할 것 • 고령자의 신체 기능 저하에 맞추어 고령자가 쾌적해하는 성능을 갖춘 기기를 설치할 것 • 유지 보수나 소모품의 교환이 용이할 것
온열 환경	• 체온조절 기능이 쇠퇴해진 고령자에게 주택 내의 급격한 온도 변화에 대한 주의가 필요함 • 기본 생활공간에는 난방 설비를 설치할 것 • 환경조절기능이 높을 것 • 안전한 구조로 할 것 • 기기의 조절이나 유지 관리를 용이할 것
수납	• 각 공간에서의 동선 상에 사물이 삐져나오지 않도록 사용하기 쉬운 충분한 용량의 수납을 확보할 것 • 꺼내기 쉽고 수납하기 쉽도록 수납의 높이, 안길이, 창호의 개폐 방식 배려할 것 • 회전 기능 장착 : 수납 선반이 회전하여 앞뒤 양면에 수납이 가능하게 되고 수납할 양을 약 30% 늘려 넣고 빼기 용이하게 할 것 • 도어의 채용 : 여닫는 부위를 넓게 취할 수 있어 내부를 둘러보기 쉽고 넣고 빼기를 간편하게 할 것 • 슬라이드 3장 도어의 채용 : 문 개폐 시에 몸의 이동이 필요 없고 개구를 넓게 취할 수 있으며 넣고 빼기가 용이하도록 할 것

노인을 위한 의료

고령자 타깃 마케팅에서 헬스 케어 관련 산업은 가장 핵심이다. 하지만, 더 이상 고령자만의 시장이 아니며 전 세대, 전 연령을 대상으로 하는 산업으로 영역이 확대되었다. 기존의 치료와 같은 의료서비스는 물론이고 질병 예방관리 및 건강과 관련된 음식료, 식품, 화장품, 건축 설계까지 '헬스 케어'산업에 해당한다. 헬스 케어 산업은 세계적인 인구 고령화 현상과 함께 주목 받기 시작했지만, 많은 이들이 건강에 대해 관심을 가지게 되었고 이는 산업의 확장까지 이어졌다. 현재 활발하게 연구가 되고 있는 원격 의료서비스는 첨단 IT 기술을 이용하여 개인의 건강정보를 수시로 체크하여 의료기관과 물리적 거리에 제약을 받지 않고 서비스를 받을 수 있는 'U-헬스 케어까지 이미 보편화 되고 있다.[16] 다음 표 4.는 주요 헬스 케어 산업 분야를 나타낸다.

표 4. 주요 헬스 케어산업 분야[17]

디지털의료기기	영상진단 기기, 체내삽입형 전자의료기기, 신체 보조 기기 등
헬스가전기기	가전기기, 스마트폰과 연동하는 웨어러블기기 등
줄기세포치료	의학 및 생명공학 관련 산업 전반
의료	의료시스템, 인력, 의료를 동반한 국내 관광 산업 등

노인을 위한 의료기술 개발 사례도 다양하게 연구되고 있다. 다음은 우리나라의 노인을 위한 틀니 개발 사례이다. 거동이 불편한 노인에게 틀니

16 김범준, 100세시대 행복 리포트, 은퇴 산업의 최첨단을 가다, NH투자증권, p.32.

17 김범준, Ibid, p.32.

를 끼우는 일은 노동에 가깝다. 이에 국내 대학병원 이성복 교수가 틀니를 좀 더 쉽게 착용할 수 있는 방법을 개발했다. 주요 내용은 자석을 이용해 기존 보철치료의 단점을 보완한 것이다. 잇몸에 임플란트 2~4개를 심고 자석장치를 장착하는 방식이다. 자석이 있으면 틀니가 임플란트와 맞물려야 하는 정확한 위치에 보다 잘 고정된다.

다음 그림 5.는 유니버셜디자인 개념을 기반으로 연구 개발한 틀니 개발 사례를 보여준다. 이 교수는 '유니버셜디자인' 개념을 도입해 이처럼 기존 치료의 단점을 개선했다. 신체에 문제가 있거나 거동이 불편한 노인도 편하게 사용할 수 있는 설계 방식이 특징이다. 강동 경희대병원에서 2006년부터 5년 이상 부분 틀니를 사용한 환자 184명을 대상으로 일반 부분 틀니와 임플란트 자석 틀니 착용 후 효능과 만족감에 대해 임상시험을 진행한 결과, 자석 틀니의 만족감이 50% 더 높았다고 한다. 특히 당근처럼 딱딱한 음식을 깨물 때의 만족감은 일반 틀니보다 최대 2.5배까지 높았다고 한다.[18]

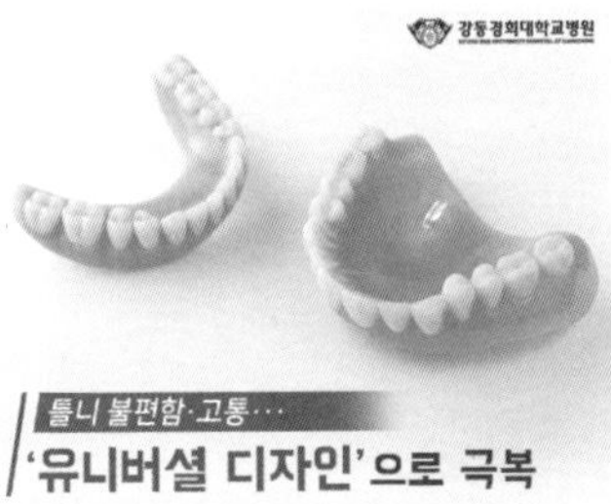

그림 5. 의료분야 유니버셜디자인 사례[19]

18 kormedi.com/1251220/%eb%81%bc%ec%9a%b0%ea%b8%b0-%eb%b6%88%ed%8e%b8%ed%95 %9c-%ed%8b%80%eb%8b%88-%ec%9e%90%ec%84%9d%ec%9c%b-c%eb%a1%9c-%eb%b3%b4%ec%99%84/, 2018. 11. 4.

19 blog.naver.com/khnmc06/221311950445, 2018. 10. 22.

다음 그림 6.은 유니버셜디자인 개념을 적용한 장애를 가진 환자를 위한 샤워헤드 사례이다. 샤워헤드 디자인은 파란 오버 몰드 고무 손잡이가 있는 흰색 사출 성형 플라스틱으로 두 개의 핸드 헬드 샤워 스프레이 형태로 개발되었다. 더 작은 것은 손바닥에 맞게 설계되었다. 관절염이나 손 근육의 움직임에 문제가 있는 사람들도 단단히 잡히지 않고 편안하게 사용할 수 있다. 받침대의 회전 커넥터는 장치가 부착된 호스를 비틀지 않고도 손쉽게 회전 할 수 있게 디자인 되어 있다.

그림 6. 장애를 가진 환자를 위한 샤워헤드[20]

노인을 위한 IT

스마트폰의 등장은 IT 기기의 개념을 바꾸었다. 기존에는 각각의 개별적인 목적을 수행하는 기기들이었던 제품들이 하나로 뭉치게 되었다. 휴대전화기, MP3 플레이어, 카메라 등이 애플리케이션으로 대체되었다. 그리고 이제 스마트폰과 태블릿 PC는 우리 생활을 바꾸고 있다. 이런 기기들을

20 testtotesttest.wordpress.com/category/universal-design/, 2018. 10. 29.

사용하는 연령 또한 젊은 층에 한정되지 않고 폭넓게 분포되어 있다. 고령자들의 IT 기기 활용도가 높아짐에 따라 UI(User Interface, 사용자에게 편리하게 사용할 수 있는 환경을 제공하는 설계 또는 그 결과물)의 변화도 발생하였는데, 텍스트 위주의 명령어를 아이콘 양식으로 바뀌고 그 크기도 커졌다.

최근에는 태블릿 PC의 보급이 늘어남에 따라 이를 통한 인터넷 상거래가 급증하고 있는 것으로 나타났다. 50대 이상의 소비자들의 특징을 살펴보면 73%가 PC를, 86%는 모바일 기기를 보유하고 있는 것을 나타났다. 실제로 50대 이상 중 40% 이상이 이미 IT 기기를 통해 온라인 구매의 경험이 있었다. 최근 기업의 경우에는 고령 친화적인 IT 기기들을 시장에 출시하고 있다. 태블릿 PC의 경우 아이콘이 큼직하며 자주 쓰는 기능 위주로 단순화한 것이 특징이다. 고사양이 필요 없기 때문에 꼭 필요한 기능 위주로 만들어지고, 그에 따라 배터리의 사용시간도 일반 태블릿 PC에 비해 길다. 또한, 가격도 저렴해서 고령자들의 부담을 줄이고 있다. 휴대폰의 경우에는 숫자 키보드를 크게 디자인하여 사용의 편리성을 높인 제품 등이 좋은 예이다.[21] 다음 그림 7.과 그림 8.은 50~70대의 컴퓨터와 태블릿 PC 사용 비율과 50~70대의 IT 기기 활용 현황(모바일 포함)을 보여준다.

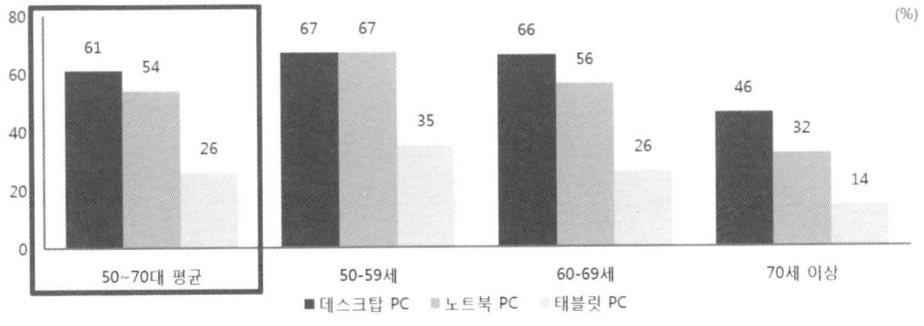

그림 7. 50~70대의 컴퓨터와 태블릿 PC 사용 비율[22]

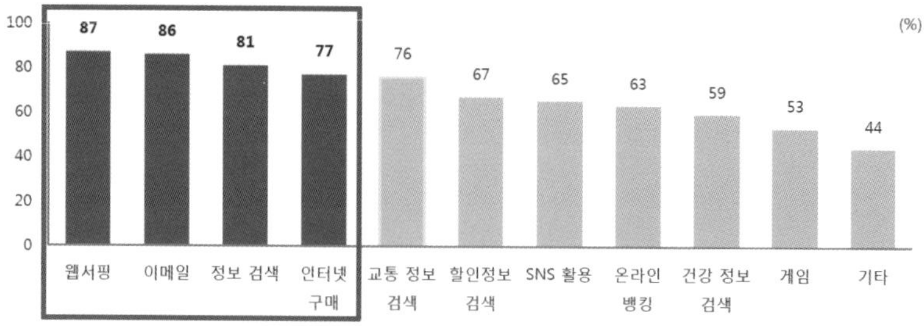

그림 8. 50~70대의 IT 기기 활용 현황(모바일 포함)[23]

나이가 들면 디지털기기들과 친하기가 쉽지 않다. 특히 터치하거나 목소리만으로도 화면이 바뀌거나 전화를 거는 스마트폰에 적응하기는 여간 어려운 것이 아니다. 알면서도 사용하지도 못하는 기능이 절반이 넘고, 손가락은 느리고, 눈마저 침침하다.

그래서 고령자들은 큼지막한 화면과 글자판 등 문자메시지와 다이얼링을 쉽게 할 수 있는 스마트폰을 선호한다. 이런 스마트폰을 개발해 성공한 기업이 스웨덴의 통신업체 '도로(Doro)'다. 도로는 피처폰을 먼저 만든다. 어디에서나 통화를 할 수 있도록 보청기 호환성을 갖춘 크고 분명한 소리가 구현된 피처폰은 쉬운 다이얼링, 문자 메시지를 위한 크고 독립된 키, 글자 크기 조정 및 보기 쉬운 대형 화면이 장점이다. 자동으로 문자를 보내거나 전화를 걸 수 있고, GPS 기능이 있는 전화기는 문자 메시지로 사용자의 위치를 전송하기도 한다.

21 김범준, Op. Cit., pp.32~33.

22 AARP, NH투자증권, 100세시대 연구소

23 AARP, Ibid.

스마트폰을 원하는 고령자를 위해서 단순한 디자인을 채택했다. 스마트폰을 처음 켜면 자동으로 시작되는 대화식 설문지를 통해 쉽게 기기의 콘텐츠를 백업하고 관리하는 온라인 포털 및 인터페이스(접속기)를 설정할 수 있도록 디자인되어있다. 고령자들이 스마트폰 사용을 기피하는 이유는 사용의 복잡함과 어려움 때문이었다. 이런 고령자의 취향에 따라 단순한 디자인을 통한 쉬운 검색, 보청기 호환성 등을 통해 고령자들이 선호하는 스마트폰으로 자리 잡은 것이다.[24] 다음 그림 9.는 스웨덴의 고령자용 스마트 기기 '도로(Doro)폰'이다.

그림 9. 스웨덴의 고령자용 스마트 기기 도로(Doro)폰[25]

유헬스(Ubiquitous-health)는 개인용 생체 정보 측정 장치를 이용하여 언제 어디서나 환자의 질병에 대한 원격 진찰 및 처방을 하거나, 일반인의 건강을 예방, 예후, 유지, 증진시키는 건강관리 할 수 있는 개인 맞춤형 보

24 김종화, 디지털 난민 '고령자' 위한 '도로폰', 아시아 경제(2018. 9. 27), 2018. 11. 6.

25 김종화, Ibid.

건의료 서비스를 제공하는 기술이다.

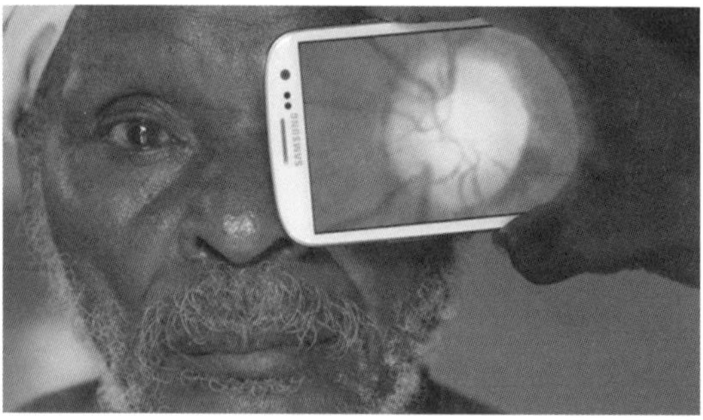

그림 10. 노인을 위한 안구 질환 검사 앱[26]

그림 10.의 Peek Vision은 런던 스쿨의 연구팀에서 개발된 앱으로써 스마트폰의 카메라 기능을 활용하여 눈의 백내장과 같은 중증 질환도 검사가 가능하다. 전체 시각 장애인의 90%가 살고 있는 저소득 국가에 진단과 치료의 기회를 제공하여 현재 아프리카 케냐에서 5,000명의 환자에게 성공적으로 적용되었으며, 고가의 안과장비와 비교하여 안정성과 정확성이 떨어지지 않음을 입증하였다.[27]

일본의 다이와하우스 로봇사업부에서 개발한 로봇물개 '파로'는 항균털로 덮여 있는 피부에 센서가 내장돼 있어서 손으로 만지거나 목소리를 들려주면 인지하여 물개 소리를 낸다. 이 케어로봇은 치매를 앓고 있어서 진짜 동물을 키우기 어려운 노인들의 심리치료를 돕기 위한 목적으로 개발

26 www.peekvision.org/, 2018. 10. 20.

27 이주연, 고령인구를 위한 라이프케어 디자인 원리 분석 : 노인학을 중심으로, 서울대학교 대학원 박사학위논문, 2014, p.34.

됐으며, 일본 쓰나미 피해 노인들이 심리치료용으로도 사용되고 있다.[28]

고령화 사회의 웰니스(Wellbeing+Happiness)에 대한 관심과 결합하여 크게 성장하고 있는 또 하나의 분야는 바로 휴머노이드와 드론이다. 휴머노이드(Humanoid)는 인간의 신체와 같은 구조로 인간을 대신하거나 인간과 협력할 수 있는 지능을 가진 케어로봇이다. 드론(Drone)은 사람이 타지 않고 무선전파의 유도에 의해서 비행하는 비행기나 헬리콥터 모양의 비행체를 이용한 케어로봇이다.[29]

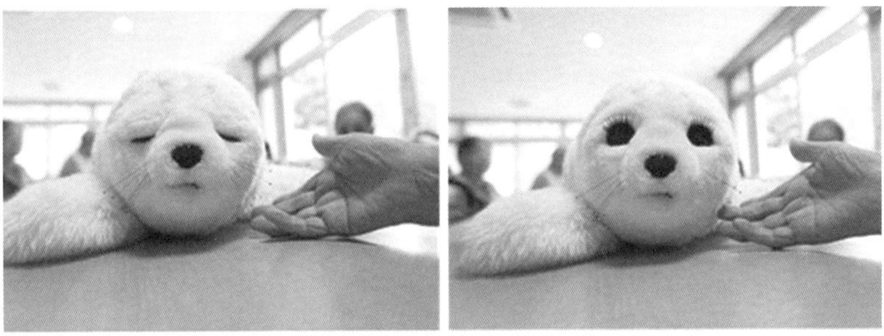

그림 11. 노인과 교감하는 물개로봇 'Paro'

노인을 위한 식품

유니버셜디자인은 사회시스템, 주택, 제품, 의료기기에 국한되지 않는다. 의식주 중에 음식도 중요한 부분을 차지한다. 그래서 노인을 위한 식품

28 이데일리, 일본 쓰나미 피해노인 돕는 로봇물개 '파로', 2011. 8. 2.

29 이주연, Op. Cit., p.35.

또한 다양하게 개발되고 있다. 특히 다섯 명 중 한명은 70세 이상이라는 세계적인 고령 사회인 일본에서 고령자를 위한 기발하고 다양한 식품이 속속 등장하고 있다. 다음은 그 사례이다. 최근 일본에는 대규모 자연재해가 잇따르면서 비상식량으로 일본농업협동조합의 '마시는 밥(飲めるご飯)'을 찾는 소비자가 급증하고 있다고 한다.

'마시는 밥'은 북오사카(北大阪)의 주도로 개발돼, 열을 가하거나 물을 넣을 필요 없이 간단히 영양섭취를 할 수 있는 곡물 캔 음료이다. 고령자가 될수록 씹거나 삼키는 능력이 약해지기 때문에 개호식품 시장 규모는 점점 커지는 추세다. 야노경제연구소(矢野経済研究所)의 조사에 따르면, 거의 삼키는 음료나 마찬가지인 연하식(嚥下食), 음식물을 씹는 저작(咀嚼)능력이 약한 사람을 위한 부드러운 식사인 저작곤란자식(咀嚼困難者食), 그리고 개호예방식(介護予防食)으로 구성되어 있다.

이렇듯 고령자 선진국 일본이지만 아직 해결해야 할 과제도 있다. 가장 큰 문제는 마트나 편의점 등 일상에서 쉽게 접하는 유통체인에서는 아직 개호식품을 보기 힘들다는 점이다. 대부분의 개호식품은 개호보험을 적용받는 고령자의 재택개호(재가서비스)시 배달 서비스를 통해 이용하기 때문이다. 그래서 개호보험 대상외인 일반 고령자들이 씹고 삼키기 부드러운 개호식품을 사려고 해도 시중에서는 쉽게 찾아볼 수가 없다.

때문에 개호식품의 소비확산을 위해선 질 높고 맛좋은 개호식품을 만드는 식품제조회사의 노력 뿐 아니라, 제품을 판매할 유통사, 인허가를 담당하는 지자체 등과의 협업이 필수불가결하다. 아직은 개호보험 적용대상이 주 소비층이지만 일반 소비자들이 개호식품을 쉽게 접할 수 있도록 판매망이 넓어진다면, 일본 개호식품 시장은 기존 예상보다 한층 더 성장할 것으로 보인다.[30] 다음 그림 12.는 일반 레토르트 식품과 유사한 식품제조회사 '큐피'의 개호식품의 종류를 보여준다.

그림 12. 일본 식품제조회사 '큐피' 개호식품[31]

30 윤이나, 폭발하는 日개호식품 시장, 프레스맨(2018. 10. 1), 2018. 11. 10.

31 윤이나, Ibid.

참고문헌

김범준, 100세 시대 행복 리포트, 은퇴 산업의 최첨단을 가다, NH투자증권, 2016.

박미리, 유니버설 디자인을 위한 User Interface에 관한 연구, 강원대학교 대학원 석사학위논문, 2002.

유니버설디자인연구회, 유니버설디자인 연구, 유니버설디자인연구센터, 2006.

이소라, 유니버설 디자인개념을 도입한 도심형 복합노인주거시설에 관한 연구, 한양대학교 대학원 석사학위논문, 2010.

이주연, 고령인구를 위한 라이프케어 디자인 원리 분석 : 노인학을 중심으로, 서울대학교 대학원 박사학위논문, 2014.

김종화, 디지털 난민 '고령자' 위한 '도로폰', 아시아 경제, 2018. 9. 27.

김대휘, 제주도의원 눈물의 5분 발언 "유니버설 디자인 현실", 제주 CBS, 2018. 7. 24.

박기태, 전경련 "2030년 한·중·일 노인 인구 2.9억 명… 실버산업 뜬다", 뉴데일리 경제, 2015. 10. 1.

윤이나, 폭발하는 日개호식품 시장, 프레스맨, 2018. 10. 1.

이데일리, 일본 쓰나미 피해노인 돕는 로봇물개 '파로', 2011. 8. 2.

이윤학, 노인들의 희망 '컴백 홈(Come back home)', the bell, 2018. 10. 28.

네이버 지식백과, 실버산업, 2018. 10. 5.

www.barrierfreeplusinc.com, 2018. 11. 2.

www.blog.naver.com/khnmc06/221311950445, 2018. 10. 22.

www.fosterhousingandinteriordesign.blogspot.com, 2018. 11. 4.

www.khousing.or.kr, 2018. 11. 8.

www.kormedi.com, 2018. 11. 4.

www.peekvision.org, 2018. 10. 20.

www.testtotesttest.wordpress.com, 018. 10. 29.

www.textilemuseum.ca, 2018. 10. 24.

www.whatdotheyknow.com, 2018. 10. 20.

추천도서 한 권

나카가와 사토시 저, 유성자 역, 『UNIVERSAL DESIGN』, 디자인로커스, 2004.

일본의 유명 디자인 전문지인'NIKKEI DESIGN'을 발간하는 출판사에서 발간한 'TEXTBOOK FOR UNIVERSAL DESIGN'을 번역한 책으로 노인은 물론 사용자 모두에게 접근이 가능하고, 많은 사람들이 편리하게 이용 가능한 모든 환경과 시설 및 제품 등을 디자인하기 위한 요건들이 촘촘히 정리되어 있다. 이에 따라서, 우리는 따뜻한 가슴으로 모든 사물을 바라보며 노인을 배려하는 마음이 담긴 멋진 디자인을 할 수 있을 것이다.

노년의 사랑:
A. 먼로의 『곰이 산을 넘어오다』와 김훈의 『화장』

김경화[1]

1. 꽃은 진다
2. 머리카락이 파뿌리가 되도록
3. 성숙된 사랑: 그랜트의 경우
4. 고착된 사랑: 오상무의 경우
5. 사랑이라는 결핍
6. 꽃이 진 자리에

1 성균관대학교 영어영문학과에서 박사학위를 받고 현재 충북대학교 인문학연구소 연구원으로 있으면서 학부 학생들에게 "사랑과 문화"를 강의하고 있다. 상징과 연금술에 관심을 가지고, 관련 연구를 진행하고 있다. 소수 전문가에게 읽히는 논문보다는 다수에게 읽히는 글로써 독자를 만나고 싶다는 새로운 꿈을 키우고 있다.

1. 꽃은 진다

꽃은 진다. 세상에 피어난 모든 꽃은 언젠가 이 세상 떠나는 날을 맞이한다. 벚꽃처럼 완연한 꽃잎으로 생을 마감하는 꽃도 있고 목련처럼 누렇게 시들며 떨어지는 꽃도 있다. 끝까지 꼿꼿함을 잃지 않다가 한 번에 툭 지는 꽃이 있는가 하면 벌레 먹어 문드러진 몸으로 세상과 서서히 작별하는 꽃도 있다. 어느 꽃이 더 숭고하다 감히 비교할 수 없다. 나무와 풀을 키우고 열매를 맺게 한 꽃의 내력을 잘 아는 이라면 꽃의 최후를 가볍게 평가할 수 없다. 꽃의 삶은 그 자체로 위대했다.

2. 머리카락이 파뿌리가 되도록

여기 스러지는 꽃을 바라보는 두 남자가 있다. 한 남자는 영문학과 교수로 재직하다 퇴임한 70세의 그랜트, 그의 아내 피오나는 치매로 남편조차 알아보지 못하게 되었다. 또 다른 한 남자는 화장품 회사에서 홍보 업무를 총괄하는 55세의 오상무, 뇌종양으로 사망한 아내를 화장해야 했다. 전자는 2013년 노벨 문학상을 수상한 캐나다 작가 앨리스 먼로의 중편 소설 『곰이 산을 넘어오다』의 주인공, 후자는 2004년 이상 문학 수상작인 한국 작가 김훈의 『화장』에 나오는 주인공이다. 두 작품은 모두 중장년 남성의 결혼 생활과 사랑을 다루고 있다. 배우자와 안정된 결혼 관계를 유지하면서도 과거 혹은 현재 다른 여자를 사랑하는 남자의 내면을 그린다는 점도 공통적이다. 영화로도 각색되어 젊은 남녀의 뜨거운 사랑만 사랑으로 여기는 세태에 조용한 파문을 일으키기도 했다. 두 소설은 나이 들어가며 쇠약해지는 사랑을 어떻게 재건할 수 있는지 독자에게 묻고 있다. 주인공 그랜트와 오상무가 각각 서구와 한국의 모두 베이비붐 세대라는 것도 또한 많은 생각거리를 우리에게 던져준다.

심리학자 스턴버그 (R. Sternberg)에 따르면 사랑은 친밀, 열정, 헌신이라는 세 꼭지 점으로 된 삼각형 구조를 지니고 있다. 친밀은 신뢰를 바탕으로 한 연대와 정서적 지지, 열정은 사랑하는 사람과 함께 하고픈 뜨거운 마음, 헌신은 관계를 유지하려는 결단과 책임감이다. 스턴버그는 이 세 요소가 적절하게 균형을 이룬 상태를 완벽한 사랑이라고 정의한다.[2] 그랜트와 오상무는 배우자에 대한 헌신만으로 결혼 관계를 유지하고 있다. 친밀과

2 Robert Sternberg, "A Triangular Theory of Love", in Harry Reis & Caryl Rusbult (ed.), *Close Relationships*. New York: Psychology Press, 2004, p. 258.

열정의 결핍을 그랜트는 자신이 가르치는 학생에게서, 오상무는 회사에 입사한 여사원에게서 찾으려 한다. 아내에게 쏟아야 한다는 것을 미처 알지 못한다. 두 남자가 결혼 밖에서 배회하는 동안 그의 병든 아내들은 각각 망각과 죽음을 향해 달려간다.

한국과 서구에서 베이비붐 세대를 정의하는 기준은 조금 다르다. 유럽과 북미에서 베이비부머란 용어는 대학 등록 인원의 갑작스런 증가를 보도한 1963년 데일리 프레스의 기사에서 시작되었다.[3] 여기서 신문은 2차 대전이 끝난 1946년에서 1966년에 태어난 세대를 '베이비 붐 세대'라 규정한다. 하지만 캐나다 사학자 오우램(D. Owram)은 1920년대 출생 작가인 케루악(J. Kerouac)과 긴즈버그(A. Ginsberg)도 이 세대에 넣어야 한다고 주장한다.[4] 이들이 일군 60년대 저항문화는 전 세대와 확연히 구분되는 요소가 있다고 본 것이다. 더 많이 인용되는 오우램의 구분에 따르면 1930년대 출신인 먼로와 이 소설의 주인공 그랜트와 피오나도 베이비부머에 속한다.

부유한 집안에서 태어난 피오나는 반전주의자 부모와 격의 없는 토론을 즐기며 성장했다. 그랜트에게 "우리 결혼하면 재미있지 않을까요?"라고 먼저 청혼할 정도로 적극적인 여성이다. 그녀와는 다른 배경에서 성장한 그랜트는 피오나와 살면서 자신감을 회복한다. 유부남인 자신에게 접근하는 여성들을 거절하는 것은 여성의 선의를 곡해하는 만행이라 여길 정도로 자유분방한 삶을 살아간다. 이것은 그랜트가 재직하고 있던 캐나다 대학가의 분위기와도 무관하지 않다. 들키지만 않으면 사랑은 자유였다. 이런 기

3 Anna, Johnstone. "Who are Millennials, Baby Boomers and Generation Z" in *The Sun*, 25th May 2018.

4 Doug Owram, *Born at the Right Time*, Toronto: Univ. Of Toronto Press, 1997. p. x,

류는 전염성이 강했고, 그랜트도 예외는 아니었다. 사랑은 사랑대로 나누고, 늘 다시 피오나에게 돌아왔다. 피오나가 느꼈을 상실감을 그는 알지 못했다. 피오나 역시 남편에게 자신의 상실감을 말하지 못한다. 연애는 남편의 자유라 여겼다. 이것이 서구 베이비부머들의 한계였다. 삶도 풍요롭고 사랑도 풍요로웠다.

서구의 베이비부머들이 전후의 풍요 속에서 대학을 다니고 최고 임금을 받으며 직장 생활을 한 것과 달리 한국 베이비부머의 삶은 팍팍했다. 6·25전쟁 후인 1955년에서 가족계획 정책이 시행된 1963년에 태어난 이들은 2018년 현재 55세에서 63세에 이르는 약 700만으로, 전체 인구의 14%를 차지한다. 이 세대는 전체주의적인 사회 환경과 가부장적인 문화 속에서 성장하면서도 개인주의적인 서구문화를 흡수하며 성장했다. 그래서 전근대에서 특이하게도 현대에 이르는 3세대 특징이 한 세대에 압축되어 있다. 이들은 가족들에게는 도덕을 강조하고 밖에서 행하는 자신의 일탈에 대해서는 너그럽다. 일찍이 이중규범을 내면화한 덕분에 치열한 경쟁을 통해 본능적으로 살아남는 법을 터득했다. '식구들과 먹고살려고'라는 구실로 모든 것을 정당화하는 세대이기도 하다.

그랜트와 오상무는 배우자와 머리카락이 파뿌리가 되도록 함께 하고자 하는, 어떻게 보면 아주 성실하고 책임감 강한 사람들이다. 그러나 그의 아내들은 기다려주지 않는다. 기억이 흐려지고, 암이 뇌수를 짓누르고 있다. 아내의 흐린 기억은 남편 대신 요양원에서 만난 다른 남자를 남편으로 오인하게 한다. 쇠약한 몸은 남편의 밥보다도 집에 두고 온 개의 밥을 더 걱정하게 한다. 망각과 감각의 교란 속에서 아내는 서서히 남편과 작별한다. 아내와 또 다른 사랑을 준비해야 하는 것은 이제 남편의 몫이 되었다. 한 사람을 향한 사랑도 적절한 시간이 되면 변해야 한다는 것을, 진화해야 한다는 것을 두 작품은 잘 보여주고 있다. 먼저 그랜트의 사랑부터 살펴보자.

3. 성숙된 사랑: 그랜트의 경우

그랜트는 아내와 함께 시골에서 조용히 살고 있다. 대학에서 영문학 교수였던 그는 가르치던 여학생과의 스캔들이 퍼져 직장을 떠나야 했다. 그러나 외박을 하려고 거짓말을 하지도 않았고 결국 아내 곁으로 돌아왔기 때문에 죄책감을 느끼지는 않았다. 두 사람은 퇴임 후 함께 책을 읽고 산책을 하고 스키를 타면서 과거보다 더 친밀해졌다.

생명력 넘치던 아내는 결혼 생활 44년이 지나면서 서서히 활기를 잃어간다. 부엌 서랍 위에 '식기, 행주, 칼' 이런 식으로, 집 안 곳곳에 노란 메모지가 붙는다. 메모지가 늘어나는 만큼 그녀의 기억은 소멸해 간다. 시내에 혼자 나갔다가 공중전화를 걸어 남편에게 집에 오는 길을 묻기도 한다.

그랜트는 처음엔 아내의 장난이라고 생각한다. 아내는 장난을 좋아하는 여자였으니까. 하지만 아내가 돌연 유혹적인 목소리로 자신의 과거 내연녀를 흉내 낼 때는 아연실색한다. 그녀를 알지도 못할 뿐 더러 아예 관심도 없었다고 생각했기 때문이다. 슈퍼마켓에서 길을 잃어 경찰의 도움으로 간신히 귀가한 밤, 피오나는 메도레이크 요양원에 보내달라고 남편에게 부탁한다. 산책을 하고 책을 읽으며 보내는 일상이 이제는 어렵다는 것을 본인도 인정한 것이다.

부부는 과거 이웃에 살던 독신 농부 파커 씨를 만나러 요양원을 방문하기도 했다. 그 때 보다 시설은 훨씬 나아졌다. 소변 냄새와 표백제 냄새가 진동하던 건물에는 솔 향이 감돌고, 플라스틱 꽃다발이 있던 자리에는 진짜 화초가 자라고 있다. 텔레비전이 무차별적으로 눈과 귀를 공격하던 과거와 달리 텔레비전의 시청 여부도 환자가 선택할 수 있다. '한 번 시험 삼아 쉬면서 치료'한다는 생각으로 그랜트는 피오나를 요양원에 두고 떠난다.

혼자 지내는 동안 그랜트는 50년대 지은 낡은 요양원에 아내를 두고 온 것 같아 괴롭다. 그리고 과거를 되비추는 꿈을 자꾸 꾸게 되면서 아내를 다시 보게 된다. 꿈에서 피오나는 자신이 가르치는 대학 강의실에 앉아있다. 강의실 뒤쪽 가장 높은 줄에는 검은 상복을 입은 젊은 여학생들이 앉아 수업은 듣지 않고 그랜트를 노려보고 있다.

꿈에서 깨어난 그랜트는 제자와의 관계가 드러나 이른 은퇴를 받아들여야 했던 과거를 떠올린다. 그때는 모든 게 떳떳했다. 자신을 좋아해 따라다니는 여성들의 자존심을 배려하고 섬세함을 보호해주려 만남을 거부하지 않았기 때문이다. 그런데도 상대 여성들은 자신을 고소했고 자기 앞에서 친구인척 했던 동료들은 학교에서 그를 밀어냈다. 피오나에게 외박을 핑계로 속이는 일도 하지 않았다. 그런데도 자신은 대학에서 밀려났다. 피오나의 아버지가 물려준 시골집에 살면서 겨우 울분을 삭힐 수 있었다. 그런데 아내가 자신의 일로 상처 받았으리라고는 전혀 생각하지도 못했다. 전혀 내색하지 않았기 때문이다. 그러나 꿈속의 피오나는 달랐다. 모든 것을 그와 함께 하고 있었다.

새로운 입소자는 적응기간 동안 면회 금지라는 요양원 규칙 때문에 그랜트는 한 달 만에 아내를 방문한다. 연인을 만나는 것 같이 마음이 설레 잠까지 설친다. 이제야말로 아내와 새로운 사랑을 가꿔낼 수 있다고 생각하며 아내를 위해서는 한 번도 사지 않던 꽃도 산다. 하지만 피오나는 자신을 알아보지 못한다. 카드 게임 하는 노인 사이에 앉아 옆 남자의 카드만 지켜보고 있다.

간호사 크리스티가 다가와 먼저 말을 건네 보라고 조언한다. 그랜트가 다가가자 게임을 하던 사람들은 불쾌감을 노골적으로 드러낸다. 그랜트는 이곳에 어울리는 사람이 아닌 것이다. 피오나는 장난기 섞인 미소를 지으며 그랜트에게 홍차를 건넨다. 아내가 자신을 몰라보는 게 분명하다. 그랜트는 홍차를 마시지 않는다. 아내는 새로 사귄 친구 오브리에 대해 이야기한다. 과거 자신의 할아버지가 다니던 자동차 정비소 직원이었고 자신을 사랑했으나 고백하지 못했던 사람이라고 말한다. 그랜트는 혼란스럽다. 후에 오브리의 부인에게 확인해 보니 오브리는 이 지역에 살던 사람이 아니다. 아내는 전혀 다른 기억 속에 혼자 살고 있다.

그날 이후 그랜트는 매일같이 요양원을 방문한다. 피오나는 그를 남편이 아니라 요양원 방문객이나 직원쯤으로 여긴다. 그랜트는 아내를 붙잡고 자신을 모르겠느냐고 묻고 싶지만 말로 내뱉지는 못한다. 그런 질문이 아내를 얼마나 당황스럽게 할지 알기 때문이다. 크리스티는 오브리가 비교적 젊은 나이에 병을 얻어 은퇴했으며 부인이 집에서 돌보다 잠시 맡겨진 상태라는 사실을 알려준다. 그랜트는 피오나가 지금 자신을 곯려주려고 가면을 쓰고 있다고 생각한다.

피오나와 오브리는 매일 붙어 다닌다. 요양원 안에서 게임을 하거나 텔레비전을 볼 때는 그나마 다행이다. 요양원 밖에 있는 온실을 두 사람이 산책할 때는 어떤 일이 벌어지는지 알 길이 없다. 그랜트는 가망 없는 짝사랑을 하는 고집 센 소년처럼 피오나를 졸졸 따라다닌다(401). 그러나 아내는 자신을 알아보지 못한다. 주말을 맞아 외부 방문객으로 떠들썩한 요양원에서 그랜트는 피오나가 아픈 사람이라는 것을, 자신을 벌주기 위해 이런 행동을 하는 것은 아니란 것을 새삼 확인한다.

> 토요일에는 공휴일이 소란과 긴장감이 감돌았다. 연이어 가족 단위 방문이 이어졌다. 대개 엄마가 인솔자로서 명랑하고 충직한 양치기 개처럼 남편과 아이들을 이끌고 다녔다. 아주 어린 꼬맹이들만이 불안을 느끼지 않았다...

이야기를 계속 하는 것은 언제나 여자들이었다. 남자들은 겁먹은 것처럼 보였고 십 대들은 못 올 곳에 온 것처럼 굴었다.

손님을 맞은 사람들은 휠체어를 타거나 지팡이를 짚고 힘들게 발걸음을 옮겼다. 그중에는 행렬의 선두에서 아무런 도움도 받지 않고 뻣뻣하게 걸으면서 방문객을 자랑스러워하는 사람이 있는가 하면, 멍한 눈빛으로 뭔가 말을 해야겠다는 부담으로 필사적으로 더듬대는 사람도 있었다. 어쨌거나 이런저런 외부 사람들에 둘러싸여 있으니 메도레이크의 내부인들이 그렇게 정상적으로 보이지는 않았다.[5]

가족들이 요양원 노인들을 찾아와 만나는 모습을 보면서 그랜트는 피오나가 평범한 상황에 있지 않다는 것을 인정한다. 그리고 자신을 완전히 잊어버리고 새로운 남자 친구에게 빠져있는 아내를 보면서 자신의 지난 과오를 하나씩 떠올린다.

그는 재키 애덤스라는 여성을 선택했다. 작은 키에 통통하고 감정적인 그녀는 피오나와 정반대였다. 아이러니를 모르는 존재랄까? 남편이 전근을 가기

5 앨리스 먼로, 서정은 옮김, 『미움, 우정, 구애, 사랑, 결혼』, 서울: 뿔, 2014. p. 408-409. (앞으로 작품 인용은 인용문 뒤 쪽수만 표기함)

전까지 그들의 관계는 일 년 정도 계속되었다. 그녀의 차에서 작별을 고할 때 그녀는 마치 저체온증에라도 걸린 것처럼 몸을 가누지 못하고 떨었다. 이사 간 후에는 몇 번 쯤 편지가 왔지만 어조가 너무 격정적이라 답장을 쓰지 못했다. 답장을 미루던 그에게 기대치 않게, 딸 또래밖에 되지 않는 또 다른 젊은 여학생이 마술처럼 다가왔다.... 많은 다른 이들이 한차례 폭풍처럼 휩쓸고 갔다. 바라는 대로 모든 것을 할 수 있었고 부족한 것은 아무것도 없는 것만 같았다. 그러나 후회는 언제나 예고 없이 오는 법이다.

사방에서 불륜에 대한 이야기와 위험하고 불미스러운 관계에 관한 소문이 들려왔다. 스캔들이 터지고 나면 좋았던 기억은 간데없고 요란한 막장 드라마가 펼쳐졌다. 보상과 면직이 이어졌고 해고된 사람들은 보다 관대한 소규모 대학이나 평생교육원으로 자리를 옮겨 교편을 잡았다. 남겨진 부인들은 충격을 딛고 일어나 남편을 유혹한 젊은 여자들의 흉내 낸 옷을 차려입고 파티에 나갔다. 그만그만한 학계의 파티는 지뢰밭 같았다. 전염병이 마치 스페인 독감처럼 퍼져나갔다. 그러나 사람들은 그것에 감염되고 싶어 안달했다. 열여섯부터 예순에 이르기까지 그 파장에서 벗어나기를 바라는 삶은 아무도 없는 것 같았다. 그러나 피오나는 그 판에 끼고 싶어 하지 않았다. (408-409)

그랬다. 자신이 대학에 몸담고 있던 시절 불미스러운 연애가 캠퍼스에 유행했다. 그랜트도 이런 분위기에 휩쓸려 다가오는 여성을 밀어내지 못했다. 바람난 남편을 둔 부인들까지 파티를 찾아다니며 맞바람을 피우던 시절이었다. 열여섯 부터 예순까지 불륜은 스페인 독감처럼 대학가와 대학 주변에 퍼져 나갔다. 사람들이 병에 감염되고 싶어 안달하는 상황에서도 피오나만 초연했다. 그때 아내가 어떤 마음이었는지 그랜트는 미처 알지 못했다. 그런데 이제 아내가 자신을 떠나려 한다. 자신을 알아보지도 못한다. 함께 읽었던 책을 보면 자신을 알아볼까 싶어 아이슬란드에 관한 책도 가지고 왔다. 하지만 피오나의 상태는 좋아지지 않는다. 오히려 더 악화된다.

Fiona mothers Aubrey

휴가에서 돌아온 오브리의 부인이 오브리를 다시 집으로 데려가자, 피오나는 헤어나올 수 없는 절망에 빠진다. 식사도 하지 않아 체중도 급격히 줄고 근육의 힘도 약해진다. 의사는 중증 환자만 따로 수용하는 2층으로 옮겨야 될지도 모른다고 그랜트에게 말한다. 2층은 폐쇄 병동으로 식물인간과 다를 바 없는 사람들이 모여 있는 곳이다.

그랜트는 서두른다. 전화번호부에서 찾은 주소로 오브리의 아내, 메어리언을 만나러 간다. 그녀에게 아내의 상황을 설명하고 그녀의 남편을 요양원으로 다시 보내달라고 부탁한다. 메어리언은 경제적 이유 때문에 남편을 보낼 수 없다고 답한다. 유일한 재산인 집마저 처분할 수는 없다는 것이다. 그랜트는 일주일에 한 번이라도 오브리가 요양원을 방문할 수 있게 해달라고 간청하지만 거절당한다. 집으로 돌아오면서 그랜트는 메어리언이 피오나와 전혀 다른 사람이라고 생각한다.

> 그의 어머니 역시 메어리언과 크게 다르지 않는 사람이었다. 비슷한 상황에 처하면 어머니 역시 메어리언처럼 행동했을 것이다. 그들은 자기와 다른 생각을 하는 사람들의 말을 농담으로 여긴다. 아니면 너무 많이 배우고 편하게 산 덕분에 뜬구름 잡는 소리를 한다고 생각한다…. 메어리언도 그랜트가 그런 사람 중 하나라고 생각할 것이 틀림없다. 집을 유지할 걱정 따위 없이 어려운 생각이나 하면서 어슬렁거릴 여유가 있는 사람들, 삶의 진실을 직시할 필요가 없는 지루하고 어리석은 인간들이라고…. 맞다. 그런 의견에도 분명 진실은 있다. 그런 구체적 세계관은 분명 장점을 가지고 있다.
> 위기 상황에 처하면 메어리언은 진가를 발휘할 것이다. 음식을 훔치고 거리의 시체에서 신발을 벗겨내면서 그녀는 살아남을 것이다…. 생각해 보면 메어리언 같은 여자와 결혼할 수도 있었다. 그랜트가 자신의 환경에 계속 머물렀다면 말이다. 가슴이 멋진 그녀는 충분히 유혹적이었을 것이다. (429-430)

그랜트는 자신의 자동 응답 전화기에 메어리언의 메시지가 담겨 있는 것을 확인한다. 싱글들을 위한 댄스파티에 함께 가자는 내용이다. 그랜트는 메어리언이 심경의 변화를 일으켰음을 직감한다. 퉁명스럽고 무감각한 사람이 애원의 목소리를 낼 때는 성격이 균열될 만큼 큰 사건이 발생했다는 뜻이다. 그랜트는 오브리를 피오나에게 데려다 줄 수 있을 것 같다고 느낀다. 하지만 이후 자신과 메어리언 사이가 또 어떻게 변할지는 알 수 없다.

그토록 아내가 그리워하던 오브리를 데리고 다시 찾은 요양원, 피오나는 이제야 그랜트를 한 눈에 알아본다. 그랜트를 두 팔로 꼭 껴안고 흐느낀다.

"한참 만에 왔네요. 우리 이제 여기 나가도 되는 건가요?"

이번에 아내는 오브리를 전혀 기억하지 못한다. 피오나의 피부와 숨결에서는 전과 다른 냄새가 희미하게 피어난다. 물속에 오래 담가둔 꽃줄기에서 날 것 같은 냄새다. 피오나는 남편에게 말한다.

"당신이 와서 기뻐요. 그냥 가버린 줄 알았어요. 나 따윈 신경 쓰지 않고, 버려두고 간 줄 알았어요. 나를 잊어버린 줄 알았어요."
그랜트는 그녀의 하얀 머리카락, 분홍빛 속살, 사랑스러운 머리에 얼굴을 기

대며 대답한다. 나는 당신을 잊은 적 없어. 단 한순간도. (437)

소설은 헌신만 남은 사랑이 얼마나 공허한지 이야기하고 있다. 그랜트는 다른 여성을 사랑할 때도 아내가 있는 집으로 돌아오기만 하면 문제 될 게 없다고 생각했다. 피오나 역시 남편의 외도를 알고 있으면서도 침묵했다. 들춰내 관계가 위협받는 것을 원하지 않았다. 자신만 초라해진다고 생각했다. 은퇴해서 시골에 살면서 과거의 아픔은 다 사라진 듯했다. 그러나 피오나의 치매가 과거의 상처를 또렷하게 드러낸다. 그랜트가 관계했던 여자들의 목소리까지 흉내 낸다. 아내를 요양원에 보낸 후 그랜트는 처음으로 피오나의 고통을 깨닫기 시작한다. 그리고 피오나를 새롭게 사랑하겠노라 다짐한다. 그런데 이제는 아내가 자신을 몰라본다. 요양원에서 새로 사귄 남자 친구에게 온 마음을 쏟고 있다.

그것 또한 아픈 아내의 진실한 마음이라면 피오나와 떨어지는 것이 더 큰 사랑이라고 그랜트는 이해한다. 그리고 아내의 남자친구의 아내를 찾아가 두 사람이 계속 만날 수 있게 해달라고 부탁한다. 오브리의 아내는 그랜트의 요구를 들어준다. 하지만 조건이 없었던 것 같지는 않다. 그랜트는 내키지 않는 부정을 저지르고 아내의 남자친구를 아내에게 데려오는 데 성공한다. 그런데 이젠 피오나가 오브리를 기억하지 못한다. 오랜만에 찾아온 그랜트를 껴안고 자신을 버리지 말라고 울먹인다. 아내의 애원은 과거 자신을 버렸던 남편에 대한 원망과 고통이 배어 있다는 것을 그랜트는 잘 알고 있다. 더 복잡한 상황에 빠졌지만 그랜트의 사랑은 더 성숙해질 것이다.

많은 실수를 저지르기는 했지만 아내에 대한 그랜트의 사랑은 진화한다. 그가 맞닥뜨린 어이없는 결말이 비극적이라 느껴지지 않는 이유도 여기에 있다. 그랜트는 또 다시 바뀐 상황에 맞춰 자신의 사랑을 키워나갈 것이다. 그랜트는 반성하는 인간이다. 그의 사랑은 한곳에 머무르지 않는다. 좀 느리기는 하지만 꾸준히 성숙해 가는 사랑이다.

4. 고착된 사랑: 오상무의 경우

김훈의 『화장』은 죽어가는 아내를 지켜보며 새롭게 다가오는 '그녀'에 대한 사랑으로 번민하는 중년 남성을 그리고 있다. 화자는 55세 오상무. 그는 한국 경제 성장의 주역인 베이비붐 세대 가운데서도 성공적인 삶을 살고 있다. "잡지사 여기자인 젊은 아내가 벌어온 돈으로 대학원을 마치고, 결혼해서 딸을 낳고, 단칸 전세방에서 시작해서 10억짜리 단독주택을 장만하고 재벌급 화장품회사 말단사원에서부터 상무로까지 승진한" 입지전적 인물이다.[6] 그에게는 대학 졸업 후 무역회사에서 일 하다 예비 "신랑과 함께 뉴욕으로 옮겨 갈 계획"인 딸, 미영과 아내가 키우는 보리라는 진돗개가 전부다(18). 아내만 건강하다면 아무 문제가 없는 단란한 가정처럼 보인다.

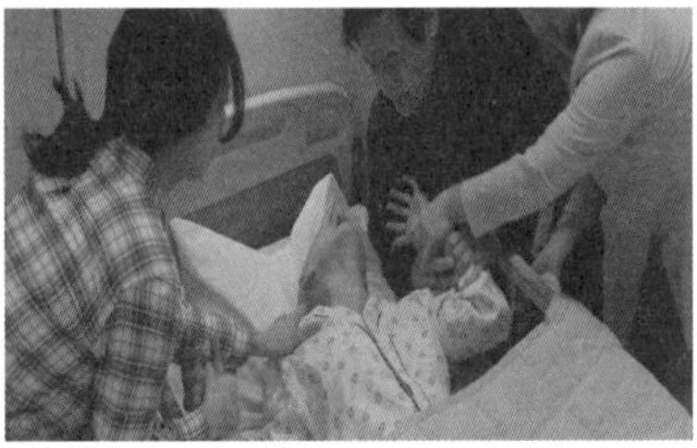

6 김훈, 『2004년 이상 문학상 작품집』, 서울: 문학사상사, 2004, p.14. (앞으로 작품 인용은 인용문 뒤에 쪽수만 표기함)

아내는 2년간 세 번이나 수술대에 올랐지만, 그때마다 뇌종양은 재발한다. 종양 제거 수술을 받은 후에는 후각 기능마저 교란되어 모든 음식에서 구린내를 느낀다. 식사량이 급격히 줄자 체중은 30킬로그램으로 떨어지고 "똥은 새까맣고 딱딱하게 굳어"져 "바싹 졸인 환약처럼 물기가 없고 찌를 듯한 악취"를 풍기는 지경에 이른다. 주인공에게 아내의 똥은 "창자와 음식물 사이의 사투의 고통이 응축된 사리"처럼 보인다(40).

두 번째 수술이 끝나고 회복실에서 병실로 실려 온 아내를 보았을 때는 이제 그만 아내가 죽기를 바란다. "그것만이 나의 사랑이며 성실성"이라 여긴다. "삭정이처럼 드러난 뼈대로 다만 숨을 쉬고" 있는 아내의 고통을 모르지 않기 때문일 것이다. 그러나 임종을 맞은 아내를 기술하는 다음 부분은 오상무가 정말 아내의 고통에 조금이나마 공감했는지 의심을 품게 한다.

> 아내는 죽음을 향해 온순히 투항했다. 벌어진 입술 사이로 메말라 보이는 침이 한 줄기 흘러왔다. 죽은 아내의 몸은 뼈와 가죽뿐이었다. 엉덩이 살이 모두 말라버려서 골반 뼈 위로 헐렁한 피부가 늘어져 매트리스 위에 접혔다. 간병인이 아내를 목욕시킬 때 보니까, 성기 주변에도 살이 빠져서 치골이 가파르게 드러났고 대음순은 까맣게 타들어 가듯 말라붙어 있었다. 나와 아내가 그 메마른 곳으로부터 딸을 낳았다는 사실은 믿을 수 없었다. (11-12)

아내의 죽음을 서술하는 화자의 눈은 얼음처럼 차다. 오랫동안 함께 산 남편의 시선 같지 않다. 아내를 치료한 사람들의 의료 기록에 더 가깝다. '아내'라는 명사 대신 "그녀"라는 대명사를 넣고 읽으면 더욱 그렇게 읽힌다. 왜 화자는 아내를 이렇게 차가운 시선으로 보고 있을까? 살면서 이미 여러 죽음을 보았고 아내도 그 죽음의 배에 승선했음을 인정한 사람의 입장이기 때문일까? 아니면 새롭게 연모하는 젊은 여성의 몸과 아내의 쇠락한 몸을 대조하기 위한 작가의 전략일까? 어쩌면 이것은 화자가 속한 세대의 한계인지도 모른다는 생각을 해본다.

오상무가 위치한 베이비붐 세대의 정서 가운데 이런 측면이 있지 않는가 싶은 것이다. 50년대와 60년대 모두가 빈곤했던 시절에 태어나 70년대와 80년대 가난을 딛고 자립해 90년대와 2000년대 사회생활의 정점에서 퇴직을 맞이한 한국의 베이비부머들에게 이런 심성이 드물지 않아 보인다. 이런 관점에서 한국 사회의 베이비부머들이 살아온 삶을 간단하게 요약해 본다.

한국의 베이비붐 세대들은 가부장적인 문화 속에서 자란 탓에 자신의 속마음을 표현하는 데 익숙하지 않다. 개인의 애정을 가꾸고 진심을 표현하는 것보다 집단 내의 도리와 의무를 다하는 게 먼저라고 배운 세대다. 한국 전쟁이 할퀴고 간 폐허를 복구하느라 늘 바빴던 부모를 대신해 소소한 집안일은 알아서 했으며, 초등학교와 중학교 시절에는 수업료를 못내 선생님에게 불려가 '니 아버지 뭐하시노?'라는 수모를 당하기도 한 세대다. 그 중에는 초등학교만 졸업한 누이가 공장에 다니며 번 돈으로 학교를 졸업하고 대신 집안을 일으켜야 한다는 의무를 떠안은 사람도 있었다.

초등학교 때는 오전반 오후반으로 나누어 수업을 받아야 할 정도로 학생들이 많았다. 한 반 인원이 70명을 웃도는 경우도 예사였다. 만원 버스에 시달리며 등하교를 하고 좁은 대학문을 뚫기 위해 밤을 새며 공부를 했다. 80년대 초 대입정원이 늘어나 잠시 환호했지만 80년에 40만 명이던 대학 졸업자가 90년에 100만으로 늘어나는 바람에 치열한 취업 전쟁을 겪어야 했다.

대학시절에는 신군부가 무력으로 광주를 진압하는 것을 보았고, 넥타이 부대가 되어 87년 민주항쟁에 참가하기도 했다. 국민의 힘으로 대통령 직선제를 겨우 얻어냈지만 야당 인사들의 분열로 다시 군 출신 인사가 대통령이 되는 광경을 지켜보아야 했던 세대다. 40대 중반 사회에서 비교적 안정된 위치를 잡았다고 믿던 순간 IMF를 맞아 하루아침에 직장을 잃은 사람이 있었고 자영업에 뛰어들어 낭패를 본 사람도 있었다.

세계는 무서운 속도로 변하는데, 국내 사회의 민주화는 더디게 진행되었다. 개인의 힘으로는 역부족인 사태들을 너무나 많이 겪어야 했다. 늘 사람이 많았고 늘 경쟁은 치열했다. 주변을 둘러보면 마음 써야 할 사람들이 많았지만 그러다 보면 이미 경쟁자는 저만치 뛰고 있었다. 조용히 걸으면서 생각할 수 있는 시간을 허락받지 못했다. 딴 데 신경 쓸 여유 없이 생각도 뛰면서 해야 했다. 자신에게 일어난 일들을 되도록 객관적으로 파악하고 엄밀하게 분석해야 실수 없이 레이스를 완주할 수 있었다. 소소한 행복을 돌보기보다는 자신을 둘러싼 세계의 안녕이 우선 과제였다. 지치는 줄도 모르고 앞만 보고 달리다 보니 삶의 마디마디에 숨어있는 기쁨과 감동, 연민과 슬픔, 공감과 이해도 건너뛰고 말았다. 멀리 달려오기는 했으나, 그 길을 오면서 보고 느낀 것이 없는 삶은 공허하다. 오상무도 여기에서 크게 벗어나지 않는 삶을 살았다. 그의 내면은 차고, 건조하고, 황량하다.

거친 파고를 헤치고 국내 굴지의 화장품 회사 상무로 올라선 주인공의 내면을 잘 보여주는 부분이 있다. 그는 지난여름 자신이 기획한 마린블루 계통의 색조 화장품이 히트를 친 사건을 이렇게 기술한다.

> 저는 판촉비를 풀어서 소비자단체 간부들, 광고매체 간부들, 미용담당 기자들과 매일 저녁 술을 마셨습니다. 또 새로 생긴 주간지나 월간 여성지의 광고담당자, 새로 차린 광고 대행업자들과 쌍꺼풀, 입술, 손톱, 허벅지의 부분 모델을 지망하는 여자들의 매니저들은 나를 불러내서 그들의 판촉비로 나에게 술을 먹였습니다. 질퍽거리는, 마린블루의 여름이었지요. (41-42)

자신이 맡은 업무가 좋은 성과를 드러내는 상황에서도 오상무는 그다지 기쁘지 않다. 위에서 아래로 촘촘하게 얽힌 먹이사슬 속에서 서로 살려고 아등바등하는 모습만 재확인한 것이다. 겉으로는 웃으면서 속으로는 칼을 가는 냉혹한 세계에 속수무책으로 노출되어 있다는 냉혹한 사실만 다시 목도하고 만 것이다. 살아온 세월동안 그의 몸에 밴 것은 지혜와 여유가 아니라 회의와 냉소, 의심이다. 아내의 뇌종양이 "생명 속에만 발생하는 또 다른 생명"이라는 주치의의 냉담한 말에 환멸을 느끼지만(14-15), 그 역시 아내에게 따뜻한 말을 건네지 못한다. 속마음은 어떤지 몰라도 오상무에게 아내는 늘 '그녀'의 거리에 있는 존재다.

아내의 빈자리를 채우는 이는 같은 사무실에 근무하는 추은주다. 총 6장으로 구성된 작품에서 추은주는 3장과 5장에서 경어체의 문장으로 묘사된다. 그녀는 살아있는 대상이라기보다는 주인공이 자신의 공허한 내면을 털어놓는 부재의 대상으로 존재한다. 그녀를 향해 쏟아내는 말은 "말로 환생하기를 갈구하는 기갈이나 허기"며, 추은주 역시 "손으로 잡을 수 없는 말의 환영"으로 나타난다(26). 추은주는 아내가 발병하기 3년 전 화자와 같은 회사에 입사한 실존인물이기는 하다. 그러나 화자의 삶에 적극적으로 연루되는 시기는 오상무의 아내가 병마와 싸우는 때다.

소설의 전 6장 구조는 이렇게 요약된다. 1장에서 화자는 아내의 죽음을 대면하면서 자신의 노화를 확인한다. 전립선염 때문에 소변을 보지 못하는 주인공에게 의사는 전립선염은 병이 아니라 "노화현상"이라고 말한다(16). 2장에서 화자는 딸을 보며 죽은 아내를 떠올린다. 아내를 닮은 딸이 영정 사진 앞에서 오열하는 모습을 보면서 "죽은 아내의 영정과 죽지 않은 딸의 얼굴이 닮아 있다는 사태는 더욱 헤어나기 어려울" "무거움"이 라고 고백한다(18). 3장에서 딸 대신 호명되는 인물은 추은주다. 화자는 추은주에게 갈피를 잡지 못하는 자신의 내면을 토로하며 되돌릴 수 없는 자신의 젊음을 본다.

4장에서 영안실을 찾은 추은주와 죽은 아내는 절묘하게 대조된다. 아내의 영정을 향해 "엎드린 추은주의 등과 엉덩이는 완연한 몸", "세상 속으로 밀치고 나오는 몸"이다. 하지만 아내의 몸은 소멸되어 세상 밖으로 빠져나가고 있다. 5장에서는 일요일 특근 날 갓 2살 된 딸아이를 회사에 데려와 일하는 추은주를 그리고 있으며, 아내를 화장하는 6장에서는 추은주의 사표를 수리하고 여름에 출시될 화장품 광고 기획안에 대해 결정을 내린다.

오상무는 마음속으로 추은주라는 여사원을 갈망하지만 그녀와의 관계를 실제로 진전시키지는 않는다. 추은주는 자신에게서 사라진 젊음과 아내의 부재를 확인시켜 주는 존재로서만 기능한다. 아내의 뇌수술 이력은 추은주의 젊음과 완벽하게 대조된다. 딸아이를 회사에 데려와 일하는 추은주의 모습은 젊은 시절 아내의 모습일 수도 있다. 병마에 시달리면서도 개밥을 걱정하는 아내와 아이에게 뜨거운 국을 후후 불어 떠먹이는 추은주의 모습이 대조되면서도 닮아 보이는 이유다.

그러나 최종적으로 화자는 병들고 늙은 아내의 현실을 수용하지 못한다. 그녀가 상실한 건강과 생명력, 젊음만을 희구한다. 상실의 자리에서 자신이 새롭게 키워야 할 사랑의 모습에 대해서는 고민하지 않는다. 지금 그와 아내가 가지지 못한 것을 아쉬워할 뿐이다. 그래서 슬픔만 있고 진정한 애도는 없다. 아내를 마지막까지 옆에서 지켜주는 것이 자신의 "사랑이며 성실성"이라고만 자위할 뿐이다. 그리고 아내의 고통이 끝나기만을 기다린다.

고통을 나누며 함께 걸어온 길을 되돌아보고 마지막을 정리하는 시간이 빠져 있다. 최후까지 쏟아야 할 친밀과 열정을 추은주에게 쏟고 있다. 친밀과 열정이 빠진 헌신만 남은 사랑을 사랑이라고 붙들고 있는 것이다. 의무가 된 사랑은 사랑이 아님을 그는 알지 못한다. 오상무의 사랑은 고착되어 있다. 세월의 변화에 따라 성숙하지 못한다. 고착된 사랑의 배후에는 개인의 욕망을 억제하라고 종용하는 집단의 요구도 물론 깔려있다. 하지만 결핍을 결핍으로 깨닫지 못하고 있는 사람은 오상무 자신이다.

5. 사랑이라는 결핍

사랑은 결핍에서 출발한다. 플라톤은 『향연』에서 결핍이 없으면 사랑도 없다고 말한다.[7] 나에게 없는 것, 혹은 내가 가지고 있었다가 잃어버린 어떤 것을 찾아 우리는 사랑의 항해를 떠난다. 그리고 내가 간절히 바라는 것을 상대가 가지고 있을 때 사랑은 시작된다. 사랑을 위한 가장 기본적인 준비 자세는 나의 결핍을 아는 것이다. 물론 순서가 뒤바뀌어 상대와의 관계 속에서 나의 결핍을 깨닫기도 한다. 결핍의 무늬는 결핍을 가진 그 사람을 닮아있다. 따라서 결핍의 자리를 찾고 그것을 들여다보면 그 사람이 보인다. 때론 가지고 있지 않는 것이 가지고 있는 것보다 많은 것을 보여줄 때가 있는 것이다.

오상무가 결핍한 것은 생명력이다. 그는 자신을 만들고 인류를 만들고 우주를 만들어낸 시원으로서의 생명력을 결핍하고 있다. 이런 이유로 5년 전 신입사원 공채 최종 합격자 이력서에서 추은주를 보았을 때 그가 주목한 것은 '秋殷株'라는 한자였다. 이것은 "이제는 지층 밑에 묻혀버린 먼 고대국가의 이름"을 떠올리게 한다(25). 은주가 동아시아 문화권에서 대평성대의 고유명사로 쓰이는 상고시대의 은나라 주나라를 상징한다고 하면, '은주'는 결코 닿을 수 없는 생명력을 대변하는 이름이 된다. 그래서 화자에게 은주는 "당신의 깊은 몸속의 나라, 그 나라의 새벽 무렵에 당신의 체액에 젖는 노을빛 살들, 그 살들이 빚어내는 풋것의 시간들"을 연상시키고 "아, 살아있는 것은 저렇게 확실하고 가득 찬 것이로구나."(26)라는 탄성을

7 Plato, *Symposium*, trans. W. Hamiloton, Penguin, 1965, p. 78. "Now we have agreed that Love is in love with what he lacks and does not possess."

자아내게 한다.

반면 병상의 아내는 "미음 속의 날알과 달걀 흰자위, 매일 넘겨야 하는 다섯 종류의 약 냄새가 섞인", "계통이 없는 냄새"를 발산하고 종양 슬라이드처럼 추상적인 모습으로 격하된다(20). 아내의 뇌 속에 점점이 흩어진 종양 덩어리를 찍은 슬라이드를 보고 화자는 이렇게 읊조린다. "저것이 아내로구나. 저것이 두통 발작 때마다 손톱으로 벽을 긁던 아내의 고통의 중추로구나(36)."그러나 슬라이드는 고통의 주소지를 인화할지언정 고통의 깊이를 전달하지는 못한다.

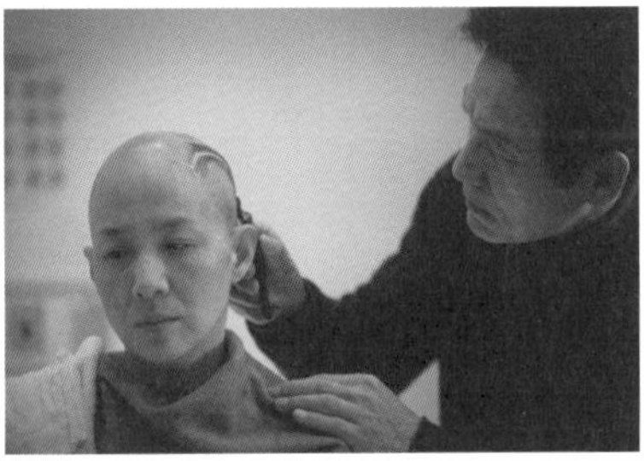

화자는 자신과 아내가 결핍하고 있는 생명력이 추은주에게는 충만하다고 생각한다. 그녀가 입사한지 여섯 달 만에 찾아와 청첩장을 건넬 때도 자신은 방광의 무게 때문에 자리에서 일어서지도 못하는 "결핍의 덩어리"로 앉아있다. 그녀의 빗장뼈를 바라보면서 자신의 빗장뼈를 만져보는 것도 이 같은 결핍에 기인한다. 산휴 휴가를 끝내고 돌아온 추은주가 복도나 엘리베이터에서 마주할 때 풍기는 "젊은 어머니의 젖 냄새"는 구체적인 생명력이다. 이제는 기억의 지층 밑에 묻혀버린 자신과 아내의 젊음이기도 하다.

추은주와 비슷한 나이 때 아내는 기자로 일하며 딸을 키우고 남편의 대학원 학비를 감당해야 했다. 자신은 자신대로 삶의 경쟁에서 허덕거렸다.

"야근하는 저녁마다 볶음밥을 시켜" 먹으며 "실 핀을 귀밑머리에 꽂아 흔들리는 머리타래를 고정"하고 일하는 추은주의 모습은 젊은 시절 아내의 모습이기도 했다. 화자가 추은주를 호명할 때마다 "제가 당신의 이름으로 당신을 부를 때, 당신은 당신의 이름으로 불린 그 사람인가요?"라고 재차 묻는 것도 이 같은 맥락에 있다. 아내의 부재를 추은주가 메우고 있는 것이다.

추은주와 달리 화자와 아내는 이름이 없다. 잠시 나오는 딸 미영과 딸의 약혼자 김민수도 이름을 가지고 있지만, 아내의 이름은 없다(21). 화자도 마찬가지다. 상무라는 직책으로만 불리지 이름으로 불리지 않는다. 부부의 이름 없음은 자신의 인생을 가꾸기 보다는 가족과 회사와 같은 집단을 위해 살아 온 베이비부머의 삶을 상징한다.

베이비붐 세대에게 이름 없음은 낯설지 않다. 이들은 콩나물시루 같은 교실에서 이름보다는 번호로 불리고, 일요일 새벽부터 줄을 서서 번호표대로 도서관에 들어가 공부를 했다. 자기 방은커녕 자기 책상도 없이 한 방에서 복닥대는 학창시절을 보냈다. 자신의 이름보다 번호와 서열, 관계가 더 친숙한 유년의 삶은 청장년이 되어서도 바뀌지 않는다. 누구네 아들과 딸에서 누구네 아빠와 엄마로 명칭만 조금 변했을 뿐이다. 개인의 인생보다 관계의 삶이 우선하는 삶은 무겁다. 아내의 장례식장에서도 오상무는 여름 시즌에 출시될 화장품 광고 컨셉에 관한 회의를 해야 한다. 개인의 슬픔을 감내하는 일보다는 회사라는 조직의 일을 처리하는 게 중요하기 때문이다. 살아생전 아내도 이런 오상무의 삶과 다를 바 없는 삶을 살았을 것이다. 오상무의 성공가도에 아내가 치렀을 희생의 크기를 짐작케 하는 부분이다.

이것은 오상무와 그의 아내만 지고 있는 짐은 아니다. 오늘날 대한민국에서 장년에서 노년으로 넘어가는 세대들의 숙명이기도 하다. 자기 세대의

짐으로부터 아내를 자유롭게 해주지 못했다는 미안함과 다음 세대에게 다른 모습을 기약하는 오상무의 마음은 다음 세 문장에 압축되어 있다. "영정 속에서 아내는 엷게 웃고 있었다. 미소 띤 사진은 영정으로 쓰지 말라고 미리 유언이라도 남기고 싶었다. 나는 추은주와 맞절했다(32)."

고액연봉을 받고 스카우트된 과장들이 장례식장에 찾아와 쏟아놓는 논의는 "돌격을 지휘하는 장교의 언어처럼 전투적"이고, "헛것들이 사나운 기세로 세상을 휘저으며 어디론지 몰려가고 있는 느낌"을 준다(35). 그것은 반생명적인 것이다. 아내가 병마와 싸우기 이전에도 마비와 죽음은 이 세계를 지배하고 있었던 것이다. 소설의 진행과 더불어 오상무가 느끼는 결핍은 자신의 생명력에 대한 결핍에서 사회의 생명력에 대한 그것으로 확장되어 간다.

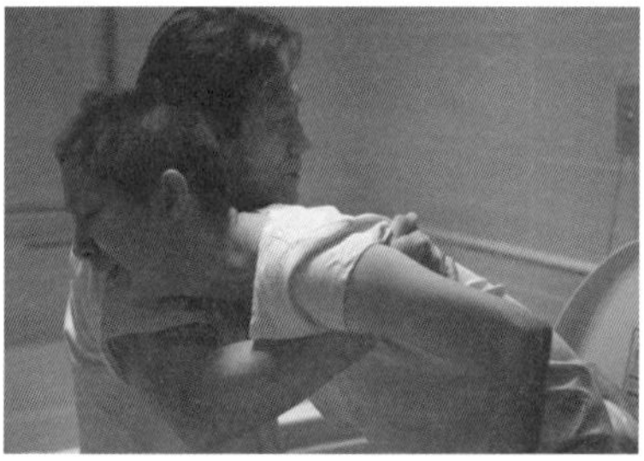

특근하던 그 일요일 아침에, 저는 당신의 옆 통로를 지나면서 당신의 아기를 보았습니다. 저는 놀라서 주저앉을 뻔했지요. 아직 이목구비의 윤곽이 뚜렷이 자리 잡지 못한 그 아기의 얼굴에 당신의 표정이 살아있었습니다... 그 아기의 걸음을 바라보면서, 저는 당신과 닮은 아기를 잉태하는 당신의 자궁과 그 아기를 세상으로 밀어내는 당신의 산도를 생각했습니다. 그리고 거기는 너무 멀어서, 저의 생각이 미치지 못했습니다. 등 푸른 생선의 빛을 빛나면서 또 다른 색조를 몰고 오는 광고 속의 지중해보다도, 아내의 뇌수 속에서 빛나는 종양의 불빛보다도, 그곳은 더 멀어 보였습니다. (42)

결국 죽음을 극복하는 것은 생명력이라는 것을 알게 된 오상무는 아내를 목욕시키고 잠을 재운 새벽 두 시, 추은주에게 달려가 사랑을 고백하고 싶어 한다. "사랑한다고, 시급히 자백하지 않으면 아내와 저와 그리고 이 병원과 울트라 마린블루의 화장품과 이미지들이 모두 일시에 증발해 버리고 말 것 같은 조바심"마저 느낀다(45). 그러나 아이러니하게도 그가 잃어버리고 싶지 않은 것은 아내와 자신, 아내의 건강을 책임진 병원, 그리고 자신의 일이다. 추은주가 아니다. "당신의 이름으로 불린 그 사람"은 이미 결핍 이전의 충만이며, 무거움 이전의 가벼움이며, 모호함 이전의 확실함이며, 죽음 이전의 생명이기 때문이다.

아내가 병마와 싸우다 숨을 거두는 동안 화자는 자신의 결핍을 찾는 내면 여행을 떠난다. 추은주를 수신자로 하는 편지를 쓴다. 그것은 살아남으려고 발버둥 치다 놓쳐버린 그 무엇인가를 찾는 때늦은 여정이다. "몸 전체가 설명되지 않는 결핍"인 그가 시급히 채워야 할 것은 새로운 생명의 숨결이다(29). 소설 속에서 생명은 여러 은유로 대치된다. "몸속의 깊은 오지"(27)이며, "구슬 속으로 저무는 일몰"(27)이며, "고대국가의 지층 밑"(28)이며, "매몰된 지층 밑의 유적"(28)이며, "옮고도 비린 냄새...확실하고도 모호한 냄새"(29)며, "손으로 만질 수 없는 풍문"(29)이며, "스스로 자족"(32)하는 것이다.

하지만 여기까지가 끝이다. 아내의 부의금으로 들어온 5천 6백만원 수표 한 장을 받고 딸의 혼수를 장만하느라 빌려 쓴 은행 빚을 갚겠다는 생각을 할 때 결핍의 자리를 더듬던 화자의 내면여행은 끝이 난다. 그는 서둘러 비뇨기과에 가 방광을 비우고, 동물병원에 들러 아내가 키우던 개를 안락사 시킨다. 회사의 광고 컨셉으로 '내면 여행'을 버리고 '가벼워진다'를 선택한다. 하지만 가벼워지겠노라 결심한다 해서 삶의 무게가 확 가벼워지는 것은 아니다. 잠시 비운 방광이 다시 무거워지듯, 가벼워지겠다고 작정한 삶도 또 다시 밀려오는 무게의 압박을 피할 수 없다.

오상무는 사랑이라는 결핍을 자신의 문제로 가져오지 못한다. 그랜트와 달리 아내에 대한 자신의 고착된 사랑을 반성하지 않는다. 모든 것이 자기 문제가 되고, 반성이라는 숙제로 돌아올 때 이를 수용하고 견뎌낼 힘이 현재 그에게는 없다. 앞으로 가야할 길이 멀고 이미 지고 있는 짐이 너무 무겁기 때문이다. 그래서 결핍을 결핍하는 것이 최선의 선택일지도 모른다. 하지만 또 언젠가 이 문제는 나그네의 발걸음을 붙들 것이다. 사랑의 결핍을 알지 못하는 사람은 앞으로 가야할 길도 알지 못하기 때문이다.

6. 꽃이 진 자리에

꽃은 진다. 세상에 피어난 모든 꽃은 언젠가 이 세상 떠나는 날을 맞이한다. 완연한 꽃잎으로 생을 마감하는 꽃을 보고 감탄하지도 말고, 누렇게 시들며 지는 꽃을 보고 탄식하지도 말자. 꽃이 진 자리에 열매는 맺고, 그 열매 속에서 다시 꽃은 피어난다. 꽃은 한 자리에 머물지 않는다. 사랑도 한 자리에 머물지 않는다.

참고문헌

1. 김훈.『2004년 이상 문학상 작품집』. 서울: 문학사상사. 2004, p. 11-70.

2. 먼로 앨리스. 서정은 옮김.『미움, 우정, 구애, 사랑, 결혼』. 서울: 뿔. 2014, p. 373-437.

3. Johnstone, Anna. "Who are Millennials, Baby Boomers and Generation Z" in *The Sun*. 25th May 2018.

4. Owram, Doug. *Born at the Right Time. Toronto: Toronto UP.* 1997

5. Plato. *Symposium*. trans. W. Hamiloton. Penguin. 1965.

6. Sternberg, Robert. "A Triangular Theory of Love", in Harry Reis & Caryl Rusbult (ed). *Close Relationships*. New York: Psychology *Press. 2004.*

추천도서 한 권

정현채 지음, 『우리는 왜 죽음을 두려워할 필요 없는가』, 비아북, 2018

노년 문제는 죽음과 연관되어 있다. 아니, 삶 자체가 죽음과 불가분의 관계에 있다. 삶의 문제는 죽음과 관련지어 볼 때 오히려 뚜렷하게 보인다. 그런데도 우리는 죽음의 문제를 애써 회피한다. 의료인들도 죽음을 의료의 실패라 판단하고 삶의 자연스러운 일부로 보지 않는다. 그런 연유로 말기 환자들의 연명 치료에는 열성을 보이지만 죽음을 앞둔 환자의 고통 완화 치료에는 인색하다. 서울대 병원 의사이기도 한 저자 정현채는 의료현장에서 환자들의 근사체험을 직접 혹은 간접적으로 경험하고 죽음 이후의 삶이 존재하며 의식을 벗어난 영혼계가 있음을 과학적인 논문으로 입증하고 있다. 죽음은 벽이 아니라 새로운 세계로 들어가는 문이며, 소멸이 아니라 옮겨감이라고 주장한다. 이 책을 읽으면 죽음을 외면하고 혐오하는 것보다 죽음을 껴안고 삶을 살아갈 때 삶이 더 의미 있고 충만될 수 있음을 알게 된다. '머멘토 모리'는 결국 '카르프 디엠'과 다르지 않다는 것을 깨닫게 된다.

고령 사회 속 노인의 삶과 죽음

오민정[1]

- 목차 -

1 독일 괴팅겐대학에서 독일문학 박사학위를 취득하고 현재 성균관대학교 하이브리드미래문화연구소 연구원으로 재직하며 학생들을 가르치고 있다. 미래 사회에서 나타날 수 있는 '인간의 위기'에 대한 연구와 독일의 문화, 사회적 현상들, 그리고 그로 인해 나타나는 문제들을 해결하기 위한 독일 정부의 노력에 대한 연구를 진행 중이다. 논문으로는『Erzählte Teilung und Wiedervereinigung in der deutschen Wendeliteratur』,『전래동화의 현대적 수용과 복원력』이 있고, 저서로는『4차산업혁명 하이브리드 패러다임』,『인공지능과 미래인문학』등이 있다.

1. 고령사회로의 진입과 사회적 문제

2017년 한국 사회는 고령사회로 접어들었다. 2000년 고령인구 비율이 7%를 넘으면서 고령화사회로 진입한지 17년만의 일이다.[2] 우리 사회의 0-14세 유소년 인구의 감소세는 더욱 심각해지고 있고, 생산 연령 인구도 감소세로 접어들었다. 한국의 고령화사회에서 고령사회로의 진입 속도는 독일 40년, 일본 24년에 비하면 매우 빠른 편이다. 2006년 공익광고협의회가 '이런 모습, 상상해보셨나요?'라는 저출산 문제와 고령화사회를 다룬 공익광고의 사진처럼, 지하철 객차 안에 노약자석이 어린이석으로 둔갑할 수도 있다는 상상이 곧 현실이 될지도 모른다.

2 유엔은 만65세 이상 고령인구가 전체인구의 7%를 넘긴 사회를 고령화사회, 14%를 넘긴 사회를 고령사회, 그리고 20%를 넘긴 사회를 초고령화사회로 구분한다.

통계청 자료에 따르면 1995년 5.9%였던 한국의 노인 인구는 5년 후 7.3%로 급증하고 2010년 11.3%를 기록하였다. 그리고 2017년에는 14.3%를 기록하면서 고령사회로의 진입을 알렸다. 또한 2025년 한국 사회의 고령 인구 구성비는 20%에 이를 것으로 예측되어 초고령화사회로의 진입이 얼마 남지 않았음을 예고하고 있다. 2065년에는 총인구의 절반에 가까운 42.5%가 고령 인구로 예측되고 있다.

사회가 고령화될수록 그 사회는 여러 가지 문제를 안게 된다. 생산 연령 인구의 감소로 1인당 GDP는 감소할 것이고, 그로 인해 경제 성장은 둔화된다. 또한, 노인 부양에 따른 경제적인 부담 또한 높아질 것이다. 그리고 경제력을 상실한 노인 빈곤 문제, 의료비 문제 역시 간과할 수가 없다. 더욱 큰 문제는 사회 내에서 소외된 노인들의 불만의 비정상적인 표출은 범죄로까지 이어질 수 있다는 것이다. 2018년 70대 노인이 자신이 제기한 이웃에 대한 민원이 제대로 해결되지 않은 것에 불만을 품고 관공서에서 공무원을 엽총으로 난사한 사건은 노인 소외 문제에 대한 심각성을 여실히 보여주었다.

우리나라 인구구조 및 고령화지수 추이, 통계청 자료[3]

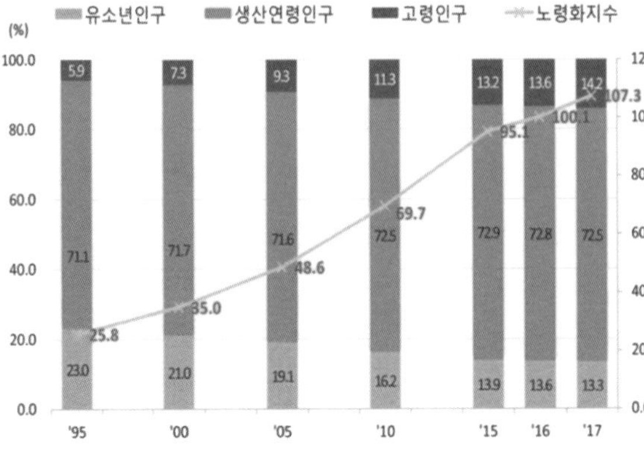

2017년 보건복지부 자료에 따르면 노인 5명 중 1명이 우울증을 앓고 있어 사회와 가족으로부터 소외된 노인들의 소속감 결핍 역시 사회적인 문제로 떠오르고 있다. 이는 노인 자살 문제나 고독사로 이어지기 때문이다. 노인 자살률은 2005년부터 2017년까지 OECD 국가들 중 1위를 차지하고 있고, 이는 평균 자살률의 3배에 가까운 수치이다. 만 65세 이상 노인 자살자는 2000년에 1,161명이었으나 2015년에는 3,837명으로 급격한 증가 수치를 보이고 있고, 인구 10만 명당 만 15-64세 자살자 수가 26.5명인 것에 비해서 만 65세 이상 자살자 수가 58.6명에 이르고 있다.(통계청, 2016) 이는 한국의 자살 문제가 비단 젊은 층만의 문제가 아니며, 심지어 노인 자살자 수가 다른 연령층에 비해 높은 수치를 기록하고 있다는 점에서 그 동안 젊은 층 자살 문제의 심각성에 가려진 노인 자살 문제를 한국 사회에서 재조명해볼 필요가 있을 것이다.

2. 노인의 자살

2017년 통계청 자료에 따르면 노인 자살 원인 중 가장 높은 비율이 경제적 어려움(27.7%)이었고 이와 유사한 수치로 자신의 건강(27.6%)이 원인인 경우, 그 다음으로 부부, 자녀, 친구 갈등 및 단절(18.6%), 외로움(12.4%), 배우자, 가족의 건강이 그 뒤를 이었다. 사실 노인 자살의 원인과 이유를 찾는 것은 쉽지 않다. 왜냐하면 자살 유발의 직접적 원인으로 개인적 변인들을 찾아봐야하는데 자살이 발생한 이후에는 그 이유를 대답해줄 자살자

3 https://www.ajunews.com/view/20180827144053988

가 세상에 존재하지 않기 때문이다. 그러나 자살을 생각하게 하는 가장 큰 이유에 대한 노인을 대상으로 한 조사는 실제 자살로 사망한 사람들의 자살 원인과 크게 다르지는 않을 것이다. 그러면 왜 유독 한국 노인의 자살 비율이 다른 OECD 국가들에 비해서 높은 수치를 기록하고 있는 것일까?

우리나라는 다른 나라들에 비해서 자살의 원인 중 경제적 어려움과 건강이 높은 비중을 차지한다. 노인 빈곤률이 OECD 국가 중 최상위에 있는 한국은 빈곤한 삶을 벗어나기 위한 선택으로 자살을 택하는 노인의 비중 또한 높기 때문에 다른 국가들에 비해서 더 높은 노인 자살률이 나타난다. 그리고 건강의 악화는 의료비 지출과 관련이 있어 이 역시 경제적 어려움과 그 연관성이 있을 것이다.

또한 한국은 전통적으로 '내리사랑'이라는 문화를 가지고 있다. 내리사랑은 손윗사람이 손아랫사람을 사랑하는 것을 뜻한다. 한국 속담에 '내리사랑은 있어도 치사랑은 없다'라는 말이 있듯이, 부모가 자식을 사랑하는 것처럼 자식이 부모를 사랑하기는 쉽지 않다. 부모가 자식을 사랑하는 마음은 경제적인 지원에서도 빠질 수가 없다. 자신이 가진 것이 없음에도 자식에게는 모든 것을 내어주는 것이 부모의 도리라고 생각하는 한국의 부모들은 노년에 자신이 자식에게 짐이 되느니 극단적인 선택을 하는 것이 낫다고 생각하는 경우가 많기에 노년기의 어려움을 자식과 공유하기 보다는 삶을 마감하는 선택을 하는 것이다.

그리고 한국의 전통적인 집단생활, 공동체문화 역시 다른 OECD 국가보다 높은 자살률을 나타내는 원인 중에 하나가 될 수 있다. 주변인의 자살 경험이 노인의 자살계획, 자살 시도에 영향을 미친다는 연구(정명희 외, 2017) 결과는 이를 뒷받침한다. 한 마을에서 오랜 시간 동안 같이 생활하던 지인의 자살은 자살자에게 구체적인 자살 방법과 충동에 영향을 준다는 보고가 있다. 따라서 전통적으로 한 마을의 사람들이 가족과 같이 집단생활을 하는 시골 마을의 경우에는 타자의 죽음이 나의 죽음에까지 영향을 미칠 수 있는 것이다.[4]

또 다른 원인으로는 노인 자살 시도 성공률이 다른 연령층에 비해서 높다는 것이다. 오랜 세월을 살다가 하는 최후의 선택이기에 노인들은 자살을 시도하기 전에 치밀한 계획을 세운다. 또한, 죽음이 고통스러운 생을 마감하는 수단이 되기 때문에 현실의 고통이 죽음으로 이어지는 경우가 많다. (유병선 외, 2016)

노인의 자살 생각 이유 및 시도[5] (통계청 자료)

노인 자살률	노인 자살시도률	자살 생각 이유 (응답자수: 673명)
6.7%	13.2%	건강: 27.6%
		경제적 어려움: 27.7%
		외로움: 12.4%
		사망(배우자, 가족, 친구): 8.3%
		부부, 자녀, 친구 갈등 및 단절: 18.6%
		배우자, 가족 건강: 4.9%
		기타: 0.6%

프랑스 사회학자 뒤르켐(Durkheim)은 그의 저서 『자살론』에서 자살의 원인을 사회학적으로 설명한다. 그는 자살 행위가 가족이나 그가 속한 사

4 실제로 2007년 50-60 가구가 모여 사는 충남의 한 마을에서 일주일 사이 노인 5명이 농약을 마시고 자살한 경우가 있었다.

5 2017년 통계청에서는 866개 조사구 만 65세 이상 노인들 10,073명을 대상으로 자살률과 자살 시도률 그리고 자살 생각 이유를 조사하였다.

회 관계망에서 사회 통합 결속력이 약해졌을 때에 나타나는 이기적 자살과 자살자가 속한 집단 내에서 그가 과도한 의무를 가질 때에 나타나는 이타적 자살로 나누었다. 이기적 자살은 개인이 속해 있던 조직에서의 소속감 상실로 인해 개인이 처한 상황을 스스로에게만 의지하여 사회적 도움을 거부한 개인주의적 성향의 자살이다. 이타적 자살은 자신이 속한 사회, 조직을 위해서 목숨을 내놓거나 나라나 사회를 위해 신념을 가지고 투신하는 것이다. 2차 세계대전 때에 일본의 가미가제 자살 공격이 이타적 자살의 대표적인 예이다. 또한, 뒤르켐은 도덕적 규범이 상실된 혼돈의 아노미적 자살과 억압된 사회 속에서 자신의 삶을 비관한 자가 행하는 숙명적 자살로 그 유형을 구분하고 있다. 아노미적 자살은 집단 악플에 시달린 연예인의 자살이 그 예라고 할 수 있고, 숙명적 자살은 노예 같은 삶을 사는 사람들이 택하는 자살이 그 예이다. 뒤르켐의 사회학적 자살 유형은 노년의 자살을 설명하는 이론적 토대가 될 수 있다.

2018년 겨울 80대 노인이 오랫동안 치매에 걸린 부인을 간병하다가 자신의 지친 삶을 비관해서 아내와 함께 동반 자살한 사건이 있었다. 가족과 사회에서 소외된 노인이 병든 아내를 부양하는 것이 버거워 결국은 극단적인 선택을 할 수 밖에 없었던 한 노인의 일화는 뒤르켐이 제시하는 자살 유형 중 이기적인 자살에 속할 것이다. 정서적으로 불안정한 노인이 긴 기간 동안 가족과 사회의 사회적 관계망과의 통합 결속력 약화로 선택한 죽음이기 때문이다. 집단 속에서 사회화된 삶을 살아가던 노인들이 노년의 한적한 삶으로 들어가면서 사회 통합의 구속력을 상실하고 사회의 도움을 받지 못한 채 치매에 걸린 아내를 돌보다가 더 이상 스스로 그것을 감당하지 못하고 극단적인 죽음을 선택한 것이다. 따라서 사회 통합 결속력이 노년의 삶을 지탱해주는 중요한 원동력이 된다는 것은 부인할 수 없는 사실이다. 다음에서는 노년의 사랑과 죽음을 다룬 영화 두 편을 중심으로 노년의 삶과 죽음의 모습을 고찰해보고자 한다. 영화라는 매체는 허구의 산물이다. 따라서 현실에서 나타나는 노년의 삶과 죽음의 모습을 영화를 통해서 살펴보는 작업 역시 허구일 수 있다. 하지만 문학이나 영화가 실제로 일어날 법한 일을 허구로 꾸며낸 이야기라는 점에서 즉, 현실을 바탕으로 한 예술이라는 점에서 영화를 통해 현실의 모습을 들여다보는 작업은 하나의 실현 가능한 사례로서 현실의 문제를 진단해볼 수 있는 하나의 틀을 마련해 주기 때문에, 두 편의 영화 속에 나타나는 노년의 삶과 사랑 그리고 죽음을 들여다보고는 작업은 그 의미가 있을 것이다.

영화 <그대를 사랑합니다>

영화 <아무르>

3. 영화『그대를 사랑합니다』

영화『그대를 사랑합니다』는 2010년에 개봉된 추창민 감독의 영화이다. 이 영화는 강풀 작가의 웹툰을 영화화한 작품이다. 이 영화에서는 다른 세대에 비해서 주목 받지 못하는 노년 세대의 삶을 조명하고 있다. 수십 년간 같이 살아온 노부부의 사랑과, 사별을 하고 새로 시작하는 두 노인의 노년기의 풋풋한 사랑 이야기가 노년의 죽음과 함께 묘사되어있다.

주인공 김만석은 새벽에 우유 배달을 하다가 폐지를 주워 생활하는 송씨를 만난다. 만석은 눈길에서 송씨의 수레를 끌어주기도 하고 우유팩을 모아 건내주고 우유팩 더미에 흰우유 하나를 넣어주기도 하며 송씨를 향한 자신의 마음을 표현한다. 송씨 역시 이런 만석의 관심이 싫지 않다. 그리고 이 둘의 서로를 향한 관심은 노년의 사랑으로 이어진다. 또 다른 주인공 장군봉은 치매에 걸린 부인과 단 둘이 노년을 보내고 있다. 가족으로 수십 년을 살아왔던 노부부는 이제 가족이 아닌 부부만 남았다. 이렇게 다시 부부로 살아가던 중 군봉은 치매에 걸렸지만 자신의 버팀목이기도 한 부인 순이가 암에 걸렸다는 사실을 알게 된다. 그리고 그는 통증으로 고통스러워하는 순이와 함께 세상을 떠난다. 군봉부부의 장례식에 다녀온 이뿐이는 만석에게 고향으로 떠나겠다는 통보를 한다. 살아갈 날이 얼마 남지 않은 두 사람이기에 이뿐은 만석의 죽음으로 인한 이별 보다는 잘 살고 있다는 희망 속에서 사는 것이 낫다고 생각한 것이다. 그리고 결국 만석은 이뿐이를 그리워하다가 죽음에 이른다.

장군봉 부부의 죽음은 뒤르켐의 사회학적 자살 유형 중 이기적 자살에 속한다. 군봉은 자식이 셋이다. 첫째 내외는 직장 때문에 같이 살 수가 없고 둘째, 셋째도 각자의 가정을 꾸리고 살아간다. 자식들은 말로는 자주 찾아뵙겠다고 했지만, 본인들 살아가기 바쁘다. 노부부는 '말만으로 자주 찾아뵈어야하는 사람'이 됐다.[6] 가족이라는 테두리에서 밀려나 부부만 남았다.

<그대를 사랑합니다>

이 부부는 생계도 넉넉하지가 않다. 자식이 있어 기초생활수급자 혜택도 받지 못하는 군봉은 주차장관리인으로 일하며 겨우 생계를 유지한다. 낮에는 치매에 걸린 부인을 집에 가둬놓고 말이다. 사회적 보호망에서도 벗어나 있는 군봉은 경제적 책임과 아내의 병수발이라는 이중고를 짊어져야만 했다. 이렇게 가족과 사회로 소외된 삶을 살아가는 군봉에게 부인의 고통스러운 투병과 간호의 힘겨움은 죽음이라는 극단적인 선택으로 이어진다.

노인들은 신체적, 경제적 문제가 생겨도 공공기관에 도움을 요청하는 방법을 모르고 주변인에게 자신의 고통을 알리는 것을 꺼리기 때문에 한국 노인의 자살 문제는 실제로도 심각한 상황이다. 사회 관계망에서 주변부로 밀려난 노인은 자신의 삶의 존재적 가치를 상실한 채 주변인으로 전락한다. 삶의 가치를 상실한 삶은 의미가 없는 삶이 된다.

장군봉 부부의 장례식에서 문상객들은 장군봉이 자다가 연탄가스를 마시고 죽었다며 호상이라고 한다. 그러나 군봉이 자신이 자살한 것을 자식들에게 알리고 싶지 않아 연탄가스를 마신 것처럼 꾸민 것을 알고있는

6 결혼 전엔 서로 부모님과 함께 살겠다던 자식들은 각자의 가정을 꾸리고 난 이후에는 서로 부모님 모시기를 꺼려한다. 가족의 수는 늘었으나 심리적인 가족의 수는 줄었다.

만석은 호상이라는 말이 거북하기만 하다. 그는 '세상에 잘 죽은 죽음이 어딨'냐며 역정을 낸다. 세상에 잘 죽은 죽음은 없다. 죽음은 안타깝고 슬픈 생명력을 상실한 현상이다. 그럼에도 자식 세대들에게는 자식들 눈치 안 보고 자식들 고생 안 시키고 죽은 죽음은 호상이다.

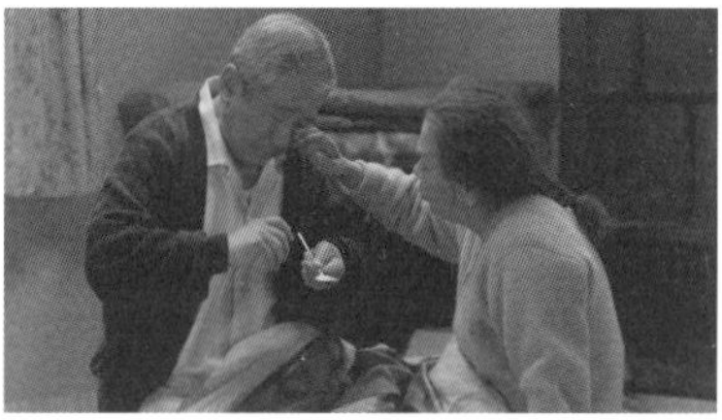

<그대를 사랑합니다>

여기에서 노인의 죽음을 경제적 상황과 연관 짓는 우리의 사회에 만연한 잘못된 인식이 보인다. 우리 사회의 노인은 경제적 생산능력을 상실한 나이가 들어 늙은 노인일 뿐이다. 경제적 이유가 한국 노인 자살 원인의 1위인 이유 또한 생산 능력을 상실한 자신을 가치 없는 존재로 인식하기 때문일 것이다. 팔아버리려니 돈이 안 되고 내버리자니 아까운 낡은 군봉의 고물 택시처럼 우리 사회의 노인은 낡아 쓸모없는 존재로 전락해버린 것이다.

이 작품의 포스터에는 네 명의 노인이 하얗게 내리는 눈을 바라보며 행복한 웃음을 짓고 있다. 그들에게는 누구보다도 사랑하는 사람이 함께 하기 때문일 것이다.

김만석은 전형적인 가부장적인 남편이었다. 아내와 길을 걸을 때에도 나란히 걷지 않고 앞서 걸어가고 무거운 상을 같이 들어달라는 부인에게 그릇을 하나씩 옮기라고 핀잔을 주는 남편이었다. 아내가 암에 걸려 고통스러워하는 것도 모르던 가정에는 무관심한 남편이었다. 그러던 그에게 다가온 아내의 죽음은 그의 여생을 아내에 대한 미안함으로 살아가게 했다. 아내가 병상에서 마시고 싶은데도 마시지 못했던 흰우유는 그에겐 떨쳐버릴 수 없는 미안함이 되었다. 그래서 그는 새벽마다 우유를 배달한다. 이런 배우자에 대한 예의 때문에 그는 사랑의 감정을 느끼는 송이뿐에게 '당신'이라는 호칭을 쓸 수가 없다. 그렇지만 사랑을 표현해야한다는 손녀의 말에 당신이라는 호칭 대신 '그대'라는 호칭을 쓰며 '그대를 사랑합니다.'라고 고백을 한다. 그의 고백으로 송이뿐은 노년의 행복을 느낀다. 가난한 삶을 살지만 하얀 눈을 바라보며 행복한 웃음을 지을 수 있는 것이다. 어린 자식의 죽음 이후 한번도 행복한 적이 없었던 이뿐은 행복의 감정을 느낀다.

<그대를 사랑합니다>

장군봉은 '당신'의 죽음을 받아들일 수가 없어 나홀로 남겨지는 것이 두려워 부인과 동반 자살을 준비한다. 자살을 앞두고 군봉은 다시 태어나도 부인 순이와 결혼할 것이라고 고백한다. 순이는 이에 당신은 주고 자신은 받기만 했는데 어떻게 다시 결혼하냐며 군봉에 대한 애틋한 사랑을 표현한다. 수십 년을 함께한 노부부의 서로를 향한 마음이 보여지는 부분이다. '당신 참 예쁘다'는 '늙을수록 더 예뻐진다'는 말을 전하는 군봉은 죽음을 앞두고 아내에 대한 정을 표현함과 죽음 앞에서의 여유를 보여준다. 군

봉은 아내와의 죽음을 결심하고 자신의 주변을 정리한다. 주차장 관리인 후임자를 찾고 주차해둔 택시 열쇠와 함께 자신들의 죽은 자리를 정리해달라는 부탁 편지를 만석에게 전하고 말로만 찾아뵙겠다던 자식들을 한 자리에 불러모은다. 그리고 아내에게 자식들과 그 자식들의 자식들을 보여주며 '당신 수고 많이 했다'는 말을 전한다. 아내의 삶이 훌륭했다는 칭찬의 말이다. 그는 부부의 일생을 돌아보며 죽음을 성찰한다. 하얗게 내리는 눈 아래에서 자신의 죽음을 받아들이는 미소를 짓는 것이다.

<그대를 사랑합니다>

4. 영화 『Amour』

영화 『아무르』는 2012년에 개봉된 독일, 프랑스, 오스트리아 합작 영화이다. 이 영화는 2009년 칸 국제영화제에서 황금종려상을 수상한 영화 『하얀 리본』과 2005년 이 영화제에서 감독상을 수상한 영화 『히든』의 감독 미하엘 하네케(Michael Haneke) 의 작품이다. 배우 장 루이 트랭티냥(Jean-Louis Trintignant)과 엠마누엘 리바(Emmanuelle Riva)는 영화 『아무르』에서 현대 사회에서 소외된 노년의 삶과 죽음을 묘사하였다. 이 영화는 영화라는 매체를 통해서 우리 사회에서 일어나는 사회적 문제를 통해 리얼리즘을 생산한다. 이 영화의 줄거리는 앞에서 언급한 치매 걸린 부인을 간병하다가 동반 자살을 선택하는 80대 노부부의 실제 이야기와 비슷하다. 주인공 안느(Anne)는 자신이 가르친 제자의 피아노 연주회를 다녀 온 다음 날 아침 경동맥 이상으로 뇌수술을 받고 난 후 수술의 실패로 몸의 한쪽이 마비가 된다. 실패 확률이 5%에 불과했지만 안느의 수술은 잘못되었다. 몸이 불편한 안느는 병원에 입원하기를 거부하고 남편인 죠르주(Georges)는 집에서 부인을 돌보기로 한다. 하지만 안느의 상태는 점점 더 나빠지고 결국 안느의 몸 상태는 식물인간과 같게 된다. 단어 하나 말하기에도 힘에 겨운 안느는 음식을 거부하고 안느를 간병하던 죠르주는 죽음을 성찰하며 동반 자살이라는 선택을 한다.

이 영화는 문을 부수고 들어오는 소방관과 경찰들의 모습으로 시작한다. 카메라의 시선이 테이프가 덕지덕지 붙어있는 방문을 열고 들어가면 노부인의 시체가 침대에 놓여있다. 그리고 그 시체 주변은 마치 장례를 치른 것처럼 꽃으로 덮여있다.

<아무르>

서막 같은 이 장면이 지나고 영화의 제목 '사랑'이 화면을 채운 후 시작되는 장면은 어느 피아노 연주회장이다. 그러나 카메라는 연주회 무대가

아닌 객석을 비추고 있다. 영화 속 주인공들인 노부부가 앉아있는 객석에는 수많은 사람들이 앉아 무대를 기다리고 있다. 관객들은 연령층도 다르고 인종도 다양하다. 카메라는 슈베르트의 음악이 흘러나오는 화려한 무대를 비추지 않는다. 무대 뒤의 모습과 객석만을 보여줄 뿐이다. 이는 노년의 생애와 같다. 젊음의 화려함은 다 지나가고 젊음을 뒤돌아보며 추억하고 감상하는 노년이다.

<아무르>

버스를 타고 집으로 돌아온 부부는 현관문이 의도적으로 망가져있는 것을 발견한다. 누군가가 드라이버를 가지고 강제로 문을 열려고 시도한 바람에 문의 잠금쇠가 고장나있다.

죠르주: 드라이버 같은 걸로 한 것 같은데 전문가 솜씨는 아니네.

안느: 누가 왜 이런 짓을 했을까?

죠르주: 그야 모르지.

남의 집 문을 왜 열겠어. 뭔가 훔쳐가려고 그랬겠지.

안느: 우리집에서?

죠르주: 그럴 수 있지. 도둑들은 그냥 아무 집이나 터는거니까.

안느: 우리가 자고있을 때 도둑이 들면 어쩌지?

죠르주: 왜 그런 생각을 해?

안느: 상상만 해도 끔찍해. 무서워서 죽을지도 몰라.

<아무르>

이 영화에서 문은 삶과 죽음 사이의 경계이다. 아름다운 음악을 듣고 자신들의 안락한 보금자리로 돌아온 주인공들은 현관문이 망가져 있는 것을 보며 도둑이 들어오는 상상을 한다. 안느는 도둑이 들어온다는 상상만으로도 너무 끔찍해서 죽을 것만 같다.

도둑이 안느의 집에서 훔치고자 했지만 실패한 것은 무엇일까? 죽음이다. 그냥 아무 집이나 터는 도둑처럼, 아무나 그리고 누구나 뺏기는 것이 죽음이다. 노부부를 안전하게 보호하는 삶의 공간인 집은 그들의 삶이 있는 곳이다. 그러나 밤의 불청객이 문을 열고 들어오면 그들은 그들의 삶을 잃는다. 안느의 삶은 위태롭다. 한 밤중에 잠에서 깬 죠르주는 아무 표정 없이 침대에 앉아 앞을 응시하는 안느를 발견한다. 아무 것도 아니라던 안느는 다음 날 아침 식사 중에 또 다시 같은 표정을 짓고 죠르주의 물음에도 반응을 보이지 않은 채 앉아있다. 안느는 잔에 차를 따라보려고 하지만 제대로 따를 수가 없다. 이제 안느에게 병과 죽음이 다가올 것을 암시한다. 그들의 공간인 집으로 죽음이 들어오는 것이다.

영화 서막에서 문의 안과 밖은 이제 죽음과 삶으로 반대가 된다. 이제 노부부의 집은 삶이 사라진 공간이다. 노부부의 죽음만이 엄습해있다. 소방관과 경찰이 있는 문 밖의 공간은 살아있는 자의 공간이다. 문을 열고 들어온 산 자들은 죽음의 공간에서 노부부의 시신을 발견하기 때문이다.

<아무르>

수술을 마치고 병원에서 집으로 돌아온 안느는 거실로 향하고자한다. 거실에서 안느는 휠체어에서 벗어나 자신의 의자에 앉고자하지만 혼자서는 앉을 수가 없다. 그럼에도 죠르주는 안느가 집으로 돌아온 것이 좋다. 안느는 죠르주에게 다시는 병원에 입원시키지 말아달라고 부탁을 한다. 설명도 이유도 필요 없는 부탁이다. 죠르주는 안느와의 약속을 지키고자 자신이 안느의 간병을 자청한다. 죠르주는 이웃이 감동받을 정도로 안느를 지극 정성으로 보살피지만, 죠르주의 희생이 무색하게 안느의 병은 점점 더 악화된다. 병세가 악화된 것을 본 노부부의 딸 에바는 죠르주에게 다른 병원에 가보고거나 다른 방법을 찾아야된다며 죠르주를 채근한다. 하지만 그는 안느를 요양병원에 보낼 수도 없고 달리 방도가 없다.

18세기 어느 유럽 도시의 성문에는 '자녀에게 먹을 것을 의존하거나 가난에 시달리는 자는 이 몽둥이로 죽도록 얻어맞을 것이다'[7]라는 글귀가 새겨진 몽둥이가 걸려있었다고 한다. 예나 지금이나 부모가 자녀에게 의지해서 살아가는 삶은 부모 자신에게나 사회적으로나 쉽게 용납되지 않았다는 것을 뜻할 것이다. 쥬르주 역시 딸 에바의 도움은 받아들여지지가 않는다.

자신이 살아왔던 삶의 공간과 삶의 방식을 변화시키는 것이 쉽지 않은 것은 어느 노인이나 마찬가지일 것이다. 미래에 대한 변화와 발전을 기대하며 젊은 시절을 보낸 노인들에게 변화는 이미 지나가버린 것이다. 그들은 사회에서 고립되더라도 지금의 현실에 안주하고 순응하는 삶을 택하는 편이 더 쉬울 것이다. 안느 역시 자신의 병마와 싸우기 보다는 다가오는 죽음을 자신의 삶의 공간에서 맞이하고자한다. 다가오는 죽음으로 두렵고 외롭더라도 그저 순응하는 것이 낫다. 그렇다고 안느가 처음부터 삶의 욕구를 저버리고 죽음을 순응하는 것은 아니다. 남편과 함께 재활운동도 하고 자기 스스로가 할 수 있는 것은 혼자서 하고자 했지만, 자기도 모르게 침대에서 소변을 보게된 사건 이후로는 다가오는 죽음에 그저 순응할 수밖에 없다.

안느는 젊은 시절 피아노를 전공하고 유명한 피아니스트를 길러낸 음악교사이다. 수술 후에 집에 돌아왔을때에도 남편에게 책을 가져달라고 하지만 어디에 둔지 잘 못 찾는 남편의 모습에 그냥 놔두라고 하고, 남편이 장례식에 가있는 동안에도 스스로 무언가를 하고자하며, 침대에서도 혼자 일어서고자하는 등, 안느는 남에게 의지하는 것이 그리 좋지 않다. 자신의 건강상태에 대해 묻는 제자에게 대답을 회피한 채 이 순간을 즐기고 싶다고 이야기하는 장면에서도 반신불구가 된 자신의 육체를 동정하는 제자를 받아들이기 힘든 안느의 모습을 볼 수 있다. 또한, 제자가 보내온 연주 CD를 들

7 펫 데인 엮음, 안병진(역): 노년의 역사, 글항아리, 2012

을 때에도 안느의 건강 상태를 염려하는 글귀를 읽고는 음악을 꺼버린다. 누군가에게 동정의 대상이 되는 자신을 참을 수 없는 것이다. 이런 자존심 강한 안느가 침대에 소변을 본 사건은 그녀 자신에게 참을 수 없는 수치심을 안겨주었다. 신체적인 생리현상 조차 다스리지 못하는 안느는 심리적으로도 위축된다. 그녀의 자존심은 회복불가한 것이다.

안느는 자신을 찾아온 제자에게 베토벤의 바가텔 G단조를 연주해주기를 부탁한다. 바가텔은 '가벼운 작품'이라는 뜻이다. 12살이던 제자에게 자주시키던 곡인데, 제자는 그 당시 왜 그렇게 선생 안느가 바가텔 연주만 시키는지 이해할 수가 없었다. 그리고 죽음을 앞둔 안느는 다시 바가텔에 잠긴다. 가벼운 작품이지만 자신의 젊은 시절을 회상할 수 있는 곡이기 때문이다.

죠르주와 식사를 하던 안느는 접시를 치우며 남편에게 옛사진이 들어있는 사진첩을 가져다주길 요청한다. 앨범을 한 장, 한 장 소중히 넘기던 안느는 '참, 아름답다.'라고 속삭인다. 자신의 유년기, 청년기, 장년기가 담긴 사진들을 들여다보며 그녀의 인생을 뒤돌아보는 시간 여행을 하는 것이다. 자신의 인생을 돌아보던 안느는 '참 길다'라고 말한다. 인생은 아름답고도 길다.

<아무르>

퀴블러 로스(Kübler-Ross)는 죽음의 단계와 반응을 '부인'(denial), '분노'(anger), '타협'(bargaining), '절망'(depression), '순응'(acceptance)의 5단계로 나누고 있다.[8] 첫 번째 단계인 '부인'단계에서는 자신의 죽음을 인정하지 않으며 의사의 진단이 잘못되었기를 바라고 많은 검사를 한다. '분노'의 단계에서는 자신의 죽음을 부인하는 것이 잘못되었다는 것을 인지하였을 때에 느끼는 감정이다. '타협'의 단계에서는 다시 삶으로 돌아가기를 원하며 죽음을 연기하고자한다. '절망'의 단계에서는 여러 가지 상실에 대한 반응적 절망과 소중한 것을 기억하며 죽음을 준비하는 준비적 절망으로 나뉜다. 마지막으로 '순응'의 단계에서는 자신의 죽음을 감수하며 죽음을 맞이한다.

죽음을 맞이하는 안느 역시 퀴블러 로스의 죽음의 단계를 거친다. 처음 안느는 남편이 말하는 자신의 이상반응을 인정하려 들지 않고 다양한 검사를 한다. 그리고 입원 생활을 거부하며 자신의 주거지에서 머물고자한다. 그리고 그녀는 바닥으로 넘어지거나 침대에서 떨어지면서도 자신 스스로 움직이려는 시도를 하는 등 자신에게 다가오는 죽음을 거부하고 부인한다.(1단계, 부인) 이러한 안느는 자신의 의지대로 움직이지 못하고 자꾸 실수를 연발해 남편에게 미안한 상황을 만들며 자신의 제자로 부터의 동정도 받아들이기 힘들어 아름다운 슈베르트의 선율도 거부하고 CD를 꺼버리는 분노를 경험한다.(2단계, 분노) 그러다가 자신의 과거 사진을 보며 아름답고 긴 인생을 조금 더 잡고자하지만(3단계, 타협) 소변조차 가리지 못하는 자신의 신체 상태에 절망하고 죽음을 맞이하기로 한다.(4단계, 절망) 그리고

8 물론 퀴블러 로스의 죽음 단계는 죽음을 앞둔 암환자를 대상으로 한 연구이기 때문에 다른 죽음의 형태까지 포괄하지 못한다는 한계가 있다.

결국 그녀의 상태는 급격하게 나빠진다. 말 한마디 단어 하나 말하기 힘들고 침대에 누워만 있으며 종일 수면 상태에 빠져있다. 그리고 급기야 죽음을 맞이하기 위해 음식 섭취를 거부하는 죽음의 순응 상태로 들어간다.(5단계, 순응)

안느가 죽음의 순응 단계에 머무르며 물조차 거부하는 행동은 죠르주를 더욱 힘들게 한다. 그는 억지로 먹인 물을 뱉어버리는 안느의 뺨을 때린다. 간병인이 안느를 거칠게 다루는 것이 싫어서 자신을 돕는 간병인조차 해고시켰던 그였지만 오랜 간병기간 동안 쌓인 정신적 육체적 피로는 결국 그에게 폭력이라는 수단을 사용하게 하고 안느를 억압한다. CD 플레이어에서 흘러나오는 연주를 들으며 안느가 연주하는 장면을 상상하는 죠르주의 심리 상태는 더욱 불안정해진다. 그의 불안한 심리는 꿈을 통해서 보여진다. 꿈 속에서 그는 벨 소리가 나서 문 밖에 누군가를 확인하고자 하지만 아무런 대답이 없다. 문을 열고 복도로 나가보지만 역시 아무도 없다. 조심스럽게 복도를 걷던 그는 갑자기 물 웅덩이로 빠지게 되고 그의 뒤에선 낯선 누군가가 죠르주의 입을 틀어막는다. 죠르주의 무의식 속에 잠재된 부부의 죽음은 그의 꿈을 통해서 상징적으로 보여지는 것이다.

이 영화 속 죽음의 모티브는 불청객 '비둘기'로도 나타난다. 영화에서 안뜰에 있던 비둘기가 집 안으로 2번 들어온다. 그리고 이 비둘기를 대하는 죠르주의 태도는 변화된 모습을 보인다. 처음 비둘기가 노부부의 안식처로 들어왔을 때에, 죠르주는 비둘기를 쫓아내고자 애쓴다. 안느의 죽음을 가지고 올 것만 같은 비둘기를 그는 잠시라도 그들의 삶의 공간 안에 들여놓고 싶지가 않다. 두 번째로 비둘기가 들어왔을 때, 그는 처음과 달리 비둘기를 잡고자 한다. 몇 번의 시도 끝에 비둘기를 잡은 죠르주는 담요에 덮힌 비둘기를 자신의 품에 안고 정면을 응시하며 한참을 앉아있는다.

<아무르>

영화의 후반부에 그는 유언인지 누군가에게 쓰는 편지인지 모를 글에 이렇게 적고 있다.

> 믿기 어렵겠지만 집에 비둘기가 들어왔어. 이번이 벌써 두 번째야 마당 쪽 창을 통해서 들어왔는데 이번엔 내가 잡았어. 사실 별로 어려운 일은 아니더군. 그런데 그냥 놔줬어.

죽음처럼 느껴지던 두려운 비둘기를 쫓아내는 대신에 비둘기를 잡아 품에 안은 죠르주에게 두렵기만 했던 죽음은 이제 그리 어렵지 않게 받아들일 수 있는 존재가 된 것이다.

영화의 후미에 죠르주는 욕실에서 면도를 하다가 아프다고 신음하는 아내에게 간다. 그는 어릴 적 운동 캠프에 참가했던 이야기를 한다. 너무나 먹기 싫은 쌀죽을 억지로 먹이려던 캠프 선생님 이야기는 안느에게 음식을 억지로 먹이려는 자신의 모습과 닮아있다. 그리고 그 날 밤 디프테리아로 병원에 격리된 자신은 침대에 격리된 지금의 아내의 모습이다. 그는 캠프가 맘에 들지 않으면 엄마에게 별모양 사인을 보내라던 어머니의 마음 또한 헤아려진다. 그리고 캠프 이야기를 마친 죠르주는 결국 안느를 죽음의 문으로 데리고 가고자 결심한다. 그는 베개를 들어 안느의 얼굴을 덮고 안느의 숨이 멎을 때까지 강하게 누른다. 죽은 안느를 예쁜 옷으로 갈아입히고 꽃 장식을 하고 자신과 안느 둘만의 장례식을 치룬 죠르주는 작은 방 침대에 눕는다. 그런데 어디에선가 설거지하는 소리가 들린다. 주방으로 간 그는 설거지를 하는 안느를 발견한다.

안느는 그에게 설거지가 곧 끝나가니 먼저 신발을 신으라고 한다. 설거지를 끝낸 안느는 외투를 입고 외출을 하려한다. 그리고는 죠르주에게 외투를 입으라고 한다. 그 둘의 동반 외출이 시작되는 것이다. 이는 둘만의 고립된 삶에서 벗어나는 둘의 동반 자살이다.

5. 신 노년시대-좋은 늙음

2017년 한국 사회의 고령사회로의 진입은 우리에게 고령사회의 사회적인 문제에 대한 관심을 불러일으켰다. 고령사회의 파장은 '회색쇼크'라는 이름으로 고령사회 위기론을 언급하며 젊은 세대에게 의존적인 존재인 노인 인구 증가와 생산인구 감소로 인한 경제적인 위기와 노인복지문제는 우리 사회가 시급히 대책을 마련해야할 과제로 떠올랐다. 이는 사회가 노년기를 경제적인 시각에서만 바라보기에 생산 능력을 잃은 시기로 단정지어 문제가 되는 시기로 인식하기 때문에 나타나는 위기이다. 즉, 노인을 경제적 생산 능력을 상실한 존재로만 취급하기 때문에 고령사회의 진입은 한국 사회의 문제로만 받아들여지는 것이다.

그에 반해 '신 노년시대'라는 신조어의 등장으로 고령사회가 부정적이고 최대한 그 진입을 늦춰야만 하는 문제적 사회가 아니라 '성공적인 노화'를 꿈꾸는 적극적이고 자발적이며 자주적인 삶을 살고자 설계하는 새로운 노년기라는 긍정적인 의미의 노년 시대를 꿈꾸는 이들이 증가하고 있다. 이들은 노년기를 일생의 시기에서 마지막 단계라고 인식하고 '웰다잉'(Welldying)을 위한 행복한 죽음을 맞이하기 위한 시기로 받아들인다.

인간은 죽음을 향한 존재(Sein zum Tod)이다. 인간은 탄생을 선택할 수 없듯이 죽음을 피할 수도 없는 존재이다. 피할 수 없는 죽음의 한계에 직면한 인간은 이제 '어떻게 잘 늙어갈 것인가?'라는 질문의 해답을 찾고자 노력해야한다. 노화라는 것은 거부하고픈 대상으로만 여겨져서는 안 된다. 노년은 거부할 수 없는 일생의 중요한 한 시기이기 때문에 지금, 현재 자신에게 놓여진 노년의 삶은 그 어느 일생과 마찬가지로 소중한 시간이다. 어느 누구도 자신이 어떻게 늙어갈지 확신할 수는 없다. 그러나 죽음을 적극적이고 자주적으로 맞이하며, 노년의 삶을 계획하고 참다운 삶으로 살아간다면, 노년의 죽음이 죠르주의 안식처에 침입한 비둘기처럼 공포스러운 대상은 아닐 것이다. 비둘기를 품에 안을 수도 있게 된 죠르주처럼 능동적인 죽음을 성찰할 수 있을 것이다.

참고문헌

유병선, 정규형: 노인자살생각의 영향요인 분석 연구: 경기도지역을 중심으로, 사회복지실천과연구, Vol.13, 2016

이경숙: <그대를 사랑합니다>의 서사적 재매개와 노년의 재현관습, 드라마연구, Vol.38, 2012

정명희, 허성희: 주변인의 자살경험이 노인의 자살생각, 자살계획, 자살시도에 미치는 영향에 관한 연구, 노인복지연구, Vol.72, 2017

통계청(2017): 노인실태조사: 노인의 자살 생각 이유 및 시도

허남영: 독일과 한국의 노년영화 비교 연구*1) - <아무르>(2012)와 <님아, 그 강을 건너지 마오>(2014)에 나타난 죽음의 양상을 중심으로, 독일언어문학, Vol.80, 2018

홍숙자: 노년학 개론, 하우, 2004

Cruikshank, Margaret, 이경미(역): 나이 듦을 배우다: 젠더, 문화, 노화, 동녘, 2016

Durkheim, Emile, 이시형(역): 에밀 뒤르켐의 자살론, 청아, 2008

Thane, Pat, 안병진(역): 노년의 역사: 고정관념과 편견을 걷어낸 노년의 초상, 글항아리, 2012

추천도서 한 권

김연순 외, 『공공성과 미래사회』, 산과글, 2019

인류는 현재 AI 시대에 들어섰지만, 불평등한 부의 재분배로 우리 사회에는 여전히 경제적으로든, 문화적으로든, 사회적으로든 소외된 계층들이 존재하고 있다. 이 책에서는 다양한 분야에서 연구하는 여러 연구자들이 각자의 시각에서 기술혁명시대를 살아가는 소외된 계층들이 직면한 문제를 들여다보고, '공공성'이라는 키워드로 그 문제 해결을 위한 방안을 모색하고 있다. 특히, 2부에서 이야기하는 '일과 노년'이라는 주제는 『100세 시대의 노년』을 읽는 독자들에게 '일과 유희', '노인과 옹고집', '그림자 노동', '100세 시대에 구상하는 뉴딜', 등 새로운 읽는 재미를 선사할 것이다.

춤에서의 공공성, 커뮤니티 댄스?[1]

김주희[2]

- 목차 -

1 이 글은 하이브리드미래문화연구소 2018 학술 심포지엄 "미래도시, 일의 공공성과 노년"에서 <커뮤니티 댄스에 있어서 춤의 공공성>으로 발표되었으며 대한무용학회지 77권 1호에 실린 논문을 수정, 보완하였습니다.

2 성균관대학교에서 무용학 박사학위를 받고 성균관대학교 박사후과정(post-doc.)과 한국연구재단의 지원을 받아 충남대학교 박사후과정(post-doc.)을 연수하였다. 현재 한국연구재단 학문후속세대 지원사업에 선정되어 성균관대학교 하이브리드미래문화연구소 학술연구교수로 재직 중에 있다. '신체'가 배치되는 다양한 '공간'과 '미디어 속의 춤'에 대한 관심을 갖고 꾸준히 연구하고 있다.

I. 시작 글

작년 서울시가 '서울은 미술관' 사업의 일환으로 공공조형물 <슈즈트리>를 서울역 앞에 세우자 흉물 논란이 일면서 큰 이슈가 된 바 있다. 반면에 2014년 등장했던 롯데월드 몰과 송파구청이 공동으로 기획해 석촌호수에 띄운 <러버덕>은 한 달간 500만 명 이상 관람객을 모을 만큼 큰 성공을 거뒀다. <슈즈트리>는 큰 논란으로 인해 4일 만에 철거가 되었으며 철거비용으로 인해 다시 입방에 올랐지만 <러버덕>의 성공은 석촌호수를 공공예술의 성지로 만들어 놓았다. <러버덕>이 철거되는 날에도 시민들은 '#러더덕의 최후'라며 공기가 빠진 채 떠 있는 모습을 SNS에 올리며 즐거워 했고 이러한 성공은 <슈퍼문> - <스완> - <카우스>의 설치를 가능하게 해주었다. 이 작품들이 설치될 때 마다 600만 명 이상의 관람객이 모였고 롯데 측에서는 관람객을 위한 라운지를 새롭게 오픈하는 등 공공예술을 통해 이윤과 기업 이미지 상승까지 올리는 효과를 얻었다.

한국에서 공공예술 논란은 사실 최근만의 일은 아니다. 2006년 이명박 서울시장 재직시절 34억원을 들여 광화문 청계광장 옆에 세운 <스프링>은 청계천 시작 지점임에도 불구하고 역사성이 없으며 국내적 정서가 담기지 않았다는 비판을 받았지만 결국 세워졌다.[3] 반면에 같은 광화문 지역에 세워진 흥국생명의 <해머링맨>은 회사원의 유동이 많은 지역적 특성을 잘 반영했다는 평가를 받았다. 노동의 숭고함을 보여주기 위해 '일하는 사람'을

3 이두걸, 김유영(2005.12.23). 청계천 조형물에 올덴버그 '스프링', 서울신문, <https://news.naver.com/main/read.nhn?mode=LSD&mid=sec&sid1=102&oid=081&aid=0000071141.(2018.12.1)>

형상화한 작가의 의도는 근로자의 평일 출퇴근 시간에 맞춰 가동되고 겨울철에는 산타클로즈 옷을 입히는 등 시민들에게 친근하게 다가간 서울시의 대표적인 공공미술 작품이라는 평가를 받고 있다.[4]

그렇다면 어떤 공공예술이 시민들의 사랑을 받는 것일까? 시민들의 관심을 못 받는다면 공공예술은 철거되어야 마땅한가? 이 부분에 대해 다시 생각해보면 1889년 프랑스 혁명 100주년을 기념하여 개최된 파리 만국박람회 때 세워진 에펠탑은 당시로서는 근대 철강 산업기술을 이용한 최고의 건축 구조물임에도 불구하고 건축 당시에는 파리 지식인들에게 맹비난을 받았다. 물론 에펠탑도 철거 위기까지 갔지만 지금은 프랑스를 대표하는 상징물로 자리 잡았다.[5]

혹자는 <슈즈트리>가 서울역이 아닌 미술관 야외에 세워졌더라면 흉물 논란은 일어나지 않았을 거라며 장소와 예술소재가 적절하지 못했음을 지적한다. 그렇다면 공공예술은 장소성을 고려해야만 인기 끌 수 있는가? 누군가 신다가 버린 헌신발이 아닌 다른 소재였더라면 달랐을까? <슈즈트리>를 만든 황지해 작가는 작품에 대해 "서울역이란 장소가 사람을 떠나보내고 맞이하고 많은 사람들이 바쁘게 지나가는 발걸음이 가장 먼저 생각났으며 소통의 공공성이라는 관점에서 봤을 때 가장 쉬운 얘기가 필요해 신발이라는 소재를 선택하였다"고 설명한다.[6] 그녀의 인터뷰를 살펴보면 서

4 정선화(2018.10.24). 공공미술, 아는 만큼 보이는...거리 예술에 의미를 더하다, 이데일리, <http://www.edaily.co.kr/news/read?newsId=04247606619376200&mediaCodeNo=257.(2018.12.1.)>

5 김철현(2015). 126살 에페탑, 흉물 비난 버틴 '반전 스토리', 아시아경제, <http://www.asiae.co.kr/news/view.htm?idxno=2015050613385006567.(2018.12.11.)>

6 YTN(2017.5.26). 진중권, '슈즈트리, 예술에 대한 세 가지 편견 벗고 봐야' <https://www.ytn.co.kr/_ln/0106_201705261138085502, 2018.12.19>.

울역이 갖고 있는 장소성과 공공미술이 지향하는 대중을 의식하고 제작했음을 알 수 있다. 이 작품에 대해 작가 진중권은 공공미술은 환경미화가 아님을 반문하면서 오히려 예술은 아름다워야 한다는 편견이 이러한 논란을 일으켰다고 지적한다. 8일간의 짧은 전시 기간도 못 채운 체 쓸쓸하게 조기 철수된 <슈즈트리>도 에펠탑처럼 거센 비난을 꿋꿋하게 견뎠다면 또 다른 평가를 받았을까?

관련 연구자들은 공공예술이 갖는 기능을 미적인 것 외에도 랜드마크의 기능, 실용적 기능, 공간조절 기능을 지녔으며 주변과의 조화가 어우러지는 일관성을 지녀야 하고 도시의 흐름에 연속성을 지니면서 장소가 새롭게 형성되는 독자성과 조형적인 문맥상에서 적합성, 환경성, 공공성, 상징성, 예술성, 형태성, 안전성, 쾌적성을 갖아야 한다고 말한다.[7] 공공예술이 이 모든 것들을 소화하기란 여간 어려운 일이 아님에도 공공예술은 지금 이 순간에도 마련되고 있다.

시민들의 다양한 반응 속에서 예술이 갖는 공공장(場)의 역할을 담론화 하지만 주로 미술을 중심으로 이뤄지고 있는 것으로 보인다. 그렇다면 다른 예술장르인 연극, 무용, 음악 장르는 어떠한가? 무용을 살펴보면, 무용에서도 공공적 성격을 담지하고 있는 적절한 표현을 하고자 하는 노력은 있어 왔다. 미술처럼 공공성(publicness)을 공식적으로 용어화하여 공공무용이나 공공춤 등과 같은 용어로 사용하지 않는 대신에 커뮤니티 댄스를 주로 사용하고 있다. 무용학자 김채현(2014), 한혜리(2014), 최해리(2015) 등의 의견을 종합해 보면 무용 전문가가 아닌 일반인 중심의 구성원들이 스

7 김주연, 이미림, 권양숙(2010). 도시 공간에서의 인간과 공공미술의 유기적 관계 연구: 시카고 공공미술 작품 사례 중심으로, 한국공간디자인학회논문집, 5(3), PP.101-103.

스로 참여하여 함께 추는 춤 정도로 이해된다. 특히 황정옥(2015), 박성혜(2016) 등의 관련 연구들을 보면 커뮤니티 댄스가 공공성을 지향한다는 점에 공통적으로 주목하고 있다. 그렇다면 커뮤니티 댄스는 공공미술이나 공공예술의 의미를 지닌 공공춤의 대체어인가? 공공춤 혹은 공공무용이란 단어는 왜 부재한가에 대한 고민을 갖게 한다.

따라서 본 글에서는 공공예술과 커뮤니티 아트의 개념을 살펴보고 무용이 공공성을 함의하는 용어 대신에 커뮤니티 댄스를 통해 공공성 측면을 수용하게 된 과정을 살펴보도록 하겠다. 최근 공공성에 대한 사회적 관심이 높은 가운데 무용에서는 어떻게 일어나고 무용인들은 어떻게 받아들이고 있는지, 무용계의 상황을 이해할 수 있는 자료가 될 것으로 기대한다.

II. 공공 예술과 커뮤니티 아트의 등장

예술의 공공성에 대해 이해하기 위해서는 먼저 공공성에 대한 개념이 이루어져야 하지만 예술의 공공성을 정확하게 개념화하기란 여간 어려운 것이 아니다. 이에 대해 김재광은 '공적인 것(official), 모든 사람들과 관계된 공통적인 것(common), 누구에게나 열려있는 것(open)'이라고 보는 문화공공성을 설명하는 견해를 소개하는데 예술의 공공성을 논의하는데 있어서도 이러한 부분이 본질적인 요소가 된다고 생각한다.[8]

공공예술의 역사를 살펴보면, 미술작품에서부터 그 기능을 찾을 수 있

8 김재광(2015). 문화공공성과 문화다양성을 제고하기 위한 법적 과제, <공법연구>,43(3), pp.53-54.

다. 고대시대부터 통치자의 권력을 과시하고 정치적인 목적으로 조각이나 상징물, 기념비 등을 시민들이 자주 모이는 장소나 종교 공간에 세우기 시작했지만 위에서 언급한 공공 예술과는 거리가 있다. 초기 공공미술은 19세기 말 대도시가 등장하면서 왕이나 귀족 전유물이었던 예술이 일상과 대중, 사회 안으로 등장하기 시작한다. 하지만 현대에 들어서도 공공미술은 공원이나 광장과 같은 공개적인 장소에 설치, 전시하는 작품만을 지칭하다가 국가나 정치인들이 이데올로기를 선도하는 수단으로 전락하거나 대량자본을 축적한 기업의 홍보를 위한 장치로 변질되는 등 권위주의 발상과 밀접하게 전개되었다. 소수의 계층이 점유했던 예술을 대중이 함께 공유할 수 있는 공간에 배치하여 예술이 갖는 심미의 기능을 향유하도록 했다는 점에서 이전 미술과는 차이를 지닌다. 여전히 전시되는 장소만 바뀌었을 뿐 대중이 작품 제작 과정에 직접 참여 한다던지, 예술참여를 통한 교육 기능은 마련되지 않았다는 점에서 공공적 의미의 한계성을 갖고 있었다.

20세기 중반 이후 단순히 미술관에서 공공장소로 바꿔 미술이 설치되는 엘리트 미술 시장현상에 대한 도전의 시도가 일어났다. 이때 존 윌렛(John Willet)이 <<도시 속의 미술(Art in a city)>>(1967)에서 아트디렉터와 화상·큐레이터·평론가·수집가 등 소수 엘리트 전문가들의 예술적 취향이 일반 대중의 미감을 대변하는 것처럼 만들어 소수의 행위가 일반인들의 정서 개입을 정당화시킨다는 점을 비판적으로 다루면서 '공공미술(public art)'이라는 용어를 사용하게 된다.[9]

공공미술은 전문 미술단체나 정부, 공공기관으로부터 미술 영역으로

9 두산백과, <https://terms.naver.com/entry.nhn?docId=1210963&cid=40942&categoryId=33048, 2018.12.19>.

인정받지 못하다가 미국과 영국을 중심으로 공공기관이 주도하여 공공미술을 지원하기 시작하면서 점차 정착되었다. 영국 예술원은 건축비용의 1%에 해당하는 금액을 미술품 설치 비용으로 의무화 하는 '1% 예술정책(Percent for Art)'을 통해 공공미술을 진전시켰다. 정부 주도의 공공미술 지원정책은 프랑스, 미국 등을 중심으로 확대되었고 우리나라에서는 문예진흥법이 입법한 이래 '환경미술', '환경조각', '환경조형물'이라 불리던 것을 영국과 미국의 1% 법(One Percent Rule)을 절충 모방하여 1982년 '건축물 미술장식 제도'라는 협의된 용어를 만들어 연면적 1만m^2 이상 규모의 건축물에 한해, 설치비용의 1%(2000년 이후 0.7%)를 의무적으로 미술작품 설치에 사용하였다. 1990년대 후반 들어 이 제도가 갖고 있는 문제점을 공론화하는 과정에서 점차로 공공미술이라는 용어로 대체되었다.[10] 이러한 법안 마련으로 우리 주변의 아파트나 큰 건물 앞에서 쉽게 작품을 접할 수 있게 되었다.

공공미술은 물리적인 공적공간(public space)의 미술이라는 개념으로부터 서서히 예술과 사회의 소통을 매개하는 공공영역(public sphere)으로 그 개념을 확장시켜 나가게 된다.[11] 공동체 속에서 그 구성들과 관계를 매개시키는 소통의 역할을 강조하게 되면서 커뮤니티 아트(community art)가 등장하게 된다. 현대사회가 개인주의와 이기주의로 만연되면서 인간소외 현상과 같은 문제가 드러나자 예술과 커뮤니티를 통해 해소하고자 하는 움직임들이 나타나면서 커뮤니티 아트라는 용어가 사용되기 시작했다.[12]

10 강수미(2009). 공공성·타자성·대중성의 예술 : 다문화시대의 문화예술의식을 위한 소고, <철학, 사상, 문화>, 8, p.10.

11 조숙현, 윤태진(2015). 공공의 예술인가, 예술의 공공성인가? : 한국 커뮤니티 아트 속 예술성과 공공성의 갈등사례 연구, <미디어와 공연예술연구>, 10(1), p.107.

문화예술사적으로 살펴보았을 때 '참여연극', '상호연극', '시민연극', '공동체 연극', '공동체 예술', '아마추어 예술', '자발적 예술' 등의 용어로 유사한 활동이 각 예술계에서 이미 전개되었다. 미술분야에서는 공공미술이라는 용어가 처음 등장하고 공식적인 정책 등에서 사용되면서 이 용어가 먼저 정착되었고 이후 예술을 통한 커뮤니티 회복에 중점을 둔 커뮤니티 용어 결합을 수용하면서 커뮤니티 아트가 보편적으로 사용되고 있다. 물론 한국에서는 커뮤니티 아트가 번역 그대로 공동체 예술과 같은 의미로 사용되기도 하는데 약간의 시기적 구분이 있다고 볼 수 있지만 공공예술과 그 개념이 여전히 모호하다.

한국에서도 2000년대 들어서면서 커뮤니티 예술 개념이 정책적인 기반으로 갖춰지자 커뮤니티를 강조한 예술분야의 활동이 활발해졌으며 각 장르 별로 커뮤니티 미술, 커뮤니티 연극, 커뮤니티 무용, 커뮤니티 음악과 같이 세분화되어 전개되었다. 공공예술과 비교해 보았을 때 커뮤니티 아트가 강조되는 지점은 예술향유에서 소외되었던 대중들의 자발적 참여를 통해 사회공동체적 감정 회복을 자발적으로 인식한다는 점에서 차이를 지닌다. 정부나 관이 주도하고 그 환경으로 수동적 참여를 독려한 것에서 벗어나 스스로 예술을 통해 공동체적 의식을 고취한다는 점에서 차이가 있다. 그리고 공공예술이 여전히 예술가의 역량과 명성에 의존되어 있다면 커뮤니티 아트에서 예술가의 역할은 사회와 예술의 매개를 도와주는 안내자로 존재하거나 기존의 엘리트 예술가로의 역할은 존재하지 않는다는 점이다. 작품을 주도하고 주인공이 되는 주체가 바로 자발적으로 참여한 자신이 되

12 이온누리(2017). 21세기 무용용어의 개념에 관한 일고찰 -커뮤니티 댄스를 중심으로, <민족무용>, 21, pp.118-119.

는 것이다. 커뮤니티 아트는 행위의 결과물이 아닌 공동체 구성원 간의 참여 과정에 의의를 둔다는 점에서 구분된다. 결과물이 지닌 완성도 실현에서 벗어나 함께 소통하며 만들어 가는 그 모든 행위에 의미를 둔다. 최근 커뮤니티 아트는 자발적 시민의 참여에 가치를 두고 있지만 여전히 예술향유 사각지대에 놓인 노인, 노숙자, 실업자, 에이즈 환자, 이민자, 성소수자, 외국인노동자 등 다양한 계층 참여에 대한 해결을 모색하고 있다. 또한 다양한 사회문제와 정치적 이슈를 구체적 주제로 다루어 문제의식을 공론화시키고 그 문제를 사회적 공유로 확대하고 있는 추세이다.

III. 공공춤의 부재, 커뮤니티 댄스에서 찾는 공공성

앞에서 언급했듯이 무용분야에서는 공공춤 혹은 공공무용이라는 용어가 정착하지 못한 체 커뮤니티 댄스라는 용어가 등장하게 되었다. 이 용어가 사용되기 전에도 지역, 혈연이 중심이 된 마을 공동체로 이루어진 농악, 탈춤, 강강술래, 놀이, 굿, 의례, 축원 등의 지역 문화의 특색을 담은 민속춤 안에서 공공적 기능이 담겨 전승되었다. 커뮤니티 댄스라는 용어를 쓰기 이전에도 한국 무용계에는 비슷한 의미를 지닌 용어를 지칭하기 위해 '마을 춤', '민중춤', '대중춤' 외에도 '모든 사람을 위한 춤', '대중무용', '생활무용', '지역사회무용', '사회춤', '에코댄스', '생태춤' 등의 용어를 통해 공동체를 강조한 지칭어를 찾고자 하였다.[13]

13 이온누리(2017). p.133, 이찬주(2013). 커뮤니티 댄스의 가치와 창작활동의 역할, <우리춤과 과학기술>, 23, p.101, 재인용, 최해리(2015). 한국 커뮤니티 댄스의 근원, 흐름, 확장, <무용역사기록학>, 36, p.59.

서양에서도 춤을 통해 공동체적 의식을 찾고자 하는 노력은 1960년대부터 미국을 중심으로 포스트모더니즘의 영향을 받은 포스트모던댄스 무용가들에 의해서 전문무용공간에서 벗어나 비전문무용수들이 모더니즘 댄스의 구조와 권위를 해체하려는 시도를 해왔다. 그러한 노력은 'community-based dance', 'site(community)-specific dance', 'participatory dance', 'grassroots dance', 'public dance', 'site dance' 등의 다양한 용어에서 발견할 수 있다.[14] 이 용어들이 혼재된 가운데 공공적 수행으로의 춤을 나타내는 하나의 용어로 정해져 통용되지 않고 비슷한 의미와 늬앙스로 사용되어왔다. 그러다가 1982년 영국 라반센터의 피터 브린슨(Peter Neilson Brinson, 1920-1998)이 커뮤니티 댄스 전문가 과정을 창설하면서 커뮤니티 댄스라는 용어가 확산되었다.[15] 국내에서 아무런 여과 없이 이 용어를 사용하는 것에 대해 최해리(2015)는 국내에 커뮤니티 댄스가 유입된 초기에는 한글로 번역하고 영어와 병기해서 사용하다가 커뮤니티 댄스라는 용어가 급부상하면서 영어표기를 한글로 대체하거나 그 의미에 준하는 한글표현을 찾기도 전에 그대로 사용하였다고 밝힌다. 그녀는 커뮤니티 댄스를 직접적으로 번역하면 '공동체 춤', '지역사회무용'으로 대체할 수 있음에도 적절한 한국적 용어가 부재한 것은 외래어의 사용이 한층 세련되고 엘리트적이며 고차원적으로 받아들이는 심리에서 이를 더욱 적극적으로 사용하게 되었다고 분석한다.[16] 그녀가 지적한 부분은 6.25 전쟁 이후 서양문화에 대한 막연한 동경이 뿌리 깊게 작용하여 사회 전반에

14 이온누리(2017). p.119

15 이온누리(2017). p.119, 재인용.

16 최해리(2015). p.51.

결쳐 영향을 미쳤다는 점에서 상당히 일리 있는 의견이라 생각한다. 기존의 춤과 연속적 측면이 아닌 새로운 장르의 출연을 보다 각인 시키려면 한영문 혼용 보다는 완전한 영문체가 신선하게 느껴질 것이기 때문이다. 하지만 다른 영어표기 단어로도 얼마든지 대체 사용 가능하다. 단순하게 한국적인 용어나 다른 영어식 표현으로 대체하지 않고 커뮤니티 댄스가 사용된 것은 오늘날 컴퓨터 통신의 발달로 인해 번역체 보다 쉽게 통용되고 이해 공감이 높은 단어를 선택하여 세계적 흐름에 맞추어 나가려고 하는 용이성과 편리성 측면에서 선택 사용되었다고 생각한다.

춤을 통한 공공성 모색은 커뮤니티 댄스가 등장하면서 본격화 된다. 커뮤니티 댄스의 등장은 무용인구 축소, 무용학과 폐지 및 축소 통합 등의 문제로 침체되어있던 한국 무용계에 활력을 불어 넣어 주었다. 뿐 만 아니라 '소통', '웰빙', '힐링', '치유', '에코' 등 사회적으로 유행한 현상을 담은 단어와 커뮤니티 댄스가 갖는 기능이 결합되어 무용의 대중화에 일조할 수 있는 대안으로 떠올랐다. 이러한 관심은 커뮤니티 댄스가 화두가 된 2012년부터 커뮤니티 댄스 관련 무용공연 프로그램이 지자체 기관의 후원을 받아 급격하게 늘어난 것에서 확인된다. 그 프로그램들로는 마포 서교예술실험센터의 <우물쭈물 꿈꾸는 움직임>, 홍은예술창작센터에서 서대문구 주민이 참여한 <몸, 좋다!>, 세계무용축제의 <꿈!틀! Dream a Motion>, 충무아트센터에서 중구 주민이 참여한 <꽃중년 프로젝트>, 춤추는 여자들의 <당신은 지금 바비레따에 살고 있군요>, 엘지 아트센터의 지원을 받은 두댄스컴퍼니의 <먼저 생각하는자-프로메테우스의 불>, 인천아트플랫폼의 <엄마와 딸>, 경기문화재단의 <몸의 디제잉>, 일반인 댄스 안무 워크샵을 진행한 정아트비젼의 <크리에이티브 워크숍>, 수원 행궁동 및 인근의 지역민을 대상으로 한 커뮤니티 댄스 프로젝트 그룹 아하의 <이것도 춤이

다> 등이 있다. 비전문무용인을 대상으로 한 다양한 커뮤니티 댄스 프로그램 외에도 관련 학술연구가 학위논문 70편, 학술지 논문 86편이 연구(2012년-2018년)된 것에서 그 인기와 관심을 실감할 수 있다.

커뮤니티 댄스 이전에 사용되었던 용어들은 지역구성원, 혹은 공동체적 의미의 춤 활동을 주로 지칭한 것에 반에 최근 사용되는 커뮤니티 댄스는 공공성과 예술성을 동시에 지향하고 있다는 점에서 구분된다. 영국 커뮤니티 댄스 재단(Foundation for Community Dance)의 크레이티브 디렉터 켄 바틀렛(Ken Bartlett)은 커뮤니티 댄스를 '모든 무용, 모든 댄서, 모든 춤추기'로 설명한다.[17] 즉 제약 없는 춤으로 어디에서나 모든 곳에서 벌어질 수 있고 누구나 모든 사람이 할 수 있다는 것으로 커뮤니티 댄스가 공적이면서도 개인적이고, 예술성을 갖고 있다고 말하며 커뮤니티 댄스의 전문적인 프레임을 만들기 위해 영국 커뮤니티 댄스 재단은 '움직여 나아가기(Making a Move)'라는 이름으로 그 계획을 실천하고 있다고 설명한다.[18] 바틀렛이 정의한 대로 생각해 보면 커뮤니티 댄스는 매우 포괄적인 개념이기 때문에 확실하게 그 성격이나 범주를 규정짓기에 애매한 지점이 있다.

전예화(2016)는 커뮤니티 댄스 형태를 공연 지향 커뮤니티 댄스, 지역 중심의 커뮤니티 댄스, 불특정 다수 참여의 커뮤니티 댄스, 교육 및 치유 커뮤니티 댄스로 분류한다.[19] 하지만 커뮤니티 댄스는 이러한 분류로 명확하게 구분하는데에 어려움이 있다. 왜냐하면 그 분류의 형태가 공존되는

17 도널드 후테라(2012.10.15.). 커뮤니티댄스의 가치(영국 커뮤니티댄스의 철학과 영역). <춤웹진>, <http://koreadance.kr/index//bbs/board.php?bo_table=re_webjin_03&wr_id=21, 2018.12.19.>.

18 도널드 후테라(2012.10.15.). 위 자료.

19 전예화(2016). 한국 커뮤니티 댄스의 새로운 가치 분류를 위한 시론, <무용역사기록학>, 41.

커뮤니티 댄스가 많기 때문이다. 안은미 무용단의 <1분 59초>의 경우 공연 지향 커뮤니티 댄스이면서도 지역중심 커뮤니티 댄스로 분류될 수 있기 때문이다. 특히 우리나라의 커뮤니티 댄스의 특징은 공연지향 형태로 치중되는 경우가 많다. 게다가 커뮤니티 댄스의 특성상 이렇게 댄스 참여자 간의 협동을 통해 소통과 공유 과정을 중점에 둘 수 있지만 커뮤니티 댄스의 최종적 결과물을 무대화 할 때 커뮤니티 댄스로 이해하기가 힘들다 할 수 있다. 이때 전문안무가의 안목으로 커뮤니티 댄스 참여자를 조력하는 작품의 경우 예술춤으로 보아야 하는지에 대한 논란도 발생 된다.

무용학자 김채현(2015)은 비전문가가 자발적으로 참여하는 초기 커뮤니티 댄스가 예술춤 작품에 비해 가치가 낮으며, 실행하는 참여자의 역량이 미흡한 변두리 춤 정도로 치부하는 편견은 경계해야 한다고 지적한 것에서도 알 수 있듯이 한국에서의 커뮤니티 댄스의 활동은 전문예술가가 참여하지 않아 그 예술성과 완성도를 평가하는 것에 대한 경계를 가져야 함을 염두에 둔 의견으로 해석된다. 하지만 커뮤니티 댄스에 대한 정부나 기업 차원의 지원이 확대되면서 전문 안무가들이 참여하는 경향이 늘어났다.

피나 바우쉬(Pina Bausch)의 <콘탁트호프(Kontakthof)>는 1978년 초연한 이례로 65세 이상의 지역 노인들이 출연하는 작업을 2000년에 만든 후 지역 청소년을 대상으로 2008년도에 다시 만들어졌다. 이 과정은 다큐멘터리 영화 <피나 바우쉬의 댄싱 드림즈>(2009)로도 제작 되어 큰 관심을 받았으며 커뮤니티 댄스를 논의할 때 함께 거론되는 대표 작품 중 하나가 되었다. 훈련 받지 않은 비전문 무용수들의 신체 움직임을 그대로 출연시키는 것은 무대예술 춤에 있어 신선하게 다가왔고 우리나라에서도 정영두, 안은미 등의 정상급 스타 안무가가 이러한 비슷한 작업 방식을 시도하였다. 커뮤니티 댄스의 국내 사례로 많이 거론되고 있는 정영두의 <먼저 생각하는 자-프로메

테우스의 불>과 안은미무용단의 땐스 3부작 <조상님께 바치는 땐스>, <사심없는 땐스>, <아저씨를 위한 무책임한 땐스>의 경우 그 완성도와 구성면에서 보았을 때 전문무용공연에 가깝다 할 수 있다. 이러한 안무가들이 참여하는 커뮤니티 댄스 작품은 결국 세련되게 구성되기 마련이며 이것을 보는 관객은 커뮤니티 댄스가 갖는 의미에 적합한가에 대한 고민을 갖게 한다. 안무자 안은미는 <조상님께 바치는 땐스>가 커뮤니티 댄스를 염두에 두고 있지 않다고 인터뷰[20]를 했지만 커뮤니티 댄스를 다루는 언론 기사나 학술연구에서는 그녀의 작업을 커뮤니티 댄스로 설명하고 있다.[21]

그렇다면 커뮤니티 댄스가 갖는 공공성의 요인은 무엇인가? 김채현(2014), 박성혜(2016) 등의 연구를 통해 무용학자들의 논의를 살펴보면 다음과 같다. 첫째, 예술춤과는 다르게 커뮤니티 댄스에서 비전문인의 출연 결정은 자발적 선택에 의한 참여라는 점이다. 포스트모던댄스 이후 비전문인이 무용무대에 출연하는 경우는 종종 있어 왔다. 하지만 안무자의 기획에 의해 출연이 가능했던 것이며 그 무대 안에서 비전문인은 작품을 위한 하나의 도구 역할을 할 뿐이었다. 하지만 커뮤니티 댄스에서는 스스로가 참여 의사를 판단하고, 춤 참여 활동을 통해 공동체적 감정을 인식하게 된다. 그 구성원이 특정 지역이나 성향집단, 나이나 직업 혹은 불특정 다수일 수 있지만 춤을 추기 위해 모인 커뮤니티 댄스의 과정에서 일어나는 신체적 소통을 통해 동질감과 공동체 외에도 개인의 정체성을 느낄 수 있다. 예술춤의 경우 혼자 추는 춤이 가능하며 오히려 실력있는 무용수가 독무를

20 장지영(2015.1112.21.). 파리를 열광시킨 안무가 안은미, 웹진 아르코, <http://webzine.arko.or.kr/load.asp?subPage=10.View&searchCate=03&idx=864(2018.12.1.)>.

21 임은진(2012.3.12). 커뮤니티 댄스를 아시나요?, 연합뉴스, <https://www.yna.co.kr/ view/AKR20120312083700005(2018.12.1.)>; 이찬주(2013); 전예화(2016).

담당하는 것과 달리 커뮤니티 댄스는 단독으로 이뤄질 수 없다.

둘째, 예술 춤에서는 보다 완성된 표현과 동작을 수행하는 것에 중점을 둔다. 하지만 커뮤니티 댄스에서는 참여자들 간의 상호적 소통과정과 그 속에서 발생하는 모든 것에 의미를 두고 있어 춤의 완성도를 통해 평가하지 않는다는 점이다. 또한 커뮤니티 댄스에서는 참여하는 것 자체에 가치를 두기 때문에 실력의 우위나 잘하는 사람 위주로 출연 가능한 춤 무대와는 차별점을 지닌다.

셋째, 전문예술가가 없어도 가능하며 그 역할 또한 기존의 예술춤에 비해 축소된다는 점이다. 예술춤에 있어서 안무가의 역량은 실로 크다 할 수 있다. 하지만 커뮤니티 댄스에서 전문예술가는 참여를 독려하고 구성원들이 보다 쉽고 편하게 참여할 수 있도록 도와 줄 뿐이다. 예술춤이 안무자의 역량과 예술관을 수직적으로 받아들여야 했다면, 커뮤니티 댄스에서는 오히려 전문예술가가 비전문인의 다양한 참여 방식에 영향을 받는다.

커뮤니티 댄스의 공공성 요소로 안은미의 <조상님께 바치는 땐스>를 살펴보면, 그녀가 인터뷰 한데로 커뮤니티 댄스와는 거리가 있음을 확인 할 수 있다. 우선, 제작의 과정을 몸의 인류학적 측면에서 접근했다고 설명한다. 그녀가 언급하는 몸의 인류학적 접근은 전국일주를 하며 움직임 영상을 수집한 무브먼트 리서치를 통해 세대별 움직임의 특징을 추출한 것이다. 안은미는 무브먼트 리서치의 방법에 대해 길 가다 우연히 만난 사람들이 춤이라는 단어를 들었을 때 보이는 반응을 살펴 전반적인 특징을 잡아내 안무화 하는 것이라고 설명한다.[22] 할머니들은 나이 들고 수줍어, 동작이 대부

22 인문예술콘서트 오늘 안은미 몸의 인류학 동영상. <https://www.youtube.com/watch?v=Xf8uwLYR7Po(2018.12.1.)>.

분 소극적임을 무브먼트 리서치로 파악하고 작품에 적극적으로 반영한다.

이 작품의 형식은 안은미-전문 무용수- 60-90대 노인들의 춤 기록 영상- 노인- 노인과 전문무용수- 노인과 전문무용수들의 막춤으로 구성되어 있다. 안은미는 노인들에게 소품을 활용한 움직임, 일상적인 동작, 그들이 무브먼트 리서치 과정에서 보여 준 동작을 선별하여 무대에 배치하였다. 여기서 작품의 제목 및 구성을 완성하는 과정이나 노인들이 안무가에 의해 선택되어 작품에 출연하게 된다는 점, 안무가가 요구하는 흐름에 따라 솔로로 배치되기도 하고 군무를 이루기도 한다는 점에서 공공적 측면과는 거리가 있다. 단순히 전문무용수가 아닌 노인이 작품에 출연하였다고 그것을 커뮤니티 댄스로 소개하는 것은 지양해야 하며 공연지향 커뮤니티 댄스로도 분류하기에는 무리가 있다고 생각한다.

커뮤니티 댄스는 공동체 구성원들의 정체성을 결속시킨다는 점에 긍정적으로 작용하기 때문에 국가와 기업의 문화예술 정책적으로 다양한 지원이 적극적으로 마련되고 있다. 하지만 정책주도형 커뮤니티 댄스는 정책적으로나 경제적으로의 성과를 목적에 삼는 경우가 많다. 현재 우리나라에서 일어나고 있는 커뮤니티 댄스는 지나치게 국가나 기업 지원에 의존하는 경향이 짙다. 앞장에서 언급했던 커뮤니티 댄스 프로그램 사례들은 정부나 관, 기업의 지원을 받은 프로그램들로 지속적이지 못하다는 점에서 아쉬움이 남는다. 커뮤니티 댄스가 예술춤과 크게 구분이 안되는 이유는 지원하는 정부나 기업의 경우 성과적 이윤을 가시적 성과 결과물로 확인하고자 하기 때문에 커뮤니티 댄스가 무대 공연형으로 마무리되는 경우가 많기 때문이다. 전문무대공연은 예술춤이 갖었던 보다 세련되고 완성도 있는 작품을 위해 전문안무가의 개입이 높아질 수 밖에 없어 커뮤니티 댄스가 갖는

순기능을 상실할 수 있다.[23]

또한 커뮤니티 댄스의 높은 관심은 사설기관의 자격증을 양산하는 결과를 가져왔다. 물론 커뮤니티 댄스를 접할 수 있는 기회를 마련한다는 면에서, 커뮤니티 댄스를 담당하게 된 예술가들에게 전문적인 교육과 재교육 시스템이 필요하지만 자격증 난립은 반드시 경계해야 한다. 자격증 난립은 자율적 면모가 중요한 커뮤니티 댄스를 구조화하여 양산할 수 있는 위험이 있기 때문이다. 그리고 정부나 관에서 커뮤니티 댄스 단체 간의 경쟁 구도를 만들어 순위에 따라 상을 부여하는 방식은 지양해야 한다. 커뮤니티 댄스는 콩쿠르가 아니다. 물론 순위선정이나 경쟁구도가 커뮤니티 단체의 동기부여를 줄 수는 있지만 이것은 단발적 효과일 뿐 커뮤니티 댄스가 갖는 가치를 훼손하는 행위이다. 정부는 장려와 환경 조성, 적절한 지원 정도에서 머물러야만 한다.

Ⅳ. 마무리 글

본 글에서는 오늘날 사회적 관심사로 떠오른 공공성의 논의 중에서 예술 안에서는 어떻게 이뤄지고 있는지 알아보기 위해 공공예술과 커뮤니티 아트의 개념을 살펴보았다. 그리고 무용에서 공공성을 담당하고 있는 커뮤니티 댄스에 대해 논의해 보았다.

초기 공공예술은 단순히 공공 공간에서 설치되는 작품을 지칭했다면

23 장지영(2013.2.12). 커뮤니티 댄스 열풍의 이면, 댄스포스트코리아, <https://m.blog. naver.com /chumnuri2010/100179372353(2018.12.1)>

이후 전문 큐레이터, 미술가, 기획가와 같은 엘리트적 취향이 대중의 시각에 여전히 관여하고 있다는 비판적 시각에서 공공예술이라는 용어가 사용되었다. 이후 예술과 사회, 사회 구성원 간의 관계를 연결해주는 예술의 역할을 강조한 커뮤니티 아트가 등장하게 된다. 커뮤니티 아트는 대중의 직접 참여를 통해 그 과정을 중시하고 구성원 간의 소통에 가치를 두고 있다. 이러한 커뮤니티 아트가 각 예술장르로 세분화되기 시작하면서 우리나라 무용의 경우 공공무용이나 공공춤이라는 용어가 정착되기 전에 커뮤니티 아트의 영향을 받은 커뮤니티 댄스가 들어오기 시작하였다.

커뮤니티 댄스와 같이 공동체적 의미를 지닌 춤 활동은 과거에도 이미 있었지만 커뮤니티 댄스라는 용어를 통해 시대성과 편의성을 함의했다 할 수 있다. 커뮤니티 댄스는 자발적 참여와 춤의 결과물이 아닌 참여과정에 가치를 둔다. 전문예술가의 역할이 축소되고 참여자들은 공동체적 소통과정을 통해 인간성을 회복하는 공공성의 면모를 지니고 있다. 이러한 긍정적인 요인으로 인해 현재 국가나 기업 후원에 의존하고 있는 커뮤니티 댄스가 많다는 점과 커뮤니티 댄스의 인기로 인해 자격증 남발, 일편 단율적인 프로그램 연수가 양산되고 있다는 점에서 우려되는 문제점들이 발생하고 있다.

무용계에서는 많은 커뮤니티 댄스 프로그램이 제공되고 있지만 여전히 대중에게는 낯설다. 한국에서는 커뮤니티 댄스를 경험하기란 여간 어려운 것이 아니다. 우후죽순으로 늘어나는 커뮤니티 프로그램은 비슷한 형태를 벗어나 개성을 지녀야 할 것이며 지속 가능한 환경을 조성하는데 힘써야 할 것이다. 한국의 커뮤니티 댄스가 무용전문가가 참여하는 공연예술형태가 많아 졌는데 전문예술가들은 자신의 역할에 대해 끊임없이 고민해야 한다.

커뮤니티 댄스는 확장된 공공성이면서도 복합성을 띈 공공장으로 오늘날 보다 다변화되어 미시적으로 전달되고 있다. 미국 현대무용의 아버지라 불리는 무용가 머스 커님행(Merce Cunningham)이 "모든 움직임이 춤"이라고 말한 것 처럼 우리 모두는 이미 살아가면서 의식도 못한 채 끊임없이 움직이는 신체를 통해 춤 동작을 하고 있을지도 모른다. 20세기 현대 춤을 이끌었던 가장 영향력 있는 독일 안무가 피나 바우쉬(Pina Bausch)도 "춤은 특별한 교육 없이도 스스로를 표현할 수 있는 언어"라고 말했다. 당신은 여전히 춤을 추지 않는가? 춤은 멀리 있지 않다. 우리 모두 춤 출 수 있다. shall we dance?

참고문헌

강수미(2009). 공공성·타자성·대중성의 예술 : 다문화시대의 문화예술의식을 위한 소고, <철학, 사상, 문화>, 8.

김재광(2015). 문화공공성과 문화다양성을 제고하기 위한 법적 과제, <공법연구>,43(3).

김주연, 이미림, 권양숙(2010). 도시 공간에서의 인간과 공공미술의 유기적 관계 연구: 시카고 공공미술 작품 사례 중심으로, 한국공간디자인학회논문집, 5(3).

김채현(2014). 커뮤니티 댄스와 춤예술의 관계고찰, <춤비평>, 34.

박성혜(2016). 커뮤니티 댄스의 공공성 탐색, 박사학위 논문, 숙명여자대학교.

이온누리(2017). 21세기 무용용어의 개념에 관한 일고찰 -커뮤니티 댄스를 중심으로, <민족 무용>, 21.

이찬주(2013). 커뮤니티 댄스의 가치와 창작활동의 역할, <우리춤과 과학기술>, 23.

전예화(2016). 한국 커뮤니티 댄스의 새로운 가치 분류를 위한 시론, 무용역사기록학, 41.

조숙현, 윤태진(2015). 공공의 예술인가, 예술의 공공성인가? : 한국 커뮤니티 아트 속 예술성과 공공성의 갈등사례 연구, <미디어와 공연예술연구>, 10(1).

최해리(2015). 한국 커뮤니티 댄스의 근원, 흐름, 확장, <무용역사기록학>, 36.

한혜리(2015). 동시대 커뮤니티댄스에서 창의성 의미, <한국무용학학회지>, 26(1).

황정옥(2015). 커뮤니티댄스의 사회적 관여 방식에 나타난 연대성 연구, 한국무용교육학회지, 26(4).

김철현(2015). 126살 에페탑, 흉물 비난 버틴 '반전 스토리', 아시아경제, <http://www.asiae.co.kr/news/view.htm?idxno=2015050613385006567.(2018.12.11.)>.

도널드 후테라(2012.10.15.). 커뮤니티댄스의 가치(영국 커뮤니티댄스의 철학과 영역). <춤웹진>,<http://koreadance.kr/index//bbs/board.php?bo_table=re_

webjin_03&wr_id=21, 2018.12.19.>.

두산백과. https://terms.naver.com/entry.nhn?docId=1210963&cid=40942&categoryId=33048.

YTN(2017.5.26). 진중권, '슈즈트리, 예술에 대한 세 가지 편견 벗고 봐야' <https://www.ytn.co.kr/_ln/0106_201705261138085502, 2018.12.19>.

이두걸, 김유영(2005.12.23). 청계천 조형물에 올덴버그 '스프링', 서울신문. https://news.naver.com/main/read.nhn?mode=LSD&mid=sec&sid1=102&oid=08 1&aid=0000071141.(2018.12.1).

임은진(2012.3.12). 커뮤니티 댄스를 아시나요?, 연합뉴스, https://www.yna.co.kr/view/ AKR20120312083700005(2018.12.1.).

장지영(2013.2.12). 커뮤니티 댄스 열풍의 이면, 댄스포스트코리아, https://m.blog.naver.com /chumnuri2010/100179372353(2018.12.1)

장지영(2015.12.21). 파리를 열광시킨 안무가 안은미, 웹진 아르코, http://webzine.arko.or.kr/load.asp?subPage=10.View&searchCate=03&idx=864(2018.12.1.).

정선화(2018.10.24). 공공미술, 아는 만큼 보이는... 거리 예술에 의미를 더하다, 이데일리, http://www.edaily.co.kr/news/read?newsId=04247606619376200&mediaCodeNo=257.(2018.12.1.)

인문예술콘서트 오늘_안은미_몸의 인류학 동영상. https://www.youtube.com/watch?v= Xf8uwLYR7Po(2018.12.1.).

추천도서 한 권

HUN, 『나빌레라 1-5권』, 위즈덤하우스, 2017.

치매에 걸린 70살 노인이 젊었을 때의 꿈이었던 발레를 배우는 도전기를 다룬 인기 웹툰 「나빌레라」가 연재 종료 후 단행본 『나빌레라』로 출간되었다. 만화라는 매체가 갖는 특징이 그러하듯 자아실현에 대한 보편적 정서와 세대간의 소통의 어려움을 극복, 발레와 관련된 정보 등을 쉽게 전달하고 있어 춤추는 남성노인의 이야기를 부담없이 즐겁게 읽을 수 있는 책이다.

'100세 시대의 노년' 이미지 사용 관련

김종규

폴리도르 다 카라바조 : 우라노스를 거세하는 크로노스
http://artnews.me/?p=18060

<2016년 4·13총선 당시 부산·울산·경남지역 세대 간 지지도 비교 : 부산일보>
http://news20.busan.com/controller/newsController.jsp?newsId=20160105000103

<세계 안티-에이징 시장규모>
http://www.ibric.org/trend/news/view_news_stats.php?id=12474

찰리채플린 '모던타임스' 한 장면 사진
https://gcinnews.tistory.com/32

하버드비지니스리뷰
https://hbr.org/2015/06/the-great-decoupling

김문석

www.textilemuseum.ca/plan-your-visit/accessibility

www.whatdotheyknow.com/request/5744/response/18114/attach/html/3/accessibile%20bus% 20stop%20design%20guidance.pdf.html

www.fosterhousingandinteriordesign.blogspot.com/2013/01/universal-design.html

www.barrierfreeplusinc.com/universal-design-homes

www.khousing.or.kr/ecoschool/mn3/sub_01_02.jsp

blog.naver.com/khnmc06/221311950445

kormedi.com/1251220/%eb%81%bc%ec%9a%b0%ea%b8%b0-%eb%b6%88%ed%8e%b8%ed%95%9c-%ed%8b%80%eb%8b%88-%ec%9e%90%ec%84%9d%ec%9c%bc%eb%a1%9c-%eb%b3%b4%ec%99%84/

testtotesttest.wordpress.com/category/universal-design

www.peekvision.org/

김진균

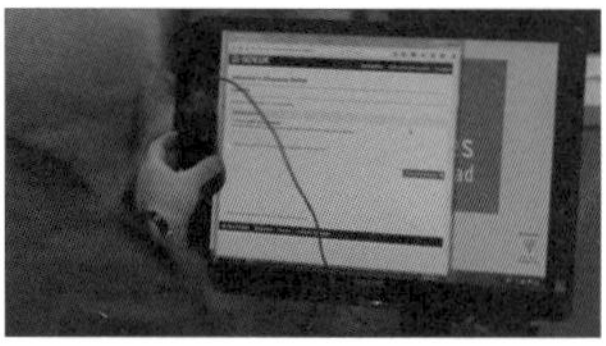

<“나, 다니엘 블레이크”의 한 장면>
https://liag.tistory.com/213

<다양한 키오스크>
https://www.nicetcm.co.kr/front/sub/sub0206.htm

<리싱크 로보틱스가 생산한 불규칙 적재 재료 운반 로봇 백스터>
http://www.zdnet.co.kr/view/?no=20170919092529&from=Mobile

<2016년 알파고와 이세돌의 바둑 대국>
http://blog.daum.net/_blog/BlogTypeView.do?blogid=07AcV&articleno=12772847&categoryId=714575&regdt=20160311104208

<인공지능의 지구 지배를 상상한 영화 터미네이터>
https://tvshowdictionary.tistory.com/4630

<인공지능이 창작한 시를 출간한 시집>
http://plug.hani.co.kr/futures/3330292

<19세기 러다이트 운동>
https://ko.wikipedia.org/wiki/%EB%9F%AC%EB%8B%A4%EC%9D%B4%ED%8A%B8_%EC%9A%B4%EB%8F%99

<클라우스 슈밥의 저서>
http://www.yes24.com/24/goods/25600088

<"나, 다니엘 블레이크"의 한 장면>
https://liag.tistory.com/213https://movie.daum.net/moviedb/main?movieId=102840

오민정 1p. 지하철사진:
총무님들 퇴직연금은 어디가 좋을까요? : 네이버 블로그 - https://m.blog.naver.com/fivestar21/20118571637?imageCode=20101213_261%2Ffivestar21_1292246819555m71C1_GIF

2p. 표
[종합-2017 인구주택총조사] 대한민국이 늙어가고 있다. - 아주경제 - http://m.kr.ajunews.com/view/20180827144053988#_enliple

김경화

https://movie.daum.net/moviedb/photoviewer?id=81284#1011188/PhotoList

https://movie.daum.net/moviedb/photoviewer?id=43450#105357/PhotoList

https://movie.daum.net/moviedb/photoviewer?id=43450#105357/PhotoList

https://movie.daum.net/moviedb/photoviewer?id=43450#105357/PhotoList

https://movie.daum.net/moviedb/photoviewer?id=43450#105357/PhotoList

https://movie.daum.net/moviedb/photoviewer?id=43450#105357/PhotoList

https://movie.daum.net/moviedb/photoviewer?id=43450#105357/PhotoList

https://movie.daum.net/moviedb/photoviewer?id=43450#105357/PhotoList

https://movie.daum.net/moviedb/photoviewer?id=43450#105357/PhotoList

https://movie.daum.net/moviedb/photoviewer?id=43450#105357/PhotoList

https://movie.daum.net/moviedb/photoviewer?id=43450#105357/PhotoList

https://movie.daum.net/moviedb/photoviewer?id=43450#105357/PhotoList

https://movie.daum.net/moviedb/photoviewer?id=43450#105357/PhotoList

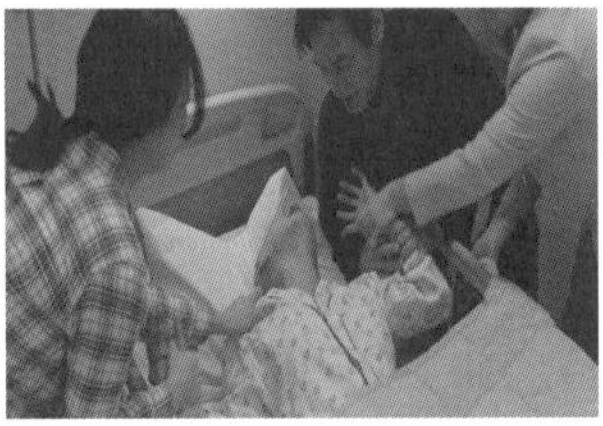

https://movie.daum.net/moviedb/photoviewer?id=81284#1011188/PhotoList

https://news.naver.com/main/read.nhn?oid=015&aid=0002075574

http://bbs1.agora.media.daum.net/gaia/do/debate/read?bbsId=D115&articleId=2631935

https://movie.daum.net/moviedb/photoviewer?id=81284#1011188/PhotoList

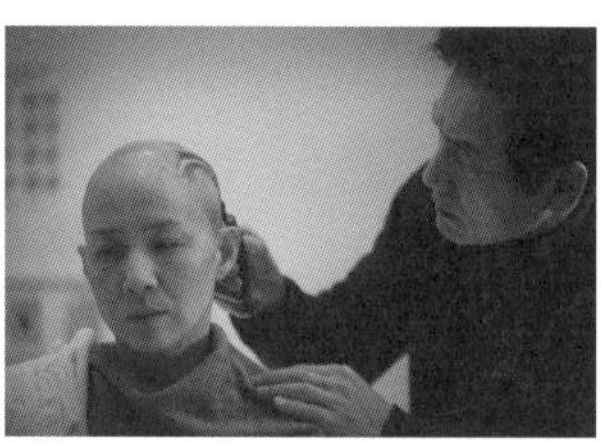

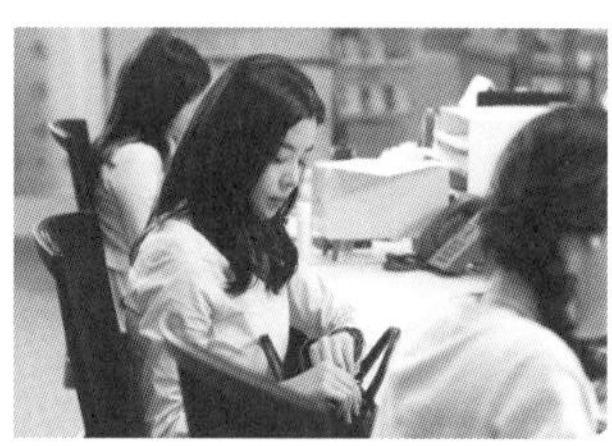

https://movie.daum.net/moviedb/photoviewer?id=81284#1011188/PhotoList

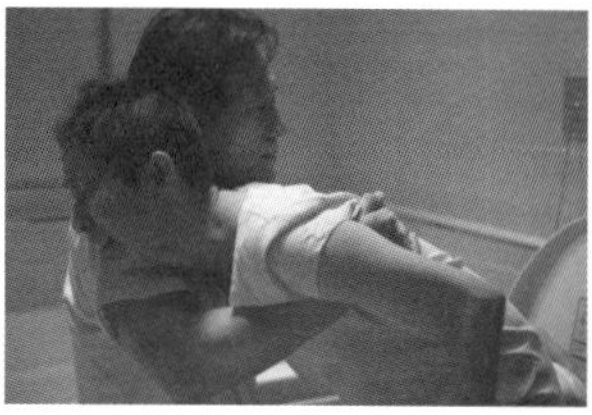 

https://movie.daum.net/moviedb/photoviewer?id=81284#1011188/PhotoList

https://movie.daum.net/moviedb/photoviewer?id=81284#1011188/PhotoList

진성오 노인과 옹고집

표 1
http://dimg.donga.com/wps/NEWS/IMAGE/2018/08/28/91706154.1.jpg

표 2
http://thumb.mt.co.kr/06/2018/08/2018082310433861122_2.jpg

표 3
http://img.khan.co.kr/news/2017/05/25/l_2017052601003509700290981.jpg

표 4
https://img-s-msn-com.akamaized.net/tenant/amp/entityid/BBMu9jl.img?h=225&w=270&m=6&q=60&o=f&l=f

그림 1
http/cfs11.blog.daum.net/image/17/blog/2008/10/11/16/30/48f056237f3f0&filename=%EC%88%98%EC%83%81%EB%8F%8C%EA%B8%B0.jpg

표 5
3일만에 읽는 뇌의신비, 야마모토 다이스케 감수, 박선무 고선윤 옮김,
서울문화사, 2002,

그림 2
https://www.google.co.kr/url?sa=i&rct=j&q=&esrc=s&source=imgres&cd=&cad=rja&uact=8&ved=2ahUKEwi21Z6h4sLfAhULhrwKHY4_CAEQjRx6BAgBEAU&url=http%3A%2F%2Fw

표 6
http://cfile213.uf.daum.net/image/2373CE3C5672D09513CD70

표 7
보건복지부 한국부건사회연구소(2014). 2014년 노인실태조사

표 8
'노인범죄 발생 실태분석과 예방 대책', 유지웅(2009) 경찰대
치안정책연구소 생활안전대책 보고서

표 9
http://www.kyeongin.com/main/view.php?key=944071

표 10
입법국정전문지 The leader, 2017

그림 3
https://m.post.naver.com/viewer/postView.nhn?volumeNo=9534745&memberNo=6335858